Investitionssteuerung mit Risk Adjusted Performance Measures
im Nicht-Finanzbereich

# Betriebswirtschaftliche Forschung im Rechnungswesen

Herausgegeben von Nils Crasselt, Rolf Uwe Fülbier, Joachim Gassen, Bernhard Pellens und Thorsten Sellhorn

Band 6

PETER LANG
Frankfurt am Main · Berlin · Bern · Bruxelles · New York · Oxford · Wien

Maximilian Lauerbach

# Investitionssteuerung mit Risk Adjusted Performance Measures im Nicht-Finanzbereich

PETER LANG
Internationaler Verlag der Wissenschaften

**Bibliografische Information der Deutschen Nationalbibliothek**
Die Deutsche Nationalbibliothek verzeichnet diese Publikation in der Deutschen Nationalbibliografie; detaillierte bibliografische Daten sind im Internet über http://dnb.d-nb.de abrufbar.

Zugl.: Wuppertal, Univ., Diss., 2011



Gedruckt auf alterungsbeständigem,
säurefreiem Papier.

D 468
ISSN 2191-6098
ISBN 978-3-631-62333-6



www.peterlang.de

# Vorwort

Diese Arbeit wurde am 21.12.2011 von der Schumpeter School of Business and Economics der Bergischen Universität Wuppertal als Dissertation angenommen. Sie entstand im Rahmen einer externen Promotion am dortigen Lehrstuhl für Controlling. Die folgenden Zeilen dienen der Danksagung an all diejenigen, die zu ihrem Gelingen beigetragen haben.

Meinem Doktorvater, Herrn Prof. Dr. Nils Crasselt gilt mein besonderer Dank für die hervorragende Betreuung meines Promotionsvorhabens. Er stand mir über die gesamte Promotionsdauer als kompetenter Diskussionspartner zur Verfügung und ließ mir zugleich großzügigen Freiraum zur Verfolgung meiner eigenen Forschungsinteressen.

Im Rahmen des Promotionsverfahrens hat Herr Prof. Dr. André Betzer das Zweitgutachten übernommen. Für seine konstruktiven Hinweise und die zügige Begutachtung meiner Arbeit bedanke ich mich sehr herzlich.

Im September 2010 hatte ich die Möglichkeit, meine ersten Forschungsergebnisse auf dem Doctoral Colloquium und dem Main Event der European Risk Conference in Nottingham, UK vorzustellen. Allen dort anwesenden Doktoranden und Professoren danke ich für Ihre Anregungen. Wichtige neue Ideen erhielt ich stets auch aus den zahlreichen Doktorandenseminaren und -kolloquien, in denen ich mich der kritischen Diskussion mit den Kollegen der Lehrstühle für Controlling sowie für Wirtschaftsprüfung und Rechnungslegung stellen konnte. Ihnen allen sei an dieser Stelle gedankt. Für die Aufnahme der nun druckreifen Arbeit in die Schriftenreihe „Betriebswirtschaftliche Forschung im Rechnungswesen“ bin ich ihren Herausgebern und dem Peter Lang Verlag zu Dank verpflichtet.

Schließlich möchte ich auch denjenigen Personen danken, die mir über manch Konzentrationsschwäche hinweggeholfen haben. Besonders meine Freundin Ines Bauer zeigte sich in dieser Zeit immer wieder geduldig mit mir.

Die Promotion wäre ohne meine Eltern, Eveline und Dr. Günter Lauerbach nicht möglich gewesen. Ich danke Ihnen von Herzen und widme Ihnen diese Arbeit.

München, im Januar 2012 Maximilian Philipp Lauerbach

# Inhaltsverzeichnis

# Symbolverzeichnis

| | |
|---|---|
| A | Anfangsinvestition |
| AB | Abschreibungsbetrag |
| Abh | bei Abhängigkeit (der periodischen Cash Flows) |
| Abs | bei absoluter Ausprägung (der at Risk-Kennzahl) |
| Äqu | Äquivalent (zum Cash Flow at Risk) |
| a | Belastungsfaktor |
| BW | Buchwert des Vermögens |
| b | Risikobelastungsfaktor |
| CAPM | adjustiert um das systematische Risiko |
| CF | Operativer Cash Flow |
| CFaR | Cash Flow at Risk |
| Cov(.) | Kovarianzoperator |
| DC | bei Eintritt des negativen Umweltzustands |
| DCFaR | Discounted Cash Flow at Risk |
| E(.) | Erwartungswertoperator |
| EaR | Earnings at Risk |
| EW | Ertragswert |
| G | Periodenerfolg bei Bewertung des Vermögens zu fortgeführten Anschaffungskosten |
| ICF | Investitionsauszahlung |
| g | Wachstumsrate |
| h | zurückliegender Pfad der bedingten Cash Flow-Verteilung |
| i | Laufindex |
| KD | Kapitaldienst |
| KW | Kapitalwert |
| LPM | Lower Partial Moment |
| n | (unspezifizierte) Anzahl |

| | |
|---|---|
| Opt | bei optimistischer Erwartungshaltung |
| P | Absatzpreis |
| PG | Allgemeine Definition des Periodenerfolgs |
| p | Eintrittswahrscheinlichkeit des positiven Umweltzustandes |
| Pess | bei pessimistischer Erwartungshaltung |
| Q | Absatzmenge |
| RA | Risikoabschlag |
| RAR | Risk Adjusted Return |
| RARoRAC | Risk Adjusted Return on Risk Adjusted Capital |
| Rel | bei relativer Ausprägung (der at Risk-Kennzahl) |
| RG | Residualgewinn |
| RoRAC | Return on Risk Adjusted Capital |
| RV | Risikovolumen |
| r | Kalkulationszinsfuß (allgemein) |
| $r_a$ | risikoadjustierter Zinsfuß |
| $r_j$ | Rendite eines Wertpapiers j |
| $r_M$ | Rendite des Marktportfolios M |
| $r_s$ | risikoloser Zinsfuß |
| $r_{wp}$ | Rendite eines Wertpapierportfolios wp |
| SÄ(.) | Sicherheitsäquivalentoperator |
| SV | Semivarianz |
| T | Nutzungsdauer |
| t | Zeitpunkt |
| U | unterer Wertebereich jenseits des Erwartungswertes |
| UC | bei Eintritt des positiven Umweltzustands |
| Unab | bei Unabhängigkeit (der periodischen Cash Flows) |
| u | Umweltzustand |
| V | Wert des Vermögens (allgemein) |

| | |
|---|---|
| VaR | Value at Risk |
| VK | Variationskoeffizient |
| X | Erfolgsgröße (allgemein) |
| x | (unspezifizierter) Betrag |
| Z | (unspezifizierter) Referenzpunkt im Wertebereich |
| z | z-Wert der Standardnormalverteilung |
| $\alpha$ | Konfidenzparameter |
| ß | Betafaktor |
| $\gamma$ | Schiefe |
| $\delta$ | Parameter der Betaverteilung |
| $\varepsilon$ | Kurtosis |
| $\eta$ | Preiselastizität der Nachfrage |
| $\kappa$ | Strukturparameter |
| $\lambda$ | Marktpreis des Risikos |
| $\mu$ | Erwartungswert |
| $\rho$ | Korrelationskoeffizient |
| $\sigma$ | Standardabweichung |
| $\Phi(.)$ | Barwertoperator |

# Abbildungsverzeichnis

# Tabellenverzeichnis

# 1 Einleitung

## 1.1 Problemstellung

Finanzdienstleistungsunternehmen im Allgemeinen und Kreditinstitute im Besonderen nehmen in ihrer Funktion als Finanzintermediäre in modernen Volkswirtschaften eine Sonderrolle ein.[1] Über ihren Beitrag zur Senkung von Transaktionskosten und der Transformation von Beträgen, Fristen und Risiken gewährleisten sie eine effiziente Interaktion der Wirtschaftsakteure.[2] Um das Vertrauen der Wirtschaftsakteure in das Finanzwesen sicherzustellen, unterliegen Kreditinstitute heute umfangreichen branchenbezogenen Regularien.[3] Sie alle verfolgen das Ziel der Solvenzsicherung jedes einzelnen Kreditinstituts und damit der Stabilität des gesamten Finanzsystems.[4] Insbesondere fordert der Gesetzgeber auf Basis der internationalen Konvergenz der Eigenkapitalmessung und Eigenkapitalanforderungen (Basel II) von Banken eine adäquate Hinterlegung der eingegangenen Risiken mit Eigenkapital.[5]

Die Erfüllung der gesetzlichen Vorgaben zur Insolvenzabwehr ist als Mindestzielsetzung im bankbetrieblichen Zielsystem zu verankern.[6] Darüber hinaus befinden sich Banken – wie Unternehmen anderer Branchen auch – in einem Wettbewerb um den knappen Faktor Eigenkapital. Um hier zu bestehen, gilt es, die Zielsetzungen der Eigenkapitalgeber in ihrem Handeln bestmöglich zu erfüllen. Dies geschieht im Konzept des Wertmanagements durch Erhebung des

---

1 Zu den Finanzintermediären werden Banken, Versicherungsunternehmen, Investmentgesellschaften, Makler und Finanzberater gezählt (vgl. z. B. *Bitz/Stark* [Finanzdienstleistungen], S. 7; *Tolkmitt* [Bankbetriebslehre], S. 3). Die weiteren Ausführungen beziehen sich vereinfachend auf eine Anwendung in Banken.

2 Vgl. *Tolkmitt* [Bankbetriebslehre], S. 3 f. Die Wirtschaftsakteure können differenziert werden in private Haushalte, Unternehmen und den Staat.

3 Die Bankenaufsicht obliegt in Deutschland primär der Bundesanstalt für Finanzdienstleistungsaufsicht und der Bundesbank. Ihre zentrale Gesetzesgrundlage bildet das Kreditwesengesetz (vgl. *Hartmann-Wendels/Pfingsten/Weber* [Bankbetriebslehre], S. 371).

4 Vgl. *Bundesbank* [Basel II], o. S. Entsprechend zielen zahlreiche Vorschriften des Kreditwesengesetzes auf eine Begrenzung der von Banken eingegangenen Ausfallrisiken ab (vgl. *Hartmann-Wendels/Pfingsten/Weber* [Bankbetriebslehre], S. 371).

5 Säule 1 „Mindestkapitalanforderungen" von Basel II fordert die angemessene Risikoberücksichtigung bei der Bemessung der Eigenkapitalausstattung (vgl. *Bundesbank* [Basel II], o. S.). Im September 2010 wurde eine als Basel III bezeichnete Novelle von Basel II verabschiedet. Basel III soll die Eigenkapitalrichtlinien nach den Erfahrungen mit Basel II und der Finanzkrise von 2007 modifizieren (vgl. *o. V.* [resilience], S. 1).

6 Vgl. *Strauß* [Risikomanagement], S. 35; *Varmaz* [Rentabilität], S. 116.

Marktwertes des investierten Eigenkapitals zum maßgeblichen Kriterium unternehmerischer Entscheidungen.[7] Seine kapitalmarktheoretische Herleitung erfolgt i.d.R. aufgrund des sog. Capital Asset Pricing Model (CAPM).[8]

Eine Vereinigung der Zielsetzungen der Insolvenzabwehr und des Wertmanagements im Rahmen einer integrierten Risiko-/Rendite-Steuerung strebt der Einsatz sog. Risk Adjusted Performance Measures (RAPM) an.[9] Sie setzen – allgemein formuliert – eine Erfolgsgröße ins Verhältnis zum hierfür eingegangenen Risikopotenzial. Über die Berücksichtigung der Renditeforderungen der Eigenkapitalgeber in der Erfolgsgröße schaffen sie einen Bezug zur Kapitalmarkttheorie.[10] Die Bewertung des Risikopotenzials durch sog. Downside-Risikomaße verbindet die eingegangenen Risiken mit dem zu ihrer Hinterlegung notwendigen Kapital.[11] Die mit dem Einsatz von RAPM verfolgte, integrierte Risiko-/Rendite-Steuerung steht im Zentrum moderner Konzepte der Bankensteuerung.[12] Bedeutendes Steuerungsobjekt ist die Investitionstätigkeit. In diesem Kontext werden RAPM im Finanzbereich vor allem zur Bewertung potenzieller und der Performancemessung bereits realisierter Investitionsprojekte eingesetzt.[13]

Auch im Nicht-Finanzbereich stellt die durch das Wertmanagement verfolgte Vermögensmaximierung der Eigenkapitalgeber eine bedeutende Zielsetzung der Investitionstätigkeit dar. Eine Operationalisierung erfährt diese

---

7 Die Orientierung der Unternehmensführung an den Interessen der Eigentümer wird seit den frühen 80er Jahren im Shareholder-Value-Ansatz propagiert (vgl. *Rappaport* [Shareholder Value]; *Copeland/Koller/Murrin* [Valuation]). Zur praktischen Umsetzung des Wertmanagements in Deutschland vgl. z. B. *Pellens/Tomaszewski/Weber* [Unternehmensführung]; *Weber/Hirsch/Müller* [Shareholder Value].

8 Das CAPM wurde von *Sharpe*, *Lintner* und *Mossin* Mitte der 60er Jahre unabhängig voneinander entwickelt (vgl. *Sharpe* [Capital Asset Prices]; *Lintner* [Valuation]; *Mossin* [Equilibrium]). Für eine Darstellung des CAPM vgl. z. B. *Brealey/Myers/Allen* [Corporate Finance], S. 217 ff.; *Copeland/Weston/Shastri* [Financial Theory], S. 147 ff; *Lauerbach* [Capital Asset Pricing Model], S. 167ff

9 Vgl. z. B. *Matten* [Capital Allocation], S. 58; *Lehar et al.* [Performancemessung], S. 857; *Tondock* [Performancemaße], S. 388. Z. T. wird auch der Ausdruck „Risk Adjusted Profitability Measures" verwendet (vgl. z. B. *Guthoff/Rüter* [Vergütung], S. 5).

10 Die Renditeforderungen der Eigenkapitalgeber fungieren in diesem Kontext als Mindestrendite bzw. Hurdle Rate (vgl. *Albrecht* [Vereinbarkeit]).

11 Vgl. *Albrecht* [Finanzrisiken], S. 30; *Romeike/Hager* [Erfolgsfaktor], S. 511.

12 *Schierenbeck/Lister/Kirmße* bezeichnen sie als „Inbegriff moderner Gesamtbanksteuerung" (*Schierenbeck/ Lister/Kirmße* [Bankmanagement 2], S. 1).

13 Weitere Anwendungsbereiche können die Steuerung der Gesamtbank, die risikogerechte Bepreisung von Finanzprodukten oder die performancegerechte Anreizsteuerung sein (vgl. z. B. *Bielefeld/Maifarth* [Kennzahlen], S. 157).

üblicherweise durch die kapitalmarktorientierte Bewertung des mehrperiodigen Zahlungsstromes einer Nicht-Finanzinvestition.[14] Zugleich lassen auch die Rahmenbedingungen für Nicht-Finanzunternehmen einen erweiterten Fokus auf das (Gesamt-)Risiko getroffener Entscheidungen notwendig erscheinen. Aus gesetzlicher Sicht fordert insbesondere das 1998 in Kraft getretene Gesetz zur Kontrolle und Transparenz im Unternehmensbereich (KonTraG) eine branchen-*übergreifende* Implementierung geeigneter Maßnahmen zur Begrenzung der Insolvenzwahrscheinlichkeit.[15] Ein finanzierungsbezogener Nutzen kommt einem Risikomanagement in Nicht-Finanzunternehmen mit Blick auf die bonitätsgestützte Kreditvergabepraxis von Banken seit Basel II zu. Demnach richten Banken die Kreditentscheidung und die Konditionen der Kreditvergabe an der im Rating zum Ausdruck kommenden Bonität der potenziellen Kreditnehmer aus. Auf diese Weise werden die Kosten einer risikobedingt hohen Eigenkapitalvorhaltung zumindest teilweise an den Kreditnehmer übertragen.[16]

Die integrative Bewertung von Erfolgs- *und* Risikoaspekten von (Investitions-)entscheidungen ist folglich auch für den Nicht-Finanzbereich von Bedeutung. In einer entsprechenden Erhebung unter den Nicht-Finanzunternehmen des Prime Standards der Frankfurter Wertpapierbörse kommen *Crasselt/Pellens/Schmidt* demnach zu dem Ergebnis, dass die meisten der befragten Unternehmen die Ziele des Wert- und Risikomanagements integrativ in ihrem Zielsystem verankert haben.[17] Eine Umsetzung dieser Zielsetzungen in den Planungsprozessen erfolgt allerdings häufig nur unzureichend.[18] Hierfür liegen zwei Ursachen nahe. Einerseits stellt die

---

14 Vgl. *Rieper* [Entscheidungsrechnungen], S. 884 f.; *Laux* [Unternehmensrechnung], S. 149 f.; *Terstege* [Transformation], S. 1.

15 Als Rahmengesetz formuliert, schlagen sich die Änderungen des KonTraG in erster Linie in Neuerungen des Aktiengesetzes (AktG) und des Handelsgesetzbuches (HGB) nieder. Entsprechend hat der Vorstand einer Aktiengesellschaft nach dem neu eingeführten § 91 Abs. 2 AktG „geeignete Maßnahmen zu treffen, insbesondere ein Überwachungssystem einzurichten, damit den Fortbestand der Gesellschaft gefährdende Entwicklungen früh erkannt werden". Die Entstehung des KonTraG ist auf die Vielzahl nationaler und internationaler Unternehmenskrisen Mitte der 90er Jahre zurückzuführen (vgl. *Stephan* [Kennzahlen, S. 1).

16 Durch Integration finanzieller und nicht-finanzieller Klauseln in die Kreditverträge (sog. „Covenants") sichern sich Banken zudem gegen eine Verschlechterung der Bonität der Kreditnehmer im Zeitablauf ab.

17 Vgl. *Crasselt/Pellens/Schmidt* [Zusammenhang], S. 410.

18 Entsprechend vertrauen 26,7% der von *Crasselt/Pellens/Schmidt* befragten Unternehmen bei einem langfristigen Planungshorizont von über drei Jahren auf eine einwertige Erfolgsprognose. Auch steigt mit zunehmendem Planungshorizont der Anteil der Un-

komplexe Risikosituation im Nicht-Finanzbereich besondere Herausforderungen an deren Bewertung. Eine mangelnde Validität der Bewertung kann dazu führen, dass hierauf basierte betriebswirtschaftliche Entscheidungen bereits vom Ansatz her Fehlentscheidungen sind.[19]

Eine weitere mögliche Ursache ist die mangelnde Verfügbarkeit geeigneter Konzepte für eine Integration beider Zielsetzungen in den Planungsprozess. In der Literatur finden sich diverse Ansätze, RAPM auch für die Investitionssteuerung im Nicht-Finanzbereich nutzbar zu machen.[20] Sie alle setzen einen risikoadjustierten Kapitalwert ins Verhältnis zu dessen Downside-Risikopotenzial.[21] Die gewählte konzeptionelle Ermittlung dieser Größen hat jedoch zur Folge, dass alle Ansätze nur unter sehr restriktiven Voraussetzungen einen theoretisch konsistenten Rahmen zur Abbildung der risikoadjustierten Performance eines mehrperiodigen Investitionsprojektes bilden. Schwierigkeiten ergeben sich zunächst bei der vorgeschlagenen Berechnung des im Zähler angesetzten Kapitalwertes. Seine Ermittlung erfolgt modellübergreifend durch Ansatz eines periodisch konstanten, risikoadjustierten Diskontierungszinssatzes.[22] Eine derartige Vereinfachung führt nur im Fall einer sehr speziellen Risikostruktur des betrachteten Zahlungsstromes zu einer verursachungsgerechten Berücksichtigung des bewertungsrelevanten Risikos und in der Folge zu einem korrekten risikoadjustierten Kapitalwert.[23] Schwierigkeiten ergeben sich weiterhin bei der Quantifizierung des Downside-Risikopotenzials des Kapitalwertes im Nenner. Über eine Ermittlung aufgrund *zweiseitiger* Korrelationskoeffizienten können die einer Kapitalwertberechnung zu Grunde liegenden Abhän-

---

ternehmen, die völlig auf eine Quantifizierung von Planparametern verzichten (vgl. *Crasselt/Pellens/Schmidt* [Zusammenhang], S. 408).

19 Eine entsprechende Schlussfolgerung lässt auch *Gleißners* Grundsatz „If you can't measure it, you can't manage it" zu (vgl. *Gleißner* [Value], S. 82).

20 Vgl. *Stephan* [Kennzahlen]; *Homburg/Stephan* [Risikocontrolling]; *Kremers* [Risikoübernahme]; *Mengele* [Shareholder-Return].

21 Trotz identischer Ausgangsgrößen variieren die Bezeichnungen der entwickelten RAPM. *Homburg/Stephan* und *Stephan* bezeichnen die hervorgehende Kennzahl als Corporate Value on Discounted Risk Value (CVoDRV) (vgl. *Homburg/Stephan* [Risikocontrolling], S. 319 bzw. *Stephan* [Kennzahlen], S. 219). *Mengele* wählt den Begriff eines Shareholder-Return on Shareholder-Risk (SRoSR) (vgl. *Mengele* [Shareholder-Return], S. 155). *Kremers* behält in Anlehnung an die Terminologie im Finanzbereich die Bezeichung des Return on Risk Adjusted Capital (RoRAC) bei (vgl. *Kremers* [Risikoübernahme]. S. 290 f.).

22 Vgl. *Stephan* [Kennzahlen], S. 219, 64; *Homburg/Stephan* [Risikocontrolling], S. 313; *Kremers* [Risikoübernahme], S. 290 f.; *Mengele* [Shareholder-Return], S. 113.

23 Zur hierfür erforderlichen Bedingung der „Periodeneinheitlichkeit" vgl. *Laux* [Unternehmenssteuerung], S. 345 ff.

gigkeitsstrukturen zwischen den periodischen Cash Flows nicht adäquat abgebildet werden.[24] Im Ergebnis setzen Zähler und Nennergröße der vorgeschlagenen RAPM auf einer unterschiedlichen Risikostruktur des zu Grunde liegenden Zahlungsstromes an. Unabhängig von einer Existenz intertemporaler Cash Flow-Abhängigkeiten hat schließlich der von manchen geforderte Ansatz des *risikoadjustierten* Kapitalwertes als Zielfunktion einer Risikoanalyse eine Doppelerfassung des systematischen Risikos im ausgewiesenen Risikopotenzial zur Folge.[25]

Diese theoretischen Inkonsistenzen beeinträchtigen in erster Linie die Anwendbarkeit der entwickelten Kennzahlen für die Bewertung *potenzieller* Investitionsprojekte im Nicht-Finanzbereich. Für eine periodenbezogene Kontrolle der risikoadjustierten Performance *bereits realisierter* Projekte liefern sie keinerlei Anhaltspunkte. Eine Ist-Performancebewertung ist demnach erst am Ende der mehrperiodischen Nutzungsdauer durch einfache Transformation der periodenübergreifenden Plan- in Ist-Größen vorgesehen. Ein zu Steuerungszwecken erforderlicher, periodischer Vergleich von Investitionsprojekten unterschiedlicher Fristigkeit ist damit nicht möglich.

Vor diesem Hintergrund ergibt sich die Notwendigkeit zur Entwicklung eines geeigneten Rahmens für die risikoadjustierte Investitionssteuerung im Nicht-Finanzbereich. Die vorliegende Arbeit leistet ihren Beitrag hier zunächst durch eine Weiterentwicklung der genannten Ansätze zur Bewertung der risikoadjustierten Performance mehrperiodischer Investitionsprojekte in einer ex ante-Perspektive. Die nach dieser Methodik getroffenen Investitionsentscheidungen sollen zudem auf ihre Konsistenz mit der Zielsetzung des Wertmanagements analysiert werden.

Ein weiterer Schwerpunkt liegt in der Entwicklung eines geeigneten Instrumentariums zur periodenbezogenen Kontrolle der risikoadjustierten Performance von mehrperiodischen Nicht-Finanzinvestitionen. Das entwickelte Performancemaß soll dann auf seine Eignung für einen periodischen, risikoadjus-

---

24 Zur entsprechenden Problematik vgl. die Ansätze von *Stephan* [Kennzahlen], S. 213; *Homburg/Stephan* [Risikocontrolling], S. 319; *Kremers* [Risikoübernahme]), S. 202 ff. *Mengele* geht in seinem Zahlenbeispiel von grundsätzlich unkorrelierten, periodischen Cash Flows aus. Er schlägt zur Erfassung der Abhängigkeiten eine Verwendung einseitiger, bedingter Wahrscheinlichkeiten vor, praktiziert diese jedoch nicht (vgl. *Mengele* [Shareholder-Return], S. 112, Fn. 196).

25 Zur Beschreibung dieses Problembereichs vgl. *Vose* [Risk Analysis], S. 469. Für Bewertungsansätze, die eine Doppelerfassung der systematischen Risikokomponente aufweisen vgl. *Stephan* [Kennzahlen], S. 64; *Homburg/Stephan* [Risikocontrolling], S. 318; *Kremers* [Risikoübernahme], S. 291.

tierten Performancevergleich von Projekten unterschiedlicher Fristigkeit überprüft werden.

## 1.2 Gang der Untersuchung

Der in Abbildung 1-I skizzierte Aufbau soll den Untersuchungszielen dieser Arbeit gerecht werden. In den Kapiteln 2 und 3 werden hierfür die theoretischen Grundlagen gesetzt. Das zweite Kapitel analysiert die Notwendigkeit einer integrierten Steuerung von Risiko und Rendite. Nach einer begrifflichen Festlegung des hier vertretenen Risikoverständnisses werden beide Zielsetzungen in einem periodenbezogenen Kontext anhand der Grundlagen des Wert- und Risikomanagements zunächst separat voneinander vorgestellt. Es folgt eine Diskussion über die Rechtfertigung einer Integration der durch beide Konzepte verfolgten Zielsetzungen im Rahmen einer integrierten Risiko-/Rendite-Steuerung.

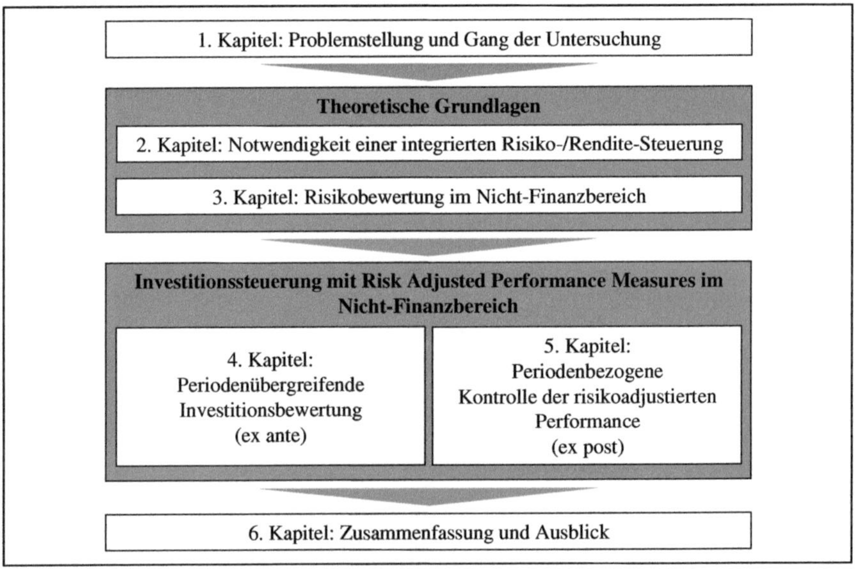


*Abb. 1-I: Gang der Untersuchung*

Im dritten Kapitel werden die Herausforderungen der für den Einsatz von Risk Adjusted Performance Measures im Nicht-Finanzbereich grundlegenden

Risikobewertung aufgezeigt. Zunächst werden die relevanten Risikofaktoren vorgestellt. Es folgt die Vorstellung und Bewertung der bestehenden Konzepte zur Berücksichtigung ihres Einflusses auf den als periodenbezogene Zielgröße im Nicht-Finanzbereich fungierenden Cash Flow. Für eine Investitionssteuerung im Nicht-Finanzbereich sind die periodenbezogenen Ergebnisse in einem nächsten Schritt in einen periodenübergreifenden Zusammenhang zu bringen. Nach einer Beschreibung der grundsätzlichen Problemstellung erfolgt eine Bewertung der hierfür in der Literatur vorgeschlagenen Lösungsansätze. Daraus werden die für die Entwicklungsanstrengungen der weiteren Kapitel maßgeblichen Gestaltungsregeln für eine theoretisch konsistente Investitionssteuerung mit Risk Adjusted Performance Measures im Nicht-Finanzbereich abgeleitet.

Auf den theoretischen Grundlagen aufbauend, erfolgt in den Kapiteln vier und fünf die Ableitung und Anwendung von Risk Adjusted Performance Measures im Rahmen der Investitionssteuerung im Nicht-Finanzbereich. Im Fokus des vierten Kapitels steht der Einsatz von RAPM zur Investitionsbewertung ex ante. Potenzielle Investitionen werden hier zunächst bezüglich ihres Einflusses auf die unternehmensbezogene Insolvenzwahrscheinlichkeit überprüft. Es folgt die Entwicklung eines Modells für die theoretisch konsistente, periodenübergreifende Bewertung der Erfolgs- und Risikobeiträge einer Investitionsentscheidung im Nicht-Finanzbereich. Dieses Modell wird anschließend in Bezug auf die hervorgerufenen Investitionsentscheidungen bewertet. Als Bewertungsmaßstab dient der im Nicht-Finanzbereich als *First-best*-Lösung begriffene, risikoadjustierte Kapitalwert. Die Stabilität der in einem Grundmodell erzielten Bewertungsergebnisse wird anschließend durch Variation der in das Bewertungsmodell eingehenden Parameter überprüft.

Kapitel fünf widmet sich der bislang von der Literatur vollständig vernachlässigten Möglichkeit zur periodischen Kontrolle der risikoadjustierten Performance von Nicht-Finanzinvestitionen. Als methodisches Fundament dient der buchwertbasierte Residualgewinn eines mehrperiodischen Investitionsprojekts. In einem modelltheoretischen Vergleich mit mehreren einperiodischen Finanzinvestitionen wird dieser zunächst auf die genannte Zielsetzung hin modifiziert. Anschließend wird der weitere Anpassungsbedarf dieser Kennzahl für einen periodischen Performancevergleich verschiedener Projekte unterschiedlicher Fristigkeit aufgezeigt. Wurde bis zu diesem Punkt ein identisches systematisches Risiko der verglichenen Investitionsprojekte unterstellt, befassen sich die weiteren Ausführungen mit einer Übertragung der entwickelten Bewertungsmethodik auf eine Situation divergierender systematischer Risiken.

Die Arbeit schließt mit einer Zusammenfassung der zentralen Ergebnisse und einem Ausblick auf mögliche Ansatzpunkte weiterer Forschungsanstrengungen in Kapitel sechs.

# 2 Risiko-/Rendite-Steuerung mit Risk Adjusted Performance Measures

## 2.1 Terminologische Grundlagen (Risikobegriff und -verständnis)

Der Begriff „Risiko“ ist in der betriebswirtschaftlichen Literatur nicht einheitlich definiert.[26] Bevor das dieser Arbeit zu Grunde liegende Risikoverständnis dargestellt wird, erscheint es daher sinnvoll, einen Einblick in die existierenden Begriffswelten zu geben.

Grundsätzlich lässt sich das ursachen- von dem wirkungsbezogenen Risikoverständnis abgrenzen.[27] Das *wirkungsbezogene Risikoverständnis* dominiert vor allem die ältere betriebswirtschaftliche Literatur und versteht das *Risiko im weiteren Sinne* als Möglichkeit einer positiven oder negativen Zielverfehlung.[28] Im Zentrum dieses Risikoverständnisses steht somit die ökonomische Wirkung des Risikos. Eine negative Zielverfehlung wird als *Risiko im engeren Sinne* bezeichnet. Der Fall positiver Zielabweichungen wird als *Chance* begriffen.[29] Zielvorstellungen, die keine positiven Abweichungen erlauben, weisen ein sog. *asymmetrisches Risiko* auf. Einem asymmetrischen Risiko unterliegt bspw. die Zielsetzung einer Fehlerquote von 0%. Demgegenüber besitzen Zielsetzungen, die positive und negative Zielverfehlungen erlauben, ein *symmetrisches Risiko*. Ein Beispiel für eine solche Zielsetzung wäre die erwartete Rendite auf ein Portfolio aus Wertpapieren. Abbildung 2-I verdeutlicht die beschriebenen Zusammenhänge.

Das *ursachenbezogene Risikoverständnis* wird insbesondere in der neueren betriebswirtschaftlichen Literatur vertreten.[30] Es knüpft an die Eigenschaften unternehmerischer Entscheidungssituationen an. Diese sind zukunftsorientiert und daher i.d.R. durch ein Informationsdefizit geprägt.[31] Entscheidungstheore-

---

26 Für unterschiedliche Begriffsdefinitionen vgl. z. B. *Kupsch* [Risiko], S. 26; *Teichmann* [Unsicherheit], S. 15 ff.; *Timm* [Investitionsrisiko], S. 34 ff.; *Turner* [Risikoanalyse], S. 16 ff.; *Wossidlo* [Reservierung], S. 33 ff.

27 Vgl. *Hölscher* [Risikokosten], S. 4.

28 Vgl. *Bergener* [Risikocontrolling], S. 25. Da diese Risikodefinition das Vorhandensein einer Zielvorstellung beinhaltet und den Fokus auf die Zielerreichung legt, tritt sie in der Literatur auch als „zielorientierte Risikodefinition“ auf (vgl. *Bergener* [Risikocontrolling], S. 26).

29 Vgl. *Kremers* [Risikoübernahme], S. 38.

30 Vgl. *Braun* [Risikomanagement], S. 22 ff.

31 Vgl. *Hahn* [Risiko-Management], S. 137 f.; *Kupsch* [Risiko], S. 73 ff.

tisch lässt sich eine solche Situation in einem Modell mit den Parametern „Handlungsalternativen", „Umweltzustände" und „Ergebnisse" abbilden. Der Entscheidungsträger besitzt hinsichtlich seiner verfügbaren Handlungsalternativen eine Wahlmöglichkeit, hat jedoch keinen Einfluss auf die eintretenden Umweltzustände.[32]

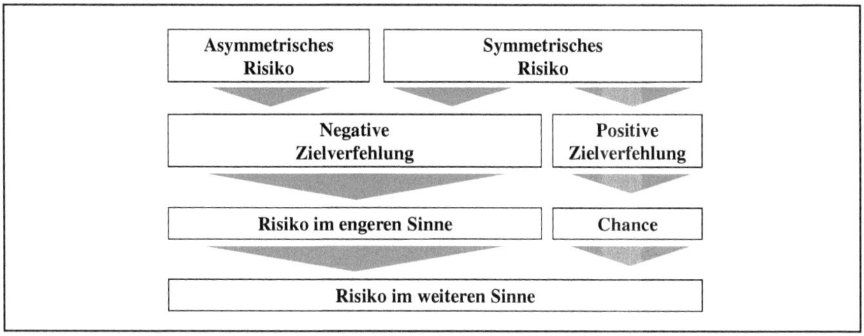


*Abb. 2-1: Das wirkungsbezogene Risikoverständnis*[33]

Die möglichen Entscheidungssituationen lassen sich in Bezug auf den Eintritt der zukünftigen Umweltzustände unterscheiden. Bei *Entscheidungen unter Sicherheit* sind dem Entscheidungsträger der zukünftig eintretende Umweltzustand und die Ergebnisse seiner Handlungsalternativen bereits zum Entscheidungszeitpunkt bekannt.[34] Eine Risikosituation tritt hier nicht auf. Diese ist ausschließlich Gegenstand von *Entscheidungen unter Unsicherheit*. Hier ist dem Entscheidungsträger der zukünftig eintretende Umweltzustand *nicht* bekannt. Je nach Eintritt besteht die Möglichkeit einer Abweichung vom erwarteten Ergebnis der verfügbaren Handlungsalternativen. Dieses, positive wie negative Abweichungen von einem erwarteten Wert erfassende Risikoverständnis, wird auch als *Risiko im weiteren Sinne* bezeichnet.[35] Negative Abweichungen vom

32 Vgl. *Karten* [Unsicherheit], S. 150.

33 In Anlehnung an *Kremers* [Risikoübernahme], S. 38.

34 Man spricht in diesem Kontext von einem Zustand der „sicheren Erwartungen" bzw. der „vollkommenen Information" (vgl. *Bergener* [Risikocontrolling], S. 23).

35 Vgl. z. B. *Baetge/Schulze* [Lagebericht], S. 939; *Kromschröder/Lück* [Unternehmensüberwachung]. Sind der erwartete Wert einer Handlungsalternative und ihr Zielwert folglich identisch, entspricht sich das Risiko im weiteren Sinne nach wirkungs- und ursachenbezogenem Risikoverständnis.

erwarteten Wert werden als *Gefahr*[36], positive Abweichungen hingegen als *Chance* bezeichnet.[37]

Bis zu diesem Punkt lassen sich bei Identität von Ziel- und Erwartungswert zwischen dem wirkungs- und dem ursachenbezogenen Risikoverständnis lediglich terminologische Unterschiede feststellen. Inhaltliche Unterschiede ergeben sich bei einer weiteren Differenzierung von Entscheidungen unter Unsicherheit in *Entscheidungen unter Ungewissheit* und *Entscheidungen unter Risiko im engeren Sinne*. Letztere liegen vor, wenn den Umweltzuständen subjektive oder objektive Eintrittswahrscheinlichkeiten zugeordnet werden können.[38] Jede zur Auswahl stehende Handlungsalternative kann folglich durch eine Wahrscheinlichkeitsverteilung mehrerer möglicher Ergebnisse charakterisiert werden, die um einen Mittelwert streuen. Das *Risiko im engeren Sinne* einer Handlungsalternative ist durch die „Gesamtheit der alternativen Zielbeiträge und deren Glaubwürdigkeit im Einzelnen“ charakterisiert.[39] Können den Umweltzuständen keine Eintrittswahrscheinlichkeiten zugewiesen werden, handelt es sich um eine *Entscheidung unter Ungewissheit.*[40] Eine rationale Entscheidung ist in diesem Fall unmöglich.[41] Während das *Risiko im engeren Sinne* im wirkungsbezogenen Risikoverständnis also eine Eingrenzung auf negative Abweichungen von einer undefinierten Zielgröße, z. B. eines Zielumsatzes, bedeutet, ist im ursachenbezogenen Verständnis darunter eine beidseitige Abwei-

---

36 Als synonymen Begriff für die mit einer Alternative verbundene Gefahr werden in der Literatur die Bezeichnungen „Verlustrisiko“, „Verlustgefahr“ und „Schadengefahr“ genannt (vgl. *Göppl/Schlag* [Risikomanagement], Sp. 1847; *Kromschröder/Lück* [Unternehmensüberwachung], S. 1573; *Pfingsten/Homölle/Rieso* [Risikomaße], Sp. 1871).

37 Vgl. *Perridon/Steiner/Rathgeber* [Finanzwirtschaft], S. 103. Der Begriff der Chance als positive Zielabweichung unterscheidet sich von einem sprachwissenschaftlichen Verständnis, das Chance häufig mit dem Eintritt einer Gewinnsituation gleichsetzt (vgl. *Lück* [Chancenmanagement], S. 2312).

38 Vgl. z. B. *Perridon/Steiner/Rathgeber* [Finanzwirtschaft], S. 103; *Bamberg/Coenenberg/Krapp* [Entscheidungslehre], S. 67 ff.; *Gleißner* [Identifikation], S. 121. Objektive Wahrscheinlichkeiten werden aus empirischen Häufigkeitsverteilungen der Ergebnisse gleichwertiger Entscheidungssituationen gewonnen und können i. d. R. aufgrund kombinatorischer Überlegungen oder statistischem Datenmaterial exakt berechnet werden. Subjektive Wahrscheinlichkeiten auf Basis subjektiver Erfahrungen oder Überlegungen geschätzt (vgl. *Perridon/Steiner/Rathgeber* [Finanzwirtschaft], S. 104).

39 *Perridon/Steiner/Rathgeber* [Finanzwirtschaft], S. 104. Man spricht hier von „Entscheidungen unter unvollkommener Information“ (vgl. *Mag* [Planung], S. 21 f.).

40 *Bergener* spricht in diesem Kontext von „Entscheidungen unter Unsicherheit“ (vgl. *Bergener* [Risikocontrolling], S. 23).

41 Vgl. *Perridon/Steiner/Rathgeber* [Finanzwirtschaft], S. 104.

chung von einem statistischen Erwartungswert zu verstehen. Abbildung 2-II fasst das ursachenbezogene Risikoverständnis nochmals zusammen.

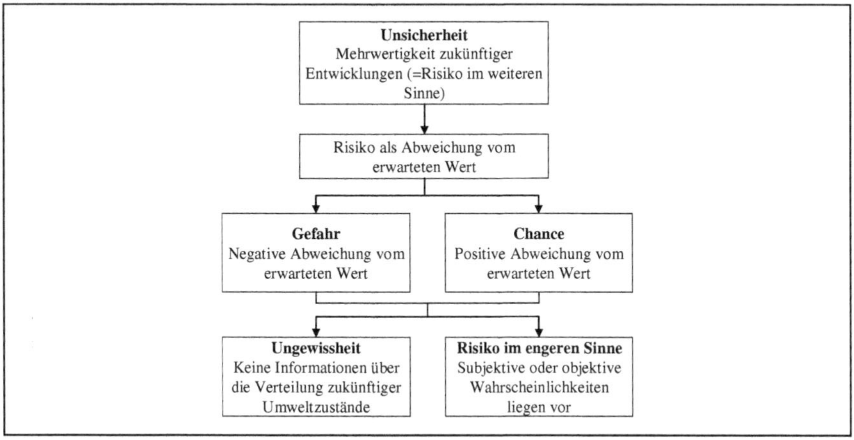


*Abb. 2-II: Das ursachenbezogene Risikoverständnis*[42]

Das in dieser Arbeit vertretene Risikoverständnis kombiniert die Erkenntnisse der wirkungs- und ursachenbezogenen Risikodefinition.[43] Die *Risikoursache* stellt hier der unvollkommene Informationsstand bei unternehmerischen Entscheidungen dar. Diesem Verständnis liegt die implizite Annahme zu Grunde, ein Entscheidungsträger verfüge über (subjektiv oder objektiv hergeleitete) Wahrscheinlichkeitsverteilungen bzgl. der das Ergebnis einer Handlungsalternative beeinflussenden Umweltzustände. Die *Risikowirkung* besteht in der Gefahr einer möglichen Zielverfehlung. Als Zielgröße kann neben dem statistischen Erwartungswert auch jede Ausprägung unter 0 (also ein Verlust) dienen.

Die obigen Ausführungen haben gezeigt, dass das Setzen eines Ziels und das Risiko von dessen Abweichung eng miteinander verbunden sind. Die Zielsetzung und das damit einhergehende maßgebliche Entscheidungskriterium des Wertmanagements sind Gegenstand des folgenden Abschnittes 2.2. Sie bilden den Ausgangspunkt zur Steuerung potenzieller Abweichungen im

---

42 In Anlehnung an *Baetge/Schulze* [Lagebericht], S. 940; *Perridon/Steiner/Rathgeber* [Finanzwirtschaft], S. 103.

43 Einer ähnlichen Definition folgt auch *Bergener* (vgl. *Bergener* [Risikocontrolling], S. 26). Da er jedoch positive und negative Zielverfehlungen berücksichtigt, kann sein Risikoverständnis als allgemeiner als die hier vertretene Definition begriffen werden.

Rahmen des unternehmerischen Risikomanagements (Abschnitt 2.3). Die Rechtfertigung und der Vollzug einer Verknüpfung beider Konzepte im Konzept der integrierten Risiko-/Rendite-Steuerung erfolgt in Abschnitt 2.4.

## 2.2 Grundlagen des Wertmanagements

### 2.2.1 Zielsetzung

Unternehmen benötigen zur Finanzierung ihrer Investitionen Kapital. Dieses kann entweder in Form von Beteiligungskapital von seinen Eigentümern oder als Kreditkapital von den Gläubigern zur Verfügung gestellt werden. Die Konditionen, zu denen Kapital aufgenommen werden können, bilden sich auf dem Kapitalmarkt. Auf diesem können langfristige, durch Wertpapiere verbriefte Zahlungsströme wie Aktien oder festverzinsliche Wertpapiere besonders fungibel gehandelt werden. Kapitalsuchende Unternehmen treten hier als Nachfrager und die Kapitalgeber als Anbieter im Wettbewerb zueinander auf.[44]

Im Wettbewerb um den knappen Faktor Eigenkapital hat sich in marktwirtschaftlich orientierten Ländern die Form des *kapitalgeleiteten* Unternehmens gebildet.[45] Dessen konstituierendes Merkmal ist es, dass eine Gruppe von Kapitalgebern, nämlich die Eigentümer, ihre Interessen unmittelbar in Form einer von finanziellen Zielen geleiteten Unternehmenspolitik zum Ausdruck bringen.[46] Als Konsequenz streben kapitalgeleitete Unternehmen nach einer Maxi-

---

44 Vgl. *Franke/Hax* [Finanzwirtschaft], S. 1 f.

45 Vgl. *Franke/Hax* [Finanzwirtschaft], S. 4. Den Gegenentwurf eines kapitalgeleiteten Unternehmens stellt laut *Hax* das sog. „arbeitsgeleitete" Unternehmen dar. Durch die hierin praktizierte Arbeiterselbstverwaltung dominieren mitarbeitergeleitete Ziele das unternehmerische Zielsystem (vgl. hierzu *Hax* [Unternehmen], S. 61 f.).

46 Vgl. z. B. *Franke/Hax* [Finanzwirtschaft], S. 7 f.; *Gleißner/Wolfrum* [Grundlagen], S. 152. Diese Aussage impliziert nicht, dass die Interessen anderer Gruppen (sog. Stakeholder) wie z. B. Arbeitnehmer, Kunden, Lieferanten oder die „allgemeine Öffentlichkeit" im Konzept des Wertmanagements unberücksichtigt bleiben. Zur Sicherung der Kooperation dieser Gruppen sind deren Interessen als Nebenbedingungen zur finanzwirtschaftlichen Zielsetzung zu betrachten und hinreichend zu berücksichtigen (vgl. *Franke/Hax* [Finanzwirtschaft], S. 7). Andere Autoren verneinen sogar, dass die Ausrichtung an den Aktionärsinteressen den Interessen der Stakeholder widersprechen (vgl. z. B. *Neumann* [Risk Controlling], S. 258). Unter anderem Tirole sieht die Ansprüche von Unternehmen zu den „bevorrechtigten Stakeholdern" wie Kunden, Mitar-

mierung des Marktwertes des investierten Eigenkapitals.[47] Dieses Oberziel steht auch im Zentrum des Wertmanagements.[48] Es verfolgt die Ausrichtung *aller* Unternehmensaktivitäten auf dieses übergreifende Ziel.[49] Bedeutendes Steuerungsobjekt stellen Investitionsentscheidungen mit langfristigen Folgewirkungen dar.[50] Sie sind auf ihren Beitrag zu den finanziellen Zielsetzungen der Eigenkapitalgeber ex ante zu bewerten und ex post zu kontrollieren. Eine Investition ist aus einer wertorientierten Perspektive nur dann vorteilhaft, wenn sie mindestens die Kosten des investierten Eigenkapitals erwirtschaften kann.[51] Es stellt sich die Frage nach einer geeigneten, kapitalmarktorientierten Bewertungsfunktion zur Operationalisierung dieser Bedingung. Ihre Herleitung ist Gegenstand der folgenden Abschnitte.

## 2.2.2 Risikoadjustierter Kapitalwert eines Investitionsprojektes

### 2.2.2.1 Annahmen

Den weiteren Ausführungen zur kapitalmarktorientierten Investitionsbewertung liegen die folgenden Annahmen zu Grunde:[52]

---

beitern oder Zulieferern bereits durch vertragliche Regelungen berücksichtigt (vgl. *Tirole* [Corporate Governance], S. 4).

47 Der Marktwert des Eigenkapitals wird gemäß *Rappaport* auch als Shareholder Value bezeichnet (vgl. *Rappaport* [Shareholder Value]).

48 Als Konzept der Unternehmenssteuerung ist auch die Definition des Unternehmensziels als Bestandteil des Wertmanagements zu verstehen. Zur Definition des Begriffs „Unternehmenssteuerung" vgl. *Küpper* [Controlling], S. 28 ff.

49 Vgl. z. B. *Laux* [Unternehmenssteuerung], S. 1; *Schabel* [Investitionssteuerung], S. 9 f.

50 Vgl. *Laux* [Unternehmenssteuerung], S. 1. Neben der Planung und Kontrolle unternehmerischer Entscheidungen ist die Kapitalmarktkommunikation als weiterer Anwendungsbereich des Wertmanagements zu nennen (vgl. *Schabel* [Investitionssteuerung], S. 9). Das Wertmanagement hat zudem eine zielorientierte Motivation der Entscheidungsträger durch positive Leistungsanreize zu gewährleisten (vgl. *Schabel* [Investitionssteuerung], S. 9; *Laux* [Unternehmenssteuerung], S. 1).

51 Vgl. *Huther* [Chancen- und Risikomanagement], S. 30.

52 In Anlehnung an *Crasselt* [Managemententlohnung], S. 9; *Breuer* [Investition II], S. 316 ff.

- Der Planungshorizont erstreckt sich zunächst über eine Periode, deren Länge nicht näher spezifiziert ist.[53] Die Anfangsinvestition zu Periodenbeginn löst einen positiven Zahlungsüberschuss am Periodenende aus.[54]
- Steuerwirkungen und Inflationseffekte existieren nicht, bzw. haben keinen Einfluss auf den zu bewertenden Zahlungsstrom.
- Der Kapitalmarkt ist „semi-vollkommen". Er weist im Gegensatz zum vollkommenen Kapitalmarkt die „kleine Unvollkommenheit" auf, dass nur eine gegebene endliche Menge marktfähiger Wertpapiere zwischen den Anlegern gehandelt wird.[55]
- Es gibt die Möglichkeit der Anlage bzw. Verschuldung zu einem risikolosen Zins, von der alle Anleger in beliebigem Umfang Gebrauch machen können.
- Die Erwartungen der Anleger in Bezug auf Erwartungswert, Varianz (bzw. Standardabweichung) und Kovarianz der Wertpapierrenditen sind homogen.
- Die Anleger sind risikoavers und lassen sich bei der Portfoliowahl vom Erwartungswert $\mu(r)$ und der Standardabweichung $\sigma(r)$ der Wertpapierportfoliorenditen leiten (Entscheidungen auf Grundlage des $\mu$-$\sigma$-Prinzips).[56]
- Die Mischung nicht vollständig positiv korrelierter Wertpapiere in einem Portfolio hat eine Reduktion des Gesamtrisikos der Wertpapieranlage zur Folge (Risikominderung durch Diversifikation).

### 2.2.2.2 Capital Asset Pricing Model (CAPM)

Die Ableitung der Verzinsungsansprüche der Eigenkapitalgeber erfolgt in dieser Arbeit unter Rückgriff auf die Kapitalmarkttheorie.[57] Als deren klassischer An-

---

53 Diese Annahme wird in Abschnitt 2.4.3.3 fallen gelassen.

54 Unter das hier vertretene Verständnis einer Anfangsinvestition fällt auch die im Finanzbereich praktizierte Vorhaltung von Eigenkapital zur Deckung potenzieller Verluste. Unabhängig von der tatsächlichen Inanspruchnahme kommt somit auch dem im Finanzbereich vollzogenen Eigenkapitaleinsatz eine dem Nicht-Finanzbereich vergleichbare Finanzierungsfunktion zu.

55 Zum Begriff der „Semi-Vollkommenheit" des Kapitalmarktes vgl. *Haley/Schall* [Theory], S. 221 sowie zur Erläuterung *Breuer* [Investition II], S. 316 f.

56 Diese Annahme setzt eine Normalverteilung der Wertpapierrenditen voraus. Alternativ wäre zur Gewährleistung optimaler Entscheidung auf der Grundlage des $\mu$-$\sigma$-Prinzips von einer quadratischen Nutzenfunktion des Entscheidungsträgers auszugehen (vgl. z. B. *Breuer* [Investition II], S. 115 ff.).

57 Alternativ könnte eine Ableitung aufgrund unternehmensspezifischer Risikofaktoren (vgl. z. B. *Botosan/Plumlee* [Cost of Equity Capital]) oder historischer Aktienrenditen (vgl. z. B. *Easton/Monahan* [Expected Returns]) erfolgen.

satz kommt das sog. Capital Asset Pricing Model (CAPM) zum Einsatz.[58] Es wurde von *Lintner/Mossin/Sharpe* Mitte der 60er Jahre in die Literatur eingeführt und ist ein Erklärungsmodell für die auf einem (semi-)vollkommenen Kapitalmarkt im Gleichgewicht vollzogene Preisbildung von Wertpapieren.[59] Das CAPM stellt eine Weiterentwicklung der im Wesentlichen durch *Markowitz* begründeten Portfoliotheorie dar.[60] Gemäß dieser sind unabhängig vom Grad der Risikoaversion der Anleger nur bestimmte Wertpapierportfolios zulässig. Alle diese „risikoeffizienten" Portfolios befinden sich auf einer konvexen Linie im $\mu$-$\sigma$-Diagramm, der sog. Effizienzkurve. Welches Portfolio auf der Effizienzkurve von einem Anleger gewählt wird, hängt vom Grad seiner Risikoaversion ab. Wird zusätzlich die Möglichkeit zur Anlage bzw. Verschuldung zum risikolosen Zins ($r_s$) eingeräumt, wird ein Anleger unabhängig vom Grad seiner Risikoaversion nur noch ein bestimmtes Portfolio ($\mu(r^*)$,$\sigma(r^*)$) an risikobehafteten Wertpapieren auf der Effizienzkurve wählen. Die individuelle Risikoneigung spiegelt sich dann lediglich im Anteil risikoloser Anlage des investierten Vermögens wider, wobei dieser Anteil mit zunehmender Risikoaversion steigt.[61] Die Tatsache, dass die Teilentscheidungen zur monetären Struktur der risikobehafteten Wertpapiere und der Aufteilung des Anlagevermögens in ein riskantes und ein risikoloses Engagement voneinander trennbar sind, wird als *Tobin-Separation* bezeichnet.[62] Liegen homogene Anlegererwartungen vor, schätzen sämtliche Marktteilnehmer die Wahrscheinlichkeitsverteilungen der Renditen aller Wertpapiere gleich ein, was im Optimierungskalkül aller Investoren wiederum zum Wertpapierportfolio ($\mu(r^*)$,$\sigma(r^*)$) führt. Diese Übertragung der (anlegerindividuellen) Tobin-Separation auf die Marktebene wird als *universelle Separation* bezeichnet.[63]

---

58 Vgl. z. B. *Perridon/Steiner/Rathgeber* [Finanzwirtschaft], S. 261. Als weiteres kapitalmarkt-theoretisches Konzept kann auf die primär von *Ross* entwickelte „Arbitrage Pricing Theorie" (APT) Bezug genommen werden (vgl. *Ross* [Arbitrage Theory]). Diese legt der Renditeschwankung riskanter Anlagemöglichkeiten ein Mehrfaktorenmodell zu Grunde. Probleme bei der Auswahl entsprechend renditebestimmender Faktoren schränken die praktische Anwendbarkeit jedoch stark ein (vgl. *Stephan* [Kennzahlen], S. 48), weshalb im Folgenden auf eine weitere Behandlung der APT verzichtet wird.

59 Vgl. *Lintner* [Valuation]; *Mossin* [Equilibrium]; *Sharpe* [Capital Asset Prices]. Zur weiteren Darstellung der mit dem CAPM assoziierten Annahmen, Anwendungsmöglichkeiten und Kritik vgl. z. B. *Brealey/Myers/Allen* [Corporate Finance], S. 217 ff.; *Copeland/Weston/Shastri* [Financial Theory], S. 147 ff.; *Lauerbach* [Capital Asset Pricing Model], S. 167ff; *Perridon/Steiner/Rathgeber* [Finanzwirtschaft], S. 261 ff.

60 Vgl. *Markowitz* [Portfolio Selection].

61 Vgl. *Kruschwitz* [Finanzierung], S. 185.

62 Vgl. *Tobin* [Liquidity Preference].

63 Vgl. z. B. *Franke* [Kapitalmarkt]; *Breuer* [Investition II].

Im Kapitalmarktgleichgewicht muss die Gesamtnachfrage nach risikobehafteten Wertpapieren deren Gesamtangebot entsprechen. Letzteres wird auch als Marktportfolio bezeichnet. Infolge der universellen Separation *muss* im Kapitalmarktgleichgewicht notwendigerweise eine strukturelle Identität zwischen dem Wertpapierportfolio ($\mu(r^*)$,$\sigma(r^*)$) und dem Marktportfolio ($\mu(r_M)$,$\sigma(r_M)$) vorliegen. Vor diesem Hintergrund gelangt man zur Darstellung der im Kapitalmarktgleichgewicht maßgeblichen Effizienzlinie aus Sicht aller Marktteilnehmer (Abb. 2-III). Sie wird nach *Sharpe* als *Kapitalmarktlinie* bezeichnet und verläuft von Punkt ($r_s$;0) startend durch das Marktportfolio ($\mu(r_M)$,$\sigma(r_M)$).[64]

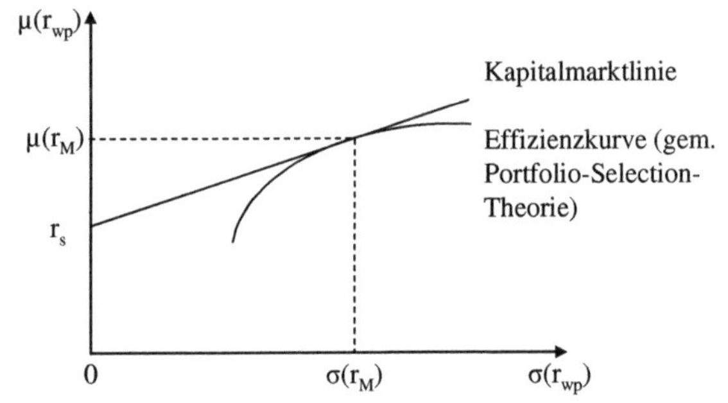


*Abb. 2-III: Kapitalmarktlinie und Effizienzkurve*

Die Kapitalmarktlinie stellt den funktionalen Zusammenhang zwischen der Renditeerwartung ($\mu(r_{wp})$) und der Renditestandardabweichung ($\sigma(r_{wp})$) jedes beliebigen, im Kapitalmarktgleichgewicht ($\mu$,$\sigma$)-effizienten Wertpapierportfolios wp in einer ex ante-Betrachtung dar.[65] Formal gilt:[66]

$$\mu(r_{wp}) = r_s + \lambda \cdot \sigma(r_{wp}) \tag{2-1}$$

mit:

$$\lambda = \frac{\mu(r_M) - r_s}{\sigma(r_M)} \tag{2-2}$$

64 Vgl. *Sharpe* [Capital Asset Prices].

65 Vgl. *Schierenbeck/Lister/Herzog* [Risiko-Controlling], S. 81.

66 Vgl. *Perridon/Steiner/Rathgeber* [Finanzwirtschaft], S. 264.

Die Renditeerwartung ergibt sich gemäß (2-1) als Summe aus dem risikolosen Zinssatz $r_s$ und dem Produkt aus dem durch die Standardabweichung gemessenen Risiko von Portfolio wp ($\sigma(r_{wp})$) und dem Faktor $\lambda$. Letzterer quantifiziert die über das Halten des Marktportfolios erzielbare Marktrisikoprämie ($\mu(r_M)$-$r_s$) je Risikoeinheit $\sigma(r_M)$. Er wird als der im Kapitalmarktgleichgewicht maßgebliche *„Marktpreis des Risikos“* bezeichnet.[67]

Die Kapitalmarktlinie lässt keine Aussage über den Beitrag eines *einzelnen* Wertpapiers zur Renditeforderung bei Halten des Marktportfolios zu. Einen solchen Zusammenhang stellt die sog. *Wertpapiermarktlinie* her. Sie stellt das eigentliche CAPM dar und bestimmt die Renditeerwartung an ein Wertpapier j ($\mu(r_j)$) durch den folgenden formalen Zusammenhang:

$$\mu(r_j) = r_s + (\mu(r_M) - r_s)\frac{Cov(r_j, r_M)}{\sigma^2(r_M)} \tag{2-3}$$

$$= r_s + (\mu(r_M) - r_s)\beta_j \tag{2-4}$$

Die Renditeerwartung entspricht gemäß (2-3) der Summe aus risikolosem Zinssatz $r_s$ und der Marktrisikoprämie ($\mu(r_M)$-$r_s$) multipliziert mit dem Verhältnis aus der Kovarianz zwischen den Renditen von j und dem Marktportfolio M ($Cov(r_j,r_M)$) und der Varianz des Marktportfolios ($\sigma^2(r_M)$). In (2-4) wird dieses Verhältnis als ß-Faktor von Wertpapier j ($ß_j$) dargestellt. Der ß-Faktor erfasst ausschließlich den systematischen Risikobeitrag eines Wertpapiers, d.h. denjenigen Teil seines Gesamtrisikos, der durch Diversifikation im Marktportfolio *nicht* ausgeschaltet werden kann.[68] Nicht-diversifizierte, unsystematische Risiken werden bei der Ableitung der Renditeforderungen der Eigenkapitalgeber im CAPM somit nicht berücksichtigt. Der ß-Faktor kann als Maß für die Volatilität eines Wertpapiers im Vergleich zum Gesamtmarkt interpretiert werden. Bei einem Wert größer (kleiner) 1 schwankt das Papier stärker (schwächer) als der Markt. Die Renditeerwartung liegt folglich über (unter) derjenigen des Marktportfolios. Im Fall einer Investition zum risikolosen Zins besteht keine Abhängigkeit zur Entwicklung des Gesamtmarktes. Der ß-Faktor beträgt folglich 0. Bei einem negativen Beta-Faktor verläuft die Kursentwicklung einer Aktie gegenläufig zur Marktentwicklung. Abbildung 2-IV stellt diesen Zusammenhang

67 Vgl. *Perridon/Steiner/Rathgeber* [Finanzwirtschaft], S. 264.

68 Vgl. z. B. *Franke/Hax* [Finanzwirtschaft], S. 277; *Perridon/Steiner/Rathgeber* [Finanzwirtschaft], S. 267.

zwischen systematischem Risiko und erwarteter Wertpapierrendite graphisch dar.

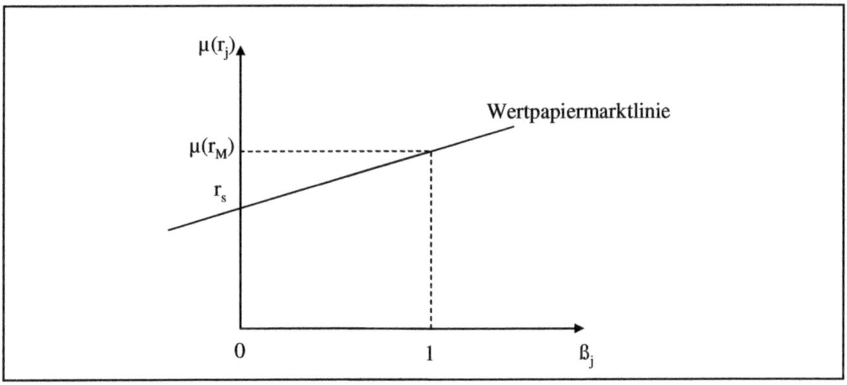


*Abb. 2-IV: Wertpapiermarktlinie*

Wie im folgenden Abschnitt gezeigt wird, kommt dem CAPM eine zentrale Rolle bei der Bewertung des unsicheren Zahlungsüberschusses eines Investitionsprojektes aus Sicht risikoaverser Investoren zu.

### 2.2.2.3 Investitionsbewertung mit dem Kapitalwert

Unter den in Abschnitt 2.2.2.1 aufgestellten Annahmen, ist der Kapitalwert einer Investition als Entscheidungskriterium im Rahmen des Wertmanagements heranzuziehen.[69] Er ist allgemein als Summe des mit einer Investition verbundenen und auf den Entscheidungszeitpunkt t=0 diskontierten Cash Flows definiert.[70] Wird die Investitionsauszahlung in t=0 ($A_0$) getrennt vom Barwert des in t=1 erwarteten Zahlungsüberschusses, dem sog. Ertragswert (EW) dargestellt, berechnet sich der Kapitalwert (KW) als:

$$KW = -A_0 + EW \quad (2\text{-}5)$$

69 Vgl. *Busse von Colbe/Laßmann* [Betriebswirtschaftstheorie], S. 43 ff., 158 ff.; *Schmidt/Terberger* [Grundzüge], S. 128 ff., 360 ff.

70 Vgl. *Blohm/Lüder/Schäfer* [Investition], S. 51. Der im Folgenden nicht näher spezifizierte Cash Flow bezeichnet den Zahlungsstrom an die Eigenkapitalgeber eines Unternehmens.

Im Fall unsicherer Erwartungen ist der Ertragswert auf der Grundlage des Cash Flow-Erwartungswertes in t=1 (μ(CF1)) zu berechnen. Unter der Annahme risikoneutraler Kapitalmarktteilnehmer ist dieser mit dem risikolosen Zinssatz der Periode (rs,1) auf den Entscheidungszeitpunkt t=0 zu diskontieren. Der sich nach Addition mit der Anfangsinvestition ergebende nicht-risikoadjustierte Kapitalwert (KW(rs)) stellt in diesem Kontext das maßgebliche Entscheidungskriterium dar:

$$KW(r_s) = -A_0 + \mu(CF_1) \cdot (1 + r_{s,1})^{-1} \tag{2-6}$$

Aus Sicht risikoaverser Marktteilnehmer ist das Bewertungskalkül zu modifizieren. Die bewertungsrelevanten systematischen Risiken können in diesem Fall entweder durch die Transformation des Cash Flow-Erwartungswertes in sein Sicherheitsäquivalent SÄ(CF1) (Sicherheitsäquivalenzmethode) oder durch dessen Diskontierung mit einem risikoadjustierten Zinssatz ra,1 (Risikozuschlagsmethode) Berücksichtigung finden. Der CAPM basierte, risikoadjustierte Kapitalwert (KWCAPM) berechnet sich in Abhängigkeit der gewählten Methodik wie folgt:

$$KW^{CAPM} = -A_0 + S\ddot{A}(CF_1) \cdot (1 + r_{s,1})^{-1} = -A_0 + \mu(CF_1) \cdot (1 + r_{a,1})^{-1} \tag{2-7}$$

mit:

$$\begin{aligned} r_{a,1} &= r_{s,1} + (\mu(r_{M,1}) - r_{s,1}) \cdot \frac{Cov(r_{j,1}, r_{M,1})}{\sigma^2(r_{M,1})} \\ &= r_{s,1} + (\mu(r_{M,1}) - r_{s,1}) \cdot \beta_{j,1} \end{aligned} \tag{2-8}$$

$$S\ddot{A}(CF_1) = \mu(CF_1) - (\mu(r_{M,1}) - r_{s,1}) \cdot Cov(CF_1; \mu(r_{M,1})) \tag{2-9}$$

Bei Anwendung der Risikozuschlagsmethode lässt sich der risikoadjustierte Zinssatz unmittelbar aus Gleichung (2-3) bzw. (2-4) ableiten. Die im ß-Faktor zum Einsatz kommende Renditeformulierung erweist sich allerdings als problematisch, da zur Ermittlung der investitionsbezogenen Rendite ($r_{a,1}$) der Ertragswert und damit das Ergebnis der Kapitalwertberechnung bereits bekannt sein müssen.[71] Die Sicherheitsäquivalenzmethode umgeht dieses Zirkularitätsproblem durch Ansatz der Kovarianz zwischen dem erwarteten *Einzahlungsüberschuss* des Investitionsprojektes und der Marktrendite als systematischem Risikomaß.[72] Sinnvollerweise sollten jedoch Sicherheitsäquivalenz- und Risikozuschlagsmethode zu gleichen Ergebnissen führen. Der Abschlag, um welchen der nicht-risikoadjustierte Kapitalwert bei einer Risikoadjustierung auf Basis des CAPM verändert wird ($RA^{CAPM}$), beträgt demnach in beiden Fällen:

$$RA^{CAPM} = KW(r_s) - KW^{CAPM} \qquad (2\text{-}10)$$

Unter den oben getroffenen Annahmen entspricht der risikoadjustierte Kapitalwert dem Verkaufspreis eines Investitionsprojektes am Kapitalmarkt *vor* der Leistung der Anfangsinvestition.[73] Ist der Kapitalwert positiv, ist die zu beurteilende Investition aus Kapitalmarktsicht vorteilhaft. Stehen mehrere sich ausschließende Investitionsalternativen *mit identischen Anfangsauszahlungen*[74] zur Disposition, ist aus Sicht des Wertmanagements diejenige mit dem höchsten Kapitalwert durchzuführen.

In diesen Ausführungen wurde der Fokus des Wertmanagements auf die systematischen Risiken des zu bewertenden Investitionsprojektes deutlich. Diese resultieren aus einer Veränderung makroökonomischer und damit externer Rahmenbedingungen und stehen in keinem unmittelbaren Zusammenhang zur wirtschaftlichen Lage des Unternehmens. Demgegenüber erfasst das unsystema-

---

71 Die Rendite eines Investitionsprojektes ist demnach als dessen relative Wertänderung definiert (vgl. z. B. *Breuer* [Investition II], S. 347). Sie ergibt sich für den Cash Flow der Periode 1 als: $r_{a,1}=\mu(CF_1)/EW-1$.

72 Trotz dieser theoretischen Überlegenheit der Sicherheitsäquivalenzmethode kommt in der Praxis überwiegend die Risikozuschlagsmethode zum Einsatz (vgl. *Crasselt* [Managemententlohnung], S. 12). Zum einen wird argumentiert, dass die dieser Methodik zu Grunde liegenden Ausgangsgrößen durch ohnehin vorgenommene Planungen bereits vorhanden seien. Zum anderen wird der Risikozuschlagsmethode aufgrund der Interpretierbarkeit als Preisuntergrenze eine bessere Kommunizierbarkeit attestiert (vgl. *Spremann* [Finanzanalyse], S. 165 f.).

73 Vgl. *Crasselt* [Managemententlohnung], S. 10. Man spricht in diesem Zusammenhang auch vom Nettomarktwert eines Investitionsprojektes (vgl. *Breuer* [Investition II], S. 10, 374).

74 Liegen unterschiedlich hohe Anfangsinvestitionen vor, können die verfügbaren Investitionsalternativen anhand ihrer Kapitalwertrate (KWR) in eine Reihenfolge gebracht werden. Diese ergibt sich, indem der Kapitalwert (KW) ins Verhältnis zur Investitionsauszahlung ($A_0$) gesetzt wird als $KWR= KW/A_0$.

tische Risiko unternehmensspezifische, durch unternehmensinterne Faktoren ausgelöste Risiken.[75] Im Fall der aus den Annahmen resultierenden weitest möglichen Diversifikation eines Investors sind diese unsystematischen Risiken jedoch nicht bewertungsrelevant.

Zusammenfassend ist an dieser Stelle festzuhalten, dass bereits im Rahmen des Wertmanagements eine integrierte Betrachtung von Erfolgs- und Risikoaspekten erfolgt. Letztere beschränken sich jedoch allein auf die aus Sicht der Kapitalmarkttheorie bewertungsrelevanten systematischen Risiken. Inwiefern unter einer vollständigen Ausblendung nicht-systematischer Risiken tatsächlich eine Vermögensmaximierung der Eigenkapitalgeber des Unternehmens erreicht werden kann, soll zu einem späteren Zeitpunkt in dieser Arbeit diskutiert werden.[76] Zunächst stellt der folgende Abschnitt 2.3 die Grundlagen eines unternehmensinternen Risikomanagements dar. Die Existenz einer entsprechenden Erfolgsgröße vorausgesetzt, stellt dieses auf eine ganzheitliche Erfassung des dieser innewohnenden Risikos ab.

## 2.3 Grundlagen des Risikomanagements

### 2.3.1 Gesetz zur Kontrolle und Transparenz im Unternehmensbereich

Das Gesetz zur Kontrolle und Transparenz im Unternehmensbereich (KonTraG) bildet das gesetzliche Fundament für ein unternehmerisches Risikomanagement im deutschsprachigen Raum.[77] Es trat zum 1. Mai 1998 als Reaktion des Gesetzgebers auf eine Vielzahl nationaler und internationaler Unternehmenskrisen (z. B. Metallgesellschaft AG und Barings Bank plc.) in Kraft.[78] Ziel des KonTraG ist die Forcierung einer effektiveren Leitungs- und Überwachungsstruktur (Corporate Governance) in deutschen Unternehmen. Es versucht zum einen auf

75 Vgl. *Hachmeister* [Unternehmenswertsteigerung], S. 135.

76 Vgl. hierzu Abschnitt 2.4.

77 Vgl. *Stephan* [Kennzahlen], S. 160. Das KonTraG wurde in Form eines Rahmengesetzes verfasst. Die darin enthaltenen Änderungen schlagen sich in erster Linie in Neuerungen des Aktiengesetzes (AktG) und des Handelsgesetzbuches (HGB) nieder.

78 Als Reaktion auf die Zusammenbrüche der Enron Corp. und Worldcom Inc. wurde in den USA 2002 der sog. Sarbanes-Oxley-Act (SOX) verabschiedet. Dieser bildet das primäre gesetzliche Fundament für die Verantwortlichkeit von Managern und Wirtschaftsprüfern. Für eine Übersicht zum SOX vgl. *Färber/Wagner* [Adaption].

eine Korrektur von Schwächen und Verhaltensfehlsteuerungen im deutschen System der dualistischen Unternehmenskontrolle hinzuwirken.[79] Auf der anderen Seite soll durch die Betonung der Relevanz einer Ausrichtung des unternehmerischen Zielsystems auf die finanziellen Interessen der Eigenkapitalgeber der Gedanke des Wertmanagements unterstützt werden.[80]

Eine bedeutende Änderung beinhaltet die Verpflichtung des Vorstands einer Aktiengesellschaft zur Einrichtung eines angemessenen Risikomanagementsystems. Nach dem neu eingeführten § 91 Abs. 2 AktG hat der Vorstand somit „geeignete Maßnahmen zu treffen, insbesondere ein Überwachungssystem einzurichten, damit den Fortbestand der Gesellschaft gefährdende Entwicklungen früh erkannt werden".[81] Damit betont und konkretisiert der Gesetzgeber letztlich die allgemeine Leitungsaufgabe des Vorstands gemäß § 76 Abs. 1 AktG sowie die in § 96 Abs. 1 AktG enthaltene Sorgfaltspflicht des Vorstands.[82] Aufgrund ähnlich geltender Sorgfaltsregeln für andere Rechtsformen ist zudem von einer Ausstrahlungswirkung des KonTraG auszugehen.[83]

Einen weiteren entscheidenden Reformimpuls des KonTraG stellen Novellierungen zur Risikoberichterstattung im Lagebericht von Kapitalgesellschaften dar.[84] Im Rahmen der Ergänzung des § 289 Abs. 1 HGB ist neben der Darstellung des Geschäftsverlaufs und der Lage der Kapitalgesellschaft nun in einem

---

79 Vgl. *Kromschröder/Lück* [Unternehmensüberwachung], S. 1573.

80 Hierdurch soll die Wettbewerbsposition deutscher Aktiengesellschaften auf den internationalen Kapitalmärkten gestärkt werden (vgl. *Stephan* [Kennzahlen], S. 160).

81 § 91 Abs. 2 AktG. Das einzurichtende Risikomanagementsystem ist auch der Überwachung durch den Aufsichtsrat unterstellt. Dessen in § 111 Abs. 1 AktG definierte kontinuierliche Überwachungsaufgabe wurde um die Aspekte des einzurichtenden Überwachungssystems erweitert. Durch § 317 Abs. 4 HGB wurde die Einrichtung des Überwachungssystems zudem zum Bestandteil der Jahresabschlussprüfung.

82 Vgl. *Lück* [Elemente], S. 8.

83 Vgl. *Emmerich* [Risikomanagement], S. 1077; *Ernst/Seibert/Stuckert* [Gesellschafts- und Bilanzrecht], S. 53.

84 Neben den hier angesprochenen Neuregelungen fallen die folgenden weiteren Aspekte unter den KonTraG-Reformbereich: Stärkung der Kontrolle durch die Hauptversammlung, Zulassung moderner Finanzierungs- und Vergütungsinstrumente, Abschaffung von Mehrstimmrechtsaktien/Höchststimmrechten und Änderungen zu Vollmachtstimmrechten der Kreditinstitute. Für eine umfassende Darstellung des KonTraG siehe *Ernst/Seibert/Stuckert* [Gesellschafts- und Bilanzrecht]. Zu den Neuregelungen des KonTraG siehe *Emmerich* [Risikomanagement] und *Schindler/Rabenhorst* [KonTraG].

sog. Risikobericht auch auf die Risiken der zukünftigen Entwicklung einzugehen.[85]

### 2.3.2 Zielsetzung und Aufgabenbereiche

Die allgemein gültige Zielsetzung eines unternehmerischen Risikomanagements ist vor den gesetzlichen Anforderungen des KonTraG zunächst in der Abwehr einer Insolvenz und damit der Sicherstellung des Fortbestands des Unternehmens zu sehen.[86] Der Tatbestand der Insolvenz liegt zum einen im Fall der Zahlungsunfähigkeit des Unternehmens vor. Diese wird verstanden als das „auf Mangel an Zahlungsmitteln beruhende und nach außen erkennbare, voraussichtlich dauernde Unvermögen eines Schuldners, seine fälligen Geldschulden noch im Wesentlichen zu erfüllen".[87] Einen weiteren Insolvenzgrund stellt die Überschuldung eines Unternehmens dar. Sie liegt bei einem Überwiegen der Schulden über das Vermögen vor.[88] Die Insolvenzabwehr stellt jedoch lediglich eine Minimalanforderung an das unternehmerische Risikomanagement dar. Häufig wird sein Einsatz auch unter betriebswirtschaftlichen Gesichtspunkten empfohlen. Zum genaueren Verständnis der dadurch verfolgten Zielsetzungen ist zunächst festzuhalten, dass Risikomanagement als ein das Management unterstützendes Subsystem zu verstehen ist.[89] Seine betriebswirtschaftliche Rechtfertigung setzt das Vorliegen einer konkreten Zielgröße voraus. Letztere bildet im Wertmanagement der Marktwert des investierten Eigenkapi-

---

85 Eine Erweiterung der Berichterstattung im Lagebericht bewirkt das am 10.12.2004 in Kraft getretene Bilanzreformgesetz (BilReG). Dieses erweitert § 289 Abs. 1 HGB nochmals derart, dass neben den wesentlichen Risiken nun auch auf die wesentlichen Chancen mitsamt der zu Grunde liegenden Annahmen einzugehen ist.

86 Gegenstand des KonTraG sind laut dessen Begründung den Fortbestand eines Unternehmens gefährdende Entwicklungen (vgl. *Ernst/Seibert/Stuckert* [Gesellschafts- und Bilanzrecht], S. 53). Diese führen in letzter Konsequenz zum Eintritt der Insolvenz eines Unternehmens.

87 *Gabler* [Wirtschaftslexikon], o. S. in Anlehnung an § 17 InsO. Einen weiteren Insolvenzgrund sieht der Gesetzgeber laut § 18 InsO im Fall der drohenden Zahlungsunfähigkeit, welche bereits dann vorliegt, wenn der Schuldner voraussichtlich nicht in der Lage sein wird, die bestehenden Zahlungsverpflichtungen im Zeitpunkt der Fälligkeit zu erfüllen. In diesem Fall muss der Insolvenzantrag jedoch vom Schuldner selbst gestellt werden, da nur dieser beurteilen kann, ob eine Zahlungsunfähigkeit unmittelbar bevorsteht.

88 Vgl. § 19 InsO.

89 Vgl. *Mugler* [Risk Management], S. 14 ff.; *Braun* [Risikomanagement], S. 43.

tals.[90] In diesem Kontext sollte ein betriebswirtschaftlich sinnvolles Risikomanagement eine unterstützende Querschnittsfunktion zur Erreichung dieser Zielsetzung bilden.[91]

Die Aufgaben des Risikomanagements dienen der Erreichung der beiden oben genannten Ziele. Seitens des Gesetzgebers erfolgt in Bezug auf diese Aufgaben jedoch weder für das in § 91 Abs. 2 AktG erwähnte „Überwachungssystem", noch für das in dessen Begründung angesprochene „Risikomanagementsystem" eine hinreichende Konkretisierung.[92] Hiermit einher geht ein uneinheitliches Verständnis für die Aufgaben des Risikomanagements. *Kromschröder/Lück* definieren diese als Gesamtheit aller Aufgaben zur „Überwachung und Steuerung aller das Unternehmen bedrohenden Verlustgefahren (Einzelrisiken und kumulierte Risiken einschließlich der Wechselwirkungen zwischen diesen Risiken)".[93] Demgegenüber interpretiert *Doherty* Risikomanagement deutlich restriktiver als *„management of events that cannot be predicted"*.[94] Beide Definitionen setzen im Wesentlichen an den Aktivitäten, die die unternehmerische Existenzsicherung und damit die gesetzlichen Mindestanforderungen an ein Risikomanagement gemäß KonTraG betreffen, an. Einen Definitionsversuch, der die betriebswirtschaftlichen Zielsetzungen von Risikomanagement mit einbezieht, leisten *Göppl/Schlag*. Sie beschreiben Risikomanagement als „Gesamtheit der Maßnahmen einer Unternehmung, die die Verteilung der ökonomischen Ergebnisse steuert."[95] Mit diesem Verständnis grundsätzlich konform gehen die funktionalen Definitionsversuche der Risikomanagementaufgabe. Hierunter sind Phasendarstellungen zu verstehen, die der Erkennung und Bewertung sowie der anschließenden Handhabung von Risiken dienen sollen. Wildemann differenziert beispielhaft die folgenden vier Phasen:[96]

- Risikoidentifikation
- Risikoanalyse und -bewertung
- Risikohandhabung
- Risikokontrolle

---

90 Zu dieser Zielsetzung vgl. Abschnitt 2.2.1.

91 Eine kritische Diskussion darüber, wie bzw. ob diese betriebswirtschaftliche Zielsetzung durch ein unternehmerisches Risikomanagement tatsächlich unterstützt werden kann erfolgt in Abschnitt 2.4.

92 Vgl. *Fiege* [Risikomanagement], S. 14.

93 *Kromschröder/Lück* [Unternehmensüberwachung], S. 1573 f.

94 *Doherty* [Risk Management], S. 10.

95 *Göppl/Schlag* [Risikomanagement], Sp. 1847.

96 Für einen Überblick einiger in der Literatur anzutreffender Phasenschemata vgl. z. B. *Wildemann* [Risikomanagement], S. 53 f.

Im Rahmen der *Risikoidentifikation* gilt es alle wesentlichen, das Zielsystem eines Unternehmens beeinflussenden Risiken inklusive ihrer Abhängigkeiten möglichst systematisch und strukturiert zu erfassen.[97] Der Umfang der Risikoidentifikation ist vom konkreten Betrachtungsobjekt abhängig. Als Betrachtungsobjekt können einzelne Aktivitäten wie Investitionsprojekte, aber auch Unternehmenseinheiten oder das Gesamtunternehmen fungieren. Im Rahmen der *Risikoanalyse* ist der Einfluss der identifizierten Risiken auf die maßgebliche Erfolgsgröße zu bewerten. Ergebnis dieses Schrittes ist eine Wahrscheinlichkeitsverteilung dieser Erfolgsgröße in Abhängigkeit der potenziellen zukünftigen Umweltzustände.[98] Die *Risikobewertung* hat die Ergebnisse der Risikoanalyse für Entscheidungszwecke aufzubereiten. Die Art der Aufbereitung bildet die Grundlage für die im Prozess folgende *Risikohandhabung*. Eine Beurteilung ihres Einflusses erfolgt demnach immer in Bezug auf den gewählten Risikobewertungsansatz. Gegenstand der *Risikokontrolle* ist schließlich ein Soll-Ist-Vergleich. In diesem ist zu überprüfen, ob, bzw. inwieweit die identifizierten Risiken nach Einsatz von Maßnahmen zur Risikohandhabung den festgelegten Risikopräferenzen, bzw. -zielen genügen. Im Fall von Abweichungen sind entsprechende Gegenmaßnahmen zu deren Korrektur auszulösen.[99]

Die Risikobewertung steht im Zentrum des unternehmerischen Risikomanagements. Sie setzt auf den vorgelagerten Prozessphasen an und bildet die Basis der darauffolgenden Risikohandhabung und -kontrolle. Aufgrund dieser besonderen Bedeutung und ihrer Relevanz für die späteren Ausführungen erfolgt in den folgenden Abschnitten eine genauere Betrachtung dieses Prozessschrittes.

---

97 Vgl. *Hornung/Reichmann/Diederichs* [Risikomanagement], S. 320. Eine detaillierte Darstellung des Prozessschritts der Risikoidentifikation findet sich z. B. bei *Wildemann* [Risikomanagement], S. 54 f.; *Burger/Buchhart* [Risiko-Controlling], S. 31 f.

98 Vgl. *Franke/Hax* [Finanzwirtschaft], S. 262. Für eine ausführliche Darstellung des Konzepts der Risikoanalyse vgl. z. B. *Hertz* [Risk Analysis]; *Franke/Hax* [Finanzwirtschaft], S. 262 ff. Die Ermittlungsmethoden der Risikoanalyse lassen sich in analytische Ansätze (Varianz-Kovarianz-Ansatz) und simulative Verfahren (Monte-Carlo-Simulation und historische Simulation) unterscheiden. Für eine ausführliche Darstellung dieser Verfahren vgl. z. B. *Dowd* [Value at Risk], S. 63 ff.; *Diggelmann* [Value at Risk], S. 117 ff.; *Jorion* [Value at Risk], S. 205 ff.; *Kremers* [Risikoübernahme], S. 135 ff. Für eine Anwendung der genannten Verfahren unter Rückgriff auf den Cash Flow bzw. den Kapitalwert als Zielgröße vgl. Abschnitt 3.4.2.4 und 3.4.2.5 bzw. 3.5.2.

99 Vgl. *Burger/Buchhart* [Risiko-Controlling], S. 52 ff.

### 2.3.3 Risikobewertung

#### 2.3.3.1 Gesamtberücksichtigung versus Downside-Betrachtung

Ansatzpunkt der Risikobewertung ist die Wahrscheinlichkeitsverteilung eines Erfolgsmaßes. Die dieser innewohnenden Information wird in diesem Kontext durch eine begrenzte Auswahl von Kennzahlen entscheidungsorientiert verdichtet. Dabei ist darauf zu achten, dass die gewählten Kennzahlen die betreffende Wahrscheinlichkeitsverteilung hinreichend genau beschreiben können. Zur Beschreibung der mittleren Ergebnishöhe bietet sich in erster Linie der Erwartungswert an.[100] Mit einem solchen Lagemaß ist eine Verteilung jedoch nur unzureichend beschrieben. Aus Sicht des Risikomanagements ist mindestens eine weitere Größe zu ermitteln, welche die potenzielle Abweichung von diesem Lagemaß charakterisiert. Man bezeichnet eine derartige Größe als *Risikomaß*.[101] Aufgrund der Vielzahl der von Theorie und Praxis entwickelten Risikomaße kann in dieser Arbeit kein vollständiger Überblick erfolgen.[102] Ziel ist es zunächst, eine allgemeine Differenzierung vorzunehmen. Risikomaße können grundsätzlich danach unterschieden werden, ob sie eine Gesamt- oder eine Downside-Betrachtung des Risikos vornehmen.[103] Risikomaße zur Messung des Gesamtrisikos betrachten die positive und negative Abweichung von einem Mittelwert und entsprechen damit dem Risiko im engeren Sinn nach dem ursachenbezogenen Risikoverständnis.[104] Sie werden auch als *zweiseitige* Risikomaße bezeichnet. Dagegen berücksichtigen Downside-Risikomaße lediglich negative Abweichungen vom Mittelwert. Das ihnen zu Grunde liegende Risikoverständnis entspricht damit der engeren Betrachtung in der wirkungsbezogenen Risikoforschung. Aufgrund dieser einseitigen Berücksichtigung negativer Zielabweichungen werden sie auch *einseitige* Risikomaße genannt.[105]

---

100 Vgl. *Franke/Hax* [Finanzwirtschaft], S. 268. Als Referenzwert kann ebenso eine beliebige deterministische Zielgröße (z. B. eine Ziel-Rendite) oder eine stochastische Benchmark dienen (vgl. *Burghof* [Bankmanagement], S. 143; *Gleißner* [Downside-Risikomaße], S. 19; *Albrecht* [Finanzrisiken], S. 22). Zur Möglichkeit des Einsatzes einer stochastischen Benchmark als Referenzwert vgl. *Albrecht/Mauer/Ruckpaul* [Shortfall-Risks], S. 481 ff.

101 Vgl. *Franke/Hax* [Finanzwirtschaft], S. 268.

102 Einen Überblick zu den klassischen und neueren Risikomaßen liefert z. B. *Glawischnig* [Performance- und Risikomaße].

103 Vgl. *Göppl/Schlag* [Risikomanagement], Sp. 1870.

104 Zu den unterschiedlichen Risikoverständnissen vgl. Abschnitt 2.1.

105 Zu einer entsprechenden Differenzierung vgl. z. B. *Romeike/Hager* [Erfolgsfaktor], S. 511; *Dölker* [Risiko], S. 90. Durch Zentrierung der zu Grunde liegenden Zielgröße

Die Entscheidung darüber, welcher Ansatz der Richtige ist, kann nur im Hinblick auf die konkrete Anwendung bzw. Zielsetzung getroffen werden. Für die gemäß KonTraG geforderte Abwehr existenzieller Risiken scheint der Fokus auf Downside-Risiken plausibel.[106] So kann es bei stark negativen Abweichungen zur mittleren Ausprägung eines Erfolgsmaßes zur Insolvenz des Unternehmens kommen. Diese existenzielle Gefahr wird bei dem Fokus auf ein zweiseitiges Risikomaß nicht entsprechend berücksichtigt, da sich hier positive und negative Abweichungen gegenseitig kompensieren können.[107] Im Folgenden werden die bekanntesten zweiseitigen und einseitigen Risikomaße vorgestellt.

### 2.3.3.2 Charakterisierung zwei- und einseitiger Risikomaße

Das am häufigsten verwendete zweiseitige Risikomaß ist die Standardabweichung einer Verteilung, bzw. deren Quadrat, die Varianz.[108] Die Varianz ($\sigma^2$) bzw. Standardabweichung ($\sigma$) quantifiziert den Mittelwert der möglichen Abweichungen einer unsicheren Erfolgsgröße X von ihrem Erwartungswert $\mu$ und berechnet sich als:[109]

$$\sigma^2 = E(X - \mu)^2 \qquad (2\text{-}11)$$

bzw.

$$\sigma = \sqrt{E(X - \mu)^2} \qquad (2\text{-}12)$$

Ist das Erfolgsmaß normalverteilt bzw. verfügt der Entscheidungsträger über eine quadratische Nutzenfunktion, erfassen Varianz und Standardabweichung

---

können einseitige in zweiseitige Risikomaße überführt werden (vgl. hierzu z. B. *Rockafellar/Uryasev/Zabarankin* [Generalized], S. 61). Zum mathematischen Zusammenhang ein- und zweiseitiger Risikomaße vgl. zudem Abschnitt 2.3.3.2.

106 Zu dieser Einschätzung kommt auch *Huther* (vgl. *Huther* [Chancen- und Risikomanagement], S. 168).

107 Vgl. *Gleißner/Wolfrum* [Grundlagen], S. 151.

108 Ursächlich hierfür ist neben einer einfachen Berechnungsvorschrift auch deren Verwendung in den bekannten Erklärungs- und Bewertungsmodellen der neoklassischen Kapitalmarkttheorie (vgl. *Göppl/Schlag* [Risikomanagement], Sp. 1871).

109 Vgl. *Franke/Hax* [Finanzwirtschaft], S. 269.

das Risiko vollständig.[110] Ist dies nicht der Fall, sind höhere Momente zur Beschreibung der Wahrscheinlichkeitsverteilung heranzuziehen.[111] Die Schiefe (γ) als drittes und die Kurtosis (ε) als viertes Moment einer Verteilung entsprechen formal:[112]

$$\gamma = E(X-\mu)^3 \cdot \sigma^{-3} \tag{2-13}$$

bzw.

$$\varepsilon = E(X-\mu)^4 \cdot \sigma^{-4} - 3 \tag{2-14}$$

Einseitige Risikomaße berücksichtigen lediglich den unteren Teil einer Wahrscheinlichkeitsverteilung. Von der Varianz ausgehend lässt sich mit der unteren Semivarianz[113] ($SV_U$) ein Risikomaß konstruieren, welches dem Erwartungswert der quadrierten negativen Abweichungen einer Erfolgsgröße $X_u$ von ihrem Erwartungswert μ entspricht:[114]

$$SV_U = E(X_U - \mu)^2 \tag{2-15}$$

Die auf den *Erwartungswert* von $X_U$ bezogene Semivarianz wird auch als Semivarianz im engeren Sinne bezeichnet.[115] Der sog. Lower Partial Moment zweiter Ordnung ($LPM_2$) charakterisiert dagegen die negativen Abweichungen

110 Vgl. *Franke/Hax* [Finanzwirtschaft], S. 647.

111 Vgl. *Gleißner/Wolfrum* [Grundlagen], S. 145; *Hartung/Elpelt/Klösener* [Statistik], S. 118 f. Aufgrund des vergleichsweise hohen Datenaufwands für deren Ermittlung spielen die höheren Verteilungsmomente in der praktischen Anwendung jedoch eine untergeordnete Rolle (vgl. *Franke/Hax* [Finanzwirtschaft], S. 648 f.).

112 Vgl. z. B. *Piesch/Scheuerle/Wagenhals* [Statistik], S. 128. Durch Abzug der Kurtosis der Normalverteilung (diese nimmt den Wert 3 an) drückt die so formulierte „Exzess Kurtosis" bzw. „Fisher Kurtosis" die Kurtosis in Relation zur Normalverteilung aus.

113 Entsprechend lässt sich auch die obere Semivarianz konstruieren, die ausschließlich den oberen Teil einer Verteilung berücksichtigt. Zu einer Herleitung der oberen Semivarianz vgl. *Franke/Hax* [Finanzwirtschaft], S. 269.

114 Vgl. *Franke/Hax* [Finanzwirtschaft], S. 269. $X_U$ bezeichnet eine aus dem unsicheren Erfolgsmaß X abgeleitete Zufallsvariable, wobei X und $X_U$ in folgender Beziehung zueinander stehen: $X_U = X$, falls $X \leq \mu$ bzw. μ, falls $X > \mu$.

115 Vgl. *Meyer* [Value at Risk], S. 47.

von einem alternativen Referenzwert. Für seine Berechnung ist der zuvor verwendete Erwartungswert von Erfolgsmaß $\mu$ durch diesen alternativen Referenzwert, das sog. Target (Z), zu ersetzen. Es gilt:[116]

$$LPM_2 = E(X_U - Z)^2 \tag{2-16}$$

In seiner allgemeinen Form lässt sich der Lower Partial Moment n-ter Ordnung ($LPM_n$) zur Charakterisierung einer Wahrscheinlichkeitsverteilung unterhalb eines definierten Targets wie folgt definieren:[117]

$$LPM_n = E(X_U - Z)^n \tag{2-17}$$

Der Lower Partial Moment 0-ter Ordnung ($LPM_0$) entspricht dem Wert der Wahrscheinlichkeitsverteilung für das Target und damit der Wahrscheinlichkeit des Unterschreitens des gesetzten Zielwertes der Erfolgsgröße. Das Ausmaß der möglichen negativen Abweichungen von diesem Zielwert wird dabei nicht berücksichtigt.[118] Die Interpretation des $LPM_0$ hängt von dem vorgegebenen Target ab. Als subjektives Anspruchsniveau formuliert, entspricht $LPM_0$ im Allgemeinen der Wahrscheinlichkeit, das im vorgegebenen Target verkörperte Anspruchsniveau *nicht* zu erreichen.[119]

Anstelle der Vorgabe eines Targets und der Berechnung der Wahrscheinlichkeit, mit der dieses Target unterschritten wird, kann auch eine Wahrscheinlichkeit vorgegeben und anschließend ermittelt werden, welche Ausprägung eines Erfolgsmaßes mit dieser Wahrscheinlichkeit nicht unterschritten wird. Das aus dieser Vorgehensweise resultierende Risikomaß ist der sog. Value at Risk (VaR). Aufgrund seiner besonderen Bedeutung für eine integrierte Risiko-/

116 In Anlehnung an *Göppl/Schlag* [Risikomanagement], Sp. 1872. X und $X_U$ stehen beim $LPM_2$ in folgender Beziehung zueinander: $X_U$= X, falls $X \leq Z$ bzw. Z, falls $X > Z$.

117 Vgl. *Piesch/Scheuerle/Wagenhals* [Statistik], S. 127 f. Die Beziehung zwischen X und $X_U$ folgt der Regel beim Lower Partial Moment zweiter Ordnung.

118 Die Höhe der Targetverfehlung geht demgegenüber in die Berechnungen der Lower Partial Moments höherer Momente ein. So entspricht der LPM 1-ten Grades dem Erwartungswert der Zielverfehlung und erfasst damit alle negativen Abweichungen bis zum Target. Auch in den LPM 2-ten Grades geht die Höhe der Zielverfehlung mit ein, da durch die Quadrierung der Zielverfehlungen hohe Abweichungen von dem Zielwert stärker als geringe Abweichungen gewichtet werden (vgl. *Göppl/Schlag* [Risikomanagement], Sp. 1873 f.).

119 Vgl. *Franke/Hax* [Finanzwirtschaft], S. 271.

Rendite-Steuerung wird der Charakterisierung des VaR im Folgenden ein eigener Abschnitt gewidmet.

### 2.3.3.3 Charakterisierung des Value at Risk

Der VaR wird allgemein definiert als derjenige Verlust, der innerhalb eines bestimmten Zeitraumes mit einer vorgegebenen Wahrscheinlichkeit 1-$\alpha$ (dem sog. Konfidenzniveau) nicht überschritten wird.[120] Die Wahrscheinlichkeit, dass dieser Verlust den VaR übersteigt, beträgt $\alpha$. Wird $\alpha$ bei Betrachtung einer (Standard-)Normalverteilung im Bereich $0 \leq \alpha < 0{,}5$ gewählt, berücksichtigt der VaR lediglich die negativen Abweichungen von einem Referenzwert und ermöglicht so eine Downside-Betrachtung des Risikos.[121] Obwohl der VaR einen Verlust quantifiziert, ist es üblich, ihn als positiven Betrag anzugeben.[122] Je nach zu Grunde gelegter Referenzgröße kann der VaR in einer absoluten oder einer relativen Form ermittelt werden. In seiner absoluten Form ($VaR^{Abs}$) ist er als derjenige Verlust zu verstehen, der sich innerhalb einer Periode mit der Wahrscheinlichkeit 1-$\alpha$ maximal ergibt. Demgegenüber ist der relative Value at Risk ($VaR^{Rel}$) als maximale Abweichung von dem Erwartungswert $\mu$ der Erfolgsgröße definiert, die sich innerhalb der Betrachtungsperiode für das gewählte Konfidenzniveau 1-$\alpha$ einstellen wird. In einem anwendungsbezogenen Kontext wird als Erfolgsgröße i.d.R. der Marktwert bzw. die Marktwertänderung eines Wertpapier(portfolio)s gewählt.[123] Abbildung 2-V verdeutlicht beide VaR-Definitionen anhand einer normalverteilten Erfolgsgröße.

---

120 Vgl. *Dowd* [Value at Risk], S. 21; *Jorion* [Value at Risk], S. 22. Da es sich beim VaR um eine, mit einer bestimmten (hohen) Wahrscheinlichkeit eintretende maximale Veränderung handelt, spricht man auch vom „Probable Maximum Loss“ (vgl. *Winter* [Instrument], S. 289) bzw. vom „wahrscheinlichen Höchstschaden“ (vgl. *Hölscher* [Risikobewältigung], S. 11).

121 In der Praxis liegt das vorgegebene Konfidenzniveau 1-$\alpha$ in der Regel bei mindestens 90 %, es gilt also $0 \leq \alpha \leq 0{,}1$ (vgl. Stephan [Kennzahlen], S. 183). Kreditinstitute sind bei der Bemessung ihrer Eigenkapitalausstattung auf Basis des VaR sogar verpflichtet, ein Konfidenzintervall von 99 % zu Grunde zu legen (vgl. § 10 KWG i.V.m. Grundsatz I (GS I)).

122 Vgl. *Dowd* [Value at Risk], S. 41.

123 Vgl. *Hoitsch/Winter* [Cash Flow at Risk], S. 239.

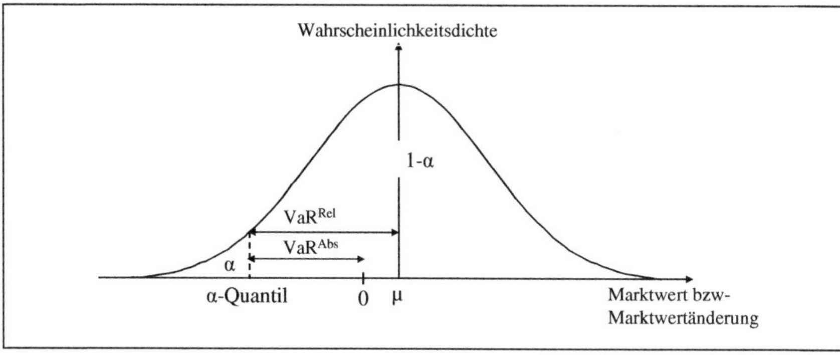


*Abb. 2-V: Value at Risk in absoluter und relativer Form*[124]

Unter Rückgriff auf die in der statistischen Tabelle der Standardnormalverteilung gelisteten z-Werte ($z_{1-\alpha}$) berechnen sich $VaR^{Abs}$ und $VaR^{Rel}$ formal als:[125]

$$VaR^{Abs} = |\mu - z_{1-\alpha}\sigma| \tag{2-18}$$

bzw.

$$VaR^{Rel} = |- z_{1-\alpha}\sigma| \tag{2-19}$$

Im Rahmen der in der Praxis verfolgten Bestimmung für kurze Zeiträume von einem Tag bis zu einem Monat,[126] wird der Erwartungswert der Erfolgsgröße in der Regel durch dessen Volatilität dominiert.[127] Aus Vereinfachungsgründen wird der Erwartungswert daher häufig gleich Null gesetzt.[128] Relativer und absoluter VaR entsprechen sich in diesem Fall.

Mit der Höhe des Konfidenzniveaus 1-α steigt der Wert des VaR bzw. sinkt die Wahrscheinlichkeit, höhere Verluste als den VaR zu erleiden. Durch Vorhaltung von Eigenkapital in Höhe des VaR können die potenziellen negativen Abweichungen der Erfolgsgröße somit bis zur Höhe des durch den VaR definierten

124 Vgl. *Stephan* [Kennzahlen], S. 176.

125 In Anlehnung an *Burger/Buchart* [Risiko-Controlling], S. 123. Die Berechnung des relativen VaR erfolgt analog der Berechnung des α-Quantils einer Wahrscheinlichkeitsverteilung.

126 Vgl. *Jorion* [Value at Risk], S. 24.

127 Vgl. *Jorion* [Value at Risk], S. 105.

128 Vgl. *Johanning* [Value-at-Risk], S. 292, Fn. 49.

Verlustpotentials aufgefangen werden.[129] Übersteigen die negativen Abweichungen das Verlustpotential tritt die Insolvenz ein. Der VaR eignet sich somit für eine gezielte Steuerung der Insolvenzwahrscheinlichkeit. Auf den Kontext der Investitionssteuerung übertragen, determinieren die von einem Unternehmen geplanten bzw. bereits realisierten Projekte die Wahrscheinlichkeitsverteilung des gesamtunternehmensbezogenen Erfolgsmaßes. Der investitionsbezogene VaR lässt sich demnach als das durch ein Projekt aufs Spiel gesetzte Vermögen interpretieren.[130]

### 2.3.3.4 Risikobewertung in Abhängigkeit des Aggregationsniveaus

Bei der Beschreibung der Risikomaße wurde bislang nicht ausdrücklich betont, auf welchem Aggregationsniveau eine Risikobewertung erfolgt. Implizit wurde jedoch unterstellt, dass sich die bewerteten Bezugsobjekte der Risikobewertung (bspw. einzelne Investitionsprojekte) gegenseitig ausschließen bzw. zwischen ihnen keine Risikoverbundeffekte existieren. Im Kontext eines gesamtunternehmerischen Investitionsprogramms können derartige Abhängigkeiten jedoch Einfluss auf die investitionsbezogene Risikobewertung nehmen. Entscheidend ist dann der Beitrag eines einzelnen Projektes zum Gesamtrisiko des Investitionsprogramms.[131] Die folgende formale Darstellung soll dies verdeutlichen.[132]

---

129 Dieser Umstand bleibt nicht immer ohne Publizitätswirkung. *Schierenbeck/Lister/Herzog* schlagen entsprechend eine stufenweise Abgrenzung des Risikodeckungspotenzials vor. So sind im Fall schlagend werdender Risiken zunächst die Eigenkapitalbestandteile aufzulösen, die grundsätzlich ohne Publizitätswirkung verbraucht werden können (Übergewinn und stille Reserven). Sind diese Kapitalbestandteile nicht mehr ausreichend, sind neben dem Mindestgewinn auch Sonderposten, offene Reserven und das gezeichnete Kapital zum Verlustausgleich heranzuziehen. Reicht auch dies nicht aus, dienen mit dem Ergänzungskapital der Klasse I und II sowie dem Nachrangkapital auch Fremdkapitalpositionen der Deckung von Verlusten (vgl. *Schierenbeck/Lister/Herzog* [Risiko-Controlling], S. 63).

130 Vgl. *Franke/Hax* [Finanzwirtschaft], S. 650.

131 So beeinflussen die Einzelprojekte $i = 1,\dots, n$ in einem gesamtunternehmensbezogenen Investitionsprogramm ebenso wie die einzelnen Wertpapiere in einem Wertpapierportfolio das Erfolgsmaß sowie das Gesamtrisiko des jeweiligen Betrachtungsobjekts (vgl. *Göppl/Schlag* [Risikomanagement], Sp. 1847; *Franke/Hax* [Finanzwirtschaft], S. 273).

132 In Anlehnung an *Franke/Hax* [Finanzwirtschaft], S. 273 ff.; *Göppl/Schlag* [Risikomanagement], Sp. 1846 ff.

Ausgangspunkt ist ein Investitionsprogramm aus n Projekten mit identischer Anfangsauszahlung (1/n) und Nutzungsdauer.[133] Der erwartete Gesamterfolg $\mu(X)$ ergibt sich aus den erwarteten Erfolgsbeiträgen der Einzelprojekte $\mu(X_i)$ als:

$$\mu(X) = \sum_{i=1}^{n} \frac{1}{n} \mu(X_i) \tag{2-20}$$

Sind die Erfolgsbeiträge der Einzelprojekte voneinander unabhängig, ergibt sich das Risiko des Investitionsprogrammes $\sigma^2(X)$ als Summe der Einzelprojektrisiken $\sigma^2(X_i)$:

$$\sigma^2(X) = \sum_{i=1}^{n} \left(\frac{1}{n}\right)^2 \sigma^2(X_i) \tag{2-21}$$

Sind die Einzelprojekte dagegen stochastisch voneinander abhängig, ist Gleichung (2-21) wie folgt zu erweitern:

$$\sigma^2(X) = \sum_{i=1}^{n} \left(\frac{1}{n}\right)^2 \sigma^2(X_i) + \sum_{i=1}^{n-1} \sum_{j=i+1}^{n} \left(\frac{1}{n}\right)^2 Cov(X_i, X_j) \tag{2-22}$$

Das Risiko des Investitionsprogrammes ergibt sich gemäß (2-22) als Summe der Einzelprojektrisiken $\sigma^2(X_i)$ und der zwischen diesen Einzelprojekten bestehenden Kovarianzen $Cov(X_i,X_j)$.[134] Letztere quantifizieren die zwischen den Erfolgsbeiträgen der Einzelprojekte bestehenden stochastischen Abhängigkeiten. Eine positive Kovarianz bedeutet, dass hohe Werte des einen Erfolgsbeitrags tendenziell mit hohen Werten des anderen Erfolgsbeitrags einhergehen und umgekehrt. Eine negative Kovarianz deutet darauf hin, dass hohe Werte des einen Erfolgsbeitrags tendenziell mit geringen Werten des anderen Erfolgsbeitrags zusammentreffen und umgekehrt.

Für den Fall stochastischer Unabhängigkeit zeigen *Franke/Hax*, dass das Risiko des Investitionsprogrammes aufgrund von Diversifikationseffekten mit einer wachsenden Anzahl der durchgeführten Einzelprojekte immer kleiner

133 Der projektbezogene Investitionsbetrag entspricht einem für alle Einzelprojekte identischen Anteil des Gesamtinvestitionsbetrages.

134 Vgl. *Franke/Hax* [Finanzwirtschaft], S. 274. *Göppl/Schlag* messen die, zwischen beiden risikobehafteten Ergebnisbeiträgen bestehenden stochastischen Abhängigkeiten auf Basis des Korrelationskoeffizienten (vgl. *Göppl/Schlag* [Risikomanagement], Sp. 1848). Zur Berechnung des Korrelationskoeffizienten (nach Pearson-Bravais) vgl. Fn. 136.

wird.[135] Dieser Effekt ist bei stochastischer Abhängigkeit zwischen den Einzelprojekten zu relativieren. Hier ist bei steigender Projektanzahl mit einem abnehmenden Einfluss der Einzelprojektrisiken bei gleichzeitig erhöhter Bedeutung der zwischen den Einzelprojekten bestehenden Kovarianzen zu rechnen. Der Beitrag von Projekt i zum Gesamtrisiko von Investitionsprogramm p wird dann näherungsweise durch die Kovarianz des Erfolgs von i zum Erfolg von p ($Cov_{ip}$) quantifiziert.[136] Die Division durch die Varianz des Erfolgs des Investitionsprogramms ($\sigma_p^2$) führt zu einem systematischen Risikomaß $ß_{i,p}$, das dem bereits bekannten ß-Faktor ähnlich ist:[137]

$$\beta_{i,p} = \frac{Cov_{i,p}}{\sigma_p^2} \qquad (2\text{-}23)$$

Zusammenfassend lässt sich festhalten, dass Risikomaße zwar den Risikogehalt, nicht jedoch den erwarteten Erfolg einer (Investitions-)Maßnahme explizit ausweisen. Einseitige Risikomaße wie der VaR ermöglichen über die Verknüpfung von Risikoinformationen und vorzuhaltenden Deckungsmassen zudem die Steuerung der Insolvenzwahrscheinlichkeit. Sie eignen sich somit grundsätzlich zur Erfüllung der gesetzlichen Mindestanforderungen an ein unternehmerisches Risikomanagement. Eine ökonomische Rechtfertigung erfährt letzteres an diesem Punkt jedoch noch nicht. Im Folgenden soll daher geklärt werden, inwiefern eine ganzheitliche Risikoberücksichtigung bei einer Kombination der in den Abschnitten 2.2 und 2.3 vorgestellten Konzepte auch unter ökonomischen Gesichtspunkten begründet werden kann.

---

135 Vgl. *Franke/Hax* [Finanzwirtschaft], S. 274.

136 I. d. R. wird aufgrund der besseren Interpretierbarkeit auf eine normierte Form der Kovarianz, dem sog. Korrelationskoeffizienten ρ zurückgegriffen. Der Korrelationskoeffizient (nach Pearson-Bravais) stellt ebenso wie die Kovarianz den linearen Zusammenhang zwischen zwei risikobehafteten Variablen (X,Y) dar. Er berechnet sich im diskreten und stetigen Fall als $\rho = Cov(X,Y)/\sqrt{Var(X)\cdot Var(Y)} = \sigma_{XY}/\sigma_X\sigma_Y$. Der Korrelationskoeffizient von Pearson-Bravais entspricht damit der auf das Intervall [-1,1] normierten Kovarianz. Falls (X,Y) auf einer Geraden mit positiver (negativer) Steigung liegen, ist ρ=1 (ρ=-1) (vgl. z. B. *Piesch/Scheuerle/Wagenhals* [Statistik], S. 136 ff.).

137 Eine Identität zwischen diesem und dem in Abschnitt 2.2.2.2 vorgestellten ß-Faktor setzt dagegen die Übereinstimmung des betrachteten Investitionsprogramms mit dem Marktportfolio voraus.

## 2.4 Integration von Rendite- und Risikoaspekten

### 2.4.1 Problemstellung

Die integrierte Risiko-/Rendite-Steuerung wird z.T. als Verbesserung einer wertorientierten Steuerung bezeichnet.[138] Durch Einsatz sog. risikoadjustierter Performancemaße soll die Vorteilhaftigkeit von Investitionsprojekten bei ganzheitlicher Risikoberücksichtigung ex ante beurteilt und ex post kontrolliert werden. Hierdurch soll einerseits die Abwehr existenzgefährdender Risiken gemäß KonTraG unterstützt werden. Auf der anderen Seite sollen die getroffenen Entscheidungen auch unter betriebswirtschaftlichen Zielsetzungen sinnvoll sein.[139] In einem kapitalmarktorientierten Unternehmen ist dies der Fall, wenn durch eine ganzheitliche Risikoberücksichtigung Wert geschaffen wird. Entsprechend sieht z. B. *Meier* die integrierte Risiko-/Rendite-Steuerung als höchsten Evolutionsstand des unternehmerischen Risikomanagements (vgl. Abbildung 2-VI).

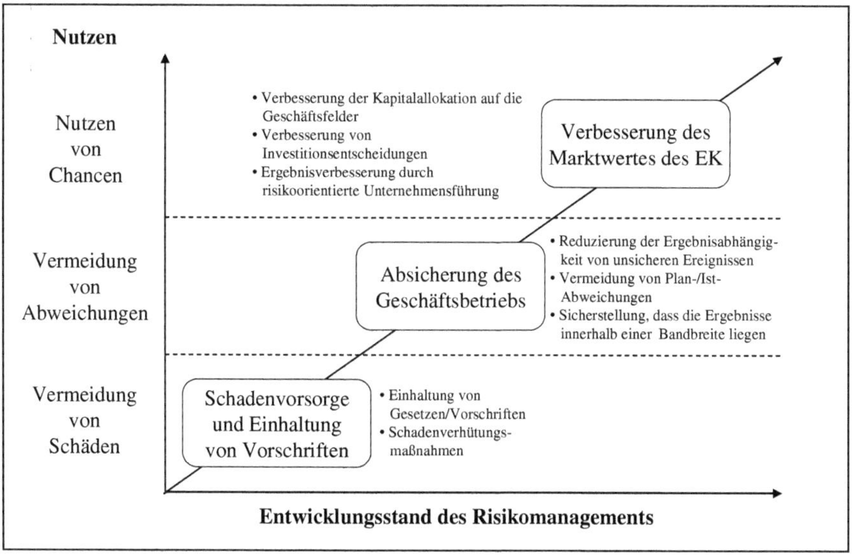


*Abb. 2-VI: Entwicklungsmöglichkeiten von Risikomanagement*[140]

138 Vgl. *Homburg/Uhrig-Homburg* [Risikocontrolling], S. 311 f.

139 Vgl. *Weißenberger/Löhr* [Risikocontrolling], S. 4.

140 In Anlehnung an *Meier* [Risk-Management], S. 20.

Diese Ausführungen sind nicht unproblematisch. Sie suggerieren, dass eine integrierte Betrachtung von Risiko- und Renditeaspekten z. B. bei der Investitionsauswahl grundsätzlich in einem positiven Ursache-Wirkungs-Zusammenhang mit der Generierung von Unternehmenswert steht. Implizit wird unterstellt, dass alternative Maßnahmen der Risikohandhabung dem Ziel des Wertmanagements grundsätzlich nicht dienlich wären. Die auf den ersten Blick vorherrschende Plausibilität dieses Ansatzes hat wohl dazu geführt, dass die relativ undifferenzierte Ansicht der Integration von Rendite- und Risikoaspekten im Rahmen eines „wertorientierten Risikomanagements" nicht nur in der Literatur, sondern auch in den Angeboten von Unternehmensberatungen häufig kritiklos aufgegriffen wird.[141] Unternehmen selbst scheinen vom grundsätzlichen Zusammenhang von Risiko- und Wertmanagement ebenfalls in weitem Umfang überzeugt zu sein. Laut einer von *Accenture* im Jahr 2009 durchgeführten industrieübergreifenden Befragung von über 250 Führungskräften weltweit, erwarten 48 Prozent der Beteiligten, dass sich ihre Investitionen für integrierte Risiko-Rendite-Steuerungssysteme in einer erhöhten Profitabilität und damit einer Verbesserung des Shareholder-Value niederschlagen.[142] Hierauf basierend wird der Rückschluss gezogen "they believe that risk managment has a significant impact on delivering business value".[143] Die weit verbreitete Überzeugung, eine integrierte Betrachtung von Risiko- und Renditeaspekten fördere die Profitabilität und dadurch den Unternehmenswert ist umso erstaunlicher, da empirische Studien den hierdurch postulierten, positiven Zusammenhang beider Größen nicht eindeutig bestätigen können.[144]

Ziel der folgenden Ausführungen ist daher eine genauere Betrachtung dieses Zusammenhangs. Zunächst soll die Frage beantwortet werden, inwieweit Aspekte des Risikomanagements bereits im Rahmen der wertorientierten Unterneh-

141 Eine Referenzierung auf diesen Ansatz findet sich in der Literatur z. B. bei *Lück* [Managementrisiken], S. 336; Entsprechende Beratungsleistungen offerieren z. B. *McKinsey* (vgl. *Brodeur/Pritsch* [Risk Management]) und *Accenture* (vgl. *Schuler/Biermann* [Compliance]).

142 Vgl. *o. V.* [Global Risk Management], S. 14.

143 *o. V.* [Global Risk Management], S. 16.

144 *Huther* bescheinigt empirischen Studien zum Zusammenhang von Wert- und Risikomanagement ein „einheitlich vorherrschendes Bild der Diskrepanz" (vgl. *Huther* [Chancen- und Risikomanagement], S. 65). Zu einer Bestätigung des Zusammenhangs kommen z. B. die Studien von *Ibbot/Sinquefield*, *Döhnert/Kunz* sowie *Steiner/Uhlir* (vgl. *Ibbotson/Sinquefield* [Returns]; *Döhnert/Kunz* [Performance]; *Steiner/Uhlir* [Wertpapieranalyse]). Zu gegenteiligen Ergebnissen kommen z. B. *Bowman* und *Wiemann/Mellewigt* (vgl. *Bowman* [Risk/Return]; *Wiemann/Mellewigt* [Risiko-Rendite-Paradoxon]).

mensführung adäquat aufgegriffen werden. Ein besonderes Augenmerk ist dabei der praktischen Umsetzung und dem Ausmaß der Risikoberücksichtigung dieser Verfahren gewidmet. Schließlich wird dargestellt, unter welchen Voraussetzungen unternehmerisches Risikomanagement tatsächlich Wert schaffen und eine ganzheitliche Risikoberücksichtigung seine Rechtfertigung nicht nur unter gesetzlichen sondern auch unter ökonomischen Aspekten finden kann.

## 2.4.2 Risikoberücksichtigung im Wertmanagement

### 2.4.2.1 Berücksichtigung spezifischer Risikobeiträge

Im Wertmanagement erhält der Faktor Risiko in zweierlei Hinsicht Einzug in unternehmerische Entscheidungen.[145] Zum einem wird die Unsicherheit implizit in den Erwartungswerten des zukünftigen Zahlungsstromes berücksichtigt. Zum anderen verfolgt die Anwendung des CAPM eine Adjustierung des Cash Flow-Erwartungswertes um das systematische Risiko.[146] Ruft man sich das Verständnis von Risikomanagement als Gesamtheit aller unternehmerischen Maßnahmen zur Steuerung der ökonomischen Ergebnisse eines Unternehmens in Erinnerung, kann auch die wertorientierte Investitionssteuerung als Maßnahme des Risikomanagements interpretiert werden. Denn auch der Abschlag, den ein Entscheider aufgrund des systematischen Risikos vom Cash Flow-Erwartungswert eines Investitionsprojektes vornimmt, beeinflusst letztlich die Wahrscheinlichkeitsverteilung dieser Erfolgsgröße.[147]

Die Höhe des CAPM-basierten Risikoabschlags beeinflusst den risikoadjustierten Kapitalwert eines Investitionsprojektes und damit das maßgebliche Entscheidungskriterium im Wertmanagement. Hieraus resultiert eine wesentliche, methodenübergreifende Schwierigkeit in der praktischen Umsetzung des Wertmanagements.[148] Ein Unternehmen steht demnach vor der grundsätzlichen Ent-

145 Vgl. *Mengele* [Shareholder-Return], S. 66 ff.

146 Dies trifft bei Anwendung der Risikozuschlags- und der Sicherheitsäquivalenzmethode gleichermaßen zu. Zu einer Differenzierung beider Methoden vgl. Abschnitt 2.2.2.3.

147 Vgl. *Huther* [Chancen- und Risikomanagement], S. 55.

148 Vgl. *Huther* [Chancen- und Risikomanagement], S. 57. Die folgenden Ausführungen streben eine methodenübergreifende Darstellung dieser Problemstellung an. In der Praxis dürften die beschriebenen Schwierigkeiten insbesondere bei Ansatz einheitlicher Kapitalkostensätze im Rahmen der Risikozuschlagsmethode auftreten. Letztere wird in der Unternehmenspraxis der Sicherheitsäquivalenzmethode zumeist vorgezogen (vgl. *Crasselt* [Managemententlohnung], S. 12).

scheidung des Ansatzes unternehmensweit einheitlicher oder segment-, bzw. investitionsspezifischer Eigenkapitalkosten als Werthürde potenzieller Investitionsprojekte. Verfechter einheitlicher Eigenkapitalkosten argumentieren, dass die Opportunitätskosten der *Unternehmens*eigner als Messlatte für sämtliche unternehmensinterne Entscheidungen heranzuziehen sind.[149] Befürworter investitionsspezifischer Eigenkapitalkosten fordern hingegen die individuelle Berücksichtigung des systematischen Risikobeitrags eines potenziellen Investitionsprojekts.[150] Ihrer Meinung nach steht die unternehmensweit einheitliche Berücksichtigung des systematischen Risikos der Zielsetzung des Wertmanagements eher entgegen, als dass sie diese unterstützt. Sie befürchten, dass aufgrund einheitlicher Eigenkapitalkosten getroffene Investitionsentscheidungen schon vom Ansatz her Fehlentscheidungen sind (Abbildung 2-VII).

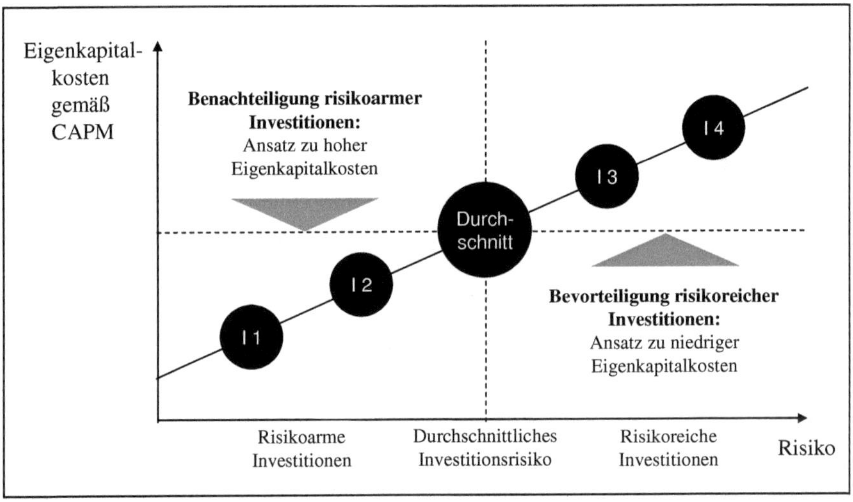


*Abb. 2-VII: Gefahr des Ansatzes einheitlicher Eigenkapitalkosten*[151]

149 Vgl. *Freygang* [Kapitalallokation], S. 190; *Hostettler* [Economic Value Added], S. 156.

150 Vgl. *Brealey/Myers/Allen* [Corporate Finance], S. 239 f.; *Freygang* [Kapitalallokation], S. 247; *Hahn* [Controlling], S. 136. Der *Arbeitskreis „Finanzierung"* der Schmalenbach-Gesellschaft für Betriebswirtschaftslehre fordert demnach im Kontext der Bewertung unterschiedlicher Geschäftsbereiche in einem Gesamtkonzern: „Die einzelnen Geschäftsbereiche sollten dabei so gestellt werden, als ob sie selbstständig am Markt operieren müssten" (vgl. *Arbeitskreis Finanzierung* [Unternehmenssteuerung], S. 576).

151 In Anlehnung an *Hahn* [Controlling], S. 136.

Ob die ausschließliche Berücksichtigung investitionsspezifischer systematischer Risiken jedoch tatsächlich eine Maximierung des Marktwertes des Eigenkapitals bewirken und damit einer risikoadjustierten Investitionssteuerung die grundsätzliche ökonomische Existenzberechtigung entziehen kann, sollen die folgenden Abschnitte klären. Hierbei wird von einer investitionsbezogenen in eine gesamtunternehmensbezogene Perspektive gewechselt.

### 2.4.2.2 Wertrelevanz unsystematischer Risiken

#### *2.4.2.2.1 Empirische Ergebnisse*

Im Theoriegebäude des CAPM kann eine Reduktion des unsystematischen Risikos bei einer unveränderten Ausprägung der erwarteten Erfolgsgröße grundsätzlich keine Wertsteigerung für die Eigenkapitalgeber generieren.[152] Die praktische Gültigkeit dieser Aussage hätte grundlegende Bedeutung für den Handlungsspielraum eines unternehmerischen Risikomanagements. So wäre z. B. die Zusammenfassung mehrerer Geschäftsbereiche im Rahmen einer Diversifikationsstrategie zum unternehmensinternen Ausgleich unsystematischer Risiken aus Sicht der wertorientierten Unternehmensführung grundsätzlich sinnlos bzw. im Fall damit verbundener Kosten sogar wertvernichtend.[153]

Tatsächlich finden sich in der Praxis aber Unternehmen, die anstelle der kapitalmarkttheoretisch ableitbaren Fokussierung auf ein bestimmtes Geschäftsfeld auf eine Diversifikationsstrategie zurückgreifen.[154] Gibt es eine aus Sicht des Wertmanagements gültige Erklärung für dieses Verhalten? Empirische Studien hierzu weisen ein uneinheitliches Bild auf.[155] So kommt bspw. eine Erhebung der *Boston Consulting Group* unter den 300 größten Industrieunternehmen der

---

152 Eine äquivalente Aussage treffen *Modigliani/Miller* in ihrem „Irrelevanztheorem der Finanzierung". Demnach hat ein rational handelnder Investor auf einem vollkommenen Kapitalmarkt die Möglichkeit unsystematische Risiken seines Wertpapierportfolios durch kostenlose Anpassung des individuellen Verschuldungsgrades wegzudiversifizieren, bzw. zu neutralisieren. Eine unternehmensintern gewissermaßen doppelt praktizierte Diversifikation hat somit keinen weiteren Effekt (vgl. *Modigliani/Miller* [Cost of Capital]).

153 Vgl. *MacMinn* [Markets], S. 1171; *Bitz* [Kapitalstruktur], S. 16 f.

154 Ein Beispiel hierfür ist der US-amerikanische Mischkonzern General Electric Inc., welcher unter seinem Dach u. a. die Geschäftsbereiche Banking, Versicherung, Kraftwerke sowie Elektro- und Medizintechnik vereint.

155 Für einen Überblick zu den Ergebnissen empirischer Studien zur unternehmensinternen Diversifikation bzw. dem industriellen Portfoliomanagement im Kontext des Risikomanagements vgl. *Huther* [Chancen- und Risikomanagement], S. 61 ff.

Welt zu dem Ergebnis, dass insbesondere diversifizierte Unternehmen in den USA und Asien überdurchschnittliche Wertsteigerungen vorweisen können.[156] Diese werden laut Studie durch gezielte Kombination spezifischer Werttreiber generiert, von denen ein Teil nur diversifizierten Unternehmen zur Verfügung steht. Hierzu zählen *Heuskel/Fechtel/Beckmann* bspw. die effiziente Allokation von Kapital auf die verschiedenen Geschäftsbereiche, wie auch eine strategisch sinnvolle Kombination von Unternehmensbereichen im Konzernportfolio.[157] Im Gegensatz hierzu folgert *Bühner* aus den Ergebnissen einer Untersuchung zur risikomindernden Wirkung von Unternehmensdiversifikation in dreißig deutschen Aktiengesellschaften aus dem Industriesektor, dass Aktionäre tendenziell nicht bereit sind, die Reduktion unsystematischer Risiken zu vergüten. *Bühner* fundiert diese Erkenntnis dadurch, dass durch Diversifikation zwar das Gesamtrisiko eines Unternehmens gesenkt werden, die Reduktion dieser unsystematischen Risiken jedoch keine Unternehmenswertsteigerung bewirken könne.[158] Dies wiederum entspricht den Aussagen der neoklassischen Kapitalmarkttheorie.[159] Auch jüngere Arbeiten stützen dieses Verständnis. *Graham et al.* zeigen, dass die Unterbewertung diversifizierter Unternehmen auf eine Unterbewertung der einzelnen Unternehmensteile vor dem Zusammenschluss zurückzuführen ist. Die Diversifikation selbst ist somit nicht die Ursache der Unterbewertung.[160] *Villalonga* erklärt die scheinbare Wertrelevanz von Diversifikation durch die oftmals mangelhafte Qualität der zu Grunde liegenden Bewertungsdaten.[161] Schließlich bestätigen die empirischen Studien von *Fauver/Houston/Naranja* und *Beckmann* eine niedrigere Bewertung diversifizierter Unternehmen auf unterschiedlichen Kapitalmärkten und für verschiedene Untersuchungszeiträume.[162]

Trotz der Probleme einer methodischen Vergleichbarkeit offenbaren die empirischen Studien zur Wertrelevanz unsystematischer Risiken ein uneinheitliches Bild. Dieses wird auch durch die zahlreichen empirischen Untersuchungen zur Aussagekraft des CAPM und dem Verständnis des ß-Faktors als dem bestimmenden Faktor der Verzinsungsansprüche der Eigenkapitalgeber bestä-

---

156 Vgl. *Heuskel/Fechtel/Beckmann* [Value], S. 7. Wertsteigerungen wurden in dieser Studie als Quotient aus jährlicher Änderungsrate von Aktienkurs zzgl. Dividendenzahlungen und der Durchschnittsrendite der entsprechenden regionalen Marktindizes gemessen (vgl. *Heuskel/Fechtel/Beckmann* [Value], S. 9).

157 Vgl. *Heuskel/Fechtel/Beckmann* [Value], S. 8.

158 Vgl. *Bühner* [Unternehmensdiversifikation], S. 1030.

159 Vgl. hierzu Abschnitt 2.2.2.2.

160 Vgl. *Graham/Lemmon/Wolf* [corporate diversification].

161 Vgl. *Villalonga* [Diversification].

162 Vgl. *Fauver/Houston/Naranja* [diversification]; *Beckmann* [Diversification Discount].

tigt.[163] Die Empirie liefert folglich keine eindeutige Aussage darüber, ob und inwieweit das unternehmensinterne Management unsystematischer Risiken einen positiven Beitrag zum Marktwert des Eigenkapitals leisten kann. Im Folgenden wird daher nach theoretischen Erklärungsansätzen gesucht.

##### *2.4.2.2.2 Theoretische Begründung*

Das CAPM unterstellt die Existenz eines (semi-)vollkommenen Kapitalmarktes.[164] Erst die praxisrelevante Auflösung dieser Annahme offenbart Wertsteigerungspotenziale eines unternehmensinternen Managements unsystematischer Risiken.[165] Im Folgenden werden einige dieser wertrelevanten Marktunvollkommenheiten dargestellt.[166]

Wertrelevanz besitzt die Existenz von Transaktionskosten, genauer von Insolvenz- und Hedgingkosten.[167] Mit zunehmender Insolvenzgefahr[168] steigen aufgrund der mangelnden Zuverlässigkeit eines Unternehmens als Vertragspartner zunächst die indirekten Insolvenzkosten. Hierunter versteht man Risikoprämienforderungen bei der Vertragsgestaltung mit Kapitalgebern, Lieferanten, Kunden und Arbeitnehmern.[169] Tritt der Insolvenzfall ein, werden zudem direkte Insolvenzkosten für Insolvenzverwalter, Wirtschaftsprüfer oder Rechts-

---

163 Für einen Überblick der empirischen Tests zum CAPM vgl. *Fama/French* [Capital Asset Pricing Model]. Zu einer Bestätigung des ß-Faktors als bestimmendes Risikomaß kommen z. B. die Studien von Fama/McBeth [Risk, Return, and Equilibrium]; *Gibbons* [Multivariate Tests] und *Stambaugh* [Exclusion]. Eine Widerlegung erfolgt z. B. bei *Banz* [Relationship]; *Bhandari* [Debt/Equity Ratio]; *Rosenberg/Reid/Lanstein* [Persuasive Evidence].

164 Zu den Annahmen des CAPM vgl. Abschnitt 2.2.2.1.

165 In diesem Fall besitzt auch die These einer Irrelevanz der Finanzierung von *Modigliani/Miller* keine uneingeschränkte Gültigkeit. Bestehen Marktunvollkommenheiten, wird die unternehmensinterne Finanzierungs- und Investitionspolitik somit zu einer Politik der Zuweisung von Risiken auf Kapitalgeber und andere, in vertraglicher Beziehung zu einem Unternehmen stehende Personen (vgl. *Franke/Hax* [Finanzwirtschaft], S. 631).

166 Für einen Überblick vgl. z. B. *Hoitsch/Winter* [Begründung]; *Pritsch/Hommel* [Hedging]; *Hachmeister* [Unternehmenswertsteigerung].

167 Unter Hedging wird die Verringerung von Risiken durch Variation nicht vollständig positiv korrelierter Einzelpositionen verstanden.

168 Die Insolvenz selbst ist mit der Existenz eines vollkommenen Kapitalmarktes vereinbar. Ist diese jedoch mit direkt oder indirekt zurechenbaren Transaktionskosten verbunden, liegt eine Marktunvollkommenheit vor (vgl. *Stiglitz* [Modigliani-Miller]).

169 Vgl. *Shapiro/Titman* [Risk Management], S. 217 ff.; *Smith* [Corporate Risk Management], S. 25 f.

anwälte fällig.[170] Die Senkung der Volatilität der Einzahlungsüberschüsse durch das Risikomanagement kann die erwarteten Insolvenzkosten reduzieren. Sind die Kosten für das Risikomanagement geringer als die dadurch eingesparten Insolvenzkosten, wird Wert für die Eigenkapitalgeber geschaffen.[171]

Auch wenn ein Unternehmen über komparative Kosten- und/oder Informationsvorteile bei der Risikosteuerung verfügt, ergeben sich Wertsteigerungspotenziale.[172] In diesem Fall ist es den Eigenkapitalgebern selbst nicht möglich, effizient zu hedgen.[173] Informationskosten entstehen bei zu Gunsten des Unternehmens asymmetrisch verteilten Risikoinformationen. Hält ein Unternehmen bspw. zur Wahrung der eigenen Wettbewerbsvorteile gegenüber der Konkurrenz gezielt Informationen zurück, ist es den Eigenkapitalgebern nicht möglich, Risiken effizient zu steuern, da zur Überbrückung des Informationsnachteils Transaktionskosten entstünden.[174] Nur wenn die eingesparten Transaktionskosten den finanziellen Aufwand für das Risikomanagement übersteigen, kann Wert generiert werden.

Ein weiteres Wertsteigerungspotential bietet die Existenz von Steuern. Durch eine Reduktion der Volatilität der steuerlichen Bemessungsgrundlage kann unter bestimmten Voraussetzungen der Barwert der Steuerzahlungen gesenkt werden.[175] Dies gilt jedoch nur dann, wenn die Senkung der erwarteten Steuerauszahlungen die Kosten für das Risikomanagement übersteigt.

Unternehmerisches Risikomanagement kann weiter durch die Koordination der Investitions- und Finanzierungspolitik eines Unternehmens wertschaffend wirken. Zur Finanzierung von Investitionen kann grundsätzlich auf interne Cash

---

170 Vgl. *Hachmeister* [Unternehmenswertsteigerung], S. 136. Während direkte Insolvenzkosten nur im tatsächlichen Fall der Insolvenz anfallen, ist mit indirekten Insolvenzkosten bereits im Fall einer steigenden Insolvenzwahrscheinlichkeit zu rechnen.

171 Vgl. *Pritsch/Hommel* [Hedging], S. 683; *Stephan* [Kennzahlen], S. 165. Zum Einfluss von Risikomanagement auf die als Risikoprämien zu verstehenden Finanzierungskonditionen nach Basel II vgl. *Lauerbach/Wiemann* [Investitionssteuerung], S. 91.

172 Vgl. *Bartram* [Corporate Risk Management], S. 44.

173 Kostenvorteile der Unternehmen resultieren aufgrund möglicher Größenkostenersparnisse (sog. „Economies of Scale") oder struktureller Schranken auf Seiten der Eigenkapitalgeber. Im letzteren Fall sind Hedgingtransaktionen nicht sämtlichen Marktteilnehmern möglich.

174 Vgl. *DeMarzo/Duffie* [Hedging], S. 262.

175 Voraussetzung ist die Bestimmung der Steuerlast durch eine konvexe Steuerfunktion, bei der kein linearer Zusammenhang zwischen der Bemessungsgrundlage und der Steuerlast besteht (vgl. *Hachmeister* [Unternehmenswertsteigerung], S. 136; *Pritsch/Hommel* [Hedging], S. 684; *Grinblatt/Titman* [Financial Markets], S. 741 f.). Für eine Einschätzung der Praxisrelevanz dieses Ansatzpunktes in Abhängigkeit der genannten Voraussetzung vgl. *Graham/Rogers* [Tax Incentives].

Flows oder externe Finanzierungsquellen zurückgegriffen werden. *Froot/ Scharfstein/Stein* gehen von steigenden Grenzkosten der Außenfinanzierung aus.[176] Durch Maßnahmen des Risikomanagements kann die Volatilität der internen Cash Flows gesenkt und die Innenfinanzierungskraft zur Durchführung wertschaffender Investitionen gestärkt werden.[177] Die ergriffenen Maßnahmen lohnen sich jedoch nur dann, wenn die eingesparten Finanzierungskosten die Risikomanagementkosten übersteigen.

Unternehmerisches Risikomanagement kann zudem zu Effizienzsteigerungen in Vertragsbeziehungen führen. Haftungsbeschränkungen der Gesellschafter (dem Agenten)[178] können zu opportunistischem Verhalten gegenüber den Fremdkapitalgebern (dem Prinzipal) führen. Die Freiräume hierfür entstehen durch Informationsasymmetrien zwischen beiden Parteien. Ist ein fremdfinanziertes Unternehmen stark insolvenzgefährdet, entsteht dem Agenten ein Anreiz solche Projekte durchzuführen, die zwar nur eine geringe Erfolgswahrscheinlichkeit haben, im Erfolgsfall jedoch hohe Renditen versprechen.[179] So erhalten aufgrund der unterschiedlichen Erfolgsbeteiligung die Gesellschafter im Erfolgsfall einen Großteil der Erträge, wohingegen die Fremdkapitalgeber im Fall des Misserfolgs den Großteil der Verluste tragen. Der Einsatz von Risikomanagement kann die Insolvenzwahrscheinlichkeit und dadurch die beschriebenen Agency-Kosten verringern. Wert kann generiert werden, wenn die Risikomanagementkosten geringer sind, als die aus der Verbesserung des Investitionsprogramms resultierende Kapitalwerterhöhung.

Handeln Manager nicht – wie bislang unterstellt – im Interesse der Eigenkapitalgeber, kann unternehmerisches Risikomanagement zudem die Effizienz der Beziehung zwischen diesen beiden Parteien steigern. Eigenkapitalgeber sind in der Regel in mehreren Investitionsobjekten investiert. Durch die dadurch bewirkte Risikostreuung (Diversifikation) weisen sie eine relativ hohe Bereitschaft zur Übernahme von Risiken auf. Manager sind demgegenüber mit ihrem Vermögen größtenteils in dem Unternehmen investiert, in dem sie beschäftigt

176 Diese entstehen insbesondere durch Risikoprämien, die von externen Kapitalgebern aufgrund von asymmetrisch verteilten Informationen zu Gunsten des kapitalsuchenden Unternehmens gefordert werden (vgl. *Froot/Scharfstein/Stein* [Risk Management], S. 1633 f.; *Froot/Scharfstein/Stein* [Framework], S. 94).

177 Vgl. *Froot/Scharfstein/Stein* [Risk Management], S. 1634 ff.

178 In diesem Fall wird davon ausgegangen, dass die Eigenkapitalgeber das Unternehmen selbst leiten („owner-manager") bzw. die Manager im Interesse der Eigenkapitalgeber wirtschaften.

179 Vgl. *Jensen/Meckling* [Managerial Behaviour], S. 334 ff.

sind.[180] Aufgrund ihrer vergleichsweise geringen Risikostreuung erhalten sie einen Anreiz zur Verringerung der Volatilität der Zahlungsüberschüsse und damit auch der Insolvenzwahrscheinlichkeit ihres Unternehmens. Ihre individuelle Nutzenmaximierung kann zu einer Abweichung der, aus wertorientierter Sicht, optimalen Investitions- und Finanzierungspolitik führen.[181] Risikomanagement-Aktivitäten können die Volatilitäten der Überschüsse und dadurch die Gefahr einer suboptimalen Investitions- und Finanzierungspolitik durch das Management senken. Liegen die vermiedenen Opportunitätskosten über den Kosten für das Risikomanagement, kann zusätzlicher Wert für die Eigenkapitalgeber entstehen.

Zusammenfassend kommt der Intensität der unternehmensinternen Risikomanagement-Maßnahmen besondere Bedeutung zu. Die hierfür in einem unvollkommenen Kapitalmarkt entstehenden Kosten sind den daraus resultierenden Erträgen gegenüberzustellen. Das Ziel einer so vollzogenen Optimierungsaufgabe ist eine, aus Sicht der Kapitalgeber wertmaximale Risikoposition des Unternehmens.

### 2.4.2.3 Notwendigkeit einer integrierten Risiko-/Rendite-Steuerung

Es wurde deutlich, dass die Berücksichtigung des Faktors Risiko im Rahmen des Wertmanagements aus mehreren Gründen kritisch zu beurteilen ist. So kann die Investitionssteuerung nur dann zu einer Maximierung des Marktwertes des Eigenkapitals eines Unternehmens führen, wenn die investitionsbezogene Bewertungsfunktion auch auf dieses Ziel hin ausgerichtet ist. Der Einsatz spezifischer, kapitalmarkttheoretisch abgeleiteter Kapitalkosten leistet hierzu einen ersten Beitrag. Wie sich jedoch gezeigt hat, können unsystematische Risiken aus einer wertorientierten Betrachtung nicht grundsätzlich ausgeklammert werden. Es ist daher auch nötig, den Beitrag einzelner Projekte zum Gesamtunternehmensrisiko im Rahmen der Investitionssteuerung zu erfassen. Von der aus Sicht der Kapitalgeber wertmaximalen Risikoposition des Unternehmens ausgehend, muss das Management in der Lage sein, die Auswirkung von Investitionsentscheidun-

---

180 Zu dem investierten Vermögen zählt neben dem rein finanziellen Engagement (z. B. in Aktienoptionen) auch der Einsatz von Humankapital in Form der eigenen Arbeitskraft.

181 Als Beispiele für Opportunitätskosten, die gegenüber dem optimalen Investitions- und Finanzierungsprogramm entstehen, sind eine Überinvestition und ein zu geringer Verschuldungsgrad zu nennen (vgl. *Smith/Stulz* [Hedging], S. 399 ff.). Für eine ausführliche Darstellung dieses sog. Risikopräferenzproblems vgl. *Stulz* [Discretion]; *Tufano* [Agency Costs].

gen auf den Marktwert des Eigenkapitals *und* die Gesamtrisikoposition ex ante einzuschätzen und ex post zu kontrollieren. Unter betriebswirtschaftlichen Aspekten muss eine Investition demnach mindestens die Ansprüche der Eigenkapitalgeber erfüllen können. Diese, aus dem Wertmanagement bekannte Zielsetzung kommt im sog. *Risiko-Rendite-Kalkül* zum Ausdruck. Es stellt eine der beiden wesentlichen Komponenten einer integrierten Risiko-/Rendite-Steuerung dar. Die darin gestellte Bedingung an die Investitionstätigkeit entspricht dem (risikoadjustierten) Kapitalwertkalkül. In einer formalen Darstellung fordert sie:[182]

$$\textit{Nettoergebnis} \geq \textit{Risikoadjustierte Eigenkapitalkosten} \qquad (2\text{-}24)$$

bzw.

$$\textit{Nettoergebnis nach risikoadjustierten Eigenkapitalkosten} \geq 0 \qquad (2\text{-}25)$$

Neben den externen Renditeansprüchen der Kapitalgeber müssen zusätzlich die gesetzlichen Mindestanforderungen an ein Risikomanagement gemäß KonTraG erfüllt sein. Eine Einhaltung dieser Rahmenbedingung stellt das sog. Risikotragfähigkeitskalkül sicher.[183] Im Kontext der Investitionssteuerung fordert dieses eine adäquate Hinterlegung des durch eine potenzielle Investitionsentscheidung zusätzlich übernommenen Gesamtrisikos durch Eigenkapital (den sog. Risikodeckungsmassen). Um die Verbindung beider Größen herzustellen, hat die Risikobewertung aufgrund von Downside-Risikomaßen zu erfolgen.[184] Sie quantifizieren das durch eine Investition zusätzlich übernommene (Gesamt-)

---

182 Vgl. *Schierenbeck/Lister* [Value Controlling], S. 368. *Schierenbeck/Lister* sprechen in diesem Zusammenhang vom Risiko-Chancen-Kalkül (vgl. *Schierenbeck/Lister* [Value Controlling], S. 367). Die Verwendung des Nettoergebnisses in den Gleichungen (2-24) und (2-25) deutet auf die Berücksichtigung nicht-zahlungswirksamer Aufwendungen wie z. B. Abschreibungen hin. Im Kontext der Investitionssteuerung im Bankbereich könnte auf diese z. T. verzichtet und an die Stelle des Nettoergebnisses der Zahlungsüberschuss gesetzt werden. So erfordern z. B. spekulative Geschäfte aus Forward-Kontrakten keine in den Perioden nach Vertragsabschluss abzuschreibenden Anfangsinvestitionen (vgl. *Pfaff/Kühn* [Gesamtbanksteuerung], S. 189). Da das Risiko-Rendite-Kalkül jedoch grundsätzlich nicht allein bei derartigen Investitionen anzuwenden ist, wird durch Ansatz des Nettoergebnisses eine allgemein gültige Formulierung gewählt.

183 Vgl. *Schierenbeck/Lister* [Value Controlling], S. 363.

184 Vgl. hierzu die Abschnitte 2.3.3.1-2.3.3.3.

Verlustpotential und ermöglichen so die folgende Formulierung des Risikotragfähigkeitskalküls:

$$\textit{Wahrscheinlichkeit}\ \{\textit{Verlustpotenzial} \leq \textit{Risikodeckungsmassen}\} \geq x\% \qquad (2\text{-}26)$$

Die Wahrscheinlichkeit, mit welcher die vorgehaltenen Risikodeckungsmassen potenzielle Verluste auffangen können, wird durch das gewählte Konfidenzniveau explizit vorgegeben. Es bringt dadurch die Risikoneigung des Managements zum Ausdruck.[185]

Eine Vereinigung beider Kalküle soll der Einsatz sog. Risk Adjusted Performance Measures gewährleisten.[186] Sie stellen das maßgebliche Entscheidungskriterium einer integrierten Risiko-/Rendite-Steuerung dar. Ihre grundsätzliche Charakterisierung und die Herausforderungen einer Übertragung auf den Nicht-Finanzbereich sind Gegenstand der folgenden Abschnitte.

## 2.4.3 Risk Adjusted Performance Measures

### 2.4.3.1 Allgemeine Charakterisierung

Risk Adjusted Performance Measures (RAPM) stellen im Finanzbereich gebräuchliche Kennzahlen für eine integrierte Risiko-/Rendite-Steuerung dar. Erste RAPM wurden Ende der 70er Jahre von der US-amerikanischen Bank Bankers Trust entwickelt.[187] Das Anwendungspotenzial von RAPM in der Praxis ist vielfältig. Im Kontext der Risikokapitalallokation sollen sie den Fluss der vorgehaltenen Risikodeckungsmassen in die optimalen Verwendungszwecke sicherstellen.[188] Als solche fungieren neben einzelnen Unternehmensbereichen auch potenzielle Investitionsprojekte. RAPM werden zudem als Bemessungs-

185 Theoretisch könnte an dieser Stelle eine Wahrscheinlichkeit von 100 % gewählt werden. Da ein Unternehmen in diesem Fall jedoch keinerlei risikobehaftete Geschäfte mehr durchführen könnte, wird es im Allgemeinen ein Restrisiko definieren, für welches es die Insolvenz in Kauf nimmt. Die Wahrscheinlichkeit wird demnach immer einen Wert von unter 100% annehmen (vgl. *Schierenbeck/Lister* [Value Controlling], S. 363 f.).

186 Vgl. *Schierenbeck/Lister/Herzog* [Risiko-Controlling], S. 79.

187 Vgl. *Guill* [Bankers Trust], S. 5; *Parsley* [RORAC], S. 36 f.; *Souvrion* [Raroc], S. 25.

188 Vgl. z. B. *Straßberger* [Risikokapitalallokation], *Scherpereel* [Risikokapitalallokation].

grundlage einer leistungsorientierten Managementvergütung herangezogen.[189] Allgemein formuliert weisen sie die folgende Struktur auf:[190]

$$RAPM = \frac{Erfolgsgröße}{Risikopotenzial} \tag{2-27}$$

RAPM setzen gemäß Gleichung (2-27) eine Erfolgsgröße zu dem mit dieser verbundenen Risiko in Beziehung.[191] Sie kennzeichnen sich laut *Willinsky* durch eine konsequente Marktwertorientierung, die wiederum im sog. „mark-to-market-Prinzip" zum Ausdruck kommt. Demnach stammen die Inputdaten zur Kennzahlenermittlung nicht aus der Buchhaltung, sondern basieren auf Cash Flows und den Marktwertänderungen, die im Betrachtungszeitraum auf der entsprechenden Aggegationsebene auftreten.[192] Die Quantifizierung des Risikopotenzials im Nenner erfolgt im Allgemeinen durch den Value at Risk.[193] Auf diese Weise stellen RAPM eine Verbindung zwischen den Ergebnissen der Risikoanalyse und der Vorhaltung von Risikodeckungsmassen her. Letztere werden auch als Risikokapital bzw. Risk Adjusted Capital bezeichnet und stellen die Eigenkapitalaustattung einer Bank zur Deckung schlagend werdender Risiken dar. Im Kontext der Investitionssteuerung soll auf diese Weise nicht nur eine Erfüllung der Grundgleichung des Risikotragfähigkeitskalküls sichergestellt werden. Die Dimensionierung der Erfolgsgröße auf die einheitliche Bezugsgröße „Risikokapital" soll zudem einen sinnvollen Vergleich von unterschiedlich risikobehafteten Investitionsprojekten ermöglichen.[194] Nachfolgend werden die zentralen RAPM vorgestellt. Auf dieser Basis werden die Herausforderungen einer Übertragung auf den Nicht-Finanzbereich dargestellt.

---

189 Vgl. z. B. *van Duyn* [risk], S. 60; *Gumerlock* [Snoozing], S. 78.

190 Vgl. *Guthoff/Rüter* [Vergütung], S. 5.

191 Vgl. *Mengele* [Shareholder-Return], S. 154.

192 Vgl. *Willinsky* [Rentabilitätsmaße], Sp. 1806. Alternativ werden RAPM z. T. aufgrund von buchhalterischen Größen definiert. Entsprechend assoziiert Stephan mit RAPM den aus den handelsrechtlichen Bewertungswahlrechten resultierenden Nachteil des bilanziellen Wertansatzes (vgl. *Stephan* [Kennzahlen], S. 216). Da die Marktwerte von Investitionen im Nicht-Finanzbereich einer subjektiven, modelltheoretischen Ermittlung mit dem Kapitalwertverfahren unterliegen, folgt die Berechnung hier eher dem „mark-to-model-Prinzip".

193 Vgl. hierzu Abschnitt 2.2.2.3.

194 Vgl. *Schierenbeck/Lister/Kirmße* [Bankmanagement 2], S. 45. Eine Vergleichbarkeit zwischen mehreren Geschäften ist allerdings nur für den Fall gegeben, dass den Value at Risks der zu vergleichenden Geschäfte ein einheitlicher Zeitraum und ein einheitliches Konfidenzniveau zu Grunde liegen (vgl. *Stephan* [Kennzahlen], S. 217).

### 2.4.3.2 Berechnung zentraler Risk Adjusted Performance Measures

*(1) Risikoadjustierte Ergebnisplanung*

Eine der zentralen RAPM stellt der Return on Risk Adjusted Capital (RoRAC) dar. Er setzt das Nettoergebnis (vor risikoadjustierten Eigenkapitalkosten) in Relation zum hierfür vorzuhaltenden Risikokapital:[195]

$$RoRAC = \frac{Nettoergebnis}{Risikokapital} \tag{2-28}$$

Im Rahmen der Investitionsplanung ist der RoRAC zunächst als Plangröße zu formulieren. Für ein einperiodisches Projekt mit unspezifizierter Periodenlänge quantifiziert der Plan-RoRAC das erwartete Nettoergebnis in t=1 ($G_1$) je Einheit des über die Betrachtungsperiode vorgehaltenen Risikokapitals ($VaR_1$):[196]

$$Plan-RoRAC = \frac{Erwartetes\ Nettoergebnis\ in\ t=1}{Vorgehaltenes\ Risikokapital\ in\ t=1} = \frac{G_1}{VaR_1} \tag{2-29}$$

Aus dem Plan-RoRAC allein lässt sich jedoch noch nicht darauf schließen, ob durch das betrachtete Investitionsprojekt Wert im Sinne der Eigenkapitalgeber generiert oder vernichtet wird. Für eine derartige Aussage muss der Plan-RoRAC gemäß der Grundgleichung des Risiko-Rendite-Kalküls mit den risikoadjustierten Eigenkapitalkosten verglichen werden.[197]

*(2) Risikoadjustierte Ergebnisvorgabe*

Die Ansprüche der Eigenkapitalgeber finden im Ziel-RoRAC ihre Berücksichtigung. In diesem werden die absoluten Eigenkapitalkosten in Relation zu den

195 Der Netto-Periodengewinn resultiert im Kontext der Bankensteuerung aus der Differenz aus (absoluten) Zinserlösen und Refinanzierungskosten (vgl. z. B. *Schierenbeck/Lister/Kirmße* [Bankmanagement 2], S. 44 f.; *Lehar et al.* [Performancemessung], S. 861 f.); *Willinsky* [Rentabilitätsmaße], Sp. 1807 f.

196 Aufgrund des angenommenen Zahlungseintrittes zu diskreten Zeitpunkten ist von einem Anfall des Zahlungsüberschusses am Periodenende (t) und einer Risikokapitalvorhaltung ab Periodenbeginn (t-1) auszugehen.

197 Vgl. *Schierenbeck/Lister/Kirmße* [Bankmanagement 2], S. 566.

vorgehaltenen Risikodeckungsmassen gesetzt.[198] Bei der Ermittlung der absoluten Eigenkapitalkosten bilden letztere die Bezugsbasis der geforderten Rendite der Eigenkapitalgeber.[199] Der Ziel-RoRAC gibt damit den Mindest-Erfolg je Einheit übernommenen Risikos an und wird daher auch als „Hurdle Rate" bezeichnet:[200]

$$Ziel-RoRAC = \frac{Absolute\ Eigenkapitalkosten\ in\ t=1}{Vorgehaltenes\ Risikokapital\ in\ t=1} = \frac{r_{a,1} \cdot VaR_1}{VaR_1} \tag{2-30}$$

Die absoluten Eigenkapitalkosten resultieren aus der Multiplikation der Verzinsungsansprüche der risikoaversen Eigenkapitalgeber[201] mit dem ab Periodenbeginn gebundenen Risikokapital.[202] Erstere können unmittelbar aus der Bestimmungsgleichung des CAPM abgeleitet werden. Es folgt:[203]

$$r_{a,1} \cdot VaR_1 = \left[r_{s,1} + (\mu(r_{M,1}) - r_{s,1}) \cdot \beta_{j,t}\right] \cdot VaR_1 \tag{2-31}$$

---

198 *Schierenbeck/Lister/Kirmße* unterscheiden im Rahmen der Planungsrechnung mit RAPM weiter zwischen dem Ziel- und dem Mindest-RoRAC, wobei Folgendes gelten muss: Ziel-RoRAC $\geq$ Mindest-RoRAC (vgl. *Schierenbeck/Lister/Kirmße* [Bankmanagement 2], S. 48). Da sich Ziel- und Mindest-RoRAC im Fall einer kapitalmarkttheoretisch hergeleiteten Mindest-Eigenkapitalrentabilität entsprechen, wird im Weiteren lediglich von einem Ziel-RoRAC die Rede sein.

199 Übersteigt das tatsächlich investierte Eigenkapital die durch den VaR bei einem bestimmten Konfidenzniveau festgelegte Höhe, werden die Renditeziele der Eigenkapitalgeber bei Erreichung des Ziel-RoRAC untererfüllt. Ein gegenläufiger Zusammenhang ist bei einem Eigenkapitaleinsatz unterhalb des VaR festzustellen (vgl. hierzu *Schierenbeck/Lister* [Value Controlling], S. 489 f.).

200 Vgl. *Schierenbeck/Lister/Kirmße* [Bankmanagement 2], S. 45.

201 Bei kapitalgeleiteten Unternehmen ist darauf zu achten, dass sich der angesetzte Eigenkapitalkostensatz an den Opportunitätskosten der Eigenkapitalgeber orientiert (vgl. *Albrecht* [Vereinbarkeit], Sp. 1808).

202 Diese Aussage impliziert einen Risiko-/Eigenkapitalkoeffizienten (REK) von 1. Der REK ist Ausdruck des Anteils an Eigenkapital, der risikobehafteten Geschäften zugeführt wird. Er ist definiert als Quotient aus Risikokapital und Eigenkapital zu Buchwerten (*Schierenbeck/Lister/Kirmße* [Bankmanagement 2], S. 45 f.).

203 Vgl. *Willinsky* [Rentabilitätsmaße], Sp. 1807). Um systematische Verzerrungen zu vermeiden, wird in der Praxis von den Renditeforderungen der Eigenkapitalgeber zuvor z. T. der risikolose Zins abgezogen (vgl. *Wilson* [RAROC]; *Schröck* [Wertmanagement]).

Im Rahmen einer risikoadjustierten Ergebniskontrolle ist weiterhin zu prüfen, ob der Plan-RoRAC den Ziel-RoRAC übersteigt und somit Wert im Sinne der Eigenkapitalgeber geschaffen wird.

*(3) Risikoadjustierte Ergebniskontrolle*

Im finanziellen Interesse der Eigenkapitalgeber fordert die Grundgleichung des Risiko-Rendite-Kalküls eine Erfüllung der folgenden Ungleichung:

$$Plan-RoRAC \geq Ziel-RoRAC \tag{2-32}$$

Die Verdichtung dieser Beziehung in einer Kennzahl gewährleistet der Risk Adjusted Return on Risk Adjusted Capital (RARoRAC).[204] Er gibt an, welche Differenz aus erwartetem Nettoergebnis und risikoadjustierten Eigenkapitalkosten je Einheit vorgehaltenen Risikokapitals erwirtschaftet wird. Dieser Übergewinn wird auch als Risk Adjusted Return (RAR) oder Differential Return bezeichnet.[205] Für den RARoRAC in seiner Funktion als Plangröße gilt:[206]

$$Plan-RARoRAC = \frac{Plan-Übergewinn\ in\ t=1}{Vorgehaltenes\ Risikokapital\ in\ t=1} = \frac{G_1 - r_{a,1} \cdot VaR_1}{VaR_1} \tag{2-33}$$

$$= PlanRoRAC - ZielRoRAC$$

Nach Ablauf der Bewertungsperiode sind die ex ante getroffenen Investitionsentscheidungen zu kontrollieren. Diese Kontrolle erfolgt auf Basis des Ist-RARoRAC, welcher den tatsächlich erwirtschafteten Übergewinn (oder -verlust) je Einheit Risikokapital beziffert:

---

204 In Literatur und Praxis existiert eine Begriffsverwirrung, die auf einer Loslösung der Anwendung von RAPM-Kennzahlen von ihrer wörtlichen Definition basiert (vgl. *Willinsky* [Rentabilitätsmaße], Sp. 1806). Häufig wird der RARoRAC daher irreführenderweise als Risk Adjusted Return on Capital (RARoC) bezeichnet (vgl. *Groß/Knippschild* [Risikocontrolling], S. 69 ff.).

205 Vgl. *Bielefeld/Maifarth* [Kennzahlen], S. 164; *Weißenberger/Löhr* [Risikocontrolling], S. 14.

206 Vgl. *Stephan* [Kennzahlen], S. 218.

$$Plan\ RARoRAC = \frac{Ist - Übergewinn\ in\ t = 1}{Vorgehaltenes\ Risikokapital\ in\ t = 1} \quad (2\text{-}34)$$

$$= Ist\ RoRAC - Ziel\ RoRAC$$

Dieser grundsätzlichen Darstellung folgend, sollen im nächsten Abschnitt die Herausforderungen einer Übertragung von RAPM zur Investitionssteuerung im Nicht-Finanzbereich umrissen werden.

## 2.5 Übertragung von RAPM auf den Nicht-Finanzbereich

Welche konzeptionellen Anpassungen für eine Übertragung von RAPM auf den Nicht-Finanzbereich erforderlich sind, wird durch die Spezifika der dort durchgeführten Investitionsprojekte determiniert. Diese Spezifika werden im weiteren Verlauf dieser Arbeit durch die Charakteristika des zu Grunde liegenden Zahlungsstromes bestimmt. Danach wird eine Nicht-Finanzinvestition als langfristige Kapitalanlage zum Zweck der Erfolgserzielung definiert.[207] Mit diesem Investitionsbegriff vereinbar ist die bisher vertretene, finanzwirtschaftliche Perspektive, welche das Wesen einer einperiodischen Investition auf die hierdurch induzierten Ein- und Auszahlungen reduziert hat.[208] Der Zahlungsstrom eines Investitionsprojektes im Nicht-Finanzbereich weist im Gegensatz dazu eine einmalige Anfangsauszahlung und eine Reihe positiver Zahlungsüberschüsse in den Perioden seiner Nutzungsdauer auf.[209] Dem eingesetzten Eigenkapital kommt dabei primär eine Finanzierungsfunktion zu. Es ist von dem Gesamtrisiko des unsicheren Zahlungsstromes entkoppelt.[210] Ein weiterer Unterschied er-

207 Vgl. *Kremers* [Risikoübernahme], S. 176.

208 Vgl. *Schneider* [Investition], S. 10; *Blohm/Lüder/Schäfer* [Investition], S. 1. Daneben existiert die rein leistungswirtschaftlich orientierte Interpretation, welche Investitionen als Neukombination bereits vorhandener Wirtschaftsgüter versteht (vgl. *Götze/Bloech* [Investitionsrechnung], S. 5).

209 Vgl. *Blohm/Lüder/Schäfer* [Investition], S. 1. *Crasselt* bezeichnet diese Art der Investition als „normale" Investition. Muss die Investitionsentscheidung nicht sofort getroffen werden, ist ein Entscheidungsaufschub also möglich und/oder erwächst bei Durchführung der Investition eine weitere, in der Zukunft liegende Handlungsmöglichkeit, handelt es sich um eine Realoption (vgl. *Crasselt* [Managemententlohnung], S. 7 ff.).

210 Vgl. *Pfaff/Kühn* [Gesamtbanksteuerung], S. 189 mit Bezug auf eine entsprechend gegensätzliche Charakteristik von Finanzinvestitionen.

wächst aus der maßgeblichen Länge der einzelnen Perioden der Nutzungsdauer einer Nicht-Finanzinvestition. Sie stellt auf die im Nicht-Finanzbereich relevanten Planungs- und Steuerungsgrößen ab und wird im weiteren Verlauf dieser Arbeit auf ein Jahr festgesetzt.[211]

Die für den Einsatz im Nicht-Finanzbereich geeigneten RAPM müssen diese Charakteristika des Zahlungsstromes in den angesetzten Erfolgs- und Risikomaßen explizit berücksichtigen. Es ist demnach auf eine Erfolgsgröße zurückzugreifen, die es ermöglicht, einen mehrperiodischen Zahlungsstrom unter Berücksichtigung des zeitlichen Zahlungsanfalls zum Entscheidungszeitpunkt zu bewerten. Eine solche Größe stellt der Kapitalwert einer Investition dar.[212] Aufgrund seiner wahlweisen Risikoadjustierung lässt er sich grundsätzlich als Zählergröße aller zuvor unterschiedenen RAPM einsetzen. Für eine Ermittlung des nicht-risikoadjustierten Kapitalwertes ist eine Charakterisierung des mehrperiodischen Zahlungsstromes allein durch die periodischen Cash Flow-Erwartungswerte ausreichend. Diese sind für eine Berechnung des CAPM-basierten Risikoabschlages um die potenziellen periodischen Schwankungen nach oben und unten zu ergänzen. Die Anwendung des als einperiodisches Modell formulierten CAPM in einem Mehrperiodenkontext erfordert zudem die Berücksichtigung der zwischen den periodischen Cash Flows bestehenden stochastischen Abhängigkeiten. Diese Risikostruktur des mehrperiodischen Zahlungsstromes ist auch einer Bewertung des Risikopotenzials durch den VaR zu Grunde zu legen.

Die Möglichkeiten und Grenzen einer verlässlichen Prognose der als Datenbasis der RAPM-Komponenten fungierenden Risikostruktur eines mehrperiodischen Zahlungsstromes im Nicht-Finanzbereich sind Gegenstand des folgenden Kapitels 3. Die konkrete Ermittlung der Zähler- und Nennergrößen theoretisch konsistenter RAPM für den Nicht-Finanzbereich erfolgt schließlich im Rahmen der Ausführungen zur risikoadjustierten Investitionsbewertung in Kapitel 4.

---

211 Dieser Wert liegt innerhalb der von *Bartram* für diese Größen angenommenen Zeitspanne von 2 bis 24 Monaten (vgl. *Bartram* [Exposures], S. 1281).

212 Vgl. Abschnitt 2.2.2.3.

# 3 Risikobewertung im Nicht-Finanzbereich

## 3.1 Kapitelüberblick

Ziel dieses Kapitels ist das Aufzeigen von Möglichkeiten und Grenzen der Risikobewertung eines unsicheren, mehrperiodischen Zahlungsstromes von Nicht-Finanzinvestitionen. Die dieser zu Grunde liegende Wahrscheinlichkeitsverteilung bildet das Fundament für die zu einem späteren Zeitpunkt dieser Arbeit erfolgende Ableitung konkreter RAPM für den Nicht-Finanzbereich.

Das einem mehrperiodischen Zahlungsstrom innewohnende Risiko ist das Ergebnis einer Vielzahl heterogener und auf diesen wirkenden Einzelrisiken. Eine mögliche Systematisierung dieser sog. Risikofaktoren im Nicht-Finanzbereich erfolgt daher zu Beginn dieses Kapitels. Anschließend werden die Anforderungen an eine Downside-Risikobewertung im Nicht-Finanzbereich formuliert. Der im Finanzbereich zum Einsatz kommende Value at Risk bildet schließlich die Basis zur Herleitung eines periodenbezogenen und auf Zahlungsgrößen basierenden Risikomaßes. Ein Schwerpunkt liegt dabei auf den existierenden Ermittlungsmethoden und ihrem Potenzial zur Erfassung der komplexen Risikosituation im Nicht-Finanzbereich. Die periodenbezogene Risikobewertung wird anschließend in einem periodenübergreifenden Kontext überführt. Die Bewertung existierender Modellansätze führt schließlich zur Ableitung der Anforderungen an die in Kapitel 4 vollzogene, theoretisch konsistente Downside-Risikobewertung eines mehrperiodischen Zahlungsstromes.

## 3.2 Risiken im Nicht-Finanzbereich

### 3.2.1 Kategorisierungskriterien

Eine umfassende Auflistung der für den Nicht-Finanzbereich maßgeblichen Risiken erscheint aufgrund ihrer Vielzahl und der vom spezifischen Unternehmensumfeld abhängigen Relevanz an dieser Stelle nicht möglich. Selbst für einzelne Branchen ist sie kaum durchführbar.[213] Zielführender ist die Suche nach geeigneten Kriterien, mit welchen sich Risiken im Nicht-Finanzbereich kategorisieren lassen. Sie sollen die Erfassung der komplexen Risikosituation im Nicht-

213 Vgl. *Hölscher* [Gestaltungsformen], S. 301.

Finanzbereich ermöglichen.[214] In der Literatur existiert eine Vielzahl dichotomer Begriffspaare zur Kategorisierung relevanter Risiken. Zu diesen zählen:[215]

- *Messbare* vs. *nicht-messbare* Risiken: Besteht für einzelne Risiken die Möglichkeit einer Quantifizierung auf Basis objektiver oder subjektiver Wahrscheinlichkeiten, gelten diese als messbar. Ein Beispiel hierfür sind Schwankungen der Umsatzrendite. Besteht keine Möglichkeit, Risiken mit möglichen Ausprägungen und damit verbundenen Wahrscheinlichkeiten zu unterlegen, spricht man von nicht-messbaren Risiken. Ein Beispiel hierfür sind politische Risiken.
- *Versicherbare* vs. *nicht-versicherbare* Risiken: Dieser frühe Ansatz zur Risikokategorisierung versteht unter einem versicherbaren Risiko eines, für das eine Versicherungsdeckung verfügbar ist oder zumindest denkbar wäre. Voraussetzung hierfür ist, dass aus einem Risikotransfer sowohl Versicherer als auch Versicherungsnehmer einen Nutzen ziehen könn(t)en.[216] Ein Risiko, für welches eine Deckung am Markt angeboten wird, ist bspw. der Ausfall eines Debitors. Dagegen gilt z. B. das Risiko von Konjunkturschwankungen als nicht-versicherbar.
- *Einzelrisiken* vs. *Portfoliorisiken*: Bei einem Portfoliorisiko, wie bspw. der unzureichenden Diversifikation einzelner Geschäftsfelder in einem Gesamtunternehmen, handelt es sich um ein Risikoaggregat, welches wiederum in untergeordnete Einzelrisiken aufgespaltet werden kann.[217] Letztere können sich einerseits in niedriger aggregierte Einzelrisiken aufspalten lassen und bilden damit aus untergeordneter Perspektive erneut ein Portfoliorisiko.[218] Ein Beispiel hierfür wäre die sinkende Rendite eines Geschäftsfeldes. Einzelrisiken auf der niedrigsten Aggregationsstufe stellen die primäre Ursache einer Zielverfehlung dar.[219] Als Beispiel hierfür seien z. B. umsatzrelevante Wechselkursschwankungen genannt.
- *Strategische* vs. *operative* Risiken: Strategische Risiken sind langfristig wirksam und bergen bei Eintritt die Gefahr einer Beeinträchtigung des Erfolgspo-

---

214 Vgl. *Wolf* [Risikomanagement], S. 41. Die resultierenden Risikoklassen können zudem als Anhaltspunkt zur Ableitung geeigneter Maßnahmen der Risikohandhabung dienen (vgl. *Schierenbeck/Lister* [Value Controlling], S. 331).

215 In Anlehnung an *Schierenbeck/Lister* [Value Controlling], S. 331 ff.; *Kremers* [Risikoübernahme], S. 45 f.

216 Vgl. *Hölscher/Kremers/Rücker* [Industrieversicherungen], S. 12.

217 Vgl. *Farny* [Grundfragen], S. 19 f.

218 Vgl. *Schierenbeck/Lister* [Value Controlling], S. 332.

219 Vgl. *Hölscher* [Gestaltungsformen], S. 300.

tenzials eines Unternehmens.[220] Sie gefährden damit langfristig den Bestand eines Unternehmens. Strategische Risiken beinhalten sowohl maßgebliche Veränderungen des unternehmerischen Umfelds (z. B. regulatorische Rahmenbedingungen) als auch Risiken aus einer Veränderung der eigenen strategischen Positionierung (z. B. die Abhängigkeit von wenigen Großkunden oder nur einem Vertriebskanal).[221] Operative Risiken beschreiben dagegen die Gefahr relativ kurzfristig behebbarer Beeinträchtigungen des normalen Geschäftsverlaufes.[222]

- *Interne* vs. *externe* Risiken: Interne Risiken lassen sich auf unternehmensinterne Entscheidungen zurückführen (z. B. Organisationsrisiken) und können durch entsprechende Maßnahmen verhindert werden. Demgegenüber resultieren externe Risiken aus Bereichen, die sich der unmittelbaren Einflusssphäre des Unternehmens entziehen (bspw. das Verhalten der Wettbewerber). Da sich interne und externe Ursachen für nahezu sämtliche Risiken finden lassen, ist diese Kategorisierungsform problematisch.[223] Ein Beschaffungsrisiko kann bspw. entweder die Folge eines allgemeinen Preisanstieges (externes Risiko) oder die Konsequenz einer fehlerhaften Einkaufspolitik (internes Risiko) sein.
- *Leistungswirtschaftliche* vs. *finanzwirtschaftliche* Risiken: Leistungswirtschaftliche Risiken beziehen sich auf den Leistungsprozess eines Unternehmens, bestehend aus den Bereichen Beschaffung, Produktion und Absatz. Finanzwirtschaftliche Risiken resultieren aus dem, den Leistungsprozess unterstützenden und dazu gegenläufigen Finanzprozess eines Unternehmens.

Vor dem Hintergrund einer Herausstellung der Besonderheiten einer Risikobewertung im Nicht-Finanzbereich bietet sich in dieser Arbeit eine Differenzierung nach leistungs- und finanzwirtschaftlichen Risiken an.[224] Sie bildet die Basis der folgenden Darstellung relevanter Risikoklassen im Nicht-Finanzbereich. Wie sich dabei zeigen wird, lassen sich alternative Kategorisierungskriterien mit der gewählten Systematik vereinbaren.

---

220 Vgl. *Kremers* [Risikoübernahme], S. 46.

221 Vgl. *Pfennig* [Shareholder Value], S. 1311.

222 Vgl. *Kremers* [Risikoübernahme], S. 46.

223 Vgl. *Schierenbeck/Lister* [Value Controlling], S. 332.

224 Diese Kategorisierung bietet zudem Hinweise auf die zur konkreten Risikohandhabung einzusetzenden Instrumente und die Zuordnung von Verantwortung an das operative Management. Vor diesem Hintergrund wird sie von *Pfennig* im Kontext eines industriellen Risikomanagements empfohlen (vgl. *Pfennig* [Shareholder Value], S. 1311).

## 3.2.2 Systematik relevanter Risikoklassen

Abbildung 3-I stellt die Gesamtrisikoposition von Nicht-Finanzunternehmen als Aggregat der finanz- und leistungswirtschaftlichen Risiken überblicksartig dar.

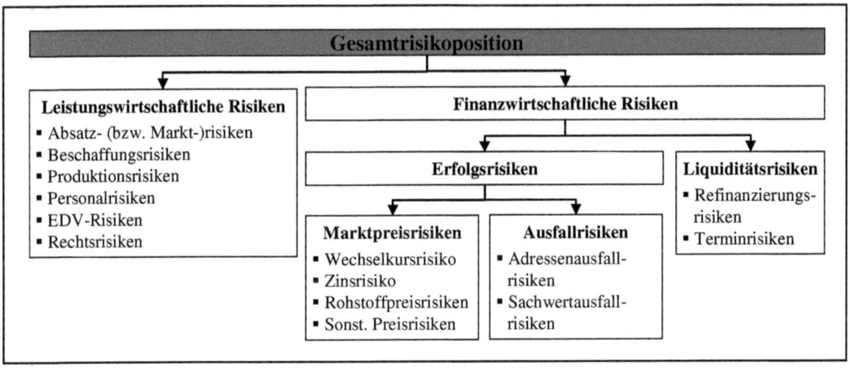


*Abb. 3-I: Risikokategorisierung im Nicht-Finanzbereich*[225]

Leistungswirtschaftliche Risiken resultieren aus dem betrieblichen Leistungsprozess, d.h. dem eigentlichen Gegenstand der Geschäftsaktivität.[226] Sie sind für Abweichungen von den erwarteten Umweltzuständen in den Bereichen Beschaffung, Produktion und Absatz verantwortlich.[227] Unter die leistungswirtschaftlichen Risiken fallen Absatz-, Beschaffungs-, Produktions-, Personal-, EDV- sowie Rechtsrisiken. Diese werden im Folgenden kurz dargestellt.

- *Absatzrisiken* äußern sich in Form sinkender Umsätze. Ursächlich für den Umsatzrückgang können operative und strategische Aspekte sein. Aus operativer Sicht können bspw. Qualitätsprobleme der am Markt angebotenen Produkte oder auch ein kurzfristig revidierbarer, fehlerhafter Einsatz marketingpolitischer Instrumente verantwortlich sein. Aus strategischer Perspektive kann ein Umsatzrückgang durch ein vermindertes Erfolgspotenzial eines Unternehmens bspw. infolge einer verfehlten Produktpolitik (unternehmensinterne Ursache) oder durch ein geändertes, dem aktuellen Produktionsprogramm nicht mehr entsprechendes Konsumentenverhalten (unternehmensexterne Ursache) hervorgerufen werden.

225 In Anlehnung an *Wiedemann* [Passivseite], S. 4; *Kremers* [Risikoübernahme], S. 47 ff.; *Duch* [Risikoberichterstattung], S. 13.

226 Vgl. *Duch* [Risikoberichterstattung], S. 13.

227 Vgl. *Bergener* [Risikocontrolling], S. 32.

* *Produktions-* und auch *EDV-Risiken* erfassen neben dem Risiko von Naturkatastrophen[228] insbesondere den Ausfall betrieblicher Informations- und Kontrollsysteme aufgrund unzureichender Kontrollen, unausgereifter Systeme oder menschlichen Versagens.[229] Diese Risiken sind vielfach versicherbar, bzw. durch geeignete Organisationsformen auf ein Mindestmaß reduzierbar.
* Unter die *Beschaffungsrisiken* fallen sämtliche Risiken, die sich von der Bereitstellung der Roh-, Hilfs- und Betriebsstoffe bis zu ihrem Einsatz in der Produktion ergeben.[230] Es fallen hierunter bspw. Bedarfsdeckungs-, Liefer-, Transport-, sowie Lagerrisiken.[231]
* *Personalrisiken* werden durch den Menschen hervorgerufen und äußern sich bspw. in der Gefahr einer Abwanderung schwer ersetzbarer Mitarbeiter. Zudem erfassen sie sämtliche bewusst (Sabotage) oder unbewusst (Fahrlässigkeit) verursachten Schäden.
* *Rechtsrisiken* umfassen Veränderungen rechtlicher Rahmenbedingungen, denen die Unternehmenstätigkeit unterliegt.[232] Insbesondere fallen hierunter Haftpflichtgesetze, welche im Fall einer Schädigung von dritten Personen bzw. von Gegenständen, die sich nicht im Eigentum des Unternehmens befinden, wirksam werden. Auch das KonTraG[233] hat durch seine zusätzlichen Anforderungen an die Unternehmensführung das Rechtsrisiko gesteigert.

Neben dem betrieblichen Leistungsprozess existieren in einem Unternehmen Finanzprozesse. Sie sollen den Leistungsprozess unterstützen und unterscheiden sich von diesem in Bezug auf die ihm innewohnenden Risiken.[234] Da letztere wiederum die Maßnahmen zur Risikohandhabung determinieren, hat sich das finanzwirtschaftliche ursprünglich losgelöst vom leistungswirtschaftlichen Risikomanagement entwickelt.[235] Finanzwirtschaftliche Risiken lassen sich in *Liquiditäts-* und *Erfolgsrisiken* unterteilen. *Liquiditätsrisiken* stehen aufgrund ihrer existentiellen Bedeutung für den Fortbestand eines Unternehmens seit jeher im Fokus des unternehmerischen Risikomanagements.[236] Sie können weiter in *Refinanzierungs-* und *Terminrisiken* unterteilt werden:

---

228 Vgl. *Oehler/Unser* [Risikomanagement], S. 14 f.

229 Vgl. *Duch* [Risikoberichterstattung], S. 14.

230 Vgl. *Bergener* [Risikocontrolling], S. 33.

231 Vgl. *Rogler* [Risikomanagement], S. 34.

232 Vgl. *Kendall* [Risk Management], S. 185.

233 Vgl. hierzu Abschnitt 2.3.1.

234 Vgl. *Kremers* [Risikoübernahme], S. 49.

235 Vgl. *Leciejewski* [Risiken], S. 64.

236 Vgl. *Duch* [Risikoberichterstattung], S. 14. So stellt die Unfähigkeit eines Unternehmens, seinen Zahlungsverpflichtungen nachzukommen, einen Insolvenzgrund dar (vgl.

- *Refinanzierungsrisiken* resultieren aus einer voneinander abweichenden Fristigkeit der Mittelbindung von Aktiv- und Passivseite der Bilanz.[237] Sie werden dadurch wirksam, dass die Anschlussfinanzierung eines Aktivgeschäftes liquiditätsmäßig nicht oder nur zu ungünstigeren Konditionen festgesetzt werden kann.
- *Terminrisiken* ergeben sich aus der Gefahr einer ungeplanten Verlängerung der Kapitalbindungsdauer von Forderungen.[238] Sie werden durch verspätete Kapitaldienstleistungen wirksam.

*Erfolgsrisiken* münden in unerwarteten Ergebnisverschlechterungen eines Unternehmens. Neben den Liquiditätsrisiken können auch Erfolgsrisiken einen Insolvenzgrund darstellen und damit den Fortbestand eines Unternehmens gefährden.[239] Sie lassen sich weiter in *Marktpreis-* und *Ausfallrisiken* untergliedern:

- *Marktpreisrisiken* erfassen die Möglichkeit von Ergebnisveränderungen aufgrund zukünftiger Marktpreisänderungen. Es fallen hierunter Veränderungen von Wechselkursen, Zinsen, Rohstoffpreisen und sonstigen marktpreisbestimmenden Positionen.[240]
- *Ausfallrisiken* resultieren einerseits aus der Existenz finanzieller Verpflichtungen Dritter gegenüber einem Unternehmen. Die hierbei relevanten *Adressenausfallrisiken* werden wirksam, wenn diesen Verpflichtungen durch Dritte nicht oder nicht in voller Höhe nachgekommen wird bzw. werden kann.[241] Auf der anderen Seite erfassen *Sachwertausfallrisiken* die Gefahr einer Sachwertminderung, bspw. aufgrund einer Alterung der betriebseigenen Produktionsanlagen.[242]

An dieser Stelle sei erwähnt, dass die o.g. Kategorien teilweise nicht überschneidungsfrei sind. Zum Beispiel werden durch den Menschen unbewusst verursachte Schäden sowohl den *Produktions-* als auch den *Personalrisiken* zu-

---

hierzu auch die Zielsetzungen eines unternehmerischen Risikomanagements in Abschnitt 2.3.2).

237 Vgl. *Hager* [Corporate Risk Management], S. 14.

238 Vgl. *Hager* [Corporate Risk Management], S. 14.

239 Vgl. *Kremers* [Risikoübernahme], S. 51. Erfolgsrisiken können zu einer Überschuldung des Unternehmens führen, wenn das realisierte Risikovolumen das verfügbare Eigenkapital übersteigt (vgl. hierzu auch die Zielsetzungen eines unternehmerischen Risikomanagements in Abschnitt 2.3.2).

240 Vgl. *Wiedemann* [Passivseite], S. 7; *Büschgen/Börner* [Bankbetriebslehre], S. 270; *Hager* [Corporate Risk Management], S. 16.

241 Vgl. *Kendall* [Risk Management], S. 125.

242 Vgl. *Wiedemann* [Passivseite], S. 6.

geordnet. In der praktischen Anwendung sind diese Überschneidungen im Rahmen der Identifikation der relevanten Risikofaktoren zu berücksichtigen.[243] Zudem sind die oben erläuterten Risikoklassen nicht unabhängig voneinander zu betrachten. Zwischen ihnen bestehen stochastische Risikoaggregation adäquat berücksichtigt werden sollten.[244] Zudem ist auf die operative und strategische Relevanz leistungs- und finanzwirtschaftlicher Risiken hinzuweisen.[245] (Relativ) kurzfristig korrigierbare Auswirkungen sämtlicher Risikoklassen können demnach langfristig die Erfolgspotenziale eines Unternehmens beeinträchtigen. Bspw. kann der Einsatz veralteter Maschinen kurzfristig zu Maschinenschäden und dadurch bedingten Produktionsausfällen führen. Langfristig kann durch den so verpassten technischen Fortschritt im Bereich der Produktionstechnik jedoch auch eine Verschlechterung der relativen Wettbewerbsposition resultieren.

Die Komplexität der Risikosituation im Nicht-Finanzbereich stellt eine besondere Herausforderung für die Risikobewertung dar. Diese ist Gegenstand der folgenden Ausführungen.

## 3.3 Downside-Risikobewertung im Nicht-Finanzbereich

### 3.3.1 Anwendungspotenzial des Value at Risk

Die zunehmende Verflechtung der internationalen Finanzmärkte und die wachsenden Handelsvolumina von Finanzderivaten machten die Risiken der Wertpapierbestände von Finanzinstituten in der ersten Hälfte der 1990er Jahre zunehmend intransparent.[246] Zur Gewährleistung von Transparenz wurde nach einer Methodik zur adäquaten Bewertung der damit verbundenen Risiken gesucht.[247] In diesem Kontext entwickelte sich der Value at Risk rasch zur dominanten Me-

243 Zur Identifikation der relevanten Risikofaktoren vgl. die Abschnitte 2.3.2 (für die allgemeine Anwendung) und 3.4.2.3.2 (für die Anwendung in Nicht-Finanzbereich).

244 Im Kontext des Einsatzes konkreter Maßnahmen zur Risikohandhabung fügt Kremers der Risikokategorisierung daher den Aggregationsgrad als weitere Dimension hinzu (vgl. *Kremers* [Risikoübernahme], S. 52 ff.).

245 Vgl. *Kremers* [Risikoübernahme], S. 52.

246 Vgl. *Eisele* [Value at Risk], S. 2.

247 Vgl. *Rudolph/Johanning* [Entwicklungslinien], S. 25 f.

thodik der Finanzinstitute.[248] Er gilt als intuitiv verständliches und damit gut kommunizierbares Risikomaß.[249] Eine Risikobewertung kann zudem auf einer positionsbezogenen Mikroebene wie auch auf einer portfoliobezogenen Makroebene unter Berücksichtigung der zwischen den einzelnen Wertpapieren bestehenden stochastischen Abhängigkeiten vollzogen werden.[250] Einen enormen Popularitätsschub erfuhr der VaR zudem durch die unentgeltliche Verbreitung des Produkts RiskMetrics™ durch die US-Investmentbank J.P. Morgan.[251] In diesem wurden die zur Erfassung der Risikoverbundeffekte zwischen einzelnen Wertpapieren notwendigen Korrelationskoeffizienten erstmals kostenfrei zur Verfügung gestellt.[252]

Die ursprüngliche Anwendung des VaR im Finanzbereich bezog sich ausschließlich auf die Bewertung des Einflusses finanzwirtschaftlicher Marktpreisrisiken auf den Handelsbestand von Wertpapieren.[253] Bald wurde jedoch erkannt, dass das Konzept des VaR noch leistungsfähiger ist. Die weiteren Entwicklungsstufen des VaR in der bankbetrieblichen Anwendung führten zu einer Bewertung von Kreditrisiken und der bankbetrieblichen operationalen Risiken.[254] Die zunehmende Dynamik und Komplexität des Wettbewerbsumfelds von Unternehmen auch außerhalb des Finanzdienstleistungssektors und die daraus hervorgegangene Veränderung gesetzlicher Rahmenbedingungen (KonTraG) haben zu Weiterentwicklungen geführt, die das Konzept des Value at Risk auch für Unternehmen der Nicht-Finanzindustrie nutzbar zu machen

248 Vgl. *Schierenbeck/Lister/Kirmße* [Bankmanagement 2], S. 17. Für eine Charakterisierung des VaR vgl. Abschnitt 2.3.3.3.

249 Vgl. *Jankensgard* [At-Risk], S. 6.

250 Vgl. *o. V.* [Risk Management], S. 3; *Rudolph/Johanning* [Entwicklungslinien], S. 26.

251 Vgl. *Diggelmann* [Value at Risk], S. 65. Die kostenlose Verbreitung von RiskMetricsTM geschah in der Absicht, die Transparenz von Marktpreisrisiken zu erhöhen sowie ein einheitliches Maß zur Risikobewertung und zum Risikovergleich zu etablieren (vgl. Vorwort von *o. V.* [Technical Document]).

252 Für eine Beschreibung von RiskMetrics vgl. *o. V.* [Technical Document].

253 Die darunter zusammengefassten Risiken erfassen Wertänderungen aufgrund von Schwankungen der Zinssätze, Wechselkurse, Aktienkurse, Indexstände usw. (vgl. *Meyer* [Value at Risk], S. 12; *Huschens* [Value-at-Risk], S. 183).

254 Zur Anwendung auf Kreditrisiken vgl. z. B. *Huschens/Locarek-Junge* [Kreditrisikomessung]. Zur Übertragung auf operationelle Risken vgl. z. B. *Beeck/Kaiser* [Operational Risk]. Die vielfältigen Anwendungsmöglichkeiten haben auch dazu geführt, dass das Konzept des VaR Eingang in die Bankenaufsicht gefunden hat. So erlaubt der Gesetzgeber auf Basis der internationalen Konvergenz der Eigenmittelmessung und Eigenkapitalanforderungen (Basel II) eine Bemessung des Haftungskapitals auf Basis solcher bankinterner Modelle, die eine Risikoquantifizierung auf Basis des Value at Risk vornehmen (vgl. z. B. *Brandenberger* [Risikokontrollsysteme], S. 582).

versuchen. Im Folgenden wird ein Ansatz zur Kategorisierung der entwickelten Risikomaße vorgestellt.

### 3.3.2 Kategorisierungskriterien von Downside-Risikomaßen

Die existierenden Konzepte einer Risikobewertung mit dem Konzept des Value at Risk können grundsätzlich anhand der folgenden vier Faktoren geordnet werden:[255]

- Zielgröße
- Zeitraum
- Betrachtungsobjekt
- Einbezogene Risikofaktoren

*Zielgröße* und damit die einer Risikobewertung unterliegende „Bewertungsdimension" kann – wie im Fall des VaR – ein Marktwert oder eine Marktwertänderung sein. Alternativ kann sich eine Risikobewertung jedoch auch an Veränderungen von Cash Flows, Gewinnen oder anderer Erfolgsgrößen orientieren.[256] Die Bezeichnung der hervorgehenden Kennzahlen variiert je nach der zu Grunde gelegten Zielgröße (z. B. Cash Flow at Risk, Earnings at Risk).[257] Der *Zeitraum*[258] der Betrachtung kann von einem Tag bis zu einem Jahr oder länger reichen. Er ist als Periode definiert, die von der Risikobewertung bis zu einer

---

255 In Anlehnung an *MeVay/Turner* [value-at-risk], S. 84. *MeVay/Turner* unterscheiden jedoch nur drei Faktoren und beschreiben diese als "composition of exposure positions", "definition of risk" und "time frame over which risk of loss is measured". *Hoitsch/Winter* sprechen darauf bezogen über die Faktoren "Zielinhalt", "Zeitraum" und „Betrachtungsobjekt" (vgl. *Hoitsch/Winter* [Cash Flow at Risk], S. 239). Da auch nach Wahl des Betrachtungsobjektes die auf dieses einwirkenden Risikofaktoren frei eingrenzbar sind, werden die einbezogenen Risikofaktoren in dieser Arbeit als weiteres Differenzierungskriterium aufgeführt.

256 Vgl. *MeVay/Turner* [value-at-risk], S. 84.

257 Für eine ausführliche Herleitung und Darstellung des Cash Flow at Risk vgl. Abschnitt 3.4. Eine Darstellung der Earnings at Risk erfolgt im Rahmen der Abstimmung des erfolgsrechnerischen Risikopotenzials mit den entsprechenden Deckungsmassen in Abschnitt 4.2.2.

258 Alternativ wird von der Haltedauer oder dem Liquidationszeitraum gesprochen (vgl. *Kremers* [Risikoübernahme], S. 130).

möglichen „Glattstellung“ der analysierten Position vergeht.[259] Entgegen dieser ausschließlich periodenbezogenen Definition besteht zudem die Möglichkeit einer periodenübergreifenden Downside-Risikobewertung. Die Wahl des *Betrachtungsobjektes* kann von einem einzelnen Investitionsprojekt bis hin zu einem Unternehmen reichen.[260] Neben dem Einbezug finanzwirtschaftlicher ist grundsätzlich auch der Einbezug leistungswirtschaftlicher *Risikofaktoren* möglich.[261]

Die Variation jedes dieser Faktoren nimmt unmittelbaren Einfluss auf das Anwendungspotenzial der hervorgehenden Kennzahl. Die differenzierten Faktoren sind zudem nicht unabhängig voneinander. Der zu betrachtende Zeitraum wird bspw. von dem zu Grunde liegenden Betrachtungsobjekt maßgeblich mitbestimmt. Bei einer am Kapitalmarkt handelbaren Finanzinvestition besteht aufgrund der nahezu jederzeit möglichen Liquidation die Option einer kurzfristigen Betrachtung. Bei der Risikobewertung eines Investitionsprojektes im Nicht-Finanzbereich setzt sich der anzusetzende Zeitraum dagegen aus mehreren einjährigen Perioden zusammen.[262] Im Folgenden wird zunächst auf die periodenbezogene Downside-Risikobewertung eingegangen. Aus den Möglichkeiten und Grenzen des Einsatzes des „klassischen“ VaR im Nicht-Finanzbereich wird schließlich eine geeignetere Form der periodenbezogenen Risikobewertung abgeleitet.

## 3.4 Periodenbezogene Downside-Risikobewertung

### 3.4.1 Möglichkeiten und Grenzen des Einsatzes des Value at Risk

Der erfolgreiche Einsatz des VaR im Finanzbereich legt zunächst dessen unmodifizierte Anwendung im Nicht-Finanzbereich nahe.[263] Einer solchen Übertra-

259 Vgl. *Jendruschewitz* [Value at Risk], S. 26. Unter Glattstellung wird der Zeitpunkt der Liquidation oder des Hedgings einer Position verstanden.

260 Vgl. *MeVay/Turner* [value-at-risk], S. 84.

261 Vgl. *Becker* [Value at Risk], S. 394. Risikofaktoren stellen Umweltfaktoren dar, welche die Ausprägung einer Zielgröße beeinflussen (vgl. *Bühler* [Risikomessung], S. 266). Die Begriffe „Risiko“ und „Risikofaktor“ werden im Folgenden synonym verwendet.

262 Vgl. hierzu die Ausführungen in Abschnitt 2.4.3.3.

263 Vgl. *Shimko* [VaR], S. 28 f.; *Ulmke/Schmale* [Value-at-Risk], S. 209 ff.

gung sind im Kontext der Steuerung von Nicht-Finanzinvestitionen jedoch Grenzen gesetzt:

- In Bezug auf die *Zielgröße* gestaltet sich zunächst der beim VaR gesetzte Fokus auf den Marktwert bzw. die Marktwertänderung handelbarer Finanztitel als problematisch. Für Wertpapiere existieren leicht verfügbare, intersubjektiv überprüfbare und täglich aktualisierte Marktwerte. Dies ist bei Investitionen im Nicht-Finanzbereich nicht der Fall. Sie zielen auf den Erwerb materieller und/oder immaterieller Vermögensgegenstände ab, welche zur betrieblichen Leistungserstellung erforderlich sind bzw. das Ergebnis derselben darstellen. Die unternehmensbezogene Spezifität dieser Vermögensgegenstände hat zur Folge, dass für sie kein dem Kapitalmarkt vergleichbarer, organisierter Markt existiert.[264] Für die markt*orientierte* Bewertung von Nicht-Finanzinvestitionen ist daher ihr Kapitalwert heranzuziehen.[265] Dieser wiederum basiert auf dem projektbezogenen Zahlungsstrom. Die auf diesen einwirkenden Risiken beeinflussen die periodischen Zahlungsüberschüsse nicht nur über Preis-, sondern auch über Mengeneffekte. Sie entstehen als indirekte Wirkungen von Marktpreisschwankungen, die sich über die Erlös- und Kostensituation auf die Absatzmöglichkeiten auswirken.[266] Diese Mengeneffekte werden durch den VaR nicht erfasst.[267] So kann z. B. die durch eine Nicht-Finanzinvestition ausgelöste, periodische Absatzmenge auf dem Heimatmarkt eines Unternehmens vom Wechselkurs zwischen der Heimatwährung und der Landeswährung seiner ausländischen Konkurrenten abhängen. Steigt nämlich die Heimatwährung im Verhältnis zur Auslandswährung an, können ausländische Konkurrenten den so generierten „Mehr-Umsatz" in ihrer Landeswährung als Preisnachlass auf dem Heimatmarkt des investierenden Unternehmens weitergeben und so ihre Wettbewerbsposition zu Lasten des Konkurrenten verbessern.[268] Die periodenbezogene Downside-Risikobewertung im Nicht-Finanzbereich muss somit eine adäquate Erfassung der auf einer Zahlungsstromebene wirkenden Risiken gewährleisten.
- Mit dieser Veränderung der Zielgröße einher geht die Notwendigkeit zur Anpassung des betrachteten *Zeitraumes* einer Risikobewertung. Erfasst dieser

---

264 Vgl. *Hoitsch/Winter* [Cash Flow at Risk], S. 240.

265 Zur allgemeinen Charakterisierung des Kapitalwertes vgl. Abschnitt 2.2.2.3.

266 Vgl. *Bühler* [Risikocontrolling], S. 208 f.; *Bartram* [Corporate Risk Management], S. 243 ff.

267 Vgl. *Bühler* [Risikocontrolling], S. 229 f.; *Pfennig* [Shareholder Value], S. 1299.

268 Grundsätzlich gilt, dass das Mengenrisiko umso größer ist, je weniger zukünftige Transaktionen vertraglich fixiert und dadurch risikobehaftet sind (vgl. *Pfennig* [Shareholder Value], S. 1299).

beim VaR eine relativ kurze Zeitspanne (i.d.R. zwischen einem Tag und einem Monat) ist der Zeitraum der relevanten Planungs- und Steuerungsgrößen im Nicht-Finanzbereich deutlich länger. In Einklang mit der einer Kapitalwertermittlung im Nicht-Finanzbereich zu Grunde liegenden Periodenlänge wird im Folgenden von einem periodenbezogenen Zeitraum von einem Jahr ausgegangen.[269]

- Die Modifikation der Zielgröße bzw. des periodenbezogenen Zeitraumes führt zu weiterem Anpassungsbedarf in Bezug auf das der Risikobewertung zu Grunde liegende *Betrachtungsobjekt*. Der periodische Cash Flow einer Nicht-Finanzinvestition stellt somit selbst ein Aggregat aus mehreren Risikofaktoren dar. Die Bewertung des ihm innewohnenden Risikos findet daher zwangsläufig auf einer portfoliobezogenen Makroebene statt.
- Die beschriebenen Anpassungen von Zielgröße, Zeitraum und Betrachtungsobjekt nehmen üblicherweise auch Einfluss auf die *einbezogenen Risikofaktoren*. Lassen sich Marktwertänderungen von Wertpapierportfolios i.d.R. auf Schwankungen finanzwirtschaftlicher Marktpreisrisiken zurückführen, gestaltet sich die Situation auf der Zahlungsebene von Nicht-Finanzinvestitionen deutlich komplexer. Der periodenbezogene Zahlungsüberschuss wird i.d.R. durch eine größere Anzahl an Risikofaktoren beeinflusst, die zudem vergleichsweise heterogen sind.[270] Aufgrund der Entwicklung aus dem VaR heraus wird die Analyse häufig auf den Einfluss finanzwirtschaftlicher Risikofaktoren beschränkt.[271] Neben diesen können jedoch auch die im Nicht-Finanzbereich dominanten leistungswirtschaftlichen Risiken in die Bewertung einbezogen werden. Gerade für Unternehmen, in welchen die zukünftigen Cash Flow-Schwankungen nicht in ausreichendem Maße durch finanzwirtschaftliche Risikofaktoren erklärt werden, ist deren Einbezug für den Erklärungsgehalt des gewonnenen Risikomaßes von großer Bedeutung.[272]

---

269 Eine solche Periodenlänge erweist sich auch in Bezug auf die Insolvenzabwehr im Nicht-Finanzbereich als sinnvoll. Demnach sind kurzfristig negative Cash Flow-Schwankungen üblicherweise unproblematisch, da diese im Allgemeinen saisonalen und/oder zufallsabhängigen Schwankungen unterliegen. Erst geringe Cash Flows über Zeiträume von einem Jahr (oder länger) verursachen für Nicht-Finanzunternehmen ernsthafte Probleme (vgl. *Bartram* [Exposures], S. 1281).

270 Vgl. *Hoitsch/Winter* [Cash Flow at Risk], S. 240.

271 Vgl. *MeVay/Turner* [value-at-risk], S. 86; *Chapey* [VAR], S. 23; *Turner* [Industrial Tool], S. 38. Hierbei finden oftmals die Auswirkungen von Wechselkurs-, Zins- und Rohstoff- bzw. Warenpreisschwankungen auf den periodischen Cash Flow Beachtung.

272 Vgl. *Hoitsch/Winter* [Cash Flow at Risk], S. 241. *Hommel/Pritsch* sehen insbesondere die Risikoposition international agierender Nicht-Finanzunternehmen von leistungswirtschaftlichen Risiken bestimmt (vgl. *Hommel/Pritsch* [Notwendigkeit], S. 18).

Grundvoraussetzung zur Vermeidung einer unerwünschten Scheingenauigkeit ist jedoch eine hinreichend genaue Quantifizierung dieser leistungswirtschaftlichen Risikofaktoren.[273]

Im Allgemeinen machen diese Ausführungen deutlich, dass der unmodifizierte VaR nur bedingt auf den Nicht-Finanzbereich übertragbar ist. Verfügt ein Nicht-Finanzunternehmen über eine zentrale Treasury-Abteilung, zu deren Tätigkeit die Übernahme und Absicherung finanzwirtschaftlicher Risiken der operativen Geschäftseinheiten gehört, so besteht die Möglichkeit, die bestehenden Wertpapier-, Fremdwährungs-, Rohstoffbestände und Absicherungsgeschäfte als Portfolio zu betrachten und dieses auf Basis des VaR in kurzen Zeiträumen zu bewerten.[274] Im Rahmen der hier relevanten Steuerung von Nicht-Finanzinvestitionen ist die periodenspezifische Downside-Risikobewertung jedoch den oben genannten Modifikationen zu unterziehen. Sie finden im Konzept des sog. Cash Flow at Risk (CFaR) ihre Berücksichtigung. Abbildung 3-II stellt VaR und CFaR in Bezug auf ihre Ausprägungen der vorgestellten Kategorisierungskriterien im Kontext der Investitionssteuerung im Nicht-Finanzbereich überblickartig gegenüber.

| | Value at Risk | Cash Flow at Risk |
|---|---|---|
| Zielgröße | Marktwert<br>→ Ansatz auf Werteebene | Cash-Flow<br>→ Ansatz auf Zahlungsstromebene |
| Zeitraum | Wahl eines kurzen Zeitraumes<br>→ 1 Tag bis 1 Monat | Wahl eines längeren Zeitraumes<br>→ 1 Jahr |
| Betrachtungsobjekt | Handelbare Finanzinvestition | Unhandelbare Nicht-Finanzinvestition |
| Einbezogene Risikofaktoren | I.d.R. Einbezug finanzwirtschaftlicher Risiken<br>→ Relevanz von Preisrisiken | Einbezug finanz- und leistungswirtschaftlicher Risiken möglich<br>→ Relevanz von Preis- und Mengenrisiken |

*Abb. 3-II: Gegenüberstellung von VaR und CFaR*

Nachfolgend wird der Cash Flow at Risk detailliert vorgestellt. Neben der Charakterisierung der Kennzahl wird besonderes Augenmerk auf die Möglichkeiten seiner Ermittlung in Anbetracht der komplexen Risikosituation im Nicht-Finanzbereich gelegt.

273 Vgl. *Becker* [Value at Risk], S. 394.

274 Vgl. *Pfennig* [Shareholder Value], S. 1298 f.

## 3.4.2 Einsatz des Cash Flow at Risk

### 3.4.2.1 Charakterisierung

Der Cash Flow at Risk ist laut *Duch* das „auf Stromgrößen basierende Äquivalent des Value at Risk“.[275] Vor der konkreten Definition des Cash Flow at Risk ist der Cash Flow als zu Grunde liegende Zielgröße zu definieren. Der hier verwendete Cash Flow-Begriff entspricht dem periodischen Saldo aus betrieblichen Einzahlungen, Auszahlungen und Ersatzinvestitionen. Dies ist der operative Cash Flow einer Investition.[276] Im Gegensatz zur Verwendung des sog. freien Cash Flows hat dieser Ansatz den Vorteil, dass an späterer Stelle ein getrennter Ausweis von Erfolgsgröße und Anfangsinvestition erfolgen kann.[277]

Der CFaR kann – analog zum VaR – in einer absoluten oder relativen Form definiert werden.[278] In seiner relativen Form ($CFaR^{Rel}$) lässt er sich interpretieren als Abweichung des (tatsächlichen) Cash Flows von seinem erwarteten Wert, die innerhalb des betrachteten Zeitraumes mit einer bestimmten Wahrscheinlichkeit, dem Konfidenzniveau 1-$\alpha$, nicht überschritten wird.[279] Im Umkehrschluss liegt die Abweichung des erwarteten Cash Flows mit einer Wahrscheinlichkeit von $\alpha$ über dem relativen Cash Flow at Risk. Alternativ kann der absolute CFaR ($CFaR^{Abs}$) als derjenige (Mindest-)Cash Flow interpretiert werden, der innerhalb eines Zeitraumes mit einer bestimmten Wahrscheinlichkeit 1-$\alpha$ nicht unterschritten bzw. mit der Wahrscheinlichkeit $\alpha$ überschritten wird.[280] Im Gegensatz zum absoluten VaR entspricht der absolute CFaR seinem Wert damit immer auch im Vorzeichen, wodurch ein geringer absoluter CFaR tendenziell auf ein höheres Risiko hindeutet.[281] Bei unterstellter Normalverteilung lässt sich der operative Cash Flow einer Periode t vollständig durch seinen Erwartungs-

---

275 *Duch* [Risikoberichterstattung], S. 131.

276 Vgl. z. B. *Burger/Buchhart* [Risiko-Controlling], S. 138. *Burger/Buchhart* ziehen von diesem Saldo zudem periodisch anfallende Steuerzahlungen ab. Annahmegemäß werden Steuereffekte auf den Zahlungsstrom in dieser Arbeit jedoch ausgeschlossen (vgl. Abschnitt 2.2.2.1) und Steuerzahlungen bei der Cash Flow-Ermittlung an dieser Stelle daher nicht berücksichtigt.

277 Für eine Darstellung des freien Cash Flow vgl. z. B. *Burger/Buchhart* [Risiko-Controlling], S. 138; *Stephan* [Kennzahlen], S. 52 ff.

278 Zur Charakterisierung des VaR in seiner absoluten und relativen Form vgl. Abschnitt 2.3.3.3.

279 Vgl. *Hoitsch/Winter* [Cash Flow at Risk], S. 240.

280 Vgl. *Bühler* [Risikocontrolling], S. 225.

281 Vgl. *Stephan* [Kennzahlen], S. 179.

wert ($\mu(CF_t)$) und seine Standardabweichung ($\sigma(CF_t)$) beschreiben. Abbildung 3-III verdeutlicht beide Definitionsansätze für diesen Fall graphisch.

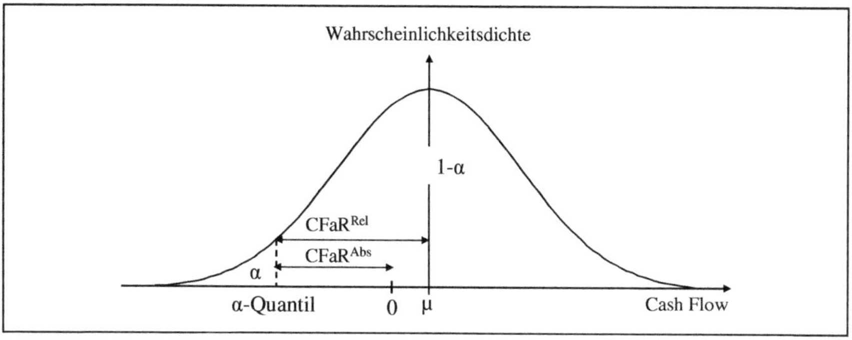


*Abb. 3-III: Cash Flow at Risk in absoluter und relativer Form*[282]

Unter Beibehaltung des resultierenden Vorzeichens in seiner absoluten Form berechnen sich $CFaR^{Abs}$ und $CFaR^{Rel}$ wie folgt:

$$CFaR_t^{Abs} = \mu(CF_t) - z_{1-\alpha} \cdot \sigma(CF_t) \qquad (3\text{-}1)$$

, bzw.

$$CFaR_t^{Rel} = \left| - z_{1-\alpha} \cdot \sigma(CF_t) \right| \qquad (3\text{-}2)$$

Beispielhaft sei ein erwarteter periodischer Cash Flow i.H.v. 100,00 Geldeinheiten und eine Standardabweichung von 10,00 Geldeinheiten unterstellt.[283] Unter Vorgabe eines Konfidenzniveaus von 95 % ergibt sich in dieser Periode der relative CFaR als maximale Abweichung vom Cash Flow Erwartungswert als:[284]

282 In Anlehnung an *Denk/Exner-Merkelt* [Corporate Risk Management], S. 96.

283 Die Angabe der Maßeinheit „Geldeinheiten" wird in allen weiteren Zahlenbeispielen zur sprachlichen Vereinfachung fallengelassen.

284 Auch bei dieser Berechnung lassen sich die vom gewählten Konfidenzniveau abhängigen z-Werte aus der statistischen Tabelle der Verteilungsfunktion der Standardnormalverteilung ablesen. Für ein Konfidenzniveau von 95 % ergibt sich ein z-Wert von 1,6449.

$$CFaR^{Rel} = |-1{,}6449 \cdot 10{,}00| = 16{,}45$$

Als Untergrenze, die der Cash Flow am Ende der Periode mit dem Konfidenzniveau von 95 % mindestens annimmt, ergibt sich der CFaR in seiner absoluten Form als:

$$CFaR^{Abs} = 100{,}00 - 1{,}6449 \cdot 10{,}00 = 83{,}55$$

Im Gegensatz zum Value at Risk, bei dem die Erwartungswertänderung üblicherweise durch die Volatilität der Erfolgsgröße dominiert wird[285], weicht der erwartete Cash Flow i.d.R. deutlich von Null ab. Es ergeben sich beim CFaR somit beträchtliche Unterschiede zwischen seiner absoluten und relativen Form. Der $\text{CFaR}^{\text{Abs}}$ lässt sich als Mindest-Cash Flow direkt mit der Zahlungsfähigkeit in Verbindung bringen und gibt auf Gesamtunternehmensebene somit direkt Aufschluss über die Insolvenzgefahr. Ohne eine simultane Betrachtung des Erwartungswertes liefert er jedoch keine Quantifizierung der negativen Abweichungen von dem erwarteten Wert. So kann sich bei einem, gegenüber der obigen Situation veränderten Cash Flow-Erwartungswert von 500,00 bei einer identischen minimalen Cash Flow-Ausprägung von 83,55 und damit einem unveränderten $\text{CFaR}^{\text{Abs}}$, eine vollkommen unterschiedliche Risikosituation ergeben. Diese wiederum würde nur durch den $\text{CFaR}^{\text{Rel}}$ korrekt wiedergegeben werden, der jedoch keinen unmittelbaren Rückschluss auf die Zahlungsfähigkeit liefert. Da jedoch folgender Zusammenhang zwischen beiden CFaR-Definitionen gilt, stellen die der jeweiligen Cash Flow-Definition innewohnenden Informationsdefizite kein größeres Problem dar:

$$\mu(CF_t) = CFaR^{Abs} + CFaR^{Rel} \tag{3-3}$$

Der folgende Abschnitt widmet sich einer Vorstellung der Ermittlungsmethoden des CFaR.

285 Vgl. hierzu die Ausführungen in Abschnitt 2.3.3.3.

### 3.4.2.2 Ermittlungsmethoden im Überblick

Die Komplexität der Risikosituation im Nicht-Finanzbereich lässt die Ermittlung des CFaR i.d.R. zu einer nicht trivialen Aufgabe werden. Zu deren Lösung existiert eine Vielzahl von Methoden, die mehr oder weniger für einen Einsatz im Kontext der Investitionssteuerung geeignet erscheinen. Sie stellen Weiterentwicklungen der Ermittlungsmethoden des VaR dar oder basieren auf einem alternativen theoretischen Fundament. Mit Bezug auf die zu deren Anwendung erforderlichen Informationen lassen sich Bottom-Up- und Top-Down-Verfahren unterscheiden.[286] Einen Überblick liefert Abbildung 3-IV.

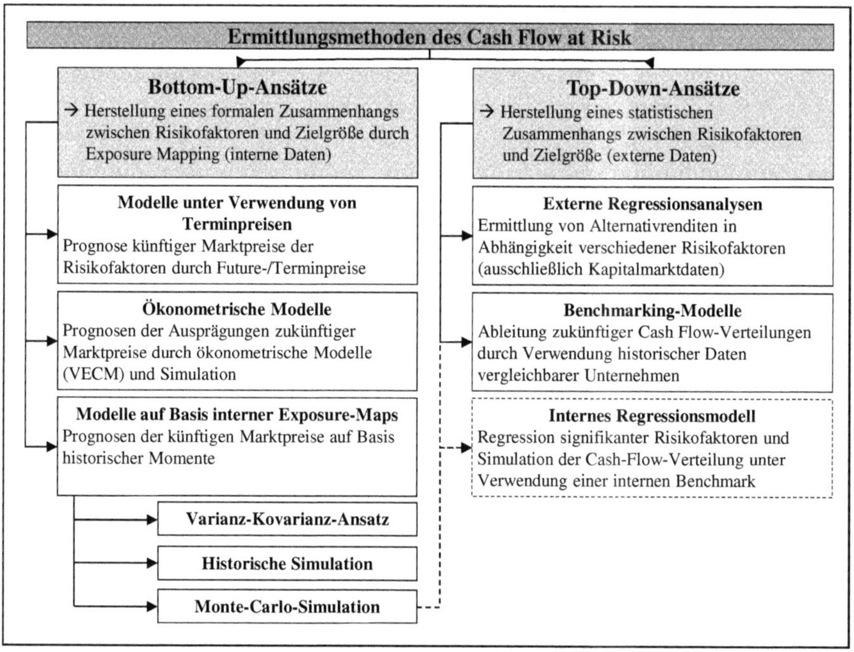


*Abb. 3-IV: Ermittlungsmethoden des Cash Flow at Risk*[287]

286 Vgl. *Gibson* [Implementing], S. 2 f.; *Hielscher/Beyer* [Cashflow-at-Risk], S. 472; *Alesii* [Value at Risk], S. 2 ff.

287 In Anlehnung an *Duch* [Risikoberichterstattung], S. 140. *Duch* bezeichnet die Ermittlung des CFaR mit einer internen Exposure-Map auf Basis der Monte-Carlo-Simulation als „Random Walk-Modell auf Basis interner Exposure-Maps" (vgl. *Duch* [Risikoberichterstattung], S. 140). Er verzichtet auf die Nennung des Varianz-Kovarianz-

Ausgangspunkt der *Bottom-Up-Ansätze* ist die Ermittlung der wichtigsten Risikofaktoren und die formale Modellierung ihrer Beziehungen untereinander sowie auf den Cash Flow.[288] In der Praxis erfolgt diese Abbildung im Rahmen des sog. Exposure Mappings.[289] Da für den Einsatz von Bottom-Up-Verfahren der Rückgriff auf zum Teil ausschließlich unternehmensintern verfügbare Daten erforderlich ist, werden sie auch als *interne* Verfahren bezeichnet.[290]

*Modelle unter Verwendung von Terminpreisen* versuchen, die zukünftige Entwicklung der maßgeblichen Risikofaktoren über Zins-Forwards, Devisenterminkurse und Futurespreise von Rohstoffen zu prognostizieren und in einem nächsten Schritt eine Verbindung zur Verteilung des Cash Flow herzustellen.[291] Da hierdurch jedoch ausschließlich finanzwirtschaftliche Risikofaktoren prognostiziert werden[292] und die der Prognose unterliegenden Wertpapiere durch ihre Abhängigkeit vom Zufall keine Einschätzung über den investitionsbezogenen Risikogehalt des periodenspezifischen Cash Flows liefern können,[293] wird diese Art der CFaR-Ermittlung im Folgenden nicht weiter betrachtet.

Eine weitere Möglichkeit der CFaR-Bestimmung bieten *ökonometrische Verfahren*. Im Wesentlichen ähneln Vorgehensweise und Aufbau den Modellen auf Basis interner Exposure-Maps. Anstelle der dort explizit beschriebenen Verteilungsformen der eingebrachten Risikofaktoren wird hier jedoch versucht, deren Veränderungen durch ein ökonometrisches Modell zu prognostizieren.[294] Ökonometrische Modelle weisen daher eine hohe Komplexität auf und unterlie-

---

Ansatzes und der historischen Simulation als Bottom-Up-Ansätze der CFaR-Ermittlung. Grundsätzlich können jedoch sämtliche Verfahren der VaR-Bestimmung auch zur Ermittlung des CFaR Verwendung finden (vgl. *Hoitsch/Winter* [Cash Flow at Risk], S. 241). Aus diesem Grund wird im Folgenden auch auf den Varianz-Kovarianz-Ansatz und die historische Simulation eingegangen.

288 Vgl. *Duch* [Risikoberichterstattung], S. 142 f.

289 Unter dem „Exposure" ist die Sensitivität des Cash Flow in Bezug auf in die Analyse eingebrachten Risikofaktoren zu verstehen (vgl. *Diederichs* [Risikomanagement], S. 182).

290 Vgl. *Duch* [Risikoberichterstattung], S. 141 f.

291 Vgl. *Duch* [Risikoberichterstattung], S. 144 f. So lassen sich aus den aktuellen und zukunftsorientierten Preisen solcher Wertpapiere deterministische Preise bzw. Kurse ableiten, die wiederum Aufschluss über die zukünftige Entwicklung der Risikofaktoren liefern sollen (vgl. hierzu genauer *Kim/Malz/Mina* [Long Run], S. 15 ff.).

292 Vgl. *Kim/Malz/Mina* [Long Run], S. 30 f.

293 Vgl. *Hager* [Corporate Risk Management], S. 171.

294 Vgl. *Duch* [Risikoberichterstattung], S. 149. Dabei wird unterstellt, dass der zukünftige Verlauf eines Risikofaktors nicht nur von seinem eigenen vergangenheitsbezogenen Verlauf, sondern auch von dem anderer Variablen abhängig ist (vgl. *Duch* [Risikoberichterstattung], S. 149).

gen somit einem vergleichsweise hohen Modellrisiko. Da die Prognose der Risikofaktoren auf Zeitreihenanalysen beruht, wird zudem ein großer Datensatz benötigt.[295] Letzterer dürfte insbesondere aufgrund des hohen Innovationscharakters und der starken Spezifität von Nicht-Finanzinvestitionen[296] in aller Regel nicht vorliegen, weshalb auch ökonometrische Verfahren aus der weiteren Betrachtung ausgeschlossen werden.

*Modelle auf Basis interner Exposure Maps* stellen Erweiterungen der bedeutendsten Verfahren zur Ermittlung des VaR dar. Hierzu zählen neben dem parametrischen *Varianz-Kovarianz-Ansatz* die nicht parametrischen Verfahren der *Monte-Carlo Simulation* und der *historischen Simulation*.[297] Sie alle basieren auf der auf *Hertz* zurückgehenden Risikoanalyse[298] und unterscheiden sich insbesondere in Bezug auf die Ableitung der Wahrscheinlichkeitsverteilung des Cash Flow und die damit verbundenen Annahmen.[299] Grundidee der historischen Simulation ist es, die Verteilung von Risikofaktoren und deren Abhängigkeiten über deren Ausprägungen während eines historischen Betrachtungszeitraumes zu erzeugen.[300] Für jede einzelne, sich in diesem ergebende Risikofaktorkonstellation – letztere wird als Szenario bezeichnet – wird die damit verbundene Cash Flow-Ausprägung ermittelt.[301] Liefert die Betrachtungsperiode *n* historische Datensätze, können daraus *n-1* Szenarien zur Konstruktion einer Wahrscheinlichkeitsverteilung des zukünftigen Cash Flow gewonnen werden. Der Einsatz der historischen Simulation zur CFaR-Ermittlung ist insbesondere aufgrund der erforderlichen Datenmenge problematisch. Eine CFaR-Simulation mit 250 Szenarien setzt so eine Verfügbarkeit der Daten von 251 vergangenen Jahren voraus.[302] Eine solche Datenbasis für die periodenbezogene Risikobewertung dürfte in den meisten Unternehmen fehlen. Zudem erscheint eine Fortschreibung vergangener Entwicklungen in die Zukunft im Rahmen der Bewertung von

---

295 Vgl. *Duch* [Risikoberichterstattung], S. 148 ff.

296 Vgl. *Schindel* [Risikoanalyse], S. 111; *Kersten* [Investitionsplanung], S. 21.

297 Vgl. *Guthoff/Pfingsten/Wolf* [Begrenzung], S. 134; *Feucht* [Anforderungen], S. 511; *Albrecht/Bährle/König* [Value-at-Risk], S. 85; *Rau-Bredow* [Überwachung], S. 316. Kremers führt in seiner Übersicht zu den Berechnungsmethoden des Value at Risk zudem Benchmark-Szenarien und Indikator-Modelle auf (vgl. *Kremers* [Risikoübernahme], S. 133). Aufgrund ihrer geringen theoretischen wie praktischen Bedeutung wird an dieser Stelle nicht auf diese Verfahren eingegangen.

298 Vgl. *Hertz* [Risk Analysis].

299 Vgl. *Kremers* [Risikoübernahme], S. 128; *Duch* [Risikoberichterstattung], S. 108.

300 Vgl. *Jorion* [Derivative Risk], S. 193 ff.; *Hull/White* [Incorporating], S. 7 f.

301 Vgl. *Kremers* [Risikoübernahme], S. 151. Es findet demnach für jedes Szenario eine vollständige Neubewertung statt (vgl. *Diggelmann* [Value At Risk], S. 149; *Meyer* [Value at Risk], S. 191).

302 Vgl. *Stephan* [Kennzahlen], S. 193.

Nicht-Finanzinvestitionen nur bedingt möglich. Die historische Simulation scheidet aus den weiteren Ausführungen daher ebenfalls aus. Deutlich geringer ist die Datenanforderung beim Varianz-Kovarianz-Ansatz und der Monte-Carlo-Simulation. Sie werden aufgrund ihrer guten theoretischen Fundierung und der grundsätzlichen Möglichkeit zur Integration finanz- und leistungswirtschaftlicher Risiken in den Abschnitten 3.4.2.4 und 3.4.2.5 detailliert erläutert.

Standen bislang die unbekannten Folgen der eingegangenen Risiken im Mittelpunkt, liegt der Fokus von *Top-Down-Ansätzen* auf den bekannten Folgen der Risiken.[303] Sie betrachten demnach nicht die einzelnen Risikofaktoren, sondern direkt den Cash Flow als Zielgröße.[304] Top Down-Verfahren greifen zur Berechnung des CFaR ausschließlich auf öffentlich zugängliche Kapitalmarktdaten zurück.[305] Sie eignen sich daher insbesondere für die CFaR-Ermittlung börsennotierter Unternehmen.[306] Für Investitionsprojekte im Nicht-Finanzbereich sind objektivierte Kapitalmarktdaten dagegen im Allgemeinen nicht verfügbar. Die durch ein potenzielles Investitionsprojekt generierte Zahlungsreihe dürfte zudem durch kein börsennotiertes Unternehmen hinreichend abgebildet sein. Aufgrund ihrer mangelnden Eignung für den Einsatz im Rahmen der Investitionssteuerung werden daher auch Top-Down-Ansätze aus der weiteren Betrachtung ausgeschlossen.[307]

Zusammenfassend werden die Modelle auf Basis interner Exposure-Maps als einzig verbleibende Möglichkeit einer periodenbezogenen CFaR-Ermittlung im Rahmen der Investitionssteuerung im Nicht-Finanzbereich eingestuft. Die in diesen Verfahren zu durchlaufenden Einzelschritte sollen im Weiteren näher beschrieben werden. Besondere Aufmerksamkeit wird in diesem Kontext den jeweiligen Herausforderungen und mathematisch-statistischen Limitationen geschenkt.

303 Vgl. *Romeike* [Risiken], S. 184, 186.

304 Vgl. *Littkemann* [Controlling], S. 27.

305 Vgl. *Bartram* [Corporate Risk Management], S. 123. Sie werden daher auch als externe Modelle bezeichnet (vgl. *Duch* [Risikoberichterstattung], S. 141). So kann mit Hilfe externer Regressionsanalysen der Einfluss verschiedener Kapitalmarktdaten auf die Aktienrendite eines Unternehmens erklärt werden.

306 Für nicht-börsennotierte Unternehmen kann eine Top-Down-Ermittlung des CFaR jedoch aufgrund der historischen Daten vergleichbarer und börsennotierter Unternehmen gewonnen werden. Vgl. hierzu *Stein et al.* [Comparables]; *Nyberg/Sellers/Zhang* [Introduction].

307 Dies gilt auch für das interne Regressionsmodell, welches eine Mischform aus Bottom-Up- und Top-Down-Verfahren darstellt. Für eine Darstellung des internen Regressionsmodells vgl. *Diggelmann* [Value At Risk], S. 240 ff.; *Bartram* [Exposures], S. 1283 ff.

## 3.4.2.3 Ermittlung auf Basis interner Exposure Maps

### *3.4.2.3.1 Schritte der Ermittlung im Überblick*

Einen Überblick über die Schritte einer Ermittlung des periodenbezogenen CFaR auf Basis interner Exposure Maps liefert Abbildung 3-V.

Die Schritte (1) bis (3) aus Abbildung 3-V sind Gegenstand des sog. Exposure-Mapping. Sie werden in den folgenden Abschnitten unabhängig vom konkret angewandten Verfahren zur Ermittlung der Wahrscheinlichkeitsverteilung des Cash Flow (Schritt (4)) bzw. der Ableitung der CFaR (Schritt (5)) erläutert.

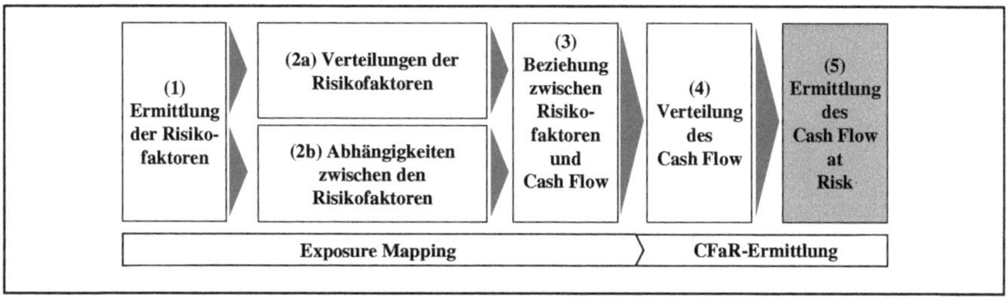


*Abb. 3-V: Schritte zur Ermittlung des Cash Flow at Risk auf Basis interner Exposure Maps*[308]

Das gewählte Verfahren zur Ermittlung der Wahrscheinlichkeitsverteilung des Cash Flow setzt hierzu mehr oder weniger restriktive Annahmen. Auf diese Annahmen und die konzeptionellen Besonderheiten der maßgeblichen Verfahren wird in den Abschnitten 3.4.2.4 und 3.4.2.5 jeweils separat für den Varianz-Kovarianz-Ansatz und die Monte-Carlo-Simulation eingegangen.

308 Eigene Darstellung in Anlehnung an *Merbecks* [Risikomanagement], S. 132; *Diggelmann* [Value At Risk], S. 222 ff. Zwischen den Schritten (2) und (3) wird im Rahmen einer CFaR-Ermittlung auf Unternehmensebene in der Literatur z. T. die Konstruktion eines sog. Business Risk Model vorgeschlagen. Es bringt die identifizierten Risikofaktoren in Verbindung zu den existierenden finanziellen Planungsrechnungen bzw. Plan-Finanzberichten (Bilanz, Gewinn- und Verlustrechnung, Cash Flow-Rechnung) (vgl. *MeVay/Turner* [value-at-risk]; *Bartram* [Exposures]; *Pfennig* [Shareholder Value]). Aufgrund der vergleichsweise geringen Komplexität im Rahmen der Investitionssteuerung wird an dieser Stelle auf diesen Zwischenschritt verzichtet.

*3.4.2.3.2 Ermittlung der Risikofaktoren*

Der erste Schritt ist die Bestimmung der relevanten Risikofaktoren. Sie muss aufgrund ihrer Spezifität für jedes Investitionsprojekt ggf. unter Berücksichtigung des unternehmensbezogenen Bewertungskontextes erfolgen.[309] Um die Komplexität zu reduzieren, sollten nur diejenigen Risiken in die Analyse miteinbezogen werden, die den Cash Flow *maßgeblich* beeinflussen.[310] Unabhängig davon wird der Fokus häufig nur auf finanzielle Risiken gelegt.[311] Dieser eingeschränkte Fokus blendet jedoch die leistungswirtschaftlichen Risiken und damit einen bedeutenden Teil der Cash Flow-Unsicherheit im Nicht-Finanzbereich aus.[312] Soweit hinreichend quantifizierbar sollten diese daher auch in der Analyse berücksichtigt werden.[313]

Im diesem Zusammenhang stellt sich die Frage nach dem geeigneten Aggregationsgrad der in die Analyse eingehenden Risikofaktoren. *Kremers* differenziert „originäre" und „derivative" Risikofaktoren.[314] Originäre Risikofaktoren stellen die Ursache von Veränderungen der Zielgröße dar. Sie entsprechen damit den in Abschnitt 3.2.2 systematisch geordneten Risikofaktoren. Derivative Risikofaktoren versuchen demgegenüber, die in der Regel sehr komplexe Struktur der originären Risikofaktoren auf einige wenige Faktoren zu reduzieren.[315] *Diggelmann* und *Hoitsch/Winter* empfehlen die Zerlegung des Cash Flow in seine wichtigsten Komponenten und damit die Verwendung derivativer Risikofaktoren.[316] Deren weitere Zerlegung bis in die originäre Ebene ist ebenfalls denkbar.

---

309 Vgl. *Winter* [Instrument], S. 293.

310 Erfahrungsgemäß bewirken laut *Sommerfeld* in den meisten Nicht-Finanzunternehmen 20% der bedeutendsten Risikofaktoren 80% der gesamten Cash Flow-Unsicherheit (vgl. *Sommerfeld* [Risikomanagement]).

311 Vgl. *MeVay/Turner* [value-at-risk], S. 86; *Chapey* [VAR], S. 23; *Turner* [Industrial Tool], S. 38. So unterscheidet z. B. *Hager* lediglich zwei mögliche Detaillierungsgrade, von denen der erste ausschließlich Preiseffekte und der zweite zusätzlich Mengeneffekte finanzwirtschaftlicher Risiken auf die Zielgröße berücksichtigt (vgl. *Hager* [Corporate Risk Management], S. 189 ff.).

312 Vgl. *Hoitsch/Winter* [Cash Flow at Risk], S. 241.

313 Vgl. *Becker* [Value at Risk], S. 394; *Winter* [Instrument], S. 293.

314 Vgl. *Kremers* [Risikoübernahme], S. 202.

315 Vgl. *Holst/Holtkamp* [Risikoquantifizierung], S. 817.

316 Vgl. *Hoitsch/Winter* [Cash Flow at Risk], S. 241; *Diggelmann* [Value at Risk], S. 222 ff. Als Einzelkomponenten nennen *Hoitsch/Winter* Umsatz, Herstellungskosten des Umsatzes, Verwaltungs- und Vertriebsaufwand, Steueraufwand sowie Finanzaufwand (vgl. *Hoitsch/Winter* [Cash Flow at Risk], S. 241). Im Kontext der Investitionssteuerung stellt sich damit auch die Frage einer verursachungsgerechten Schlüsselung der einer Nicht-Finanzinvestition nicht direkt zurechenbaren Cash Flow-Komponenten.

So beruhen z. B. Expertenschätzungen über die zukünftige Verteilung der derivativen Cash Flow-Komponenten, bewusst oder unbewusst, auf einer Einschätzung ihrer originären Faktoren. Diskussionswürdig erscheint an dieser Stelle die Trennschärfe einer Unterscheidung in originäre und derivative Risikofaktoren. So kann argumentiert werden, dass z. B. der originäre Risikofaktor „Rohstoffpreisrisiko" lediglich das Resultat von Schwankungen anderer konjunktureller Indikatoren, wie bspw. von Auftragseingängen oder Gewinnerwartungen darstellt.

Als Vorteil einer Erfassung originärer Risikofaktoren werden deren vergleichsweise einfache Schätzung und damit eine mögliche Verbesserung der Ergebnisqualität genannt.[317] Nachteilig wird in älteren Beiträgen häufig der hohe Aufwand an die elektronische Datenverarbeitung (EDV) beurteilt.[318] Angesichts zwischenzeitlicher Fortschritte im Bereich der EDV wird diesem Aspekt mittlerweile jedoch lediglich geringes Gewicht zugeschrieben.[319] Deutlich kritischer ist dagegen der Aspekt der Daten*gewinnung* zu beurteilen. Ab einer gewissen Anzahl an Risikofaktoren ist demnach mit keiner weiteren Verbesserung der Ergebnisqualität mehr zu rechnen, da dann deren mögliche Ausprägungen bzw. Wahrscheinlichkeiten kaum mehr hinreichend genau bestimmt werden können. Dies gilt besonders für den Fall, dass zwischen den einzelnen Risikofaktoren stochastische Abhängigkeiten existieren. Die dadurch erforderliche Mehrzahl an Schätzungen und Prognosen kann die Modellunsicherheit erhöhen und eine ungewünschte Scheingenauigkeit erzeugen.[320] Dies darf jedoch nicht darüber hinwegtäuschen, dass es sinnvoll sein kann, für manche Risikofaktoren einen niedrigen Aggregationsgrad anzustreben. Dies gilt besonders für solche Faktoren, deren Wahrscheinlichkeitsverteilung verlässlich bspw. mittels statistischer Verfahren geschätzt werden können.[321] Gestaltet sich die Ermittlung der Wahrscheinlichkeitsverteilung für andere Risikofaktoren aufgrund der o.g. Probleme schwieriger, kann für diese ein entsprechend höherer Aggregationsgrad gewählt werden. Zur Reduktion notwendiger Schätzungen von Risikoverbundeffekten sind zudem solche „originären" Risikofaktoren zusammenzufassen, zwischen denen stark gleichgerichtete Verbundeffekte bestehen.[322]

317 Vgl. *Kremers* [Risikoübernahme], S. 203.

318 Vgl. z. B. *Burger/Buchhart* [Risiko-Controlling], S. 128; *Beinker/Deutsch* [Hauptmethoden], S. 166.

319 Vgl. *Blohm/Lüder/Schäfer* [Investition], S. 263.

320 Vgl. *MeVay/Turner* [value-at-risk]; *Diggelmann* [Value at Risk], S. 230.

321 Dies könnte z. B. bei Rohstoffpreisen der Fall sein, für welche ein organisierter Markt mit objektiv feststellbaren Preisen existiert.

322 Vgl. *Blohm/Lüder/Schäfer* [Investition], S. 249.

#### 3.4.2.3.3 *Verteilungen der Risikofaktoren*

Im nächsten Schritt sind die Wahrscheinlichkeitsverteilungen der berücksichtigten Risikofaktoren zu bestimmen. Die Option, objektive Wahrscheinlichkeitsverteilungen auf Basis historischer Kapitalmarktdaten abzuleiten, besteht im Rahmen der Bewertung einer Nicht-Finanzinvestition nur bei Übernahme handelbarer finanzieller Risiken (z. B. Rohstoffpreisrisiken). Da diese i.d.R. durch kontinuierliche Verteilungstypen wie die Normalverteilung abgebildet werden können, erscheint eine Verdichtung der Volatilitäten auf die Verteilungsparameter Erwartungswert und Varianz bzw. Standardabweichung nützlich und zielführend.[323] Leistungswirtschaftliche Risiken lassen sich demgegenüber nicht ohne weiteres durch eine kontinuierliche Verteilung abbilden. Eine periodische Absatzmenge kann i.d.R. nur durch natürliche Zahlen ausgedrückt werden. Die möglichen diskreten Ausprägungen eines solchen Risikofaktors sind daher zu schätzen und in einem nächsten Schritt mit subjektiven Wahrscheinlichkeiten zu belegen.[324] Aufgrund der mangelnden Verfügbarkeit objektiver Kapitalmarktdaten und interner Erfahrungswerte muss hierfür häufig auf die subjektiven Einschätzungen von Fachleuten (externer Experten und Berater etc.) zurückgegriffen werden.[325]

#### 3.4.2.3.4 *Abhängigkeiten zwischen den Risikofaktoren*

Nach einer hinreichend genauen Bestimmung der Verteilungen der Risikofaktoren, sind die zwischen diesen bestehenden Abhängigkeiten zu erfassen. Diese wirken häufig risikomindernd, so dass das periodische Cash Flow-Risiko i.d.R. geringer als die Summe der einbezogenen Risikofaktoren ist. Die in einem periodenbezogenen Kontext im Nicht-Finanzbereich existierenden Abhängigkeiten werden auch als „zeitlich horizontale" Diversifikationseffekte bezeichnet.[326] Zur Berücksichtigung von Abhängigkeiten stehen verschiedene Methoden zur Aus-

---

323 Vgl. *Kremers* [Risikoübernahme], S. 204 ff. Bei einer kontinuierlichen Verteilung kann ein Risikofaktor jeden beliebigen Wert innerhalb seines Wertebereiches annehmen. Letzterer wird durch die minimal und maximal mögliche Ausprägung einer risikobehafteten Größe begrenzt. Die Normalverteilung weist einen unbegrenzten Wertebereich auf.

324 Vgl. *Laux* [Entscheidungstheorie], S. 125 f.; *Kruschwitz* [Risikoanalyse], S. 803.

325 Vgl. *Diruf* [Risikoanalyse], S. 827; *Gleißner/Meier* [Risikoaggregation], S. 927.

326 Arbeitskreis „Finanzierungsrechnung" [Risikomanagement], S. 47 ff. Weitere Bezeichnungen sind „intervariable correlations" (vgl. *Rode/Fischbeck/Dean* [Monte Carlo Methods], S. 7) und „autocorrelations" (vgl. *Kleijnen/van Groenendaal* [Simulation], S. 78).

wahl. Je nach gewählter Methodik wird dabei die Verteilungsform der resultierenden periodischen Cash Flow-Verteilung vorgegeben.[327]

Zur Berücksichtigung *gegenseitiger* Abhängigkeiten zwischen zwei Risikofaktoren bieten sich zunächst Korrelationskoeffizienten an.[328] Für handelbare finanzwirtschaftliche Risiken können sie recht einfach durch statistische Auswertung objektiver Kapitalmarktdaten ermittelt werden. Problematisch bei der damit verbundenen Fortschreibung vergangener Entwicklungen in die Zukunft ist die Existenz sog. „correlation breakdowns", bei welchen sich die Abhängigkeit zwischen zwei Faktoren innerhalb kürzester Zeit erheblich verändert.[329]

Komplexer wird die Situation, wenn die zwischen zwei Risikofaktoren bestehenden Abhängigkeiten neben dem Preiseffekt auch über einen Mengeneffekt auf den Cash Flow eines Investitionsprojektes einwirken. In diesem Fall bieten sich zur Bestimmung der Abhängigkeiten Preiselastizitäten an. Sie quantifizieren die relative Mengenänderung eines abhängigen Risikofaktors auf die relative Preisänderung eines unabhängigen Faktors.[330] Im Gegensatz zu Korrelationskoeffizienten bilden Preiselastizitäten somit lediglich *einseitige* Abhängigkeitsbeziehungen ab. Für ihre Bestimmung kann auf die für viele Branchen statistisch erhobenen Werte zurückgegriffen werden. Zu beachten ist jedoch, dass sich die Preiselastizitäten auch zwischen den Unternehmen innerhalb einer Branche teils deutlich unterscheiden können.[331]

Insbesondere die zwischen den leistungswirtschaftlichen Risikofaktoren bestehenden Abhängigkeiten lassen sich i.d.R. nicht durch die statistische Auswertung einer historischen Datenbasis quantifizieren. Eine Möglichkeit besteht darin, Korrelationskoeffizienten oder Elastizitäten subjektiv zu schätzen.[332] Da dies jedoch durch Personen ohne entsprechende statistische Kenntnisse nur schwer zu bewerkstelligen sein dürfte,[333] bietet sich alternativ die Verwendung

---

327 So sind z. B. die Angaben zur Verteilung der einbezogenen Risikofaktoren und der zwischen ihnen bestehenden Korrelationskoeffizienten nur bei gleichzeitiger Annahme einer Multinormalverteilung hinreichend zur vollständigen Beschreibung der gesamten Cash Flow-Unsicherheit (vgl. *Henking* [Risikoanalyse], S. 37). Eine derartige Einschränkung entsteht bei Berücksichtigung von Abhängigkeiten über die Verwendung bedingter Wahrscheinlichkeiten nicht (vgl. *Henking* [Risikoanalyse], S. 35).

328 Zur Berechnung des Korrelationskoeffizienten (nach Pearson-Bravais) vgl. Fn. 136.

329 Vgl. *Hager* [Corporate Risk Management], S. 97.

330 Vgl. *Diederichs* [Risikomanagement], S. 182 f. Die Preiselastizität der Nachfrage $\eta$ bezeichnet die prozentuale Veränderung der Absatzmenge Q, die auf eine einprozentige Veränderung des Verkaufspreises P folgt. $\eta$ berechnet sich wie folgt: $\eta = (\Delta Q / Q) / (\Delta P / P)$.

331 Vgl. *Hager* [Corporate Risk Management], S. 191.

332 Vgl. *Kremers* [Risikoübernahme], S. 208.

333 Vgl. *Blohm/Lüder/Schäfer* [Investition], S. 249.

*einseitiger* bedingter Wahrscheinlichkeitsverteilungen an.[334] Hierzu müsste streng genommen für jede Ausprägung eines unabhängigen Risikofaktors eine separate Wahrscheinlichkeitsverteilung für den abhängigen Faktor bestimmt werden. Vereinfachend kann der Wertebereich des unabhängigen Risikofaktors in verschiedene Teilbereiche unterteilt werden. In einem nächsten Schritt ist jedem dieser Teilbereiche die korrespondierende Wahrscheinlichkeitsverteilung des abhängigen Risikofaktors zuzuordnen.[335] Abbildung 3-VI stellt dieses Vorgehen schematisch dar.[336]

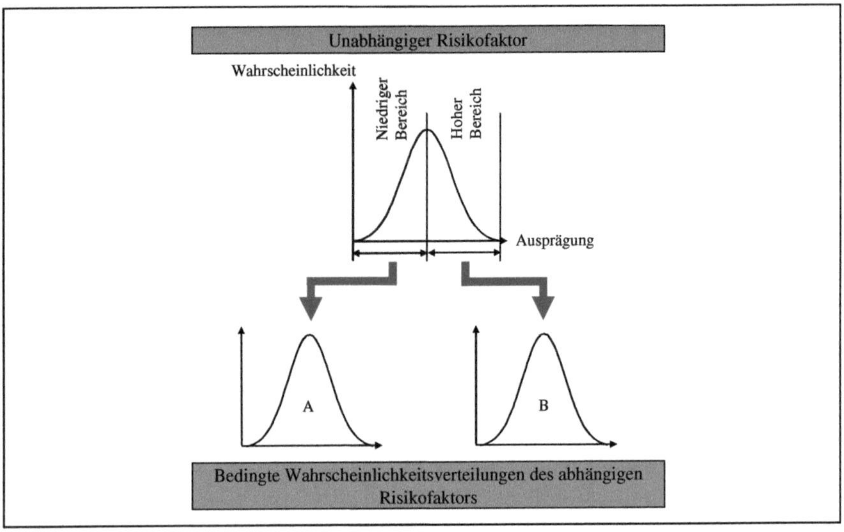


*Abb. 3-VI: Verwendung bedingter Wahrscheinlichkeitsverteilungen*[337]

Der unabhängige Risikofaktor (z. B. der Preis eines Produktes) wird hier vereinfachend in einen niedrigen und einen hohen Bereich unterteilt. Die Verknüpfung zu einem hiervon abhängigen Risikofaktor (z. B. der Absatzmenge eines Produktes) wird durch die Zuweisung der bedingten Wahrscheinlichkeitsverteilungen A bzw. B für die unterteilten Bereiche des unabhängigen Faktors ausgedrückt. Wird die Unterteilung des unabhängigen Risikofaktors durch einen

334 Bedingte Wahrscheinlichkeiten werden auch als „Wenn-Dann-Verteilungen" bezeichnet (vgl. *Kremers* [Risikoübernahme], S. 209). Sie wurden erstmals von *Heider* im Kontext der investitionsbezogenen Risikoanalyse angewandt (vgl. *Heider* [Simulationsmodell]).

335 Vgl. hierzu *Kremers* [Risikoübernahme], S. 208 ff.

336 Beispiel in den Grundzügen übernommen von *Kremers* [Risikoübernahme], S. 209 f.

337 In Anlehnung an *Kremers* [Risikoübernahme], S. 209.

spezifischen Punkt auf dessen Verteilung (z. B. einem Quantilswert) repräsentiert, lassen sich Ketten einseitig abhängiger Risikofaktoren in einem diskreten Zustandsbaum graphisch darstellen. In diesem entsprechen die Knoten (bzw. Ast-Enden) den Einzelereignissen des unabhängigen Risikofaktors, jeweils quantifiziert durch den Punkt auf der Verteilung. An den Kanten (bzw. Ästen) sind die Wahrscheinlichkeiten abgetragen, mit denen die tatsächliche Ausprägung eines Risikofaktors in den durch den Begrenzungspunkt auf der Verteilung abgesteckten Teilbereich fällt.[338]

Die Berücksichtigung von Abhängigkeiten macht die CFaR-Ermittlung deutlich komplexer. Mit steigender Anzahl, bzw. einem niedrigeren Aggregationsgrad der eingehenden Risikofaktoren steigt die Anzahl der zu ermittelnden Abhängigkeiten. Daher ist auch an dieser Stelle zwischen der Gefahr einer Scheingenauigkeit bei Ansatz auf einer niedrigen Aggregationsebene und der Gefahr von Fehleinschätzungen bei einer vergleichsweise pauschalen Berücksichtigung von Abhängigkeiten auf einem höher aggregierten Niveau der eingebrachten Risikofaktoren abzuwägen.

#### *3.4.2.3.5 Beziehung zwischen Risikofaktoren und Zielgröße*

Sind die Wahrscheinlichkeitsverteilungen der relevanten Risikofaktoren mitsamt ihrer stochastischen Abhängigkeiten identifiziert, gilt es in einem nächsten Schritt die Sensitivität des Cash Flow in Bezug auf die unterschiedenen Risikofaktoren zu erfassen.[339] Im Rahmen der sog. Exposure Map wird die Stärke des Zusammenhangs zwischen dem Cash Flow und den einzelnen Risikofaktoren in einem formalen Zusammenhang dargestellt.[340] Zur möglichst genauen Erfassung der im Nicht-Finanzbereich relevanten Preis- und Mengeneffekte ist darauf zu achten, dass die in der Exposure Map erfassten Sensitivitäten lineare *und* nichtlineare Exposureprofile erfassen.[341] Insbesondere bezüglich der Preiseffekte finanzwirtschaftlicher Risikofaktoren besteht auch hier z.T. die Möglichkeit einer

338 Zur Anwendung eines derartigen Vorgehens im Rahmen der Erfassung periodenübergreifender Abhängigkeiten vgl. Abschnitt 4.3.1.3.

339 Vgl. *Diederichs* [Risikomanagement], S. 182.

340 Vgl. *Duch* [Risikoberichterstattung], S. 146. Hierbei ist darauf zu achten, dass der Einfluss der Risikofaktoren über die gesamte Wertschöpfungskette eines Unternehmens analysiert wird. Bspw. können Wechselkursrisiken in den Stufen Forschung und Entwicklung, Produktion und Fertigung sowie im Vertrieb gleichermaßen auftreten und sich somit zumindest teilweise gegenseitig aufheben (vgl. *Pfennig* [Shareholder Value], S. 1301).

341 Vgl. *Bartram* [Exposures], S. 1273. Die Komplexität der Zusammenhänge zwischen den Risikofaktoren und dem Cash Flow macht eine exakte Formalisierung der ökonomischen Zusammenhänge oftmals unmöglich.

statistischen Ermittlung mittels eines Regressionsmodells auf Basis objektiver Marktdaten.[342] Weisen diese Risikofaktoren einen Mengeneffekt auf, muss zur Erfassung der formalen Abhängigkeit zur Zielgröße wiederum auf Elastizitäten zurückgegriffen werden.[343] Diese können bei Verfügbarkeit objektiver Kapitalmarktdaten statistisch berechnet werden. Liegt – wie dies im Fall der Sensitivität des Cash Flows bzgl. der leistungswirtschaftlichen Risikofaktoren i.d.R. der Fall sein wird – keine ausreichende historische Datenbasis vor, sind die Exposures erneut subjektiv zu schätzen.[344]

Mit dem Varianz-Kovarianz-Ansatz und der Monte-Carlo-Simulation werden im Folgenden zwei Verfahren zur Ermittlung der Wahrscheinlichkeitsverteilung des Cash Flow vorgestellt. Ihre Anwendung determiniert die im Rahmen des Exposure Mappings zu treffenden Annahmen in Bezug auf die Verteilungen der Risikofaktoren, ihrer Abhängigkeiten und ihrem Einfluss auf den Cash Flow.[345]

### 3.4.2.4 Varianz-Kovarianz-Ansatz

Der Varianz-Kovarianz-Ansatz[346] stellt ein analytisches Verfahren zur Ermittlung des CFaR dar. In die Berechnung können originäre und/oder derivative Risikofaktoren eingebracht werden.[347] Es wird unterstellt, dass sie einer Normalverteilung folgen, wodurch das ihnen innewohnende Risiko vollständig durch die Verteilungsparameter Erwartungswert und Varianz bzw. Standardabweichung erfasst werden kann.[348] Die zwischen den Risikofaktoren bestehenden Abhängigkeiten werden durch beidseitige Korrelationskoeffizienten erfasst.[349] Damit die resultierende Cash Flow-Verteilung unter diesen Angaben hinrei-

342 Vgl. *Turner* [Industrial Tool]; *Hayt/Song* [Sensitivity], S. 96 f.

343 Vgl. *Bartram* [Exposures], S. 1284.

344 Vgl. *Hayt/Song* [Sensitivity], S. 95 f.

345 Vgl. *Kremers* [Risikoübernahme], S. 128; *Duch* [Risikoberichterstattung], S. 108.

346 Er wird alternativ als Korrelationsansatz oder analytisches Verfahren bezeichnet (vgl. *Burger/Buchart* [Risiko-Controlling], S. 129).

347 Vgl. *Burger/Buchart* [Risiko-Controlling], S. 129.

348 Vgl. *Steiner/Bruns* [Wertpapiermanagement], S. 59.

349 Damit macht sich der Varianz-Kovarianz-Ansatz der Rationalitätspostulate der Portfoliotheorie von *Markowitz* zunutze. Diesen zufolge kann durch eine Mischung mehrerer, nicht vollständig positiv korrelierter normalverteilter Wertpapiere eine Risikominderung erreicht werden (Diversifikation). Zur Portfoliotheorie vgl. *Markowitz* [Portfolio Selection].

chend genau beschrieben ist, wird weiter angenommen, dass sie ebenfalls einer (Multi-)Normalverteilung folgt.[350]

Aus der Sensitivität des Cash Flow in Bezug auf die eingebrachten Risikofaktoren und deren Wahrscheinlichkeitsverteilungen wird unter Berücksichtigung der zwischen diesen herrschenden Korrelationsbeziehungen der Cash Flow at Risk durch das Verfahren *direkt* bestimmt.[351] Im üblichen Fall einer Integration von mehr als zwei Risikofaktoren erfolgt seine Berechnung in einer Matrix mit *m* Zeilen und *n* Spalten. Für den relativen CFaR der Periode t gilt für das Konfidenzniveau 1-α in Anlehnung an Gleichung (3-2) zunächst:[352]

$$CFaR_t^{Rel} = \left| -z_{1-\alpha} \cdot \sqrt{\sum_{i=1}^{n} RV_i^2 \cdot \sigma_i^2 + 2 \cdot \sum_{i=1}^{n} \sum_{j<1}^{n} RV_i \cdot RV_j \cdot \rho_{i,j}} \right| \qquad (3\text{-}4)$$

In (3-4) wird der CFaR auf Basis der aus den gewichteten Varianzen der n betrachteten Risikofaktoren ($\sigma^2_i$) resultierenden Gesamtvarianz des periodenbezogenen Cash Flow bestimmt. Die Gewichtung von Risikofaktor i erfolgt auf Basis seines Risikovolumens $RV_i$. Es bezeichnet das einem Risikofaktor zu Grunde liegende finanzielle Risiko. Für seine Ermittlung ist der finanzielle Wert, der von einer Veränderung von Risikofaktor i beeinflusst wird mit der Sensitivität des Cash Flow in Bezug auf den Faktor i zu multiplizieren.[353] Letztere wird durch den sog. Delta-Faktor gemessen.[354] Die Berücksichtigung der Abhängigkeiten zwischen den Risikofaktoren i und j erfolgt aufgrund des zwischen diesen herrschenden Korrelationskoeffizienten $\rho_{i,j}$.[355] Um von (3-4) zur Matrizenschreibweise zu gelangen, sind zunächst die zwischen den Risikofaktoren bestehenden Kovarianzen ($Cov_{i,j}$) zu bestimmen. Sie ergeben sich für die Risikofaktoren i bzw. j aus der Multiplikation beider Standardabweichungen ($\sigma_i$ bzw. $\sigma_j$) und dem Korrelationskoeffizienten ($\rho_{i,j}$) als:

$$Cov_{i,j} = \sigma_i \cdot \sigma_j \cdot \rho_{i,j} \qquad (3\text{-}5)$$

350 Vgl. *Henking* [Risikoanalyse], S. 37; *Stephan* [Kennzahlen], S. 182.

351 Vgl. *Deutsch* [Risikomanagement], S. 381.

352 Vgl. *Hager* [Corporate Risk Management], S. 107. Die Skalierung auf das gewünschte Konfidenzniveau erfolgt mit einem z-Wert außerhalb der Wurzel. Dieses Vorgehen bietet den Vorteil, dass alternative Konfidenzniveaus ohne größeren Aufwand berechnet werden können.

353 Vgl. *Homburg/Stephan* [Risikocontrolling], S. 316.

354 Vgl. *Stephan* [Kennzahlen], S. 182; *Homburg/Stephan* [Risikocontrolling], S. 316.

355 Zur Berechnung des Korrelationskoeffizienten vgl. Fn. 136.

Über diesen Schritt gelangt man schließlich zur folgenden Schreibweise:[356]

$$CFaR_t^{Rel} = \left| - z_{1-\alpha} \cdot \sqrt{RV^T \cdot Cov \cdot RV} \right| \qquad (3\text{-}6)$$

Zum CFaR in seiner absoluten Form gelangt man in Anlehnung an Gleichung (3-1) durch Subtraktion des relativen CFaR von der erwarteten Cash Flow-Ausprägung.[357]

In Abhängigkeit der Art der einbezogenen Exposureprofile lassen sich beim Varianz-Kovarianz-Ansatz der Delta-Normal-Ansatz und der Delta-Gamma-Ansatz unterscheiden.[358] Der Delta-Normal-Ansatz unterstellt einen linearen Einfluss zwischen den Veränderungen der Risikofaktoren und der Zielgröße. Der Delta-Faktor aller eingebrachten Risikofaktoren nimmt in diesem Fall Werte gleich eins an.[359] Mit dem Delta-Gamma-Ansatz ist im Gegensatz zum Delta-Normal-Ansatz ein Verfahren zur Abbildung auch nicht-linearer Exposureprofile verfügbar.[360]

### 3.4.2.5 Monte-Carlo-Simulation

Die Monte-Carlo-Simulation stellt ein experimentelles Verfahren zur Ermittlung der Wahrscheinlichkeitsverteilung einer Zielgröße dar.[361] Sind Art und Stärke der Zusammenhänge zwischen den relevanten Risikofaktoren und dem Cash Flow formal in der Exposure Map erfasst, kann die „eindimensionale" Planung der erwarteten Ausprägungen der Risikofaktoren „zugunsten einer Stochastizierung der Einflussgrößen aufgegeben werden."[362] Eine zulässige Kombination von Ausprägungen der in die Analyse eingehenden Risikofaktoren wird als Szenario bezeichnet. Letztere werden auf statistischem Wege durch den Rückgriff

356 Vgl. *Duch* [Risikoberichterstattung], S. 112.

357 Sofern nicht anderweitig verfügbar, lässt sich die erwartete Cash Flow-Ausprägung als 50%-Quantil auf Basis von Gleichung (3-6) berechnen.

358 Vgl. *Jorion* [Value at Risk], S. 206 f.; *Hull* [Einführung], S. 489; *Rau-Bredow* [Überwachung], S. 317.

359 Vgl. *Stephan* [Kennzahlen], S. 182; *Homburg/Stephan* [Risikocontrolling], S. 316.

360 Vgl. *Hager* [Corporate Risk Management], S. 115. Mit dem Delta-Gamma-Ansatz überwindet die Varianz-Kovarianz-Methode die ihr oftmals anhaftende Kritik einer fehlenden Möglichkeit zur Abbildung nicht-linearer Sensitivitäten (vgl. *Jorion* [Value at risk], S. 209 ff.; *Lister* [Ergebnismessung], S. 167 ff.).

361 Vgl. *Wolf* [Risikoaggregation], S. 566.

362 *Pfennig* [Shareholder Value] S. 1303.

auf Zufallszahlen generiert.[363] Im Gegensatz zum Varianz-Kovarianz-Ansatz, der normalverteilte Risikofaktoren voraussetzt, können letztere bei der Monte-Carlo-Simulation grundsätzlich allen denkbaren Verteilungsformen folgen.[364] Die Integration stochastischer Abhängigkeiten kann neben beidseitigen Korrelationskoeffizienten auch über einseitige, bedingte Wahrscheinlichkeiten erfolgen. Nicht-lineare Exposureprofile werden ebenfalls berücksichtigt.[365] Auf Basis des in der Exposure Map erfassten formalen Zusammenhangs wird anschließend für jedes zufällig generierte Szenario der dazu korrespondierende Cash Flow ermittelt. Werden die auf diese Weise generierten Cash Flow-Ausprägungen absteigend sortiert, ergibt sich mit zunehmender Anzahl an Szenarien eine immer stabiler werdende Wahrscheinlichkeitsverteilung des periodischen Cash Flow. Wie viele Simulationsdurchläufe zur Generierung einer hinreichend genauen Verteilung erforderlich sind, ist von der Komplexität der vorliegenden Risikosituation und den einer Simulation zu Grunde gelegten Gütekriterien abhängig.[366] Aus der geordneten Liste der potenziellen Cash Flow-Ausprägungen kann der relative CFaR bei n simulierten Szenarien für ein vorgegebenes Konfidenzniveau $1-\alpha$ als der absolute $[n^*(1-\alpha)+1]$-te Wert abgelesen werden. Soll die (absolute) Verlustgefahr in Form des absoluten CFaR bestimmt werden, ist vom zuvor ermittelten relativen CFaR gemäß Gleichung (3-1) die erwartete Cash Flow-Ausprägung abzuziehen.

Das beschriebene Vorgehen kann im Fall einfacher Modelldefinitionen auf Basis einer Standard-Tabellenkalkulationssoftware bzw. entsprechender Add-In-

---

363 Vgl. z. B. *Mertens* [Simulation], S. 10. Theoretisch ist es sogar denkbar, alle möglichen Szenarien nach diesem Vorgehen durchzurechnen. Dieses Verfahren wird als „Vollenumeration" bezeichnet (vgl. *Müller-Merbach* [Risikoanalyse], S. 213; *Schindel* [Risikoanalyse], S. 37). Aufgrund der hohen Anzahl an auszuwertenden Szenarien stößt die Vollenumeration jedoch bereits bei einer geringen Anzahl an diskreten Risikofaktoren an seine Grenzen (vgl. *Schindel* [Risikoanalyse], S. 38).

364 Vgl. *Dowd* [Value at Risk], S. 109 ff.; *Denk/Exner-Merkelt* [Corporate Risk Management], S. 99. Für eine Vereinfachung bei der Modellierung stochastischer Abhängigkeiten werden häufig normalverteilte Zufallszahlen herangezogen. So setzt die zur Umwandlung der generierten unkorrelierten Zufallszahlen in korrelierte Zufallszahlen häufig angewandte Cholesky-Zerlegung auf normalverteilten Risikofaktoren an (vgl. *Niemann* [Cash Flow at Risk], S. 34).

365 Vgl. *Stephan* [Kennzahlen], S. 194.

366 *Hager* stellt in seinen Berechnungen fest, dass 10.000 Durchläufe ausreichend seien (vgl. *Hager* [Corporate Risk Management], S. 180). Grundsätzlich sind aufgrund der Weiterentwicklung der EDV mittlerweile jedoch auch deutlich höhere Zahlen denkbar. In der periodenübergreifenden Anwendung der Monte-Carlo-Simulation in Kapitel 4 wird die Anzahl der Simulationsdurchläufe auf 500.000 festgelegt. Als Gütekriterium dient hier der Erwartungswert der simulierten Verteilung (vgl. hierzu Kapitel 4.3.1).

Programme automatisiert vollzogen werden.[367] Im Fall komplexer Modellierungen ist auf spezialisiertere Risikomanagementprogramme zurückzugreifen.[368]

### 3.4.2.6 Bewertung der differenzierten Bottom-Up-Verfahren

Die Risikosituation im Nicht-Finanzbereich weist gegenüber dem Finanzbereich einen erhöhten Grad an Unsicherheit auf. Ursächlich hierfür sind der erweiterte Zeitraum der Betrachtung und die Abhängigkeit des Cash Flow von einer größeren Vielfalt heterogener Risikofaktoren. Zu letzteren zählt – sofern in die CFaR-Analyse einbezogen – die Gesamtheit aller finanz- und leistungswirtschaftlichen Risikofaktoren. Der detaillierter dargestellte Varianz-Kovarianz-Ansatz und die Monte-Carlo-Simulation unterscheiden sich insbesondere in Bezug auf die verbundenen Annahmen zu den Risikofaktoren, deren Verknüpfungen untereinander und mit dem Cash Flow als der maßgeblichen Zielgröße.

Der Varianz-Kovarianz-Ansatz verdichtet die eingebrachten Risikofaktoren auf deren Erwartungswert und Varianz bzw. Standardabweichung. Er unterstellt damit, dass die Verteilungen sämtlicher Risikofaktoren und damit auch der periodische Cash Flow einer Nicht-Finanzinvestition einer (Multi-)Normalverteilung unterliegen. Gerade im Nicht-Finanzbereich kann diese Vereinfachung jedoch problematisch sein. Bspw. ist die Normalverteilungshypothese im Fall der Nachfrage nach einem Produkt oder des finanzwirtschaftlichen Erfolgs einer Investition in Forschungs- und Entwicklungsaktivitäten in einem Periodenkontext nicht notwendigerweise haltbar.[369] Infolge einer Verdichtung der tatsächlichen Verteilung der Risikofaktoren auf die Parameter der Normalverteilung werden potenziell mögliche Extremwerte „herausgefiltert" und finden damit keine adäquate Berücksichtigung mehr. Eine mögliche Schiefe oder Wölbung der tatsächlichen Cash Flow-Verteilung wird ebenfalls nicht erfasst. Problematisch ist in diesem Kontext insbesondere eine systematische Unterschätzung des Risikos im Falle einer rechtsschiefen bzw. linkssteilen Cash Flow-Verteilung mit einer Kurtosis ungleich Null.[370] Ein weiteres Problem, welches jedoch nur die Delta-Normal-Methode des Varianz-Kovarianz-Ansatzes betrifft, resultiert

---

367 Vgl. *Bartram* [Exposures], S. 1284.

368 Für eine Kategorisierung kommerziell angebotener Risikomanagementprogramme vgl. *Lackes/Siepermann/Springwald* [Evaluation].

369 Die Normalverteilungshypothese kann über die zentralen Grenzwertsätze gerechtfertigt werden, nach denen die Summe von N identisch und unabhängig verteilten Zufallsvariablen für ein großes N näherungsweise normalverteilt ist (vgl. *Breuer* [Investition II], S. 34).

370 Vgl. *Kremers* [Risikoübernahme], S. 164.

aus der Erfassung lediglich linearer Einflüsse der Risikofaktoren auf den Cash Flow. Die durch vielfältige Preis- und Mengeneffekte wirkenden Cash Flow-Risiken im Nicht-Finanzbereich lassen sich demnach nur unzureichend durch lineare Exposureformen abbilden.[371]

Monte-Carlo-Simulationen werden in der Regel zur Erklärung komplexer Risikosituationen herangezogen, in welchen analytische Verfahren an ihre Grenzen stoßen.[372] Eine solche Situation scheint bei der Bewertung des Cash Flow-Risikos einer Nicht-Finanzinvestition gegeben. Die Möglichkeit zur Integration beliebig verteilter Risikofaktoren mitsamt den zwischen diesen herrschenden Abhängigkeiten stellt in diesem Kontext den entscheidenden Vorteil dieses Verfahrens dar.[373] Durch die wiederholte Neubewertung des periodischen Cash Flows werden alle (linearen und nicht-linearen) Exposureprofile implizit erfasst. Es besteht allerdings die Möglichkeit, dass das hervorgehende Modell aufgrund der eingehenden heterogenen Parameter eine hohe Komplexität annimmt. Das damit verbundene Modellrisiko birgt wiederum die Gefahr, dass die simulierte Wahrscheinlichkeitsverteilung die tatsächliche nicht hinreichend genau abbildet.[374] Die Konsequenz wäre die Erzeugung einer unerwünschten Scheingenauigkeit.[375] Nachteilig ist ferner der hohe Zeit- und Rechenaufwand einer Monte-Carlo-Simulation zu bewerten.[376]

Zusammenfassend erscheint der Varianz-Kovarianz-Ansatz insbesondere dann geeignet, wenn die relevanten Risikofaktoren einer Normalverteilung folgen. Dies ist insbesondere der Fall, wenn ein Großteil der Cash Flow-Unsicherheit auf finanzwirtschaftliche Marktpreisrisiken zurückzuführen ist. Im Gegenzug stellt die Flexibilität in Bezug auf die in ein Risikobewertungsmodell integrierten Parameter den entscheidenden Vorteil der Monte-Carlo-Simulation dar. Er kommt insbesondere bei der Notwendigkeit zur Berücksichtigung einer Vielzahl heterogener finanz- *und* leistungswirtschaftlicher Cash Flow-Risiken zum Tragen.

---

371 Vgl. *Stephan* [Kennzahlen], S. 182; *Bartram* [Exposures], S. 1273. Dies kann auch bei einem ausschließlichen Fokus auf finanzwirtschaftliche Risiken der Fall sein. So kann der Einsatz komplexer Finanzinstrumente, bspw. von Finanz- und Realoptionen aufgrund ihrer nicht-linearen Zahlungsstruktur eine Nichtlinearität im Exposure hervorrufen (vgl. *Bartram* [Exposures], S. 1273). Eine ausführliche Darstellung zur Problematik der Linearitätsannahme erfolgt am Beispiel einer Kaufoption (Call) bei *Stephan* [Kennzahlen], S. 189 ff.

372 Vgl. *Coenen* [Bilanzsimulationen], S. 45.

373 Vgl. *Meyer* [Value at Risk], S. 207; *Jorion* [Value at Risk], S. 225.

374 Vgl. *Duch* [Risikoberichterstattung], S. 123.

375 Vgl. *Hoitsch/Winter* [Cash Flow at Risk], S. 244; *Jorion* [Value at Risk], S. 225 f.

376 Vgl. *Jorion* [Value at Risk], S. 226; *Kimmig* [Risiko-Controlling], S. 179.

## 3.5 Periodenübergreifende Downside-Risikobewertung

### 3.5.1 Problemstellung

Der (risikoadjustierte) Kapitalwert eines Investitionsprojektes im Nicht-Finanzbereich verdichtet den während seiner Nutzungsdauer anfallenden Zahlungsstrom (inklusive der Anfangsinvestition) zu einer Kennzahl. Diese ist als Zählergröße einer RAPM-Kennzahl zur Investitionssteuerung im Nicht-Finanzbereich anzusetzen. Das Risikopotenzial im Nenner der RAPM hat die potenziell möglichen, negativen Abweichungen dieser Erfolgsgröße zu quantifizieren. Beide RAPM-Komponenten setzen demnach auf einer identischen Risikostruktur des mehrperiodischen Zahlungsstromes an.[377]

Die in den vorigen Abschnitten geleistete periodenbezogene Risikobewertung muss demzufolge in einen perioden*übergreifenden* Kontext gebracht werden. In diesem fungieren die periodenspezifischen Cash Flows gewissermaßen als derivative Risikofaktoren, welche es unter Berücksichtigung des zeitlichen Zahlungsanfalls und evtl. bestehender stochastischer Abhängigkeiten zu aggregieren gilt. Wurden die periodenbezogenen Abhängigkeiten zuvor als „zeitlich horizontale Diversifikationseffekte" bezeichnet, spricht der *Arbeitskreis „Finanzierungsrechnung"* bei intertemporalen Abhängigkeiten von sog. „zeitlich vertikalen Diversifikationseffekten".[378] Bei deren Existenz ist die in Periode t maßgebliche Cash Flow-Verteilung von der konkreten Cash Flow-Ausprägung der Vorperiode abhängig. Werden die Cash Flows dagegen als intertemporal voneinander unabhängig angenommen, ist die Cash Flow-Verteilung in Periode t – unabhängig vom zuvor erreichten Cash Flow-Wert – stets dieselbe.[379]

Da die Übertragung der Risikobewertung von einem periodenbezogenen in einen periodenübergreifenden Kontext zugleich einen Übergang von der Zahlungsstrom- auf die Werteebene vollzieht, wird das hervorgehende Downside-Risikomaß erneut als „Value at Risk" bezeichnet. Im Folgenden werden die in

377 Vgl. hierzu die Herausforderungen einer Übertragung von RAPM auf den Nicht-Finanzbereich (Abschnitt 2.5).

378 *Arbeitskreis „Finanzierungsrechnung"* [Risikomanagement], S. 47 ff. *Rode/Fischbeck/Dean* bezeichnen solche Abhängigkeiten als „serial correlations" (vgl. *Rode/Fischbeck/Dean* [Monte Carlo Methods], S. 7). *Kleijnen/van Groenendaal* sprechen von „cross-correlations" (vgl. *Kleijnen/van Groenendaal* [Simulation], S. 78).

379 Vgl. z. B. *Bamberg/Dorfleitner/Krapp* [Abhängigkeitsstruktur], S. 101; *Drukarczyk* [Unternehmensbewertung], S. 340. Diese Erklärung impliziert eine Betrachtung derivativer Risikofaktoren auf Cash Flow-Ebene.

der Literatur vorhandenen Verfahren einer periodenübergreifenden Risikobewertung kurz vorgestellt und auf ihre Eignung zur Integration in RAPM-Kennzahlen zur Investitionssteuerung im Nicht-Finanzbereich bewertet.

### 3.5.2 Vorstellung und Bewertung existierender Bewertungsansätze

*Stephan* und *Homburg/Stephan* leiten den VaR für die Downside-Risikobewertung im Nicht-Finanzbereich auf Basis der periodischen, normalverteilten relativen CFaRs ($CFaR^{Rel}_t$) mittels des Varianz-Kovarianz-Ansatzes ab.[380] Hierfür werden zunächst die periodische Ertragswerte der relativen CFaRs zum Entscheidungszeitpunkt t=0 ($DCFaR^{Rel}_t$) bestimmt.[381] Als Diskontierungszinssatz kommt ein risikoadjustierter Kalkulationszinsfuß ($r_{a,t}$) zum Einsatz:[382]

$$DCFaR_t^{Rel} = CFaR_t^{Rel} \cdot (1 + r_{a,t})^{-t} \tag{3-7}$$

Zur Ermittlung des Value at Risk zum Bezugszeitpunkt t=0 werden die $DCFaR^{Rel}_t$ in einem nächsten Schritt aggregiert. Durch die explizite Berücksichtigung intertemporaler Abhängigkeiten mittels beidseitiger Korrelationskoeffizienten ergibt sich der VaR, ebenfalls in seiner relativen Form, als:[383]

$$VaR^{Rel} = \sqrt{DCFaR_t^{Rel,'} \cdot Cov \cdot DCFaR_t^{Rel}} \tag{3-8}$$

380 Vgl. *Stephan* [Kennzahlen], S. 219 ff. und *Homburg/Stephan* [Risikocontrolling], S. 318 f. Sie sprechen in diesem Zusammenhang vom „Discounted Risk Value“ (vgl. *Stephan* [Kennzahlen], S. 219; *Homburg/Stephan* [Risikocontrolling], S. 318).

381 *Stephan* und *Homburg/Stephan* bezeichnen den Ertragswert eines relativen CFaR als dessen „Discounted Cash Flow at Risk“. Dieser bezeichnet die zum Bezugszeitpunkt bewertete Cash Flow-Unsicherheit der Periode t (vgl. *Homburg/Stephan* [Risikocontrolling], S. 318).

382 Vgl. *Stephan* [Kennzahlen], S. 219; *Homburg/Stephan* [Risikocontrolling], S. 318. Sie legen der Berechnung des risikoadjustierten Kapitalwertes den WACC als Kalkulationszinsfuß zu Grunde und gehen damit von einer atmenden Finanzierung mit einer konstanten Zielkapitalstruktur aus (vgl. *Stephan* [Kennzahlen], S. 219).

383 Vgl. *Homburg/Stephan* [Risikocontrolling], S. 319. Auf Betragsstriche kann im rechten Teil von Formel (3-5) verzichtet werden, da diese bereits bei der Ermittlung der periodischen, relativen CFaRs berücksichtigt wurden.

In Gleichung (3-8) entspricht $DCFaR^{Rel'}_t$ dem Vektor der periodischen $DCFaR^{Rel}_t$ und Cov der Matrix der zwischen diesen angenommenen Korrelationskoeffizienten. Da die periodischen Cash Flows i.d.R. nicht vollständig positiv miteinander korreliert sind, liegt $VaR^{Rel}$ im Allgemeinen unterhalb der Summe der periodischen $DCFaR_t$.

Aufgrund der expliziten Berücksichtigung intertemporaler Abhängigkeiten stellt der Ansatz von *Stephan* und *Homburg/Stephan* gewissermaßen eine Weiterentwicklung des analytischen Vorgehens zur VaR-Bestimmung im Mehrperiodenkontext von *Mengele* und *Schmidbauer* dar.[384] Diese unterstellen in ihren Konzepten eine vollständig positive Korreliertheit der periodenspezifischen $DCFaR^{Rel}_t$.[385] Unter dieser Annahme vereinfacht sich Gleichung (3-8) wie folgt:

$$VaR^{Rel} = \sum_{t=1}^{T} DCFaR_t \tag{3-9}$$

*Kremers* und *Bartram* schlagen eine simulationsbezogene Ermittlung des VaR für den Nicht-Finanzbereich vor.[386] Als Zielfunktion einer Monte-Carlo-Simulation wird mehr oder weniger explizit die Bestimmungsgleichung des risikoadjustierten Kapitalwertes empfohlen.[387] In seinem Beispiel unterstellt *Kremers* vereinfachend normalverteilte periodische Cash Flows. Eine Integration intertemporaler Abhängigkeiten erfolgt in Analogie zu den Ansätzen von *Stephan* und *Homburg/Stephan* aufgrund beidseitiger Korrelationskoeffizienten.[388]

Für einen Ansatz im Nenner der RAPM im Nicht-Finanzbereich eignen sich diese Ansätze der Downside-Risikobewertung nur bedingt. Problematisch erscheint zunächst die Verwendung des risikoadjustierten Diskontierungszinssat-

---

384 *Mengele* bezeichnet das hervorgehende Downside-Risikomaß als „Discounted Value at Risk“ (vgl. *Mengele* [Shareholder-Return], S. 112).

385 Vgl. *Mengele* [Shareholder-Return], S. 113 f.; *Schmidbauer* [Risikomanagement], S. 162. *Mengele* schlägt zur Erfassung dieser intertemporalen Abhängigkeiten eine Ermittlung von Cash Flow-Erwartungswerten mit bedingten Wahrscheinlichkeiten auf Basis von Entscheidungsbäumen vor, praktiziert diese jedoch nicht (vgl. *Mengele* [Shareholder-Return], S. 112 ff.).

386 Vgl. *Kremers* [Risikoübernahme], S. 227 ff.; *Bartram* [Exposures], S. 1284 f. *Bartram* bezieht in seine Ermittlung ausschließlich finanzwirtschaftliche Risikofaktoren mit ein.

387 Während *Kremers* bei seinen Ausführungen explizit den risikoadjustierten Kapitalwert, ermittelt nach der Risikozuschlagsmethode, zu Grunde legt (vgl. *Kremers* [Risikoübernahme], S. 227 ff.) verweist *Bartram* in seiner schematischen Darstellung 4 über die Bezeichnung „Unternehmenswert für Anteilseigner“ eher implizit darauf (vgl. *Bartram* [Exposures], S. 1285).

388 Vgl. *Kremers* [Risikoübernahme], S. 227 ff.

zes in den analytischen Verfahren bzw. des risikoadjustierten Kapitalwertes als Zielfunktion der simulativen Ansätze. So stellt der risikoadjustierte Kapitalwert aus Sicht risikoaverser Kapitalmarktteilnehmer ein einwertiges Kriterium zum Treffen von (Investitions-)Entscheidungen dar. In dieser Funktion ist er, auch wenn die ihm zu Grunde liegenden Zahlungen unsicher sind, zum Bezugszeitpunkt als sichere Größe zu verstehen.[389] Die Ableitung einer Wahrscheinlichkeitsverteilung des risikoadjustierten Kapitalwertes stünde seiner „inhaltlichen Bedeutung und Funktion“ entgegen.[390] Sie hat zudem eine unerwünschte Doppelerfassung des Risikos zur Folge.[391]

Mit der Verwendung beidseitiger Korrelationskoeffizienten zur Abbildung intertemporaler Abhängigkeiten bei der VaR-Ermittlung offenbart sich eine weitere Schwäche der vorgestellten Ansätze. Wie noch zu zeigen sein wird, erfolgt die Berechnung des CAPM-basierten Risikoabschlages im Mehrperiodenkontext bei Existenz intertemporaler Abhängigkeiten unter Zugrundelegung einer einseitigen, zukunftsorientierten Abhängigkeitsstruktur der periodischen Cash Flows. Zur Gewährleistung einer theoretischen Konsistenz muss die Ermittlung des VaR auf eben dieser Abhängigkeitsstruktur ansetzen. Diese Anforderung ist bei einer Integration intertemporaler Abhängigkeiten anhand beidseitiger Korrelationskoeffizienten nicht erfüllt.

## 3.6 Kapitelfazit

Die in das CFaR-Konzept einfließenden Modifikationen des VaR stellen die notwendigen Voraussetzungen einer im Nicht-Finanzbereich adäquaten periodenbezogenen Risikomessung dar. Unter der Voraussetzung einer hinreichend genauen Abbildung des tatsächlich vorhandenen periodischen Cash Flow-Risikos kann ein so definiertes Risikomaß grundsätzlich als Basis der für die Investitionsbewertung im Nicht-Finanzbereich erforderlichen periodenübergreifenden Risikobewertung herangezogen werden. Die Komplexität der Risikositu-

389 Vgl. *Homburg/Stephan* [Risikocontrolling], S. 319. Die “Sicherheit” des Kapitalwertes ist vor dem Hintergrund der subjektiv geschätzten Modellparameter zu relativieren. Sie gilt zudem nur für den Bewertungszeitpunkt, da die Schätzungen der Modellparameter mit der Zeit ebenfalls Änderungen unterliegen können.

390 *Schmidt/Terberger* [Grundzüge], S. 303 f. Eine gegenläufige Meinung vertritt *Hering* unter Bezug auf die Erkenntnistheorie von *Kant* und *Heisenberg* (vgl. *Hering* [Unternehmensbewertung], S. 12, Fn. 2).

391 Vgl. *Vose* [Risk Analysis], S. 469.

ation im Nicht-Finanzbereich stellt eine valide periodische Risikobewertung jedoch vor große Herausforderungen. Bei den zur Investitionsbewertung in Frage kommenden Bottom Up-Verfahren ergeben sich in sämtlichen Ermittlungsschritten des Exposure-Mappings Schwierigkeiten. So bringt der ausschließliche Fokus auf die *maßgeblichen* Risikofaktoren zunächst eine deutliche Komplexitätsreduktion mit sich. Neben einer Subjektivität bei deren Auswahl bewirkt sie jedoch auch eine Unterschätzung des periodischen Cash Flow-Risikos. Schwierig gestaltet sich auch die Bestimmung der Wahrscheinlichkeitsverteilungen der erfassten Risikofaktoren. Können diese im Fall finanzwirtschaftlicher Risiken z.T. noch objektiv aufgrund historischer Zeitreihenanalysen ermittelt werden, wird man sich bei leistungswirtschaftlichen Faktoren größtenteils auf subjektiv ermittelte Wahrscheinlichkeiten verlassen müssen. Ähnliche Datenprobleme ergeben sich bei der Bestimmung der Abhängigkeiten zwischen den Risikofaktoren und deren Verknüpfung mit dem Cash Flow. Die Vielfalt der hierbei zu erfassenden Preis- und Mengenbeziehungen macht deren Ermittlung zu einem komplexen Unterfangen, das nicht frei von subjektiven Werturteilen sein kann. Die benötigte Datenbasis ist aufgrund der vereinfachenden Annahmen bei einer Ermittlung des CFaR mit dem Varianz-Kovarianz-Ansatz geringer. Die Monte-Carlo-Simulation besitzt dagegen das Potenzial, das periodische Cash Flow-Risiko differenzierter und somit realitätsgetreuer widerzuspiegeln.

Die in der Literatur verfügbaren Ansätze zur periodenübergreifenden Risikobewertung eignen sich nur bedingt für den Ansatz im Nenner von RAPM im Nicht-Finanzbereich. Problematisch erscheint neben der Doppelerfassung des Risikos durch Ansatz des risikoadjustierten Zinssatzes bei der einer Risikobewertung zu Grunde liegenden Kapitalwertermittlung besonders die Abbildung intertemporaler Abhängigkeiten durch beidseitige Korrelationskoeffizienten.

In den weiteren Ausführungen werden die Untersuchungsbereiche einer validen periodischen Risikoquantifizierung und der Entwicklung eines für den Nicht-Finanzbereich anwendbaren, periodenübergreifenden Downside-Risikomaßes voneinander entkoppelt. Mit anderen Worten wird davon ausgegangen, dass eine hinreichend genaue Bewertung des periodischen Cash Flow-Risikos im Nicht-Finanzbereich grundsätzlich möglich ist. Unter Ausblendung der hierbei auftretenden Schwierigkeiten wird im folgenden Kapitel 4 der Einsatz eines noch zu entwickelnden, theoretisch konsistenten RAPM-Instrumentariums zur Investitionsbewertung im Nicht-Finanzbereich analysiert. Darauf aufbauend erfolgt in Kapitel 5 die Entwicklung einer Kennzahl für die periodenbezogene Kontrolle der risikoadjustierten Performance von Nicht-Finanzinvestitionen. Die dabei gezogenen Schlussfolgerungen sind beim praktischen Einsatz der entwickelten Kennzahlen in Anbetracht der Möglichkeiten und Grenzen einer Risikobewertung im Nicht-Finanzbereich gegebenenfalls zu relativieren.

# 4 Investitionsbewertung mit Risk Adjusted Performance Measures

## 4.1 Kapitelüberblick

Eine Analyse der Übertragbarkeit von RAPM zur Investitionsbewertung auf den Nicht-Finanzbereich setzt die Existenz von Kriterien voraus, anhand derer sich eine erfolgreiche Übertragung beurteilen lässt. In Kapitel 2 wurden die Zielsetzungen eines Einsatzes von RAPM durch das Risikotragfähigkeitskalkül und das Risiko-Rendite-Kalkül operationalisiert.[392] Auf die Investitionsbewertung übertragen bedeutet dies, dass der Einsatz von RAPM den Entscheidungsträger in die Lage versetzen sollte zu beurteilen,

- ob die Durchführung einer Nicht-Finanzinvestition die gemäß KonTraG geltenden Mindestanforderungen an ein gesetzliches Risikomanagement verletzt *und*
- ob der erwartete Erfolg einer Nicht-Finanzinvestition die Ansprüche der Eigenkapitalgeber (mindestens) erfüllen kann.

In den folgenden Ausführungen soll analysiert werden, inwieweit der Einsatz von RAPM im Nicht-Finanzbereich eine Investitionsbewertung im Sinne beider Kalküle ermöglichen kann. Die Bewertung einer Einhaltung des Risikotragfähigkeitskalküls erfolgt dabei ausschließlich in Bezug auf das *periodenbezogene* Risiko. Erfolgsaspekte bleiben zunächst ausgeklammert. Eine periodenübergreifende Perspektive bei gleichzeitiger Betrachtung von Erfolgs- und Risikopotenzial ist Bestandteil der Analyse des Risiko-Rendite-Kalküls.

Der Schwerpunkt von Kapitel 4 liegt auf einer Analyse des Risiko-Rendite-Kalküls. Nach einer Diskussion zu den grundsätzlichen Anforderungen einer Einhaltung des Risikotragfähigkeitskalküls wird ein RAPM-Bewertungsmodell für die Investitionsbewertung im Nicht-Finanzbereich entwickelt. In diesem Rahmen erfolgt zunächst eine Anwendung des CAPM zur Bewertung des mehrperiodischen Zahlungsstromes (inklusive der Anfangsauszahlung) einer Investition in Nicht-Finanzbereich. Der hervorgehende risikoadjustierte Kapitalwert findet in der weiteren Analyse in zweierlei Hinsicht Verwendung. Zunächst dient er als *First-best*-Lösung, anhand derer der Einsatz von RAPM zur Investitionsbewertung im Sinne des Wertmanagements beurteilt wird. Weiter dient er als Zählergröße der zu entwickelnden RAPM für den Nicht-Finanzbereich. In Einklang mit der Risikostruktur des bis dahin unterstellten Zahlungsstromes er-

392 Vgl. Abschnitt 2.4.2.3.

folgt schließlich die Entwicklung eines periodenübergreifenden Downside-Risikomaßes. Es findet Eingang in den Nenner der entwickelten RAPM-Kennzahl zur Investitionsbewertung im Nicht-Finanzbereich. Nach der Anwendung des so entwickelten Modellrahmens auf verschiedene Cash Flow-Profile erfolgt eine Analyse der Auswirkungen verschiedener Parametervariationen auf die Bewertungsergebnisse.

## 4.2 Risikotragfähigkeitskalkül

### 4.2.1 Dimensionen der Risikotragfähigkeit

Die Mindestzielsetzung eines unternehmerischen Risikomanagements ist gemäß KonTraG in einer Sicherstellung der dauerhaften Existenz eines Unternehmens zu sehen.[393] Entsprechend wird im Rahmen des bereits vorgestellten Risikotragfähigkeitskalküls gefordert, dass die von einem Unternehmen insgesamt übernommenen Risiken, dessen Gesamtrisikopotenzial also, in einem der Risikoneigung entsprechenden Verhältnis zu den verfügbaren Risikodeckungsmassen zu stehen haben.[394] Der Gesetzgeber möchte den Fortbestand eines Unternehmens in zweierlei Hinsicht sicherstellen:[395]

- Aus *erfolgsrechnerischer* Perspektive ist eine Überschuldung zu vermeiden, indem sichergestellt ist, dass die potenziell eintretenden Verluste das haftende Eigenkapital nicht übersteigen.
- Aus *finanzwirtschaftlicher* Perspektive ist die Zahlungsunfähigkeit zu vermeiden, indem ein Unternehmen jederzeit in der Lage ist, seinen Zahlungsverpflichtungen nachzukommen.

Die Notwendigkeit einer Unterscheidung zwischen erfolgsrechnerischer und finanzwirtschaftlicher Risikotragfähigkeit im Nicht-Finanzbereich resultiert aus möglichen Abweichungen zwischen den jeweils gemessenen Risikopotenzialen. Während das erfolgsrechnerische Risikopotenzial auf bilanziellen Größen basiert, kommen zur Quantifizierung des finanzwirtschaftlichen Risikopotenzials Zahlungsgrößen zum Einsatz. Abweichungen resultieren aus dem Ansatz nicht

393 Für eine Darstellung der wichtigsten Inhalte des KonTraG vgl. Abschnitt 2.3.1.

394 Vgl. hierzu Abschnitt 2.4.2.3.

395 Vgl. *Kremers* [Risikoübernahme], S. 245.

zahlungswirksamer Aufwendungen und Erträge.[396] Bei einer reinen Zahlungsbetrachtung ist in Bezug auf das finanzwirtschaftliche Risikotragfähigkeitskalkül insbesondere die Liquiditätsbelastung durch die Investitionsauszahlung von Bedeutung.[397] Aus einer erfolgsrechnerischen Perspektive erfolgt hingegen die Verteilung der Anfangsinvestition in Form von Abschreibungen auf die Perioden der Nutzungsdauer des Investitionsprojektes.[398] Aufgrund der besonderen erfolgsrechnerischen Behandlung kommt einer separaten Berücksichtigung beider Dimensionen der Risikotragfähigkeit im Nicht-Finanzbereich daher eine besondere Bedeutung zu.

### 4.2.2 Abstimmung von Risikopotenzial und Deckungsmassen

Im Rahmen der Investitionsbewertung ist das durch eine Investitionsentscheidung veränderte erfolgsrechnerische bzw. finanzwirtschaftliche Risikopotenzial zu messen und anschließend mit den jeweiligen Risikodeckungsmassen zu vergleichen. Im Rahmen des Risikotragfähigkeitskalküls ist schließlich zu entscheiden, ob das Unternehmen das mit einem Investitionsprojekt verbundene Risiko überhaupt verkraften kann. Da die Risikotragfähigkeit zu *jedem* Zeitpunkt sicherzustellen ist, ist hierbei eine perioden*bezogene* Perspektive einzunehmen. Für jede Periode der Nutzungsdauer eines Investitionsprojektes ist demnach ein Abgleich zwischen dem Risikopotenzial *nach* dessen Durchführung und den verfügbaren Risikodeckungsmassen zu vollziehen.

Aus einer finanzwirtschaftlichen Perspektive ist der periodenbezogene CFaR in seiner *absoluten* Form zur Quantifizierung des Risikopotenzials nach Projektdurchführung heranzuziehen. Dieses ist den periodisch verfügbaren Zah-

396 Auf Unternehmensebene sind hierbei insbesondere Abschreibungen, Veränderungen von Rückstellungen und Bestandsveränderungen zu nennen. Im Kontext der Investitionsbewertung sind in erster Linie Abschreibungen auf die durch Investition aktivierten Vermögensgegenstände relevant sein.

397 Bei einer reinen Eigenkapitalfinanzierung entsteht die Liquiditätsbelastung in erster Linie durch die Anfangsinvestition und evtl. anfallende fixe Kosten während der Nutzungsdauer. Innenfinanzierungseffekte (z. B. durch Rückflüsse von mehreren gleichzeitig laufenden Investitionsprojekten) können diese Belastung abschwächen. Eine (teilweise) Fremdfinanzierung „verschiebt“ die Liquiditätsbelastung aufgrund der entstehenden Zins- und Tilgungszahlungen auf die Perioden der Nutzungsdauer einer Nicht-Finanzinvestition.

398 Vgl. *Kremers* [Risikoübernahme], S. 268.

lungsmittelkomponenten gegenüberzustellen. Eine Durchführung des Investitionsprojektes sollte nur stattfinden, wenn die finanzwirtschaftlichen Risikodeckungsmassen (FW-Deckungsmassen) und das finanzwirtschaftliche Risikopotenzial (FW-Risikopotenzial) in jeder Periode t der Nutzungsdauer des Investitionsprojektes in einem der Risikoneigung des Managements entsprechenden Verhältnis zueinander stehen:[399]

$$Wahrscheinlichkeit \{FW - Risikopotenzial_t \leq FW - Deckungsmassen_t\} \geq x\% \qquad (4\text{-}1)$$

Diese Bedingung ist zur Überprüfung der ertragswirtschaftlichen Risikotragfähigkeit zu modifizieren. Aufgrund seiner Zahlungsorientierung eignet sich der absolute CFaR nicht zur Quantifizierung des erfolgsrechnerischen Risikopotenzials. Benötigt wird ein periodisches Risikomaß, welches sich nicht am Zahlungsüberschuss, sondern an Erfolgsgrößen orientiert.[400] Der sog. Earnings at Risk (EaR) stellt eine solche Größe dar.[401] Er lässt sich direkt aus dem absoluten CFaR ableiten und ist als Periodengewinn zu interpretieren, der mit einer bestimmten Wahrscheinlichkeit 1-α nicht unterschritten wird. Zur Ableitung des Periodengewinns (PG) aus dem Cash Flow ist letzterer um die nicht-zahlungswirksamen Aufwendungen und Erträge einer Periode zu korrigieren:[402]

$$PG = Cash\ Flow - nicht\ zahlungsw.Aufw. + nicht\ zahlungsw.Erträge \qquad (4\text{-}2)$$

Eine analoge Korrektur ist bei dem absoluten CFaR erforderlich, um diesen in den absoluten EaR zu transformieren.[403] Zur Überprüfung der Einhaltung der *erfolgsrechnerischen* Risikotragfähigkeit sind die periodenspezifischen EaRs nach Durchführung des Investitionsprojektes schließlich den jeweils verfügba-

399 Für eine Abstufung der zur Deckung von Zahlungsverpflichtungen einzusetzenden Risikodeckungsmassen vgl. *Kremers* [Risikoübernahme], S. 259 ff.

400 Vgl. *Kremers* [Risikoübernahme], S. 267.

401 Vgl. *Romeike/Hager* [Erfolgsfaktor], S. 231; *Hager* [Cash Flow at Risk], S. 102; *Cottin/Döhler* [Risikoanalyse], S. 116.

402 Für eine detaillierte Definition des Periodengewinns vgl. Abschnitt 5.2.1. Bei der o.g. Definition wird von Auswirkungen auf das Working Capital einer Periode (z. B. aufgrund einer Zunahme des Bestands an Forderungen oder an Roh-, Hilfs- und Betriebsstoffen) aus Vereinfachungsgründen abstrahiert.

403 Bei dieser Ermittlung des EaR werden die nicht-zahlungswirksamen Aufwendungen und Erträge als deterministisch bzw. nicht-risikobehaftet angenommen.

ren periodischen Eigenkapitalreserven gegenüberzustellen.[404] Das mit einem Investitionsprojekt einhergehende zusätzliche Risiko ist aus erfolgsrechnerischer Perspektive tragbar, wenn die Eigenkapitalreserven und das veränderte erfolgsrechnerische Risikopotenzial (ER-Risikopotenzial) in einem der Risikoneigung des Managements angemessenen Verhältnis zueinander stehen:

$$Wahrscheinlichkeit\left\{ER - Risikopotenzial_t \leq Eigenkapitalreserven_t\right\} \geq x\% \qquad (4\text{-}3)$$

Es wird deutlich, dass die verfügbaren finanzwirtschaftlichen und erfolgsrechnerischen Deckungsmassen als Engpassfaktor für die Risikoübernahme fungieren. Verletzt die mit einem Investitionsprojekt verbundene zusätzliche Risikoübernahme die Grundgleichungen des finanzwirtschaftlichen und/oder des erfolgsrechnerischen Risikotragfähigkeitskalküls in einer der Perioden der Nutzungsdauer, sind entsprechende Maßnahmen zu ergreifen. Einerseits kann – bei unveränderten Risikodeckungsmassen – das Risikopotenzial durch Ablehnung des Investitionsprojektes oder durch Ergreifen alternativer Maßnahmen der Risikobewältigung auf einem akzeptablen Niveau gehalten werden. Eine weitere Möglichkeit besteht in einer Aufstockung der Risikodeckungsmassen etwa durch weitere Eigenkapitalbeschaffung und/oder durch Generierung zusätzlicher Liquidität.

Ein direkter Einfluss auf die Investitionsentscheidung setzt demnach voraus, dass die Risikodeckungsmassen bei entsprechender Überschreitung des Risikopotenzials unverändert bleiben *und* das Risikopotenzial nicht anderweitig verringert wird. Für eine ausführliche Prüfung der finanzwirtschaftlichen und erfolgsrechnerischen Tragfähigkeit einer zusätzlichen Risikoübernahme im Rahmen der Investitionsbewertung im Nicht-Finanzbereich wird an dieser Stelle auf die Arbeit von *Kremers* verwiesen.[405] Mit der folgenden modelltheoretischen Analyse des Risiko-Rendite-Kalküls wird der Schwerpunkt von Kapitel 4 hingegen auf einen Teilaspekt der Übertragbarkeit von RAPM auf den Nicht-Finanzbereich gelenkt, der bislang nur unzureichend in der Literatur behandelt wurde.[406]

---

404 Für eine Abstufung der zur Deckung von Verlusten einzusetzenden Eigenkapitalreserven vgl. z. B. *Schierenbeck/Lister* [Value Controlling], S. 356 f.

405 Vgl. *Kremers* [Risikoübernahme], S. 244 ff. Eine Analyse von Investitionsentscheidungen unter Existenz einer periodenübergreifenden, barwertigen VaR-Restriktion liefern zudem *Homburg/Stephan* [Risikocontrolling], S. 320 ff.

406 Vgl. hierzu die Ausführungen in Abschnitt 3.5.2.

## 4.3 Risiko-Rendite-Kalkül

### 4.3.1 Entwicklung eines Modells zur Investitionsbewertung mit RAPM

#### 4.3.1.1 Annahmen

Um die weiteren Ausführungen auf eine Analyse des Risiko-Rendite-Kalküls zu fokussieren und die möglichen Kombinationen der in das Modell eingehenden Parameter möglichst überschaubar zu halten, werden Annahmen benötigt. Sie besitzen für die gesamten weiteren Ausführungen Gültigkeit:

- Die periodischen finanzwirtschaftlichen und erfolgsrechnerischen Risikodeckungsmassen werden bei Durchführung jedes der potenziellen Investitionsprojekte zu keinem Zeitpunkt ihrer Nutzungsdauer überschritten.
- Von keinem der zur Entscheidung stehenden Investitionsprojekte gehen Diversifikationseffekte auf die Cash Flows der verbleibenden potenziellen Projekte und des bestehenden Investitionsprogramms aus. Ferner bleiben davon auch zukünftige Investitionsmöglichkeiten unbeeinflusst.
- Die Planungspräzision der in das Modell eingehenden unsicheren Parameter bleibt mit der Zeit konstant.
- Die erwarteten Verläufe der projektbezogenen Cash Flows sind nicht an die erwartete Entwicklung der Marktrendite gekoppelt.
- Der risikolose Zinssatz unterliegt einem konstanten Verlauf und weist keine periodenspezifischen Schwankungen auf.
- Die periodenspezifischen Verteilungen der Marktrendite sind intertemporal voneinander unabhängig.[407]
- Die periodischen Cash Flow-Verteilungen besitzen im Fall einer Existenz intertemporaler stochastischer Abhängigkeiten die *Markov-Eigenschaft erster Ordnung*.[408] Die resultierende Markov-Kette erfüllt zudem die Eigenschaft der Homogenität.[409]

---

407 Diese Annahme zur Entwicklung der Marktrendite wird auch im Bewertungsmodell von *Rosarius/Wiese* mit der Begründung einer erhöhten Realitätsnähe getroffen (vgl. *Rosarius/Wiese* [Erweiterungen], S. 25).

408 Dies bedeutet, dass Abhängigkeiten nur zwischen den Cash Flows direkt aufeinanderfolgender Perioden bestehen. Diese Annahme trifft im Kontext der Berücksichtigung von Abhängigkeiten bei der simulativen Erfassung von Kreditrisiken auch Werthschulte (vgl. *Werthschulte* [Kreditrisikomessung], S. 147).

409 Die Homogenitätseigenschaft erfordert die Stationarität der Übergangswahrscheinlichkeiten in der, einen endlichen Zeitraum und eine diskrete Zustandsmenge erfassenden

### 4.3.1.2 Bewertung intertemporal unabhängiger Cash Flows

#### *4.3.1.2.1 Aufspannen eines diskreten Zustandsbaumes*

Ausgangspunkt des Bewertungsmodells ist die Prognose der periodischen Cash Flows einer Nicht-Finanzinvestition über ihre gesamte Nutzungsdauer T. Für deren Struktur wird auf das von *Rosarius/Wiese* vorgeschlagene Binomialmodell zurückgegriffen.[410] In Abhängigkeit des eintretenden Umweltzustands u kann der Cash Flow in Periode t von seinem erwarteten Wert ($\mu(CF_t)$) entweder mit der Eintrittswahrscheinlichkeit $p_t$ den oberen Wert einer geschätzten Bandbreite $CF_{t,UC}$ oder mit der Gegenwahrscheinlichkeit $1-p_t$ deren unteren Wert $CF_{t,DC}$ annehmen:

$$CF_{t,u} \in \{CF_{t,UC}; CF_{t,DC}\} \tag{4-4}$$

Unter der Voraussetzung, dass $\mu(CF_t)$) dem Erwartungswert im mathematisch-statistischen Sinn entspricht, kann diese Drei-Punkt-Schätzung zur Ermittlung der periodischen Eintrittswahrscheinlichkeiten $p_t$ bzw. $1-p_t$ herangezogen werden:[411]

$$p_t = \frac{\mu(CF_t) - CF_{t,DC}}{CF_{t,UC} - CF_{t,DC}} \tag{4-5}$$

---

Markov-Kette (vgl. z. B. *Georgii* [Stochastik], S. 153 ff.). Die Übergangswahrscheinlichkeiten nehmen auch im Fall intertemporaler Unabhängigkeit im Zeitablauf stationäre Werte an.

410 Vgl. *Rosarius/Wiese* [Erweiterungen], basierend auf *Richter* [Discounting Rules]; *Richter* [Variable Growth]. Anstelle des hier unterstellten binomialen Prozesses, in welchem der periodische Cash Flow nur zwei verschiedene Umweltzustände annehmen kann, wird insbesondere in der Optionsbewertung der Einsatz von Trinomialmodellen vorgeschlagen (vgl. z. B. *Kwok* [Models]; *Boyle* [framework]). Sie erlauben neben einem positiven bzw. negativen auch die Abbildung eines unveränderten Umweltzustands. Besonders im Zuge der im späteren Verlauf von Kapitel 4 vollzogenen Analyse des Einflusses von Variationen des Grundmodells auf die CAPM- bzw. RAPM-basierten Bewertungsergebnisse wird der Ausschluss des zusätzlichen Erklärungsgehaltes von Trinomialmodellen zu Gunsten der mit Binomialmodellen erreichten besseren Verständlichkeit in Kauf genommen.

411 Alternativ kann durch Schätzung der möglichen Cash Flow-Bandbreiten und der periodenspezifischen Eintrittswahrscheinlichkeiten eine Berechnung des Erwartungswertes mit folgender Gleichung erfolgen: $\mu(CF_t) = p_t \cdot CF_{t,UC} + (1-p_t) \cdot CF_{t,DC}$.

Auf dieser Datengrundlage lässt sich der alle Perioden des Investitionsprojektes erfassende Zustandsbaum aufspannen. Da die Cash Flows je Periode nur zwei Ausprägungen in Abhängigkeit des in t konkret eintretenden Umweltzustands u annehmen können, wird im Folgenden von einem *diskreten* Zustandsbaum die Rede sein. Aufgrund der hier zunächst unterstellten intertemporalen Unabhängigkeit können die periodischen Cash Flow-Verteilungen in den Verzweigungen des Zustandsbaumes in jeder Periode nur die in der Bandbreitenanalyse für t bestimmten Ausprägungen annehmen. Dies gilt unabhängig davon, welche Umweltzustände in den Vorgängerperioden eingetreten sind.[412] Sie werden daher im Folgenden auch als *„zustandsunabhängig"* oder *„unbedingt"* bezeichnet.

#### *4.3.1.2.2 Bewertung anhand des CAPM*

Annahmegemäß treffen die im diskreten Zustandsbaum erfassten unbedingten Cash Flow-Verteilungen in jeder Periode auf die gleiche, im Zeitablauf konstante und damit ebenfalls unbedingte Verteilung der Marktrendite. Von ihrem Erwartungswert ($\mu(r_{M,t})$) ausgehend, nimmt diese in Periode t mit der Wahrscheinlichkeit $p_t$ die Ausprägung $r_{M,t,UC}$ bzw. mit der Gegenwahrscheinlichkeit $1\text{-}p_t$ den Wert $r_{M,t,DC}$ an. Innerhalb dieser Bandbreiten wird davon ausgegangen, dass die möglichen Ausprägungen einer Normalverteilung folgen.[413] Erwartungswert und Varianz der Marktrendite ($\mu(r_{M,t})$ bzw. $\sigma^2(r_{M,t})$) berechnen sich daher wie folgt:

$$\mu(r_{M,t}) = p_t \cdot r_{M,t,UC} + (1-p_t) \cdot r_{M,t,DC} \tag{4-6}$$

bzw.

---

412 Diese Definition findet sich auch bei *Wiese* [Komponenten], S. 19. Sie setzt nicht voraus, dass die periodischen Cash Flow-Verteilungen identisch sein müssen. Es wird lediglich Unabhängigkeit zur konkreten Cash Flow-Ausprägung der Vorperiode vorausgesetzt.

413 Eine Rechtfertigung erfährt diese Annahme durch den „Satz von de Moivre-Laplace". So lässt sich jede im diskreten Zustandsbaum erfasste Binomialperiode ihrerseits in n (Teil-)Binomialperioden aufteilen. Mit steigendem n werden diese Binomialperioden bei unveränderter Periodenlänge immer kürzer. Der „Satz von de Moivre-Laplace" besagt nun, dass die hervorgehende Binomialverteilung für große Werte von n und bei konstanten Eintrittswahrscheinlichkeiten p bzw. 1-p mit Hilfe der Normalverteilung approximiert werden kann. Eine Gültigkeit des Satzes von de Moivre-Laplace ist bei Konstanz der Eintrittswahrscheinlichkeiten demnach auch bei einer Modifikation der Erwartungshaltung (vgl. Abschnitt 4.3.5) gegeben. Zur Näherung der Binomialverteilung durch die Normalverteilung vgl. z. B. *Deweß/Hartwig* [Wirtschaftsstatistik], S. 82.

$$\sigma^2(r_{M,t}) = p_t \cdot (r_{M,t,UC} - \mu(r_{M,t}))^2 + (1-p_t) \cdot (r_{M,t,DC} - \mu(r_{M,t}))^2 \tag{4-7}$$

Durch Auflösung von Gleichung (4-6) nach $r_{M,t,UC}$ und Einsetzen der resultierenden Beziehung in Gleichung (4-7) ergibt sich für $r_{M,t,UC}$ bzw. $r_{M,t,DC}$:[414]

$$r_{M,t,UC} = \mu(r_{M,t}) + \sigma(r_{M,t}) \cdot \sqrt{\frac{(1-p_t)}{p_t}} \tag{4-8}$$

bzw.

$$r_{M,t,DC} = \mu(r_{M,t}) - \sigma(r_{M,t}) \cdot \sqrt{\frac{p_t}{(1-p_t)}} \tag{4-9}$$

Aufgrund dieser Daten lässt sich der, durch den diskreten Zustandsbaum beschriebene mehrperiodische Zahlungsstrom auf Basis des CAPM zu bewerten. Das maßgebliche (systematische) Risikomaß zur Bewertung der Unsicherheit der periodischen Cash Flow-Verteilungen ist deren *unbedingte* Kovarianz zur Marktrendite. Sie berechnet sich aufgrund der getroffenen Annahmen als:

$$\begin{aligned} Cov(CF_t; r_{M,t}) &= p_t \cdot ((CF_{t,UC} - \mu(CF_t)) \cdot (r_{M,t,UC} - \mu(r_{M,t})) \\ &+ (1-p_t) \cdot ((CF_{t,DC} - \mu(CF_t)) \cdot (r_{M,t,DC} - \mu(r_{M,t})) \end{aligned} \tag{4-10}$$

Um zum Sicherheitsäquivalent der Cash Flow-Verteilung von Periode t zu gelangen, ist der erwartete Cash Flow von Periode t ($\mu(CF_t)$) gemäß Gleichung (2-9) um das Produkt aus unbedingter Kovarianz und dem Marktpreis des Risikos zu reduzieren. Die periodischen Sicherheitsäquivalente sind schließlich mit $r_{s,t}$ zu diskontieren und mit der Anfangsauszahlung zum *risikoadjustierten* Kapitalwert zu aggregieren:[415]

$$KW^{CAPM} = -A_0 + \sum_{t=1}^{T} SÄ(CF_t) \cdot (1 + r_{s,t})^{-t} \tag{4-11}$$

---

414 Die Berechnung der konkreten Ausprägungen der Marktrendite aus deren Erwartungswert und Varianz folgt dem Vorgehen von *Rosarius/Wiese* (vgl. *Rosarius/Wiese* [Erweiterungen], S. 10 f.).

415 *Wiese* spricht in diesem Zusammenhang von der „Aggregationsfolge 1“ (vgl. *Wiese* [Komponenten], S. 15).

Aus Sicht des Wertmanagements stellt der risikoadjustierte Kapitalwert aus (4-11) die *First-best*-Lösung zur Bewertung des mit einer Nicht-Finanzinvestition einhergehenden, intertemporal unabhängigen Zahlungsstromes dar. Aufgrund seiner Herleitung mit dem CAPM vernachlässigt er jedoch die dem Zahlungsstrom anhaftenden unternehmensinternen bzw. unsystematischen Risiken. Ihre Berücksichtigung ist für die Erreichung der Ziele eines unternehmerischen Risikomanagements von zentraler Bedeutung. Im folgenden Abschnitt zeigt sich, wie die Zielsetzungen von Wert- und Risikomanagement durch den Einsatz geeigneter RAPM bei der Investitionsbewertung im Nicht-Finanzbereich Berücksichtigung finden können.[416]

#### *4.3.1.2.3 Bewertung anhand RAPM*

##### *(1) Risikoadjustierte Ergebnisplanung*

Der Plan-RoRAC erfährt lediglich eine nennerseitige Risikoadjustierung durch den relativen VaR und lässt damit noch keine Aussage über die Vorteilhaftigkeit des bewerteten Investitionsprojektes aus Kapitalmarktsicht zu. Der für die Zählergröße herangezogene, *nicht-risikoadjustierte* Kapitalwert der Nicht-Finanzinvestition zum Entscheidungszeitpunkt t=0 ($KW(r_s)$) wird berechnet als:[417]

$$KW(r_s) = -A_0 + \sum_{t=1}^{T} \mu(CF_t) \cdot (1 + r_{s,t})^{-t} \tag{4-12}$$

Um eine Doppelerfassung des systematischen Risikos zu vermeiden, dient der nicht-risikoadjustierte Kapitalwert gemäß Gleichung 4-12 zudem als Zielgröße des für die Nennergröße maßgeblichen relativen VaRs.[418] Um zu diesem zu gelangen, sind die im diskreten Zustandsbaum erfassten unbedingten Cash Flow-Verteilungen zu verstetigen bzw. zu stochastizieren.[419] Im zunächst darge-

---

416 Für die grundlegenden Ziele von Wert- bzw. Risikomanagement vgl. die Abschnitte 2.2 bzw. 2.3.

417 Die Ermittlung der Zählergröße erfolgt hier auf analytischem Wege. Grundsätzlich könnte der so ermittelte Wertbeitrag jedoch auch als Erwartungswert aus der im Folgenden simulativ ermittelten Wahrscheinlichkeitsverteilung des nicht-risikoadjustierten Kapitalwertes entnommen werden.

418 Zur Problematik einer doppelten Risikoerfassung in den existierenden Ansätzen zur periodenübergreifenden Risikobewertung vgl. Abschnitt 3.5.2.

419 Der Gedanke eines stochastizierten Zustandsbaumes geht auf *Hespos/Strassmann* [Decision Trees] zurück.

stellten Grundmodell wird angenommen, dass die periodischen Cash Flows einer Normalverteilung folgen.[420] Neben dem bereits prognostizierten Erwartungswert ($\mu(CF_t)$) ist zu deren vollständiger Beschreibung die Varianz ($\sigma^2(CF_t)$) bzw. Standardabweichung ($\sigma(CF_t)$) erforderlich. Sie lassen sich aus den prognostizierten Daten wie folgt berechnen:

$$\sigma^2(CF_t) = p_t \cdot (CF_{t,UC} - \mu(CF_t))^2 + (1 - p_t) \cdot (CF_{t,DC} - \mu(CF_t))^2 \qquad (4\text{-}13)$$

bzw.

$$\sigma(CF_t) = \sqrt{p_t \cdot (CF_{t,UC} - \mu(CF_t))^2} + \sqrt{(1 - p_t) \cdot (CF_{t,DC} - \mu(CF_t))^2} \qquad (4\text{-}14)$$

Zur Ableitung der Wahrscheinlichkeitsverteilung des nicht-risikoadjustierten Kapitalwertes aus den nun verfügbaren Ausgangsdaten wird auf die Monte-Carlo-Simulation zurückgegriffen.[421] In der Monte-Carlo-Simulation wird in jedem Simulationsdurchlauf ein zufälliger Wert für jeden periodischen Cash Flow aus einer Verteilung mit den Parametern $\mu(CF_t)$ bzw. $\sigma(CF_t)$ generiert. Annahmegemäß wird dabei von intertemporalen Abhängigkeiten zwischen den periodischen Cash Flows abstrahiert. Die Zufallszahlen sind anschließend anstelle der Cash Flow-Erwartungswerte in die Bestimmungsgleichung des nicht-risikoadjustierten Kapitalwertes (Gleichung (4-12)) zu setzen. Ergebnis jedes Simulationslaufes ist somit eine mögliche zufallsbedingte Realisation des nicht-risikoadjustierten Kapitalwertes. Wird dieser Vorgang viele Male wiederholt, nähert sich die simulierte (relative) Häufigkeitsverteilung zunehmend der tatsächlichen Wahrscheinlichkeitsverteilung des nicht-risikoadjustierten Kapitalwertes. Als Gütekriterium der durchgeführten Monte-Carlo-Simulationen wird in dieser Arbeit auf den Mittelwert der simulierten Wahrscheinlichkeitsverteilung abgestellt. Dieser darf lediglich um 1% von dem analytisch ermittelten, nicht-risikoadjustierten Kapitalwert abweichen (*Konvergenztoleranz*). Der simu-

420 Eine Auflösung dieser Annahme erfolgt in Abschnitt 4.3.6.

421 Zum Verfahren der Monte-Carlo-Simulation in einem periodenbezogenen Kontext vgl. Abschnitt 3.4.2.5. In dieser Arbeit wird als unterstützende Software zur Durchführung der Monte-Carlo-Simulation das Microsoft-Excel Add-in „@Risk“ verwendet. Mit Crystal Ball steht ein weiteres verbreitetes Excel Add-in für Monte-Carlo-Simulationen zur Verfügung. Da dieses jedoch keine Integration von Verteilungsannahmen in Excel-Formeln erlaubt, erweist sich Crystal Ball für die weiter unten praktizierte, formelbasierte Berücksichtigung stochastischer Abhängigkeiten unter Verwendung bedingter Wahrscheinlichkeiten als nur eingeschränkt nutzbar.

lierte Mittelwert muss zudem in 99% der Fälle innerhalb dieser Abweichung liegen (*Konfidenzniveau*).[422] In allen Modellvariationen sind diese Konvergenzanforderungen nach 500.000 Durchläufen erfüllt.

In der Verteilungsfunktion werden die simulierten Häufigkeiten der Dichtefunktion von Null an aufsummiert und in kumulierter Form angezeigt.[423] Sie spiegelt damit das aus den periodischen Cash Flow-Verteilungen erwachsende Gesamtrisiko des nicht-risikoadjustierten Kapitalwertes wider.[424] Das $\alpha$-Quantil dieser Verteilung entspricht dem VaR in seiner *absoluten* Form für das Konfidenzniveau von $1\text{-}\alpha$. Wird hiervon die erwartete Ausprägung des nicht-risikoadjustierten Kapitalwertes abgezogen, erhält man den relativen VaR. Er ist als Downside-Risikomaß im Nenner des Plan-RoRAC anzusetzen. Für diesen gilt somit:

$$Plan-RoRAC = \frac{KW(r_s)}{VaR^{Rel}} \qquad (4\text{-}15)$$

(2) Risikoadjustierte Ergebnisvorgabe

Der Ziel-RoRAC soll bei Gegenüberstellung mit dem Plan-RoRAC eine Beurteilung der Vorteilhaftigkeit der geplanten Nicht-Finanzinvestition aus Kapitalmarktsicht zulassen. Da nach der Bestimmung des relativen VaR die Nennergröße beider Kennzahlen bereits vorliegt, muss eine derartige Vorteilhaftigkeitsaussage aus einem Vergleich der jeweiligen Zählergrößen hervorgehen. Durch die Zählergröße im Ziel-RoRAC muss daher eine Adjustierung des nicht-risikoadjustierten Kapitalwertes um das systematische Risiko erfolgen. Dies erfolgt bei einem Ansatz des CAPM basierten Risikoabschlages gemäß Gleichung 2-10 im Zähler des Ziel-RoRAC. Er berechnet sich damit als:[425]

422 Dies entspricht den maximalen Konvergenzanforderungen in @Risk. Eine entsprechende Anpassung kann in den Konvergenzeinstellungen von @Risk vorgenommen werden.

423 @Risk unterstützt eine solche Anzeige durch Aktivierung der Darstellungsoption „Cumulative Ascending".

424 Vgl. *Obermaier/Schüler* [Mischung], S. 29.

425 Im Fall unabhängiger Cash Flow-Verteilungen könnte der Sicherheitsabschlag alternativ als Summe der diskontierten, periodischen Risikoabschläge berechnet werden. Um Konsistenz zur Vorgehensweise bei dem weiter unten zu behandelnden Fall abhängiger Cash Flow-Verteilungen zu wahren, wird diesem Ansatz an dieser Stelle jedoch nicht gefolgt.

$$Ziel-RoRAC = \frac{RA^{CAPM}}{VaR^{Rel}} \quad (4\text{-}16)$$

(3) Risikoadjustierte Ergebniskontrolle

Ein separater Vergleich von Plan- und Ziel-RoRAC kann durch eine Investitionsbewertung anhand des Plan-RARoRAC umgangen werden. Er ergibt sich als Quotient aus dem CAPM basierten, risikoadjustierten Kapitalwert und dem relativem VaR als:

$$Plan-RARoRAC = \frac{KW^{CAPM}}{VaR^{Rel}} = \frac{KW(r_s) - RA^{CAPM}}{VaR^{Rel}} \quad (4\text{-}17)$$

Der Plan-RARoRAC aus Gleichung (4-17) quantifiziert den voraussichtlich generierten risikoadjustierten Kapitalwert je Einheit des barwertigen Downside-Risikopotenzials einer mehrperiodischen Nicht-Finanzinvestition. Der Plan-RARoRAC dient im weiteren Verlauf als zentrales Kriterium der RAPM-basierten Investitionsbewertung. Eine separate Betrachtung von Plan- bzw. Ziel-RoRAC erfolgt lediglich vereinzelt im Rahmen der Analyse der Bewertungsergebnisse.

### 4.3.1.3 Bewertung intertemporal abhängiger Cash Flows

#### *4.3.1.3.1 Berücksichtigung intertemporaler Abhängigkeiten*

Bei Unterstellung intertemporaler Abhängigkeit unterscheidet sich die maßgebliche periodische Cash-Flow-Verteilung zum Zeitpunkt t je nach dem konkret eingetretenen Umweltzustand der Vorgängerperiode t-1. Eine solche Verteilung wird daher auch als *„zustandsabhängig“* oder *„bedingt“* bezeichnet. Aufgrund der Annahme der Markov-Eigenschaft erster Ordnung, sind im Rahmen der Modellierung eines intertemporal abhängigen Zahlungsstromes lediglich die Abhängigkeitsstrukturen zwischen direkt aufeinanderfolgenden Cash Flows zu spezifizieren. Diese Spezifikation erfolgt im Rahmen der simulativen Bestimmung des relativen VaR durch die Verwendung bedingter Wahrscheinlichkeitsverteilungen.[426] Im Kontext der Übertragung von RAPM auf die Investitionsbewertung im Nicht-Finanzbereich sprechen hierfür zwei Gründe:

- Die Ermittlung des CAPM-basierten Risikoabschlages und des relativen VaRs müssen grundsätzlich auf identischen Annahmen über die Risikostruktur des mehrperiodischen Zahlungsstromes einer Nicht-Finanzinvestition basieren. Durch die Verwendung einseitiger bedingter Wahrscheinlichkeiten bei der periodenübergreifenden Risikobewertung kann dieser Anforderung entsprochen werden.[427]
- Die Berücksichtigung stochastischer Abhängigkeiten durch bedingte Verteilungen macht im Gegensatz zum Einsatz von Korrelationskoeffizienten keine Einschränkung auf bestimmte Verteilungsformen (wie z. B. der Multinormalverteilung) für die in der simulierten Kapitalwertverteilung zum Ausdruck kommende *gemeinsame* Verteilung der periodischen Cash Flows erforderlich.[428] Dies steigert den Realitätsbezug der Monte-Carlo-Simulation.

Das Hauptproblem einer Anwendung bedingter Wahrscheinlichkeitsverteilungen zur Abbildung intertemporaler stochastischer Abhängigkeitsstrukturen besteht in der Schätzung derselben.[429] Diese Schwierigkeit tritt im Rahmen der folgenden Analyse jedoch nicht auf. Die intertemporalen Abhängigkeitsstrukturen ergeben sich demnach implizit aus der mehrwertigen Prognose der periodischen Cash Flows der zu bewertenden Nicht-Finanzinvestition.

#### *4.3.1.3.2 Aufspannen eines diskreten Zustandsbaumes*

Ausgangspunkt der Bewertung im Fall stochastischer Abhängigkeit ist erneut die Konstruktion eines diskreten Zustandsbaumes. Hierfür sind zunächst die impliziten Wachstumsraten der *erwarteten* Cash Flows bei Unabhängigkeit zu bestimmen.[430] Diese Wachstumsraten sind perioden*übergreifend*. Sie beziehen sich

---

426 Zur Darstellung des Einsatzes bedingter Verteilungen in einem periodenbezogenen Kontext vgl. Abschnitt 3.4.2.3.4.

427 Zur Problematik des Ansatzes beidseitiger Korrelationskoeffizienten im Rahmen existierender Ansätze zur periodenübergreifenden Risikobewertung vgl. Abschnitt 3.5.2.

428 Vgl. hierzu ausführlich *Henking* [Risikoanalyse], S. 29, 37.

429 Vgl. *Henking* [Risikoanalyse], S. 36.

430 Die beschriebene Ableitung des diskreten Zustandsbaumes bei Abhängigkeit orientiert sich an den Ausführungen von *Rosarius/Wiese*, welche diesen zur Ermittlung eines Unternehmenswertes aufspannen (vgl. *Rosarius/Wiese* [Erweiterungen], S. 7 f. und S. 20 ff.).

auf den erwarteten Cash Flow in Periode t=1 ($\mu(CF_1)$) und werden daher als $g_{1,t}$ bezeichnet:[431]

$$g_{1,t} = \frac{\mu(CF_t)}{\mu(CF_1)} - 1 \qquad (4\text{-}18)$$

Die ebenfalls perioden*übergreifenden*, diesmal jedoch von Zustand u abhängigen Wachstumsraten ($g_{1,t,u}$) berechnen sich entsprechend als:

$$g_{1,t,u} = \frac{CF_{t,u}}{\mu(CF_1)} - 1 \qquad (4\text{-}19)$$

Diese Wachstumsraten bilden das Fundament einer Bestimmung der für den Zustandsbaum bei Abhängigkeit maßgeblichen perioden*spezifischen und* zustands*abhängigen* Cash Flow-Wachstumsraten. Zu deren Berechnung ist zunächst der funktionale Zusammenhang zwischen den zustandsunabhängigen, perioden*übergreifenden* ($g_{1,t}$) und perioden*spezifischen* Wachstumsraten ($g_t$) zu klären. *Rosarius/Wiese* stellen diesen wie folgt dar:[432]

$$1 + g_t = \frac{\mu(CF_t)}{CF_{t-1}} = \frac{\mu(CF_t)}{\mu(CF_1) \cdot \prod_{t'=2}^{T-1}(1 + g_{t'})} \qquad (4\text{-}20)$$

bzw.

$$(1 + g_t) \cdot \prod_{t'=2}^{T-1}(1 + g_{t'}) = \frac{\mu(CF_t)}{\mu(CF_1)} = (1 + g_{1,t}) \qquad (4\text{-}21)$$

Demnach lassen sich die Werte der perioden*spezifischen* und zustands*unabhängigen* Wachstumsraten aus den perioden*übergreifenden* und zustands*unabhängigen* Wachstumsraten wie folgt ableiten:

Für t=2:

$$1 + g_2 = 1 + g_{1,2} \qquad (4\text{-}22)$$

---

431 $\mu(CF_1)$ ersetzt somit den bei *Rosarius/Wiese* als Ankerpunkt zur Berechnung der periodenübergreifenden Wachstumsraten zu Grunde gelegten, bereits realisierten Cash Flow aus dem abgelaufenen Geschäftsjahr (vgl. *Rosarius/Wiese* [Erweiterungen], S. 19).

432 *Rosarius/Wiese* [Erweiterungen], S. 23.

Für t=3:

$$1+g_3=\frac{1+g_{1,3}}{1+g_{1,2}} \tag{4-23}$$

Für t=T:

$$1+g_T=\frac{1+g_{1,T}}{1+g_{1,T-1}} \tag{4-24}$$

Analog, diesmal jedoch unter Bezug auf die periodenübergreifenden und zustands*abhängigen* Wachstumsraten ($g_{1,t,u}$) lassen sich die perioden*spezifischen* und von Zustand u abhängigen Wachstumsraten ($g_{t,u}$) berechnen:

Für t=2:

$$1+g_{2,u}=1+g_{1,2,u} \tag{4-25}$$

Für t=3:

$$1+g_{3,u}=\frac{1+g_{1,3,u}}{1+g_{1,2}} \tag{4-26}$$

Für t=T:

$$1+g_{T,u}=\frac{1+g_{1,T,u}}{1+g_{1,T-1}} \tag{4-27}$$

Aufgrund dieser Wachstumsraten und der Prognose der zukünftigen Cash Flows lässt sich der diskrete Zustandsbaum bei stochastischer Abhängigkeit aufspannen. Besonders zu beachten ist hierbei, dass die Berechnung der Cash Flow-Werte in Periode 2 mit diesen periodenspezifischen und von Zustand u abhängigen Wachstumsraten ($g_{t,u}$) die Vorgabe der konkreten zustandsabhängigen Cash Flow-Ausprägungen der Periode 1 ($CF_{1,u}$) voraussetzt. Um die periodischen Cash Flow-Verteilungen zudem eindeutig bestimmen zu können, wird an dieser Stelle Parameter h eingeführt. Er ist als zurückliegender Pfad der betrachteten Verteilung zu verstehen. Für die je nach Umweltzustand u eintretenden Cash Flow-Ausprägungen ($CF_{t,h,u}$) gilt im Einzelnen:

Für t=2:

$$CF_{2,h,u} = CF_{1,u} \cdot (1 + g_{2,u}) \tag{4-28}$$

mit

$$h \in \begin{cases} 1, falls\, u = UC\, int = 1 \\ 2, falls\, u = DC\, int = 1 \end{cases}$$

Für t=3:

$$CF_{3,h,u} = CF_{2,h,u} \cdot (1 + g_{3,u}) \tag{4-29}$$

mit

$$h \in \begin{cases} 1, falls\, u = UC\, int = 1; u = UC\, int = 2 \\ 2, falls\, u = UC\, int = 1; u = DC\, int = 2 \\ 3, falls\, u = DC\, int = 1; u = UC\, int = 2 \\ 4, falls\, u = DC\, int = 1; u = DC\, int = 2 \end{cases}$$

Für t=T:

$$CF_{T,h,u} = CF_{T-1,h,u} \cdot (1 + g_{T,u}) \tag{4-30}$$

mit

$$h \in \begin{cases} 1, falls\, u = UC\, int = 1; \ldots; u = UC\, int = T \\ \ldots \\ \ldots \\ \frac{2^T}{2}, falls\, u = DC\, int = 1; \ldots; u = DC\, int = T \end{cases}$$

#### *4.3.1.3.3 Bewertung anhand des CAPM*

Annahmegemäß wird die Entwicklung der Marktrendite nicht von der Annahme über die intertemporale Abhängigkeit der Cash Flows beeinflusst. Die in Abschnitt 4.3.1.2.2 berechneten periodischen Ausprägungen der Marktrendite ($r_{M,t,UC}$ bzw. $r_{M,t,DC}$) können damit unverändert übernommen werden. Im Fall intertemporal abhängiger Cash Flows trifft somit je Periode die zustands*unabhängige* Verteilung der Marktrendite auf eine zustands*abhängige* Cash Flow-Verteilung. Eine Risikobewertung auf Basis der periodischen, *unbedingten*

Kovarianz ist in diesem Fall nicht mehr länger verursachungsgerecht.[433] Stattdessen muss eine Bewertung mit dem CAPM konkret *rekursiv* erfolgen.[434] In der letzten Periode T startend,[435] treffen die bedingten, periodischen Cash Flow-Ausprägungen ($CF_{T,h,u}$) auf die periodischen, unbedingten Werte der Marktrendite ($r_{M,T,u}$ bzw. $r_{M,T,u}$). Zur Bewertung des systematischen Risikos wird in diesem Fall die *bedingte* Kovarianz in T ($Cov(CF_{T,h};r_{M,T})$) herangezogen:

$$Cov(CF_{T,h};r_{M,T}) = p_T \cdot ((CF_{T,h,UC} - \mu(CF_{T,h}) \cdot (r_{M,T,UC} - \mu(r_{M,T})) \\ +(1-p_T) \cdot ((CF_{T,h,DC} - \mu(CF_{T,h}) \cdot (r_{M,T,DC} - \mu(r_{M,T})) \qquad (4\text{-}31)$$

Sie ist im Fall abhängiger Cash Flows anstelle der unbedingten Kovarianz zur Berechnung des Sicherheitsäquivalents der bedingten Verteilung von $CF_{T,h}$ gemäß Gleichung (2-9) zu verwenden. Dieses ist um eine Periode mit dem risikolosen Zinssatz zu diskontieren. Der so ermittelte Ertragswert von $CF_{T,h}$ in T-1 ($EW_{T-1}(CF_{T,h})$) ist in einem nächsten Schritt mit den bedingten Cash Flow-Ausprägungen in T-1 ($CF_{T-1,h,u}$) zu addieren. Die dadurch entstehende bedingte Verteilung in T-1 ist anschließend aus Sicht von T-2 zu bewerten. Als Risikomaß dient die bedingte Kovarianz in T-1 ($Cov((CF_{T-1,h}+EW_{T-1}(CF_{T,h}));r_{M,T-1})$):

$$Cov(CF_{T-1,h} + EW_{T-1}(CF_{T,h});r_{M,T-1}) = \\ p_{T-1} \cdot ((CF_{T-1,h,UC} + EW_{T-1}(CF_{T,h})) - \mu(CF_{T-1,h} + EW_{T-1}(CF_{T,h})) \cdot (r_{M,T-1,UC} - \mu(r_{M,T-1})) \qquad (4\text{-}32) \\ +(1-p_{T-1}) \cdot ((CF_{T-1,h,DC} + EW_{T-1}(CF_{T,h})) - \mu(CF_{T-1,h} + EW_{T-1}(CF_{T,h})) \cdot (r_{M,T-1,DC} - \mu(r_{M,T-1}))$$

Es folgt erneut die Bildung des Sicherheitsäquivalents und dessen Diskontierung um eine Periode mit dem risikolosen Zinssatz. Dieser Vorgang wird so lange wiederholt, bis der Entscheidungszeitpunkt t=0 erreicht ist. Das Sicherheitsäquivalent in t=0 reflektiert den risikoadjustierten Ertragswert des mehrperiodischen Cash Flows der Nicht-Finanzinvestition. Nach Abzug der Anfangsauszahlung ergibt sich dessen risikoadjustierter Kapitalwert.

---

433 Einen Beweis hierfür liefert *Wiese* (vgl. *Wiese* [Komponenten], S. 19 f.).

434 Vgl. *Breuer* [Investition II], S. 419. *Wiese* spricht in diesem Zusammenhang von der „Aggregationsfolge 2“ (vgl. *Wiese* [Komponenten], S. 15).

435 Ein Beginn in der letzten Periode ist erforderlich, da der Ertragswert in den Perioden dazwischen neben dem periodischen Cash Flow auch durch den sich erst als Zwischenresultat der Bewertung einstellenden Ertragswert der zeitlich darauffolgenden Cash Flows beeinflusst wird (vgl. *Crasselt* [Managemententlohnung], S. 18).

#### *4.3.1.3.4 Bewertung anhand RAPM*

Der einer Ermittlung des CAPM-basierten Kapitalwertes zu Grunde gelegte diskrete Zustandsbaum, ist für die Bestimmung des relativen VaR zu verstetigen. Hierfür sind zunächst die ersten beiden Momente der periodenspezifischen, zustands*abhängigen* Cash Flow-Verteilungen ($CF_{t,h}$) zu bestimmen. Für diese wird analog der Situation bei Unabhängigkeit die Normalverteilungsannahme getroffen. Damit berechnen sich ihre Erwartungswerte ($\mu(CF_{t,h})$) und Varianzen ($\sigma^2(CF_{t,h})$) bzw. Standardabweichungen ($\sigma(CF_{t,h})$) wie folgt:

$$\mu(CF_{t,h}) = p_t \cdot CF_{t,h,UC} + (1 - p_t) \cdot CF_{t,h,DC} \tag{4-33}$$

und

$$\sigma^2(CF_{t,h}) = p_t \cdot (CF_{t,j,UC} - \mu(CF_{t,j}))^2 + (1 - p_t) \cdot (CF_{t,j,DC} - \mu(CF_{t,j}))^2 \tag{4-34}$$

bzw.

$$\sigma(CF_{t,h}) = \sqrt{p_t \cdot (CF_{t,h,UC} - \mu(CF_{t,h}))^2} + \sqrt{(1 - p_t) \cdot (CF_{t,h,DC} - \mu(CF_{t,h}))^2} \tag{4-35}$$

Bevor eine simulative Ermittlung der Wahrscheinlichkeitsverteilung des nicht-risikoadjustierten Kapitalwertes vollzogen werden kann, sind Bedingungen zu formulieren, welche die bedingten Cash Flow-Verteilungen miteinander verknüpfen. Im Rahmen der Monte-Carlo-Simulation stellen diese Bedingungen Regeln für eine unter den stochastischen Abhängigkeiten zulässige Kombination periodenspezifischer Cash Flow-Realisationen dar.[436] Aus welcher bedingten Cash Flow-Verteilung ein Wert generiert wird, hängt von der konkreten Cash Flow-Realisation der Vorperiode ab. Die Formulierung der Bedingungen muss aufgrund der Stetigkeit der Cash Flow-Verteilungen an den Parametern derselben ansetzen.[437] Im hier entwickelten Modell wird als Bedingung das $(1\text{-}p_t)$-Quantil herangezogen.[438] Für die bedingten periodischen Cash Flow-Realisationen gilt damit:

---

436 Vgl. hierzu auch Abschnitt 3.2.4.3.2. Eine Integration dieser Bedingungen erfolgt in @Risk mit formelbasierten Wenn-Dann-Verknüpfungen.

437 *Henking* spricht in diesem Kontext von einer „Parametrisierung der Bedingungen" (vgl. *Henking* [Risikoanalyse], S. 29).

438 Das (1-p)-Quantil gleicht dem Wert einer Verteilung, über dem p-Prozent der zufallsbedingten Cash Flow-Realisationen liegt. Diese Bedingung entspricht im Fall neutraler

Für t=1:

Generierung aus normalverteilter Zufallsvariable:

$\mu(CF_1)/\sigma(CF_1)$. (4-36)

Für t=2:

Generierung aus normalverteilter Zufallsvariable:

$\mu(CF_{2,1})/\sigma(CF_{2,1})$, falls $CF_1$>=(1-$p_1$)-Quantil;[439] (4-37)

$\mu(CF_{2,2})(\sigma(CF_{2,2})$, falls $CF_1$<(1-$p_1$)-Quantil.

Für t=3:

Generierung aus normalverteilter Zufallsvariable:

$\mu(CF_{3,1})/\sigma(CF_{3,1})$, falls $CF_1$>=(1-$p_1$)-Quantil $\wedge$ $CF_{2,1}$>=(1-$p_2$)-Quantil;

$\mu(CF_{3,2})/\sigma(CF_{3,2})$, falls $CF_1$>=(1-$p_1$)-Quantil $\wedge$ $CF_{2,1}$<(1-$p_2$)-Quantil; (4-38)

$\mu(CF_{3,3})/\sigma(CF_{3,3})$, falls $CF_1$<(1-$p_1$)-Quantil $\wedge$ $CF_{2,2}$>=(1-$p_2$)-Quantil;

$\mu(CF_{3,4})/\sigma(CF_{3,4})$, falls $CF_1$<(1-$p_1$)-Quantil $\wedge$ $CF_{2,2}$<(1-$p_2$)-Quantil.

usw.

Die weitere Bestimmung des relativen VaR folgt dem beschriebenen Vorgehen im Fall intertemporal unabhängiger Cash Flows.[440] Unter Zugrundelegung des relativen VaR und des risikoadjustierten Kapitelwertes bei Abhängigkeit lassen sich die differenzierten RAPM gemäß den Gleichungen (4-15), (4-16) und (4-17) berechnen.

---

Erwartungen dem Erwartungswert der relevanten Verteilung. Liegen nicht-neutrale Erwartungen vor, ist der entsprechende Quantilswert anzusetzen.

439 Die Berechnung des Quantils folgt der Berechnung des absoluten Cash Flow at Risk gemäß Gleichung (3-1). Die entsprechenden z-Werte lassen sich aus der statistischen Tabelle der Verteilungsfunktion der Standardnormalverteilung ablesen.

440 Vgl. Abschnitt 4.3.1.2.3.

### 4.3.2 Blick auf das weitere Vorgehen

Die Vorstellung des in dieser Arbeit angewandten Modells macht deutlich, dass die CAPM- bzw. die RAPM-basierte Investitionsbewertung bei identischen Ausgangsdaten ansetzt, beide Verfahren diese jedoch z. T. unterschiedlich verarbeiten. Zu diesen Ausgangsdaten zählen neben den Cash Flow- auch die Marktparameter. Letztere erfassen die Angaben zur Marktrendite und dem risikolosen Zinssatz. Der risikolose Zinssatz stellt eine sichere Größe dar, die je Periode nur einen deterministischen Wert annehmen kann. Annahmegemäß ist ihr Verlauf zudem im Zeitverlauf konstant. Die Cash Flows und die Marktrendite gehen demgegenüber als unsichere Größen in das Modell ein. Sie unterliegen damit auch periodischen Schwankungen. Während die Varianz der unsicheren Parameter als im Zeitverlauf konstant angenommen wurde, können durch eine proportional gleichgerichtete Variation der Unter- bzw. Obergrenzen der periodischen Wertebereiche bei gegebenen Eintrittswahrscheinlichkeiten verschiedene Entwicklungsverläufe des Erwartungswertes im Zeitverlauf modelliert werden. Je nach Richtung dieser Variation lassen sich auf diese Weise konstante, steigende und sinkende Erwartungswertentwicklungen erzeugen.

In Anlehnung an diese Verlaufsformen der in das Modell eingehenden unsicheren Parameter gibt Abbildung 4-I einen Überblick auf die in den weiteren Abschnitten folgende Analyse.

Die je Abschnitt relevanten Modellvariationen (dunkel hervorgehoben) werden jeweils unter Bezug auf ein Grundmodell (Abschnitt 4.3.3) analysiert. Dieses Grundmodell geht von einer Normalverteilung der unsicheren Parameter mit einer im Zeitverlauf konstanten Varianz ($\sigma^2_t$), einer neutralen Erwartungshaltung des Entscheidungsträgers ($p_t$=1-$p_t$=0,5) und einem konstanten risikolosen Zinssatz $r_{s,t}$ i.H.v. 6% aus.[441] Der Erwartungswert der Marktrendite bleibt im Zeitverlauf konstant.

441 Dies entspricht dem durchschnittlichen, historischen Wert des risikolosen Zinssatzes (vgl. *Bimberg* [Renditeberechnung], S. 96, 104, 109). Ein identischer Wert für den risikolosen Zinssatz wird auch in den Modellen von *Richter* [Discounting Rules] und *Rosarius/Wiese* [Erweiterungen] verwendet.

| Verteilungsannahme | $p_t$ bzw. $1-p_t$ | Cash Flow $\sigma^2_t$ | Cash Flow $\mu_t$ | Marktrendite $\sigma^2_t$ | Marktrendite $\mu_t$ | Risikoloser Zins | Abschnitt |
|---|---|---|---|---|---|---|---|
| Normalverteilung | $p_t=1-p_t=0,5$ | konstant | konstant<br>steigend<br>sinkend | konstant | konstant | 6% | **4.3.3 (Grundmodell)** |
| Normalverteilung | $p_t=1-p_t=0,5$ | konstant | konstant<br>steigend<br>sinkend | konstant | steigend<br>sinkend | 6% | **4.3.4.1** |
| Normalverteilung | $p_t=1-p_t=0,5$ | konstant | konstant<br>steigend<br>sinkend | konstant | konstant | 8% | **4.3.4.2** |
| Normalverteilung | $p_t=1-p_t=0,5$ | konstant | konstant<br>steigend<br>sinkend | konstant | konstant | 4% | **4.3.4.2** |
| Normalverteilung | $p_t=0,6$<br>$1-p_t=0,4$ | konstant | konstant<br>steigend<br>sinkend | konstant | konstant | 6% | **4.3.5** |
| Normalverteilung | $p_t=0,4$<br>$1-p_t=0,6$ | konstant | konstant<br>steigend<br>sinkend | konstant | konstant | 6% | **4.3.5** |
| ß-Verteilung | $p_t=1-p_t=0,5$ | konstant | konstant<br>steigend<br>sinkend | konstant | konstant | 6% | **4.3.6** |

*Abb. 4-I: Analyse im Überblick*

Unterschieden werden im Folgenden ein im Zeitverlauf konstantes (Szenario A), steigendes (Szenario B) und ein sinkendes (Szenario C) Cash Flow-Szenario. Diese Differenzierung steht stellvertretend für die unterschiedliche strategische Relevanz der im Nicht-Finanzbereich getätigten Investitionsprojekte. Bspw. ermöglicht eine operative Investition in eine Maschinenerweiterung den höheren Absatz eines bestehenden Produktes in einem bestehenden Markt. Resultat einer solchen Investition wäre ein dem Szenario A entsprechender konstanter (zusätzlicher) Cash Flow. Strategisch relevante Zukunftsinvestitionen bspw. in die Erschließung eines neuen Marktes oder die Entwicklung eines neuen Produktes sind hingegen oftmals durch einen zunächst geringen, im Zeitablauf jedoch ansteigenden Cash Flow gekennzeichnet. Investitionen mit einem derartigen Zahlungsverlauf wären durch das Cash Flow-Szenario B abgebildet. Weiterhin ist es denkbar, dass eine Investition kurzfristig sehr positiv auf die Ertragslage eines Unternehmens wirkt, mit der Zeit jedoch an Wirkung verliert. Ein Beispiel hierfür wäre eine zeitlich begrenzte Marketingkampagne zur Absatzsteigerung eines bestehenden Produktes in einem bestehenden Markt. Der damit verbundene sinkende Zahlungsverlauf wäre durch Szenario C erfasst. Neben diesen Unterschieden zur zeitlichen Entwicklung der erwarteten Cash Flow-Verläufe ist für die weitere Analyse zudem entscheidend, ob der Entscheidungsträger die zu bewertenden Cash Flows als intertemporal unabhängig oder abhängig einstuft.

Im Folgenden werden die unterschiedenen Cash Flow-Verläufe zahlenmäßig modelliert und anschließend anhand des CAPM-basierten Kapitalwertes sowie des RARoRACs bewertet. Hierdurch werden die folgenden Ziele verfolgt:

- Der *Ursprung* der unterschiedlichen Risikoerfassung bzw. -bewertung durch beide Verfahren soll systematisch erläutert werden. Dies geschieht im Weiteren durch eine Analyse der Komponenten beider Bemessungsgrundlagen im Grundmodell sowie ihrer Veränderung durch die vorgestellten Modellvariationen.
- Die *Auswirkung* der unterschiedlichen Risikoerfassung bzw. -bewertung auf die Investitionsentscheidung durch beide Verfahren soll durch eine Analyse der jeweiligen Bewertungsrangfolgen für die unterschiedenen Cash Flow-Verläufe untersucht werden. Hieraus soll eine Aussage zur Konsistenz der durch beide Verfahren hervorgerufenen Investitionsentscheidungen getroffen werden.

Die Untersuchung erfolgt zunächst im Grundmodell und anschließend unter Berücksichtigung der in Abbildung 4-I dargestellten Modellvariationen.

## 4.3.3 Investitionsbewertung im Grundmodell

### 4.3.3.1 Modellierung der unsicheren Parameter

Die Modellierung geht für alle differenzierten Investitionsprojekte von einer dreiperiodischen Nutzungsdauer T und einer Anfangsauszahlung $A_0$ i.H.v. 250,00 in t=0 aus.

In Tabelle 4-1 sind die der weiteren Analyse zu Grunde liegenden Zahlungsströme der unterschiedenen Cash Flow-Szenarien anhand der periodischen Cash Flow-Ober- bzw. Untergrenzen ($CF_{t,UC}$ bzw. $CF_{t,DC}$), Erwartungswerte ($\mu(CF_t)$) und Varianzen ($\sigma^2(CF_t)$) charakterisiert. Die letzte Spalte der Tabelle enthält zudem den gemäß Gleichung (4-12) berechneten, nicht-risikoadjustierten Kapitalwert ($KW(r_s)$). Aufgrund seiner Identität bei allen Investitionsprojekten können die nachfolgend analysierten Unterschiede in den verglichenen Verfahren allein auf die Effekte einer unterschiedlichen Risikobewertung bzw. -erfassung zurückgeführt werden.

*Tab. 4-I: Analysierte Cash Flow-Szenarien im Grundmodell*

| | | | Periode | | | |
|---|---|---|---|---|---|---|
| **Szenario** | **$A_0$** | **Eigenschaften** | **t=1** | **t=2** | **t=3** | **$KW(r_s)$** |
| A | -250,00 | $CF_{t,UC}$ | 110,00 | 110,00 | 110,00 | 17,30 |
| | | $CF_{t,DC}$ | 90,00 | 90,00 | 90,00 | |
| | | $\mu(CF_t)$ | 100,00 | 100,00 | 100,00 | |
| | | $\sigma^2(CF_t)$ | $100{,}00^2$ | $100{,}00^2$ | $100{,}00^2$ | |
| B | | $CF_{t,UC}$ | 100,00 | 110,04 | 121,20 | 17,30 |
| | | $CF_{t,DC}$ | 80,00 | 90,04 | 101,20 | |
| | | $\mu(CF_t)$ | 90,00 | 100,04 | 111,20 | |
| | | $\sigma^2(CF_t)$ | $100{,}00^2$ | $100{,}00^2$ | $100{,}00^2$ | |
| C | | $CF_{t,UC}$ | 115,00 | 109,71 | 104,69 | 17,30 |
| | | $CF_{t,DC}$ | 95,00 | 89,71 | 84,69 | |
| | | $\mu(CF_t)$ | 105,00 | 99,71 | 94,69 | |
| | | $\sigma^2(CF_t)$ | $100{,}00^2$ | $100{,}00^2$ | $100{,}00^2$ | |

Zur Bewertung des systematischen Risikos der vorgestellten Zahlungsreihen sind neben dem risikolosen Zinssatz i.H.v. 6,00% Angaben zur absoluten Höhe und dem Verlauf der erwarteten Marktrendite und ihrer Varianz erforderlich. Diese sind für das Grundmodell in Tabelle 4-II dargestellt.

*Tab. 4-II: Entwicklung der Marktrendite im Grundmodell*

| | Periode | | |
|---|---|---|---|
| **Eigenschaften** | **t=1** | **t=2** | **t=3** |
| $r_{M,t,UC}$ | 42,28% | 42,28% | 42,28% |
| $r_{M,t,DC}$ | -14,28% | -14,28% | -14,28% |
| $\mu(r_{M,t})$ | 14,00% | 14,00% | 14,00% |
| $\sigma^2(r_{M,t})$ | $8{,}00\%^2$ | $8{,}00\%^2$ | $8{,}00\%^2$ |

Konkret wird von einer erwarteten Marktrendite ($\mu(r_M)$) i.H.v. 14,00% und einer Varianz ($\sigma^2(r_M)$) derselben von $8{,}00\%^2$ (bzw. 0,64%) ausgegangen.[442] Diese Werte bleiben annahmegemäß über die betrachteten drei Perioden konstant.

442 Diese Angaben orientieren sich an den historischen Daten für den deutschen Aktienmarkt (vgl. *Bimberg* [Renditeberechnung], S. 96, 104, 109). Sie finden auch in den Modellen von *Richter* [Discounting Rules] und *Rosarius/Wiese* [Erweiterungen] Anwendung.

Im Folgenden werden die modellierten Cash Flow-Szenarien anhand des CAPM sowie der entwickelten RAPM bewertet. Für die unterschiedenen Cash Flow-Szenarien A, B und C erfolgt die Analyse zudem für den Fall einer unterstellten Unabhängigkeit *und* Abhängigkeit der Cash Flows.

#### 4.3.3.2 Bewertung anhand des CAPM

Tabelle 4-III zeigt die anhand des CAPM berechneten, risikoadjustierten Kapitalwerte ($KW^{CAPM}$) der Cash Flow-Szenarien A, B und C für den Fall der Unabhängigkeit und Abhängigkeit der Cash Flows.

*Tab. 4-III: CAPM-Bewertung der Zahlungsströme im Grundmodell*

| | **Unabhängigkeit** | | | **Abhängigkeit** | | |
|---|---|---|---|---|---|---|
| **Szenario** | A | B | C | A | B | C |
| **$KW^{CAPM}$** | 9,74 | 9,74 | 9,74 | 2,74 | 1,67 | 3,21 |

Bei Unabhängigkeit ergibt sich für jeden Cash Flow-Verlauf ein identischer Kapitalwert von 9,74. Dieses Ergebnis ist auf einen für jedes Szenario identischen, CAPM-basierten Risikoabschlag i.H.v. 7,56 auf den nicht-risikoadjustierten Kapitalwert von 17,30 zurückzuführen. Der Höhe des Risikoabschlags selbst resultiert aus den periodenspezifischen Abschlägen, welche die Cash Flow-Erwartungswerte gemäß Gleichung (2-9) in Sicherheitsäquivalente transformieren. Die Höhe dieser Abschläge orientiert sich an den periodischen Werten für den Marktpreis des Risikos und der unbedingten Kovarianz des Zahlungsstroms mit der Marktrendite. Aufgrund der für alle Cash Flow-Verläufe konstanten Entwicklung der bedingten Kovarianz (2,83) und des Marktpreises des Risikos (1,00) ergibt sich im Fall der Unabhängigkeit ein durchgehend identischer risikoadjustierter Kapitalwert.

Wird angenommen, dass die Cash Flows intertemporal voneinander abhängig sind, weisen die Zahlungsströme keine identischen risikoadjustierten Kapitalwerte mehr auf. Hier generiert der sinkend verlaufende Zahlungsstrom (Szenario C) mit 3,21 den höchsten und der ansteigend verlaufende Cash Flow (Szenario B) mit 1,67 den geringsten risikoadjustierten Kapitalwert. Die konstant verlaufende Zahlungsreihe (Szenario A) liegt mit einem Wert von 2,74 in der Mitte. Aufgrund der im Vergleich zur Situation bei Unabhängigkeit identischen Entwicklung des Marktpreises des Risikos (nach wie vor beträgt dieser Cash Flow-szenarioübergreifend 1,00) muss die Ursache für diesen Bewertungsunterschied in der für die Höhe der periodenindividuellen Risikoabschläge mitverantwortlichen bedingten Kovarianzen liegen. Tatsächlich fließen bei der rekursiven Anwendung des CAPM in die bedingte Kovarianz der Periode t=2 (bzw. t=1) neben den bedingten Cash Flow-Ausprägungen auch die Ertragswerte der vergangenen Periode(n) mit ein (vgl. Gleichung (4-32)).[443] Auf diese Weise wird der höheren Unsicherheit zeitlich weiter hinten liegender Cash Flows Rechnung getragen. Dies führt dazu, dass der Risikoabschlag auf den nicht-risikoadjustierten Kapitalwert bei dem im Zeitverlauf ansteigenden Cash Flow (Szenario B) am höchsten ist. Das Gegenteil ist bei sinkenden Cash Flows (Szenario C) der Fall.

### 4.3.3.3 Bewertung anhand RAPM

Eine Ermittlung des Plan-RARoRAC erfolgt in den weiteren Ausführungen von Kapitel 4 beispielhaft für die Konfidenzniveaus (1-α) von 90%, 95%, 96%, 97%, 98% und 99%. Der Plan-RARoRAC setzt den durch ein Investitionsprojekt generierten risikoadjustierten Kapitalwert ins Verhältnis zu seinem relativen Value at Risk. Die simulativ ermittelten relativen VaRs für die genannten Konfidenzniveaus sind für den Fall unabhängiger Cash Flows in Tabelle 4-IV aufgeführt.

*Tab. 4-IV: Relativer VaR bei Unabhängigkeit im Grundmodell*

| | | Relativer VaR | | |
|---|---|---|---|---|
| | **Szenario** | A | B | C |
| 1-α | 90% | 19,79 | 19,84 | 19,81 |
| | 95% | 25,41 | 25,41 | 25,43 |
| | 96% | 27,02 | 27,07 | 27,09 |
| | 97% | 29,03 | 29,09 | 29,10 |
| | 98% | 31,65 | 31,78 | 31,79 |
| | 99% | 35,86 | 35,97 | 35,92 |

Tabelle 4-IV zeigt, dass der relative VaR im Fall der Unabhängigkeit für jedes Cash Flow-Szenario ungefähr identische Werte annimmt. Da der relative VaR in diesem Kontext die Abweichung des nicht-risikoadjustierten Kapitalwertes von seiner erwarteten Ausprägung quantifiziert, die mit einem Konfidenzni-

443 Eine tabellarische Aufstellung zur Entwicklung der bedingten Kovarianzen je Cash Flow-Szenario im Grundmodell findet sich in Anhang 4.3.3.2.

veau von 1-α *nicht* überschritten wird, steigen seine Werte zudem szenarioübergreifend mit der Höhe des Konfidenzniveaus.

*Tab. 4-V: Relativer VaR bei Abhängigkeit im Grundmodell*

| | | Relativer VaR | | |
|---|---|---|---|---|
| | **Szenario** | A | B | C |
| **1-α** | 90% | 40,98 | 44,54 | 39,38 |
| | 95% | 47,23 | 50,66 | 45,56 |
| | 96% | 48,90 | 52,34 | 47,23 |
| | 97% | 50,88 | 54,35 | 49,25 |
| | 98% | 53,52 | 56,94 | 51,90 |
| | 99% | 57,58 | 60,97 | 55,91 |

Im Gegensatz zur Situation bei Unabhängigkeit bildet sich im Fall der Abhängigkeit zwischen den Cash Flows eine klare Rangfolge der relativen VaRs heraus (Tabelle 4-V). Die geringsten Werte des relativen VaR erzielt über alle Konfidenzniveaus hinweg das Szenario sinkender Cash Flows (Szenario C). Die höchsten Werte nimmt für alle Konfidenzniveaus der steigende Cash Flow-Verlauf (Szenario B) ein. Die Werte des konstanten Cash Flow-Szenarios A liegen in der Mitte. Da geringe Werte des relativen VaR auf ein geringes Risikopotenzial hindeuten, entspricht die hier gebildete Rangfolge derjenigen, die auch schon die CAPM-Bewertung bei Abhängigkeit der Cash Flows hervorgebracht hat.

Die Auswirkung dieser Ergebnisse auf die RAPM-basierte Investitionsbewertung wird bei Betrachtung der investitionsbezogenen RARoRACs sichtbar. Abbildung 4-II zeigt die Entwicklung der RARoRACs je Cash Flow-Szenario für die beispielhaften Konfidenzniveaus.[444] Bei Unabhängigkeit macht sich die Konstanz der risikoadjustierten Kapitalwerte über alle Cash Flow-Szenarien (9,74) und die nahezu identischen relativen VaRs auch in den RARoRACs bemerkbar. Sie liegen für alle Cash Flow-Verläufe eng beisammen, wobei die Werte mit steigendem Konfidenzniveau aufgrund des größer werdenden relativen VaR im Nenner abnehmen. Bei einem Konfidenzniveau von 90% erwirtschaftet jedes Cash Flow-Szenario einen risikoadjustierten Kapitalwert von 0,49 je Einheit des übernommenen Risikopotenzials. Diese Werte sinken mit dem Anstieg von 1-α auf 99% bei allen Cash Flow-Szenarien auf 0,27. Die unterschiedliche Risikoerfassung bzw. -bewertung im risikoadjustierten Kapitalwert

444 Eine tabellarische Aufstellung der realisierten RARoRACs im Grundmodell findet sich in Anhang 4.3.3.3.

und im RARoRAC führt somit nicht zu unterschiedlichen Bewertungsrangfolgen. Die durch beide Verfahren hervorgerufenen Investitionsentscheidungen sind damit konsistent.

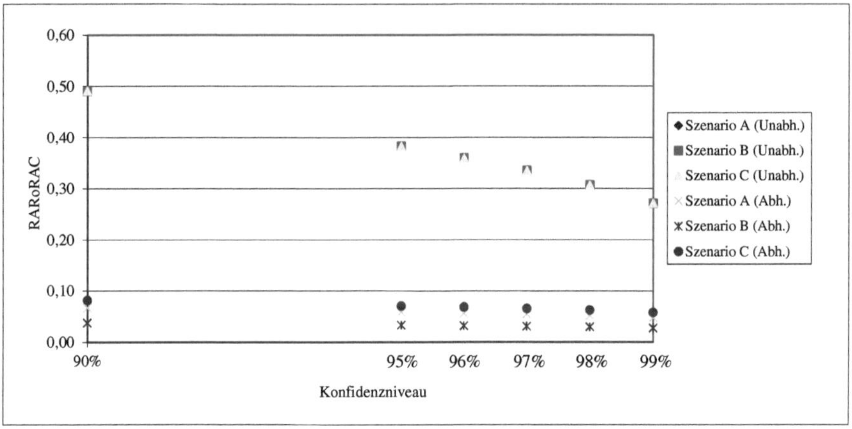


*Abb. 4-II: Entwicklung des RARoRAC mit steigendem Konfidenzniveau im Grundmodell*

Ein so einheitliches Bild liefert die Betrachtung der RARoRACs bei Abhängigkeit nicht. Es setzt sich jedoch die bei Betrachtung der risikoadjustierten Kapitalwerte und der relativen VaRs identifizierte Rangfolge fort. Über alle Konfidenzniveaus hinweg liegen die RARoRAC-Werte des sinkendem Cash Flow-Verlaufes (Szenario C) über den Werten des konstanten (Szenario A) und des ansteigenden (Szenario B) Zahlungsverlaufes. Im Einzelnen entwickeln sich die Werte des Szenarios A von 0,07 bei 1-α von 90% bis 0,05 bei 1-α von 99%. In Szenario B werden bei entsprechenden Konfidenzniveaus lediglich 0,04 bzw. 0,03 generiert. Die höchsten Werte liefert Szenario C mit einer Entwicklung des RARoRAC von 0,08 bis 0,06. Erneut kann aufgrund der identischen Bewertungsrangfolgen des risikoadjustierten Kapitalwertes und des RARoRACs eine Konsistenz der resultierenden Investitionsentscheidungen festgestellt werden.

### 4.3.4 Investitionsbewertung bei Modifikation der Marktparameter

#### 4.3.4.1 Variation des Marktrendite-Verlaufes

##### *4.3.4.1.1 Entwicklung der Bewertungskomponenten*

Anstelle des im Grundmodell angenommenen konstanten Verlaufes kann alternativ von einer im Zeitablauf steigenden oder sinkenden erwarteten Marktrendite ausgegangen werden. Die Integration einer solchen Variation in das Bewertungsmodell kann bspw. durch eine erwartete Veränderung der konjunkturellen Entwicklung begründet werden. Gerade in der praktischen Anwendung unterliegen die Annahmen zur weiteren Entwicklung der Marktrendite häufig der subjektiven Einschätzung durch den Träger einer Investitionsentscheidung. Inwiefern der Verlauf der Marktrendite die hervorgehenden Investitionsentscheidungen anhand des risikoadjustierten Kapitalwertes bzw. des RARoRACs beeinflusst, soll im Folgenden untersucht werden.

Bevor auf die resultierenden Bewertungsrangfolgen beider Verfahren eingegangen werden kann, sind zunächst die hierfür ursächlichen Veränderungen der periodischen Modellparameter einer CAPM- bzw. RAPM-basierten Investitionsbewertung zu analysieren. Die schematische Entwicklung dieser Modellparameter ist in Abbildung 4-III zunächst für den Fall unabhängiger Cash Flows dargestellt. Als Referenzpunkt der dort aufgezeigten Entwicklungstendenzen dienen die Parameterausprägungen im Grundmodell.

Die Veränderung des Verlaufes der Marktrendite mit der Zeit lässt die (unbedingten) Cash Flow-Parameter gegenüber dem Grundmodell unverändert. Sie bewirkt zunächst allein eine Steigerung bzw. Senkung der Ausprägungen der periodischen Marktrendite ($r_{M,t,UC}$ bzw. $r_{M,t,DC}$). Mit dieser einher geht ein Anstieg bzw. ein Absinken der periodenspezifischen Erwartungswerte der Marktrendite ($\mu(r_{M,t})$). Da Ober- und Untergrenzen des Wertebereiches der Marktrendite um den jeweils gleichen Betrag steigen oder sinken, bleiben die Varianzen der Marktrendite-Verteilungen ($\sigma^2(r_{M,t})$) konstant. Bei einem zudem unveränderten risikolosen Zinssatz bewirkt ein Anstieg der erwarteten Marktrendite einen Anstieg des Marktpreises des Risikos ($\lambda_t$) im Zeitablauf. Eine gegensätzliche Bewegung erfährt $\lambda_t$ bei einer sinkenden Marktrendite. Die unbedingten Kovarianzen verändern sich aufgrund der gegenüber dem Grundmodell unveränderten (unbedingten) Marktrendite-Varianzen ebenfalls nicht.

| | | Steigend ab t>1 | Sinkend ab t>1 |
|---|---|---|---|
| Cash Flow-Parameter (unbedingt) | $CF_{t,UC}$ | → | → |
| | $CF_{t,DC}$ | → | → |
| | $\mu(CF_t)$ | → | → |
| | $\sigma^2(CF_t)$ | → | → |
| Marktrendite-Parameter (unbedingt) | $r_{M,t,UC}$ | ↑ | ↓ |
| | $r_{M,t,DC}$ | ↑ | ↓ |
| | $\mu(r_{M,t})$ | ↑ | ↓ |
| | $\sigma^2(r_{M,t})$ | → | → |
| Risikoloser Zins ($r_{s,t}$) | | → | → |
| Marktpreis des Risikos ($\lambda_t$) | | ↑ | ↓ |
| Kovarianzen (unbedingt) | | → | → |

→ Keine Veränderung ↑ Anstieg ↓ Abnahme

*Abb. 4-III: Entwicklung der Modellparameter bei variierenden Marktrendite-Verläufen und Unabhängigkeit der Cash Flows*

Ein verändertes Bild ergibt sich im Fall abhängiger Cash Flows (Abbildung 4-IV).

| | | Steigend ab t>1 | Sinkend ab t>1 |
|---|---|---|---|
| Cash Flow-Parameter (bedingt) | $CF_{t,h,UC}$ | → | → |
| | $CF_{t,h,DC}$ | → | → |
| | $\mu(CF_{t,h})$ | → | → |
| | $\sigma^2(CF_{t,h})$ | → | → |
| Marktrendite-Parameter (unbedingt) | $r_{M,t,UC}$ | ↑ | ↓ |
| | $r_{M,t,DC}$ | ↑ | ↓ |
| | $\mu(r_{M,t})$ | ↑ | ↓ |
| | $\sigma^2(r_{M,t})$ | → | → |
| Risikoloser Zins ($r_{s,t}$) | | → | → |
| Marktpreis des Risikos ($\lambda_t$) | | ↑ | ↓ |
| Kovarianzen (bedingt) | | ↓ | ↑ |

→ Keine Veränderung ↑ Anstieg ↓ Abnahme

*Abb. 4-IV: Entwicklung der Modellparameter bei variierendem Marktrendite-Verlauf und Abhängigkeit der Cash Flows*

Die Steigerung des Marktpreises des Risikos bei einer steigenden Marktrendite bewirkt hier im Vergleich zum Grundmodell eine Senkung der Cash Flow-

Ertragswerte in t=2 und t=3. Aufgrund der Ertragswertrelevanz für Kovarianzen bei Abhängigkeit führt eine im Zeitablauf *steigende* Marktrendite damit zu *sinkenden* Werten der bedingten Kovarianzen in t=2 und t=1. Eine entgegengerichtete Bewegung ist bei einer sinkenden Marktrendite zu erwarten. Der sinkende Marktpreis des Risikos wirkt sich hier *steigernd* auf die Werte der bedingten Kovarianzen aus.Eine Einschätzung der *Richtung* des Einflusses der oben aufgezeigten Entwicklungstendenzen auf den risikoadjustierten Kapitalwert ist für den Fall der Unabhängigkeit bereits an dieser Stelle möglich. Bei unveränderten (unbedingten) Cash Flow-Komponenten wirkt sich eine Erhöhung der Marktrendite im Zeitablauf aufgrund des gestiegenen Marktpreises des Risikos und der unveränderten (unbedingten) Kovarianzen negativ auf den CAPM-basierten Kapitalwert aus. Eine umgekehrte Wirkung ist im Fall einer sinkenden Marktrendite zu erwarten. Eine Beurteilung der *Stärke* dieser Effekte ist an dieser Stelle jedoch nicht möglich. Sind die Cash Flows intertemporal abhängig, lässt die Analyse der Entwicklungstendenzen weder eindeutige Rückschlüsse auf die *Stärke* noch auf die *Richtung* des Nettoeffektes eines modifizierten Marktrendite-Verlaufes zu. Ursächlich hierfür ist die gegensätzliche Wirkung bei beiden Verlaufsmöglichkeiten auf den Marktpreis des Risikos und die bedingten Kovarianzen.

Diese Aussagen sind auf die RAPM-Bewertung der unterschiedenen Cash Flow-Szenarien vollständig übertragbar. Die Variation des Verlaufes der Marktrendite hat keinen Einfluss auf den relativen VaR. Ein Einfluss auf den für die Investitionsentscheidung maßgeblichen RARoRAC entsteht daher ausschließlich über den im Zähler befindlichen risikoadjustierten Kapitalwert. Ein steigender (sinkender) Verlauf der erwarteten Marktrendite führt damit im Fall unabhängiger Cash Flows grundsätzlich zu einer Senkung (Steigerung) des RARoRAC. Eine entsprechende Aussage über den Nettoeffekt einer solchen Variation ist bei stochastisch abhängigen Cash Flows erneut nicht möglich. Unabhängig von der Existenz stochastischer Abhängigkeiten ist auch für die RAPM-Bewertung keine Aussage über die *Stärke* der Effekte einer modifizierten Marktrendite möglich. In einer modelltheoretischen Betrachtung wird im Folgenden daher das in Abschnitt 4.3.3 vorgestellte Grundmodell modifiziert.

#### *4.3.4.1.2 Modellierung der unsicheren Parameter*

Bedingte und unbedingte Cash Flow-Parameter bleiben von einer Variation des Marktrendite-Verlaufes unbeeinflusst. Sie können daher unverändert aus dem Grundmodell (Tabelle 4-I) übernommen werden.

Von den Daten des Grundmodells in t=1 ausgehend, zeigt Tabelle 4-VI die modifizierten, periodischen Wertebereichsgrenzen der Marktrendite. Ihre Anpassungen bilden die Situation eines im Zeitablauf steigenden bzw. sinkenden Erwartungswertes der Marktrendite bei Konstanz der periodenspezifischen Varianzen ab.

*Tab. 4-VI: Alternative Verläufe der Marktrendite-Parameter*

| Verlauf von $\mu(r_M)$ | Eigenschaften | Periode t=1 | t=2 | t=3 |
|---|---|---|---|---|
| Steigend | $r_{M,t,UC}$ | 42,28% | 44,28% | 46,28% |
| | $r_{M,t,DC}$ | -14,28% | -12,28% | -10,28% |
| | $\mu(r_{M,t})$ | 14,00% | 16,00% | 18,00% |
| | $\sigma^2(r_{M,t})$ | $8{,}00\%^2$ | $8{,}00\%^2$ | $8{,}00\%^2$ |
| Sinkend | $r_{M,t,UC}$ | 42,28% | 40,28% | 38,28% |
| | $r_{M,t,DC}$ | -14,28% | -16,28% | -18,28% |
| | $\mu(r_{M,t})$ | 14,00% | 12,00% | 10,00% |
| | $\sigma^2(r_{M,t})$ | $8{,}00\%^2$ | $8{,}00\%^2$ | $8{,}00\%^2$ |

Im Folgenden wird anhand des bereits bekannten Zahlenbeispiels untersucht, welchen Effekt die veränderten Verläufe der Marktrendite auf die CAPM-basierten Kapitalwerte der verschiedenen Cash Flow-Szenarien hat. Es folgt die Analyse der Auswirkung auf den RARoRAC und eine anschließende Aussage zur Konsistenz der unter dieser Variation durch beide Verfahren hervorgerufenen Investitionsentscheidungen.

### *4.3.4.1.3 Bewertung anhand des CAPM*

Tabelle 4-VII zeigt die risikoadjustierten Kapitalwerte ($KW^{CAPM}$) der unterschiedenen Cash Flow-Szenarien bei Ansatz eines steigenden bzw. eines sinkenden Verlaufes der erwarteten Marktrendite für den Fall der Unabhängigkeit und Abhängigkeit der Cash Flows.

*Tab. 4-VII: CAPM-Bewertung der Zahlungsströme bei variierendem Marktrendite-Verlauf*

| | | Unabhängigkeit | | | Abhängigkeit | | |
|---|---|---|---|---|---|---|---|
| | Szenario | A | B | C | A | B | C |
| $KW^{CAPM}$ | $\mu(r_{M,t})$ steigend | 7,92 | 7,92 | 7,92 | 0,46 | -0,67 | 0,95 |
| | $\mu(r_{M,t})$ sinkend | 11,56 | 11,56 | 11,56 | 5,05 | 4,03 | 5,49 |

Eine *ansteigende* erwartete Marktrendite bewirkt einen Anstieg des Marktpreises des Risikos von 1,00 in t=1 je Periode um 0,25 bis auf einen Wert von 1,5 in t=3. Im Fall unabhängiger Cash Flows bleiben die unbedingten Kovarianzen zwischen den periodischen Marktrendite- und den Cash Flow-Verteilungen unverändert bei einem Wert von 2,83. Der zur Berechnung der periodischen Sicherheitsäquivalente gemäß Gleichung (2-9) anzusetzende Risikoabschlag steigt daraufhin für alle Cash Flow-Szenarien in den Perioden t=2 und t=3 gleichermaßen an.[445] Der resultierende risikoadjustierte Kapitalwert befindet sich mit einem Wert von 7,92 für alle Cash Flow-Szenarien folglich unter dem Niveau der Bewertung im Grundmodell (9,74). Ein entsprechend umgekehrtes Bild ergibt sich bei einer Bewertung aufgrund einer *sinkenden* erwarteten Marktrendite. Bei einer unveränderten und konstanten Kovarianz von 2,83 *sinkt* hier der Marktpreis des Risikos von 1,00 in t=1 je Periode um 0,25 bis auf einen Wert von 0,5 in t=3. Der damit verbundene Risikoabschlag *sinkt* damit für alle Cash Flow-Verläufe gleichermaßen. Es stellt sich der für alle Cash Flow-Verläufe identische, im Vergleich zum Grundmodell höhere risikoadjustierte Kapitalwert i.H.v. 11,56 ein.

Existieren stochastische Abhängigkeiten zwischen den Cash Flows, wirken sich die Variationen des erwarteten Marktrendite-Verlaufes gegenüber dem Grundmodell ebenfalls auf das Bewertungsniveau aus. Es nimmt im Fall einer *ansteigenden* Marktrendite über alle Cash Flow-Szenarien hinweg ab. Ausschlaggebend hierfür ist erneut der im Zeitverlauf ansteigende Marktpreis des Risikos. Seine ceteris paribus kapitalwertreduzierende Wirkung überkompensiert die ebenfalls einhergehende, ceteris paribus kapitalwertsteigernde Senkung der bedingten Kovarianzen (in t=2 und t=1).[446] Den höchsten Wert von 0,95 nimmt nach wie vor der sinkende Cash Flow-Verlauf ein. Gefolgt wird dieser von dem konstanten Cash Flow (0,46). Im Fall eines ansteigenden Zahlungsstroms fällt der Kapitalwert mit einem Wert von -0,67 sogar in den negativen Bereich. Einen Anstieg des Bewertungsniveaus verursacht die Bewertung mit einer *sinkenden* erwarteten Marktrendite. Hier überkompensiert die ceteris paribus kapitalwertsteigernde Entwicklung des Marktpreises des Risikos den ceteris paribus kapitalwertsenkenden Anstieg der bedingten Kovarianzen. Das sinkende Cash Flow-Szenario wird mit 5,49 bewertet. Es folgt der konstante und ansteigende Cash Flow-Verlauf mit CAPM-basierten Kapitalwerten von 5,05 bzw. 4,03.

---

445 In t=1 bleibt der Marktpreis des Risikos gegenüber dem konstanten Marktrendite-Verlauf im Grundmodell hingegen unverändert.

446 Eine tabellarische Aufstellung zur Entwicklung der bedingten Kovarianzen je Cash Flow-Szenario findet sich in Anhang 4.3.4.1.3.

Es lässt sich festhalten, dass die Variation des Marktrendite-Verlaufes das Bewertungs*niveau* der unterschiedenen Cash Flow-Szenarien beeinflussen kann. Die Bewertungs*rangfolgen* bleiben gegenüber dem Grundmodell jedoch unverändert.

#### *4.3.4.1.4 Bewertung anhand RAPM*

Bei einer Variation des Marktrendite-Verlaufes können die simulativ ermittelten relativen VaRs aus dem Grundmodell (vgl. Abschnitt 4.3.3.3) unverändert übernommen werden. Die geringeren Niveaus der risikoadjustierten Kapitalwerte bei einem steigenden Marktrendite-Verlauf spiegeln sich auch in den RARoRAC-Werten wider (Abbildung 4-V).[447]

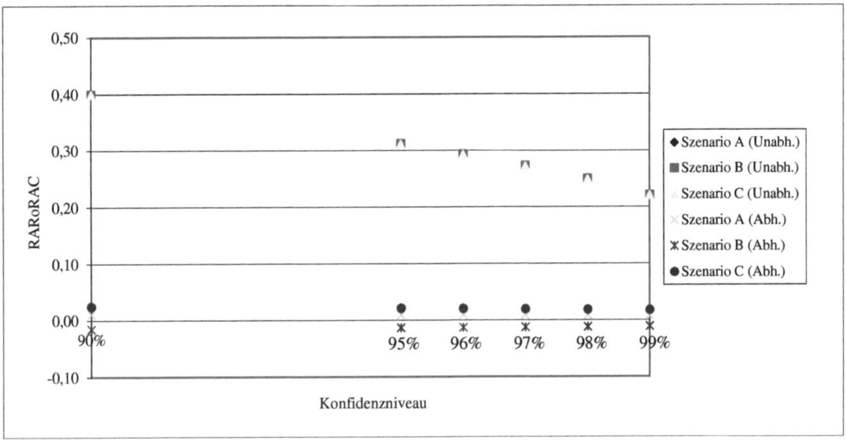


*Abb. 4-V: Entwicklung des RARoRAC bei ansteigender Marktrendite und steigendem Konfidenzniveau*

Die Werte des RARoRAC liegen bei Unabhängigkeit über alle Cash Flow-Szenarien und einem Konfidenzniveau von 90% nur noch bei 0,40 (vs. 0,49 im Grundmodell). Sie sinken bei einem Anstieg von 1-α bis 99% weiter auf einen Betrag von 0,22 (vs. 0,27 im Grundmodell). Bei Abhängigkeit sinken die Werte in Szenario A auf 0,01 bei 1-α von 90% (vs. 0,07 im Grundmodell) und verändern sich aufgrund des so erreichten geringen betragsmäßigen Niveaus bis 1-α von 99% nicht weiter (vs. 0,05 im Grundmodell). In Szenario C bleiben sie auf

447 Eine tabellarische Aufstellung der realisierten RARoRACs findet sich in Anhang 4.3.4.1.4.

einem höheren Wert von 0,02 über alle Konfidenzniveaus konstant (vs. 0,08 bei 1-α von 90% bist 0,06 bei 1-α von 99% im Grundmodell). Bei einem ansteigenden Zahlungsstrom in Szenario B fallen sie aufgrund der hierbei generierten negativen risikoadjustierten Kapitalwerte durchgehend in den negativen Bereich.An dieser Stelle kommt eine rechentechnische Besonderheit im Konzept des RARoRAC zum Vorschein. Ist der risikoadjustierte Kapitalwert negativ, bewirkt eine Erhöhung des relativen VaR im Nenner des RARoRAC eine *Verringerung* des negativen wertmäßigen Betrags der Kennzahl. Da der relative VaR typischerweise mit wachsendem Konfidenzniveau steigt, ergibt sich der beobachtbare Verlauf des RARoRAC mit Werten von -0,02 bei 1-α von 90% (vs. 0,04 im Grundmodell) bis hin zu -0,01 bei 1-α von 99% (vs. 0,03 im Grundmodell).[448]

Ein gegensätzlicher Einfluss auf den RARoRAC ist aufgrund der hierdurch erhöhten Beträge der risikoadjustierten Kapitalwerte bei einem Anstieg der unterstellten Marktrendite festzustellen (Abbildung 4-VI).

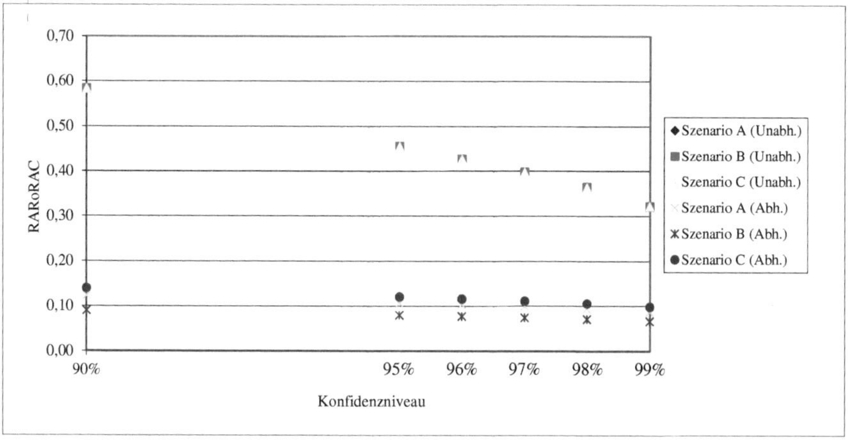


*Abb. 4-VI: Entwicklung des RARoRAC bei sinkender Marktrendite und steigendem Konfidenzniveau*

448 Im Kontext der Investitionssteuerung ist an dieser Stelle kein Anpassungsbedarf erforderlich. Eine Investition mit negativem risikoadjustierten Kapitalwert und einem konsequenterweise negativen RARoRAC ist demnach aus kapitalmarktorientierter Sicht ohnehin nicht durchzuführen.

Bei Unabhängigkeit entwickeln sich dessen Werte für alle Zahlungsströme von 0,58 bei 1-α von 90% sinkend bis zu 0,32 bei 1-α von 99%. Im Fall der Abhängigkeit sinken die Werte in Szenario A von 0,12 bis 0,09 für die Konfidenzniveaus von 90 % bzw. 99%. Für entsprechende Konfidenzniveaus entwickeln sie sich in Szenario B von 0,09 bis 0,07 bzw. bei Szenario C von 0,14 bis 0,10.

Es lässt sich festhalten, dass durch Variation der Entwicklung der Marktrendite lediglich die Bewertungsniveaus der risikoadjustierten Kapitalwerte und der RARoRACs beeinflusst werden können. Die Bewertungsrangfolge bleibt bei beiden Verfahren gegenüber dem Grundmodell unverändert. Eine Konsistenz der resultierenden Investitionsentscheidungen ist damit nach wie vor gegeben.

### 4.3.4.2 Variation des risikolosen Zinssatzes

#### *4.3.4.2.1 Entwicklung der Bewertungskomponenten*

Im Grundmodell wurde angenommen, dass der risikolose Zinssatz einen im Zeitablauf konstanten Wert von 6,00% annimmt. Auch diese Größe unterliegt in der praktischen Anwendung der subjektiven Einschätzung des Entscheidungsträgers.[449] In diesem Abschnitt soll analysiert werden, welchen Effekt die Modifikation des risikolosen Zinssatzes auf die jeweiligen Bewertungen hat. Analog dem bisherigen Vorgehen werden zunächst die tendenziellen Auswirkungen auf die für die CAPM- bzw. RAPM-Bewertung maßgeblichen periodischen Modellparameter untersucht.[450] Abbildung 4-VII zeigt die resultierenden Effekte für den Fall unabhängiger Cash Flows.

449 In der deutschen Unternehmenspraxis kommt zur Approximation des risikolosen Zinssatzes zumeist die durchschnittliche historische Verzinsung einer zehnjährigen Staatsanleihe der Bundesrepublik Deutschland zum Einsatz (vgl. *Geginat et al.* [Kapitalkosten], S. 25). Auch hier kann der angesetzte Wert jedoch durch Wahl des einer Durchschnittswertermittlung zu Grunde gelegten Datenzeitraumes subjektiv beeinflusst werden.

450 Annahmegemäß muss der risikolose Zinssatz im Zeitablauf konstant bleiben. Veränderung gegenüber dem Grundmodell wirken sich dementsprechend in jeder Periode gleich aus.

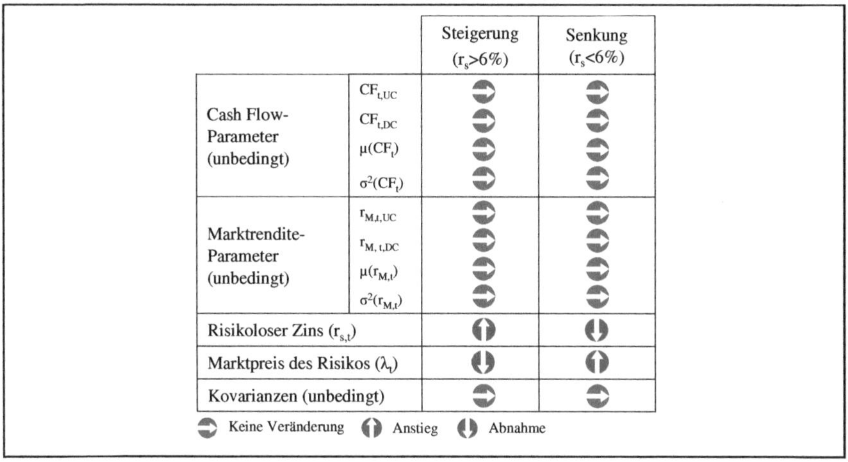


*Abb. 4-VII: Entwicklung der Modellparameter bei Variation des risikolosen Zinssatzes und Unabhängigkeit der Cash Flows*

Eine Variation des risikolosen Zinssatzes hat bei Unabhängigkeit gemäß Abbildung 4-VII zunächst keinen Einfluss auf die unbedingten Cash Flow- und Marktrendite-Parameter. Dies wiederum lässt auch die periodischen unbedingten Kovarianzen gegenüber dem Grundmodell unverändert. Über den Einfluss auf die Höhe der Marktrisikoprämie (als Differenz aus erwarteter Marktrendite und risikolosem Zins) bewirkt sie jedoch eine Veränderung des Marktpreises des Risikos ($\lambda_t$).[451] Dieser sinkt infolge einer sinkenden Marktrisikoprämie bei einem *Anstieg* des risikolosen Zinses. Bei einer *Senkung* von $r_{s,t}$ nimmt die Marktrisikoprämie dagegen zu. $\lambda_t$ steigt entsprechend.

Die beschriebenen Entwicklungen sind zu großen Teilen auf den Fall bei Abhängigkeit übertragbar (Abbildung 4-VIII). Auch hier hat die Variation des risikolosen Zinssatzes keinen Einfluss auf die Cash Flow- und Marktrendite-Parameter. Ebenfalls nimmt der Marktpreis des Risikos bei einem Anstieg (einer Senkung) des risikolosen Zinses ab (zu).

451 Zum Zusammenhang zwischen dem Marktpreis des Risikos und der Marktrisikoprämie vgl. die Ausführungen in Abschnitt 2.2.2.2.

| | | Steigerung ($r_s$>6%) | Senkung ($r_s$<6%) |
|---|---|---|---|
| Cash Flow-Parameter (bedingt) | $CF_{t,h,UC}$ | → | → |
| | $CF_{t,h,DC}$ | → | → |
| | $\mu(CF_{t,h})$ | → | → |
| | $\sigma^2(CF_{t,h})$ | → | → |
| Marktrendite-Parameter (bedingt) | $r_{M,t,UC}$ | → | → |
| | $r_{M,t,DC}$ | → | → |
| | $\mu(r_{M,t})$ | → | → |
| | $\sigma^2(r_{M,t})$ | → | → |
| Risikoloser Zins ($r_{s,t}$) | | ↑ | ↓ |
| Marktpreis des Risikos ($\lambda_t$) | | ↓ | ↑ |
| Kovarianzen (bedingt) | | Nicht eindeutig bestimmbar | |

→ Keine Veränderung ↑ Anstieg ↓ Abnahme

*Abb. 4-VIII: Entwicklung der Modellparameter bei Variation des risikolosen Zinssatzes und Abhängigkeit der Cash Flows*

Keine eindeutige Aussage ist an dieser Stelle über den Effekt einer Modifikation des risikolosen Zinssatzes auf die bedingten periodischen Kovarianzen in t=2 und t=1 möglich. Deren Bewegung hängt vom Einfluss des risikolosen Zinssatzes auf die für diese relevanten Ertragswerte der bedingten Cash Flow-Verteilungen in t=3 bzw. t=2 ab. Hier gilt es zwei Wirkungen gegeneinander abzuwägen. Im Fall eines Anstiegs (Senkung) des risikolosen Zinssatzes bewirkt die damit verbundene Senkung (Steigerung) des Marktpreises des Risikos einerseits eine Erhöhung (Senkung) der bedingten, periodischen Sicherheitsäquivalente in t=3.[452] Diese müssen zur Ertragswertberechnung jedoch zugleich mit einem im Vergleich zur Ausgangssituation gestiegenen (gesunkenen) Faktor $1+r_{s,t}$ diskontiert werden. Die Beurteilung der Auswirkung eines betragsmäßig modifizierten risikolosen Zinses auf die bedingten Kovarianzen in t=2 bzw. t=1 setzt folglich die Kenntnis der *Stärke* dieser beiden gegensätzlichen Effekte voraus.

Die gegenseitige Abwägung der Auswirkung eines veränderten Marktpreises des Risikos und eines veränderten Diskontierungsfaktors ist jedoch nicht nur für Aussagen zur Entwicklung der bedingten Kovarianzen von Bedeutung. Letztlich entscheidet sie im Fall der Unabhängigkeit *und* der Abhängigkeit auch

452 Der maßgebliche Abschlag auf die bedingten Cash Flow-Erwartungswerte in t=3 resultiert aus dem Produkt aus dem Marktpreis des Risikos und der bedingten Kovarianz in t=3. In letztere gehen jedoch keine Ertragswerte, sondern lediglich die bedingten Cash Flow-Ausprägungen der Periode t=3 ein (vgl. Gleichung (4-31)).

über die *Richtung* des Nettoeffektes von Veränderungen des risikolosen Zinssatzes auf den CAPM-basierten Kapitalwert. Eine Erkenntnis zur Auswirkung eines veränderten risikolosen Zinssatzes auf den risikoadjustierten Kapitalwert kann die bisherige Analyse somit für den Fall abhängiger und unabhängiger Cash Flows nicht liefern.

Eine Aussage kann lediglich zur erwarteten Entwicklung des relativen VaRs im Zähler des RARoRAC erfolgen. Demnach führt der *Anstieg* des risikolosen Zinssatzes zu einer Steigerung des Diskontierungsfaktors $(1+r_{s,t})$ und damit zu einer Senkung des nicht-risikoadjustierten Kapitalwertes gemäß Gleichung (4-12). Dies geht jedoch mit einer Reduktion der über den *absoluten* VaR gemessenen Mindestausprägung des nicht-risikoadjustierten Kapitalwertes einher. Mit anderen Worten bewirkt der Anstieg des risikolosen Zinssatzes eine Linksverschiebung der ansonsten unveränderten Wahrscheinlichkeitsverteilung des nicht-risikoadjustierten Kapitalwertes. Letztere lässt den relativen VaR unverändert. Dies trifft auch bei einer Rechtsverschiebung der Verteilung im Fall eines gesunkenen risikolosen Zinssatzes zu.

Zur Bestimmung der Auswirkung veränderter risikoloser Zinssätze auf die Bewertungsrangfolgen des risikoadjustierten Kapitalwertes bzw. des RARoRACs wird das Bewertungsmodell im Folgenden erneut zunächst modifiziert und die jeweiligen Ergebnisse anschließend analysiert.

#### *4.3.4.2.2 Notwendige Modifikationen am Grundmodell*

Je nach Tendenz der Veränderung zum Grundmodell gelten die folgenden beispielhaften Ausprägungen des risikolosen Zinssatzes:

*Steigerung von $r_s$:* $r_{s,t} = 8\% \ \forall t$

bzw.

*Senkung von $r_s$:* $r_{s,t} = 4\% \ \forall t$

Die verbleibenden Marktrendite- und Cash Flow-Parameter können unabhängig von der Existenz stochastischer Abhängigkeiten unverändert aus dem Grundmodell übernommen werden.[453]

453 Vgl. hierzu Abschnitt 4.3.3.1.

*4.3.4.2.3 Bewertung anhand des CAPM*

Tabelle 4-VIII stellt die risikoadjustierten Kapitalwerte ($KW^{CAPM}$) der Cash Flow-Szenarien A, B und C bei Variation des risikolosen Zinssatzes für den Fall der Unabhängigkeit und der Abhängigkeit der Cash Flows gegenüber.

*Tab. 4-VIII: CAPM-Bewertung bei Modifikation von $r_{s,t}$*

| | | Unabhängigkeit | | | Abhängigkeit | | |
|---|---|---|---|---|---|---|---|
| | **Szenario** | A | B | C | A | B | C |
| **$KW^{CAPM}$** | $r_{s,t}$=8% | 2,24 | 1,90 | 2,40 | -2,80 | -3,91 | -2,30 |
| | $r_{s,t}$=4% | 17,70 | 18,07 | 17,52 | 8,59 | 7,55 | 9,02 |

Ein *Anstieg* des risikolosen Zinssatzes auf 8% bewirkt eine Senkung des Marktpreises des Risikos von 1,00 auf 0,75. Bei Unabhängigkeit der periodischen Cash Flows wird diese für sich betrachtet kapitalwert*steigernde* Wirkung jedoch durch den ceteris paribus kapitalwert*mindernden* Anstieg des Diskontierungsfaktors $1+r_{s,t}$ überkompensiert. Tabelle 4-VIII zeigt dies anhand der Abnahme des Bewertungs*niveaus* der risikoadjustierten Kapitalwerte im Vergleich zum Grundmodell. Durch den Anstieg des risikolosen Zinssatzes werden später anfallende Cash Flows zudem stärker diskontiert. Dies führt im Gegensatz zum Grundmodell zur Bildung einer Bewertungs*rangfolge*. Das sinkende Cash Flow-Szenario C nimmt hier mit 2,40 den höchsten Wert an. Es folgt der konstante Cash Flow (Szenario A) mit 2,24 und der steigende Cash Flow (Szenario B) mit 1,90.

Eine *Senkung* des risikolosen Zinssatzes auf 4% bewirkt zunächst einen isoliert betrachtet kapitalwert*senkenden* Anstieg des Marktpreises des Risikos von 1,00 auf 1,25. Dieser wird durch die ceteris paribus kapitalwert*steigernde* Senkung des Diskontierungsfaktors $1+r_{s,t}$ überkompensiert. Ergebnis ist ein Anstieg des Bewertungs*niveaus* der risikoadjustierten Kapitalwerte gegenüber dem Grundmodell. Da spät anfallende Cash Flows zugleich schwächer diskontiert werden, bildet sich eine gegenüber dem Anstieg des risikolosen Zinses veränderte Bewertungsrangfolge. Der steigende Cash Flow-Verlauf (Szenario B) generiert hier mit 18,07 den höchsten und der sinkende Zahlungsstrom (Szenario C) mit 17,52 den geringsten risikoadjustierten Kapitalwert. Der konstante Cash Flow (Szenario A) liegt mit 17,70 in der Mitte.

Bei Abhängigkeit der Cash Flows ist bei einem Anstieg von $r_{s,t}$ auf 8% zunächst eine Cash Flow-szenarioübergreifende Abnahme der bedingten Kovarianzen in t=2 bzw. t=1 gegenüber dem Grundmodell zu beobachten.[454] Diese und die Senkung des Marktpreises des Risikos wirken sich ceteris paribus positiv auf den risikoadjustierten Kapitalwert aus. Dieser Effekt wird jedoch durch die entgegengerichtet wirkende Steigerung des Diskontierungsfaktors $1+r_{s,t}$ überkompensiert. Dies wird an der Abnahme des generellen Bewertungsniveaus gegenüber dem Grundmodell deutlich. Aufgrund der stärkeren Diskontierung von Cash Flows späterer Perioden generiert die steigende Zahlungsreihe (Szenario B) mit -3,91 den geringsten risikoadjustierten Kapitalwert. Der sinkende Cash Flow-Verlauf (Szenario C) erreicht mit -2,30 den vergleichsweise höchsten Wert. Die konstante Zahlungsreihe liegt mit -2,80 in der Mitte.

Die dominierende Wirkung des Diskontierungsfaktors $1+r_{s,t}$ wird auch bei einer Senkung von $r_{s,t}$ und einer Abhängigkeit der Cash Flows anhand des gegenüber dem Grundmodell gestiegenen Bewertungsniveaus der risikoadjustierten Kapitalwerte deutlich. Erneut kann hierdurch der allein betrachtet kapitalwertmindernde Anstieg des Marktpreises des Risikos überkompensiert werden. Die im Vergleich zum Grundmodell und der Situation bei einem gestiegenen risikolosen Zinssatz höchsten bedingten Kovarianzen haben zugleich einen starken Risikoabschlag für die Cash Flows später Perioden zur Folge. Der ansteigend verlaufende Cash Flow (Szenario B) weist demnach mit 7,55 den geringsten risikoadjustierten Kapitalwert auf. Der sinkende Cash Flow-Verlauf (Szenario C) wird mit 9,02 bewertet. Einen Zwischenwert von 8,59 bringt die konstant verlaufende Zahlungsreihe (Szenario A) hervor.

Die Variation des risikolosen Zinssatzes verändert gegenüber dem Grundmodell somit das Bewertungs*niveau* und die -rangfolge der risikoadjustierten Kapitalwerte.

#### *4.3.4.2.4 Bewertung anhand RAPM*

Tabelle 4-IX zeigt die relativen VaRs bei Unabhängigkeit der Cash Flows im Fall einer Steigerung und einer Senkung von $r_{s,t}$ für die Konfidenzniveaus $(1-\alpha)$ von 90%, 95%, 96%, 97%, 98% und 99%.

Zunächst ist erkennbar, dass die relativen VaRs je Konfidenzniveau über alle Cash Flow-Szenarien ungefähr identische Werte annehmen. Erwartungsgemäß steigen die Werte je Cash Flow-Szenario zudem mit der Höhe des Konfidenzniveaus $1-\alpha$.

454 Eine tabellarische Aufstellung der bedingten Kovarianzen je Cash Flow-Szenario findet sich in Anhang 4.3.4.2.3.

*Tab. 4-IX: Relativer VaR bei Unabhängigkeit und Variation von $r_{s,t}$*

| | | Relativer VaR | | | | | |
|---|---|---|---|---|---|---|---|
| | | $r_s$=8% | | | $r_s$=4% | | |
| | **Szenario** | A | B | C | A | B | C |
| 1-α | 90% | 19,13 | 19,11 | 19,08 | 20,55 | 20,57 | 20,53 |
| | 95% | 24,53 | 24,52 | 24,53 | 26,45 | 26,41 | 26,38 |
| | 96% | 26,11 | 26,10 | 26,08 | 28,14 | 28,11 | 28,06 |
| | 97% | 28,07 | 28,08 | 28,09 | 30,18 | 30,19 | 30,17 |
| | 98% | 30,58 | 30,68 | 30,65 | 32,98 | 33,03 | 32,93 |
| | 99% | 34,63 | 34,75 | 34,81 | 37,30 | 37,37 | 37,34 |

Zur Interpretation der Auswirkung von Veränderungen von $r_{s,t}$ auf das betragsmäßige Niveau des relativen VaR wird der *Mittelwert über alle Cash Flow-Verläufe und Konfidenzniveaus* herangezogen.[455] Sein Wert beträgt im Grundmodell bei Unabhängigkeit 28,17. Er sinkt bei einer Steigerung von $r_{s,t}$ auf 8% geringfügig auf einen Wert von 27,20. Sinkt $r_{s,t}$ auf 4%, steigt dieser Mittelwert auf lediglich 29,26. Diese geringen betragsmäßigen Unterschiede sind auf die sich größtenteils gegenseitig kompensierenden Veränderungen der erwarteten Ausprägung des nicht-risikoadjustierten Kapitalwertes und der im absoluten VaR zum Ausdruck kommenden Mindestausprägung dieser Größe zurückzuführen (vgl. Abschnitt 4.3.4.2.1).

Bei Abhängigkeit der Cash Flows steigt bei beiden Entwicklungstendenzen des risikolosen Zinssatzes zunächst das Niveau der relativen VaRs gegenüber dem Fall bei Unabhängigkeit an (Tabelle 4-X). Der *Mittelwert über alle Cash Flow-Verläufe und Konfidenzniveaus* zeigt jedoch auch hier, dass sich das Bewertungsniveau der relativen VaRs bei beiden Entwicklungstendenzen gegenüber dem Grundmodell ($r_{s,t}$=6%: 50,45) nur wenig verändert hat. Es sinkt bei einer Steigerung des risikolosen Zinses geringfügig auf 48,39 und steigt bei dessen Senkung auf 52,61 an. Die hervorgehende Bewertungsrangfolge entspricht bei beiden Veränderungstendenzen von $r_{s,t}$ derjenigen aus dem Grundmodell. Die geringsten Werte nimmt der relative VaR über alle Konfidenzniveaus bei einem sinkenden Zahlungsverlauf (Szenario C) an. Die höchsten Werte bringt der steigende Cash Flow-Verlauf (Szenario B) hervor. Eine Zwischenstellung nehmen die relativen VaRs der konstanten Zahlungsreihe (Szenario A) ein.

455 Der Mittelwert über alle Cash Flow-Verläufe und Konfidenzniveaus ergibt sich aus einer Addition der Mittelwerte über alle Cash Flow-Verläufe je Konfidenzniveau und deren anschließenden Division durch die Anzahl der betrachteten Konfidenzniveaus.

*Tab. 4-X: Relativer VaR bei Abhängigkeit und Variation von $r_{s,t}$*

| | | Relativer VaR | | | | | |
|---|---|---|---|---|---|---|---|
| | | $r_{s,t}$=8% | | | $r_{s,t}$=4% | | |
| | **Szenario** | A | B | C | A | B | C |
| 1-α | 90% | 39,32 | 42,72 | 37,84 | 42,73 | 46,56 | 41,09 |
| | 95% | 45,26 | 48,63 | 43,71 | 49,24 | 52,93 | 47,48 |
| | 96% | 46,84 | 50,25 | 45,31 | 50,96 | 54,70 | 49,21 |
| | 97% | 48,75 | 52,20 | 47,23 | 53,05 | 56,76 | 51,30 |
| | 98% | 51,24 | 54,64 | 49,79 | 55,83 | 59,40 | 53,99 |
| | 99% | 55,12 | 58,51 | 53,69 | 59,96 | 63,57 | 58,20 |

Durch die geringe Veränderung der relativen VaRs wirkt die Variation des risikolosen Zinssatzes primär über die risikoadjustierten Kapitalwerte auf die RAPM-basierte Investitionsbewertung.

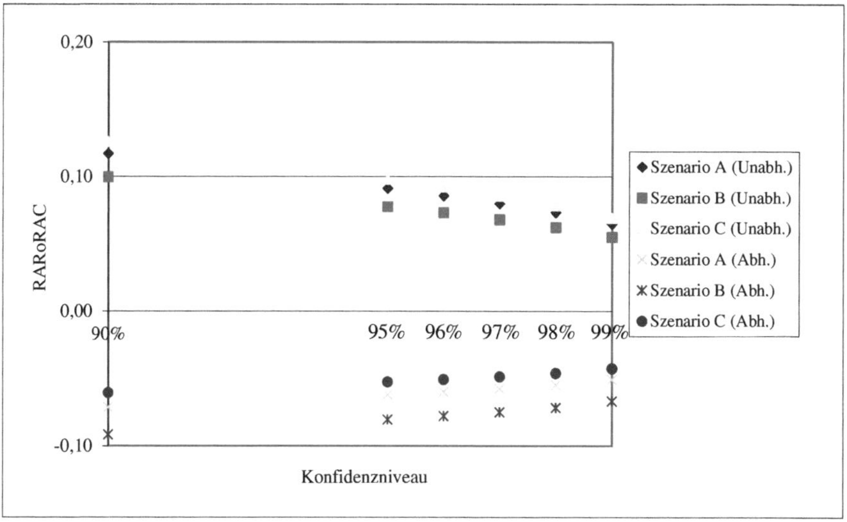


*Abb. 4-IX: Entwicklung des RARoRAC bei gestiegenem risikolosen Zins und steigendem Konfidenzniveau*

Abbildung 4-IX zeigt die Entwicklung des RARoRAC je Cash Flow-Szenario bei einer Anhebung von $r_{s,t}$ auf 8%.[456]Die höchsten Werte erzielt über

456 Eine tabellarische Aufstellung der realisierten RARoRACs findet sich für beide Erwartungstendenzen in Anhang 4.3.4.2.4.

alle Konfidenzniveaus hinweg das Szenario C sinkender Cash Flows. Am schlechtesten schneidet durchweg der ansteigende Cash Flow-Verlauf B ab. Ausschlaggebend für diese Rangfolge sind die Bewertungsunterschiede der risikoadjustierten Kapitalwerte. Eine analoge Bewertungsrangfolge stellt sich auch bei Abhängigkeit ein. Im Gegensatz zur Situation bei Unabhängigkeit sind für diese Rangfolge neben den risikoadjustierten Kapitalwerten auch die Bewertungsunterschiede bei den relativen VaRs verantwortlich.

Wird der risikolose Zinssatz gegenüber dem Grundmodell auf einen Wert von 4% gesenkt, steigen die RARoRACs bei Unabhängigkeit und Abhängigkeit auf ein grundsätzlich höheres betragsmäßiges Niveau (Abbildung 4-X).

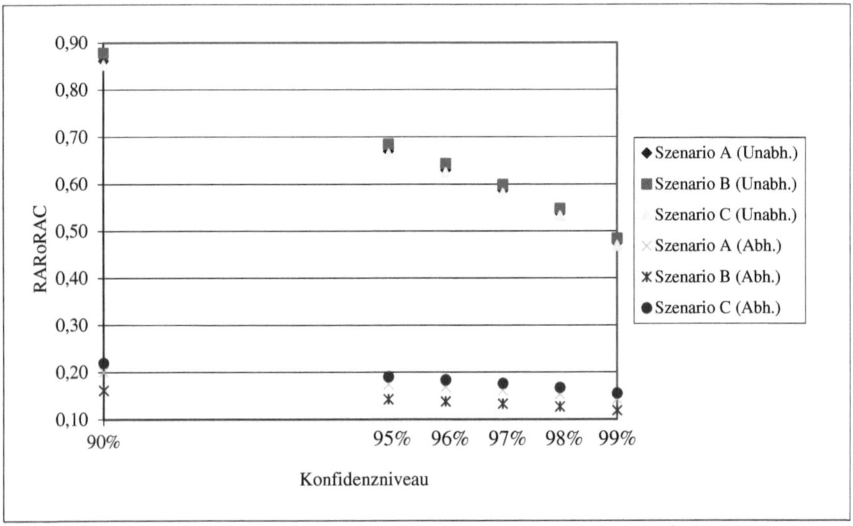


*Abb. 4-X: Entwicklung des RARoRAC bei gesunkenem risikolosen Zins und steigendem Konfidenzniveau*

Die Bewertungsunterschiede bei den risikoadjustierten Kapitalwerten im Zähler schlagen sich auch hier auf die Werte des RARoRAC durch. Das *steigende* Cash Flow-Szenario B erzielt hier über alle Konfidenzniveaus den höchsten und das *sinkende* Szenario C den geringsten Wert. In Analogie zur sich nun verändernden Bewertungsrangfolge der risikoadjustierten Kapitalwerte steigt der RARoRAC des sinkenden Cash Flow-Szenarios C bei Abhängigkeit für alle Konfidenzniveaus auf den ersten Rang. Die geringste Bewertung erreicht nun Szenario B.

Eine Variation des risikolosen Zinssatzes wirkt sich demnach auf die Bewertungsniveaus des risikoadjustierten Kapitalwertes und des RARoRACs aus. Unterschiedliche Rangfolgen in den Bewertungen durch beide Verfahren entstehen im Zahlenbeispiel hingegen nicht. Es kann also auch hier die Konsistenz der hervorgehenden Entscheidungen durch beide Verfahren festgestellt werden.

## 4.3.5 Investitionsbewertung bei nicht-neutraler Erwartungshaltung

### 4.3.5.1 Entwicklung der Bewertungskomponenten

Der Fall einer nicht-neutralen Erwartungshaltung beinhaltet diejenigen Fälle, in denen die Eintrittswahrscheinlichkeiten $p_t$ bzw. $1-p_t$ *nicht* identisch sind, bzw. $p_t$ bzw. $1-p_t$ Werte ungleich 0,5 annehmen. Dies trägt der Investitionsbewertung eines durch eine pessimistische bzw. optimistische Erwartungshaltung geprägten Entscheidungsträgers Rechnung. Abbildung 4-XI zeigt die sich gegenüber dem Fall neutraler Erwartungen ergebenden, tendenziellen Veränderungen der für die CAPM- bzw. RAPM-Bewertung maßgeblichen Modellparameter bei stochastisch unabhängigen Cash Flows. Die Unter- und Obergrenzen der periodischen Ausprägungen der zustandsunabhängigen Parameter bleiben hier gegenüber dem Fall neutraler Erwartungen unverändert.

Der Fall nicht-neutraler Erwartungen führt gegenüber dem Grundmodell jedoch zu einer Veränderung der periodischen Erwartungswerte der unsicheren Parameter. Diese steigen bei einer optimistischen Erwartungshaltung mit $p_t>1-p_t$ und sinken bei pessimistischen Erwartungen mit $p_t<1-p_t$. Im Gegensatz zur Entwicklung der Erwartungswerte sinken die periodenspezifischen Varianzen aufgrund der Symmetrie der unterstellten Normalverteilung gegenüber der Situation neutraler Erwartungen im pessimistischen *und* optimistischen Fall.[457] Der risikolose Zinssatz unterliegt keinen periodenspezifischen Schwankungen und bleibt damit unverändert.

Die beschriebenen Entwicklungen führen im Fall optimistischer Erwartungen tendenziell zu einer Zunahme des Marktpreises des Risikos. Bei pessimistischer Erwartungshaltung ist dessen Entwicklung an dieser Stelle nicht eindeutig bestimmbar. Pessimistische Erwartungen reduzieren über die geringere erwartete Marktrendite die Marktrisikoprämie $(\mu(r_{M,t})-r_{s,t})$. Zugleich bewirken sie die

457 Bei unterstellter Normalverteilung nimmt die Varianz bei $p=1-p=0,5$ ihren Maximalwert an.

Senkung der periodischen Marktrendite-Varianzen. Eine Einschätzung der Auswirkung auf den Marktpreis des Risikos erfordert somit die Kenntnis des Nettoeffektes dieser beiden gegensätzlichen Entwicklungstendenzen. Im Gegensatz dazu ist der Einfluss optimistischer und pessimistischer Erwartungen auf die (unbedingten) periodischen Kovarianzen eindeutig bestimmbar. Sie nehmen in beiden Fällen ab.

| | | Pessimismus (p<0,5) | Optimismus (p>0,5) |
|---|---|---|---|
| Cash Flow-Parameter (unbedingt) | $CF_{t,UC}$ | → | → |
| | $CF_{t,DC}$ | → | → |
| | $\mu(CF_t)$ | ↓ | ↑ |
| | $\sigma^2(CF_t)$ | ↓ | ↓ |
| Marktrendite-Parameter (unbedingt) | $r_{M,t,UC}$ | → | → |
| | $r_{M,t,DC}$ | → | → |
| | $\mu(r_{M,t})$ | ↓ | ↑ |
| | $\sigma^2(r_{M,t})$ | ↓ | ↓ |
| Risikoloser Zins ($r_{s,t}$) | | → | → |
| Marktpreis des Risikos ($\lambda_t$) | | Nicht eindeutig bestimmbar | ↑ |
| Kovarianzen (unbedingt) | | ↓ | ↓ |

→ Keine Veränderung ↑ Anstieg ↓ Abnahme

*Abb. 4-XI: Entwicklung der Modellparameter bei nicht-neutralen Erwartungen und unabhängigen Cash Flow-Verteilungen*

Ein verändertes Bild ergibt sich bei Betrachtung der Entwicklungstendenzen der Modellparameter für den Fall stochastisch abhängiger Cash Flows (Abbildung 4-XII). Die Zunahme der *unbedingten*, periodischen Cash Flow-Erwartungswerte im optimistischen Fall führt zu einem *Sinken* der periodenspezifischen Wachstumsraten $g_{t+1,u}$. Da diese wiederum die je nach Umweltzustand u eintretenden Cash Flow-Ausprägungen hervorbringen, führen optimistische Erwartungen zu einem Absinken der zustands*abhängigen* Cash Flow-Unter- und Obergrenzen. Damit einher geht die Abnahme der *bedingten*, periodischen Cash Flow-Erwartungswerte. Ein entsprechend umgekehrtes Bild ergibt sich für den Fall einer pessimistischen Erwartungshaltung. Unabhängig von der Tendenz der Erwartungsänderung sinken zudem die zustandsabhängigen periodischen Cash Flow-Varianzen. Analog dem Fall unabhängiger Cash Flows entwickeln sich die Marktrendite-Parameter, der risikolose Zinssatz und damit auch der Marktpreis des Risikos. Ebenfalls sinkend sind im Fall optimistischer und pessimistischer Erwartungsänderungen die bedingten periodischen Kovarianzen.

Die Entwicklungstendenzen der Modellparameter lassen für den Fall stochastisch unabhängiger und abhängiger Cash Flows noch keinen hinreichenden Schluss über den Nettoeffekt modifizierter Erwartungen auf die analysierten Kennzahlen zu. Mit Blick auf die CAPM-Bewertung sind weitere Informationen über die Nettoeffekte der Parameterbewegungen nötig, um erkennen zu können, ob nicht-neutrale Erwartungen tendenziell kapitalwertsteigernd oder -senkend wirken. Auch können an dieser Stelle noch keine Schlüsse zu den Auswirkungen asymmetrischer Erwartungen auf den für die Nennergröße relevanten VaR und die damit einhergehende RAPM-Bewertung gezogen werden. Dies ist erst nach Durchführung der entsprechenden Monte-Carlo-Simulationen möglich.

| | | Pessimismus ($p<0{,}5$) | Optimismus ($p>0{,}5$) |
|---|---|---|---|
| Cash Flow-Parameter (bedingt) | $CF_{t,h,UC}$ | ↑ | ↓ |
| | $CF_{t,h,DC}$ | ↑ | ↓ |
| | $\mu(CF_{t,h})$ | ↑ | ↓ |
| | $\sigma^2(CF_{t,h})$ | ↓ | ↓ |
| Marktrendite-Parameter (bedingt) | $r_{M,t,UC}$ | → | → |
| | $r_{M,t,DC}$ | → | → |
| | $\mu(r_{M,t})$ | ↓ | ↑ |
| | $\sigma^2(r_{M,t})$ | ↓ | ↓ |
| Risikoloser Zins ($r_{s,t}$) | | → | → |
| Marktpreis des Risikos ($\lambda_t$) | | Nicht eindeutig bestimmbar | ↑ |
| Kovarianzen (bedingt) | | ↓ | ↓ |

→ Keine Veränderung ↑ Anstieg ↓ Abnahme

*Abb. 4-XII: Entwicklung der Modellparameter bei nicht-neutralen Erwartungen und abhängigen Cash Flow-Verteilungen*

Zur Ableitung einer Aussage zu den Auswirkungen einer solchen Modellvariation auf die hier untersuchten Kennzahlen bzw. zur Konsistenz der hervorgehenden Investitionsentscheidungen wird das in Abschnitt 4.3.3 vorgestellte Grundmodell im folgenden Abschnitt auf den Fall nicht-neutraler Erwartungen hin modifiziert.

### 4.3.5.2 Modellierung der unsicheren Parameter

Für die Modellierung der Cash Flow-Szenarien gelten im Weiteren je nach Tendenz der Erwartungshaltung die folgenden beispielhaften Ausprägungen der periodenspezifischen Eintrittswahrscheinlichkeiten:

*Optimistische Erwartungshaltung:* $p_t = 0{,}6$ bzw. $1\text{-}p_t = 0{,}4 \,\forall t$

bzw.

*Pessimistische Erwartungshaltung:* $p_t = 0{,}4$ bzw. $1\text{-}p_t = 0{,}6 \,\forall t$

Die mit diesen Eintrittswahrscheinlichkeiten verbundenen Ausgangsdaten für die weitere modelltheoretische Analyse sind in Tabelle 4-XI aufgeführt.[458]

*Tab. 4-XI: Unbedingte Erwartungswerte und Varianzen der Cash Flows bei nicht-neutraler Erwartungshaltung*

| | | | Periode | | | |
|---|---|---|---|---|---|---|
| **Szenario** | **$A_0$** | **Eigenschaften** | **t=1** | **t=2** | **t=3** | **$KW(r_s)$** |
| A | -250,00 | $\mu(CF_t)^{Opt}$ | 102,00 | 102,00 | 102,00 | 22,65 (Opt.) bzw. 11,96 (Pess.) |
| | | $\mu(CF_t)^{Pess}$ | 98,00 | 98,00 | 98,00 | |
| | | $\sigma^2(CF_t)$ | $96{,}00^2$ | $96{,}00^2$ | $96{,}00^2$ | |
| B | | $\mu(CF_t)^{Opt}$ | 92,00 | 102,04 | 113,20 | 22,65 (Opt.) bzw. 11,96 (Pess.) |
| | | $\mu(CF_t)^{Pess}$ | 88,00 | 98,04 | 109,20 | |
| | | $\sigma^2(CF_t)$ | $96{,}00^2$ | $96{,}00^2$ | $96{,}00^2$ | |
| C | | $\mu(CF_t)^{Opt}$ | 107,00 | 101,71 | 96,69 | 22,65 (Opt.) bzw. 11,96 (Pess.) |
| | | $\mu(CF_t)^{Pess}$ | 103,00 | 97,71 | 92,69 | |
| | | $\sigma^2(CF_t)$ | $96{,}00^2$ | $96{,}00^2$ | $96{,}00^2$ | |

Tabelle 4-XI zeigt die Entwicklungen der periodischen, unbedingten Cash Flow-Erwartungswerte im optimistischen und im pessimistischen Fall ($\mu(CF_t)^{Opt}$ bzw. $\mu(CF_t)^{Pess}$) und die für beide Erwartungshaltungen maßgeblichen periodischen Varianzen ($\sigma^2(CF_t)$) je Cash Flow-Szenario. Die gemäß Gleichung (4-12) berechneten, nicht-risikoadjustierten Kapitalwerte ($KW(r_s)$) betragen für jedes Cash Flow-Szenario bei optimistischen Erwartungen 22,65 und bei pessimisti-

458 Die Ober- und Untergrenzen der unsicheren Parameter verändern sich gegenüber dem Grundmodell nicht (vgl. hierzu Abschnitt 4.3.3.1). Sie werden aus Gründen der Übersicht in Tabelle 4-XI daher nicht aufgeführt.

schen Erwartungen 11,96. Dadurch können die im Weiteren untersuchten Kennzahlen zur Investitionsbeurteilung wiederum allein auf die Effekte der unterschiedlichen Risikoerfassung bzw. -bewertung hin analysiert werden.

Die zur CAPM-Bewertung erforderlichen Angaben der periodischen, unbedingten Verteilungsparameter der Marktrendite sind Tabelle 4-XII zu entnehmen.

*Tab. 4-XII: Unbedingte Erwartungswerte und Varianzen der Marktrendite bei nicht-neutraler Erwartungshaltung*

| | **Periode** | | |
|---|---|---|---|
| **Eigenschaften** | **t=1** | **t=2** | **t=3** |
| $\mu(r_{M,t})^{Opt}$ | 19,66% | 19,66% | 19,66% |
| $\mu(r_{M,t})^{Pess}$ | 8,34% | 8,34% | 8,34% |
| $\sigma^2(r_{M,t})$ | 7,68%$^2$ | 7,68%$^2$ | 7,68%$^2$ |

Tabelle 4-XII zeigt die Entwicklungen der erwarteten Marktrendite für beide Erwartungshaltungen ($\mu(r_{M,t})^{Opt}$ bzw. $\mu(r_{M,t})^{Pess}$) und die für beide Fälle maßgeblichen, im Zeitablauf konstanten periodischen Varianzen ($\sigma^2(r_{M,t})$).

## 4.3.5.3 Bewertung anhand des CAPM

Die CAPM basierten Kapitalwerte ($KW^{CAPM}$) aller Cash Flow-Szenarien für den Fall optimistischer bzw. pessimistischer Erwartungen bei Unabhängigkeit und Abhängigkeit der Cash Flows sind in Tabelle 4-XIII aufgeführt.

*Tab. 4-XIII: CAPM-Bewertung bei nicht-neutraler Erwartungshaltung*

| | | **Unabhängigkeit** | | | **Abhängigkeit** | | |
|---|---|---|---|---|---|---|---|
| | **Szenario** | A | B | C | A | B | C |
| **$KW^{CAPM}$** | Opt. (p=0,6) | 9,74 | 9,74 | 9,74 | -1,90 | -3,66 | -1,13 |
| | Pess. (p=0,4) | 9,74 | 9,74 | 9,74 | 7,63 | 7,31 | 7,78 |

Bei Unabhängigkeit ergibt sich für jedes Cash Flow-Szenario und beide Erwartungshaltungen ein identischer risikoadjustierter Kapitalwert von 9,74. Dies entspricht dem Ergebnis, das bereits bei neutralen Erwartungen erzielt wurde.

Dieses einheitliche Ergebnis bei divergierenden, *nicht-risikoadjustierten* Kapitalwerten wird offensichtlich durch verschiedene Höhen des CAPM-basierten Risikoabschlags hervorgerufen. Letzterer ergibt sich aus den periodischen Abschlägen, welche die Cash Flow-Erwartungswerte gemäß Gleichung (2-9) in Sicherheitsäquivalente transformieren. Diese Abschläge hängen wiederum vom Marktpreis des Risikos und der Kovarianz des Zahlungsstroms mit der Marktrendite ab. Die Kovarianzen nehmen für beide Tendenzen nicht-neutraler Erwartungen auf einen im Zeitablauf konstanten Wert von 2,71 ab (vs. 2,83 im Grundmodell). Ursächlich für den unterschiedlich hohen Risikoabschlag ist damit die Veränderung des Marktpreises des Risikos. Bei optimistischen Erwartungen steigt dieser gegenüber dem Fall der Neutralität von 1,00 auf 1,78. Bei pessimistischer Erwartungshaltung sinkt er hingegen auf 0,31.

Wird angenommen, dass die Cash Flows intertemporal voneinander abhängig sind, ist zunächst eine Veränderung des Bewertungsniveaus bei beiden Erwartungshaltungen zu beobachten. Gegenüber dem Grundmodell sinken die Werte der risikoadjustierten Kapitalwerte bei optimistischen Erwartungen. Sie steigen demgegenüber bei einer pessimistischen Erwartungshaltung. Der Anstieg bei pessimistischen Erwartungen ist durch die allesamt kapitalwertsteigernden Entwicklungen der bedingten Cash Flow-Erwartungswerte, der bedingten Kovarianzen[459] und des Marktpreises des Risikos zu erklären. Das geringe Bewertungsniveau bei optimistischen Erwartungen resultiert aus den kapitalwertmindernden Bewegungen der bedingten Cash Flow-Erwartungswerte und des Marktpreises des Risikos.

Die bei abhängigen Cash Flows zu beobachtende Bewertungsrangfolge entspricht in beiden Fällen nicht-neutraler Erwartungen der bei Neutralität gebildeten Folge. Der sinkend verlaufende Zahlungsstrom (CF-Szenario C) generiert bei optimistischen und pessimistischen Erwartungen den höchsten und der ansteigend verlaufende Cash Flow (CF-Szenario B) den geringsten risikoadjustierten Kapitalwert. Die Ursache für diese Bewertungsunterschiede liegt in der Höhe der bedingten Kovarianzen. Unabhängig von der Tendenz der Erwartungshaltung nehmen diese in den Perioden t=2 bzw. t=1 im Fall ansteigender Cash Flows die vergleichsweise höchsten Werte an. Die geringsten Werte ergeben sich demgegenüber bei einem sinkendem Zahlungsverlauf (Cash Flow-Szenario C).

Als Ergebnis lässt sich festhalten, dass eine veränderte Erwartungshaltung lediglich im Fall abhängiger Cash Flows das Bewertungsniveau der risikoadjustierten Kapitalwerte verändert. Eine zum Grundmodell verschiedene Bewer-

459 Eine Aufstellung der Entwicklung der bedingten Kovarianzen findet sich für beide Fälle nicht-neutraler Erwartungen in Anhang 4.3.5.3.

tungsrangfolge entsteht dagegen weder bei unabhängigen noch bei abhängigen Cash Flows.

#### 4.3.5.4 Bewertung anhand RAPM

Die simulativ ermittelten relativen VaRs für die Konfidenzniveaus (1-α) von 90%, 95%, 96%, 97%, 98% und 99% sind getrennt nach beiden Erwartungshaltungen für den Fall periodisch unabhängiger Cash Flows in Tabelle 4-XIV aufgeführt.

*Tab. 4-XIV: Relativer VaR bei Unabhängigkeit und nicht-neutraler Erwartungshaltung*

| | | **Relativer VaR** | | | | | |
|---|---|---|---|---|---|---|---|
| | | Optimismus | | | Pessimismus | | |
| | **Szenario** | A | B | C | A | B | C |
| 1-α | 90% | 19,41 | 19,44 | 19,42 | 19,39 | 19,43 | 19,38 |
| | 95% | 24,92 | 24,96 | 24,90 | 24,89 | 24,93 | 24,87 |
| | 96% | 26,52 | 26,56 | 26,49 | 26,48 | 26,53 | 26,46 |
| | 97% | 28,51 | 28,46 | 28,50 | 28,40 | 28,48 | 28,46 |
| | 98% | 31,10 | 31,10 | 31,07 | 31,04 | 31,11 | 31,12 |
| | 99% | 35,15 | 35,19 | 35,24 | 35,20 | 35,25 | 35,25 |

Analog dem Fall neutraler Erwartungen unterscheiden sich die relativen VaR aller Cash Flow-Szenarien in beiden Erwartungstendenzen nur geringfügig voneinander. Erwartungsgemäß steigen seine Werte auch hier für jedes Cash Flow-Szenario mit der Höhe des Konfidenzniveaus. Das betragsmäßige Niveau der relativen VaRs bei Optimismus und Pessimismus weicht zudem nur geringfügig von der Situation neutraler Erwartungen im Grundmodell ab. Diese Beobachtung ist auf die ausgleichende Wirkung des nicht-risikoadjustierten Kapitalwertes zurückzuführen, der im Rahmen der Monte-Carlo-Simulation als Zielgröße fungiert. Dies soll am Beispiel der Simulationsergebnisse von Cash Flow-Szenario A verdeutlicht werden. Tabelle 4-XV zeigt die Momente der simulierten Verteilungen des nicht-risikoadjustierten Kapitalwertes und den *absoluten* VaR für 1-α von 99%.

*Tab. 4-XV: Auszug der Monte-Carlo-Simulation für Cash Flow-Szenario A bei Unabhängigkeit und nicht-neutralen Erwartungen*

| | Optimismus | Pessimismus |
|---|---|---|
| Minimum | -45,71 | -58,95 |
| Maximum | 94,59 | 85,98 |
| μ | 22,65 | 11,96 |
| σ | 15,13 | 15,15 |
| γ | 0,00 | 0,00 |
| ε | 0,01 | 0,00 |
| 1-α von 99% | -12,50 | -23,25 |

Die für beide Verteilungen gültige Schiefe (γ) und Kurtosis (ε) von ~0 deutet auf eine näherungsweise (Multi-)Normalverteilung hin.[460] Die nahezu identischen Standardabweichungen (σ) bei unterschiedlichen Erwartungswerten und Verteilungsgrenzen (Minimum bzw. Maximum) zeigen zudem, dass eine Erwartungsänderung im Fall der Unabhängigkeit lediglich eine Verschiebung der Verteilungen um den Betrag der Änderung des nicht-risikoadjustierten Erwartungswertes zur Folge hat. Diese Verschiebung erfolgt bei optimistischen bzw. pessimistischen Erwartungen gegenüber dem Fall der Neutralität nach rechts bzw. links. Die in den relativen VaRs zum Ausdruck kommende Differenz aus den absoluten VaRs (Optimismus: -12,50; Pessimismus: -23,25) und den nicht-risikoadjustierten Erwartungswerten (Optimismus: 22,65; Pessimismus: 11,96) nimmt daher nahezu identische Werte an:

*Optimismus:* $VaR_{99\%}^{Rel} = 22{,}65 - (-12{,}50) = 35{,}15$

bzw.

*Pessimismus:* $VaR_{99\%}^{Rel} = 11{,}96 - (-23{,}25) = 35{,}20$

Bei abhängigen Cash Flows ist eine dem Fall neutraler Erwartungen identische Bewertungsrangfolge zu beobachten (Tabelle 4-XVI). Sie gilt unabhängig von der Richtung der Erwartungsänderung. Die geringsten Werte erzielt der relative VaR demnach über alle Konfidenzniveaus hinweg bei einem sinkenden Zahlungsverlauf (Szenario C). Die höchsten Werte nimmt der steigende Cash

460 Zur Berechnung der höheren Momente einer Wahrscheinlichkeitsverteilung vgl. Abschnitt 2.3.3.2.

Flow-Verlauf B ein. In der Mitte liegen die relativen VaRs der konstanten Zahlungsreihe (Szenario A).

*Tab. 4-XVI: Relativer VaR bei Abhängigkeit und nicht-neutraler Erwartungshaltung*

| | | Relativer VaR | | | | | |
|---|---|---|---|---|---|---|---|
| | | Optimismus | | | Pessimismus | | |
| | **Szenario** | A | B | C | A | B | C |
| 1-α | 90% | 43,08 | 47,22 | 41,35 | 37,04 | 40,01 | 35,71 |
| | 95% | 50,26 | 54,34 | 48,42 | 42,68 | 45,62 | 41,34 |
| | 96% | 52,05 | 56,13 | 50,22 | 44,22 | 47,19 | 42,94 |
| | 97% | 54,15 | 58,20 | 52,33 | 46,14 | 49,07 | 44,89 |
| | 98% | 56,82 | 60,82 | 54,93 | 48,63 | 51,56 | 47,43 |
| | 99% | 60,87 | 64,83 | 59,06 | 52,57 | 55,57 | 51,35 |

Ein Vergleich der Bewertungsniveaus der relativen VaRs zeigt deutliche Unterschiede zwischen beiden Erwartungshaltungen. Es steigt (sinkt) gegenüber dem Fall der Neutralität bei optimistischen (pessimistischen) Erwartungen. Erneut sollen diese anhand der Ergebnisse der Monte-Carlo-Simulation für das konstante Cash Flow-Szenario A analysiert werden. Tabelle XVII zeigt die Momente der simulierten Kapitalwertverteilung und den absoluten VaR für 1-α von 99%.

*Tab. 4-XVII: Auszug der Monte-Carlo-Simulation für Cash Flow-Szenario A bei Abhängigkeit und nicht-neutralen Erwartungen*

| | Optimismus | Pessimismus |
|---|---|---|
| Minimum | -70,28 | -73,54 |
| Maximum | 121,03 | 123,83 |
| μ | 22,65 | 11,96 |
| σ | 30,80 | 30,80 |
| γ | -0,05 | 0,42 |
| ε | -0,91 | -0,61 |
| 1-α von 99% | -38,22 | -40,61 |

Bei Betrachtung der Schiefe (γ) und Kurtosis (ε) fällt auf, dass die simulierten Kapitalwertverteilungen im Fall der Abhängigkeit deutlich von einer (Multi-)Normalverteilung abweichen. Die leicht negative Schiefe von -0,05 im optimistischen Fall deutet auf eine leichte Linksschiefe bzw. Rechtssteilheit der Verteilung hin. Die positive Schiefe der Verteilung bei pessimistischer Erwartungshaltung von 0,42 zeigt demgegenüber eine deutliche Rechtsschiefe bzw. Linkssteilheit. Die Flachgipfligkeit beider Verteilungen wird anhand der negativen Kurtosis (-0,91 bzw. -0,61) deutlich. Die stark unterschiedlichen Erwartungswerte (μ) und die geringfügig verschiedenen Verteilungsgrenzen (Minimum bzw. Maximum) zeigen, dass die Erwartungsänderung bei Abhängigkeit *keine* gleichgewichtige Verschiebung der Verteilung um den Betrag des veränderten nicht-risikoadjustierten Erwartungswertes bewirkt. Daher erfolgt durch den erwarteten nicht-risikoadjustierten Kapitalwert (Optimismus: 22,65; Pessimismus: 11,96) kein vollständiger Ausgleich der Unterschiede in den absoluten VaRs (Optimismus: -38,22; Pessimismus: -40,61). Dies zeigen die deutlich unterschiedlichen Werte der relativen VaRs:

*Optimismus:* $VaR_{99\%}^{rel} = 22{,}65 - (-38{,}22) = 60{,}87$

bzw.

*Pessimismus:* $VaR_{99\%}^{rel} = 11{,}96 - (-40{,}61) = 52{,}57$

Im Folgenden wird untersucht, welche Auswirkungen die bisherigen Ergebnisse auf die investitionsspezifischen RARoRACs haben. Abbildung 4-XIII zeigt die Entwicklung der RARoRAC je Cash Flow-Szenario bei steigendem Konfidenzniveau zunächst für den Fall optimistischer Erwartungen.[461] Bei Unabhängigkeit ändert eine optimistische Erwartungshaltung weder den risikoadjustierten Kapitalwert noch den relativen VaR signifikant. Aufgrund dieser Stabilität der maßgeblichen Zähler- und Nennergröße des RARoRAC entspricht der beobachtbare Verlauf über alle Konfidenzniveaus und Cash Flow-Szenarios dem im Grundmodell.

Werden hingegen stochastische Abhängigkeiten unterstellt, machen sich die Auswirkungen einer optimistischen Erwartungsänderung auch im RARoRAC bemerkbar. Das hierdurch resultierende Absinken des risikoadjustierten Kapitalwertes und der Anstieg des relativen VaRs bewirken eine Abnahme des Niveaus des RARoRAC für alle Konfidenzniveaus und Cash Flow-Szenarios. Sie führt dazu, dass der RARoRAC durchweg im negativen Bereich liegt. Die bereits im Fall neutraler Erwartungen gebildete Rangfolge bleibt allerdings erhalten. Die RARoRAC-Werte des konstanten Zahlungsverlaufes (Szenario A) entwickeln sich von -0,04 bei 1-α von 90% bis -0,03 bei 1-α von 99%. Die höchsten Werte nimmt der RARoC bei sinkenden Zahlungen in Szenario C an. Die

461 Eine tabellarische Aufstellung der realisierten RARoRACs findet sich für beide Erwartungstendenzen in Anhang 4.3.5.4.

Entwicklung reicht hier für die entsprechenden Konfidenzniveaus von -0,03 bis -0,02. Am deutlichsten in den negativen Bereich fällt das Szenario B mit dem steigenden Cash Flow. Sein RARoRAC entwickelt sich von -0,08 bei 1-α von 90% bis -0,06 bei 1-α von 99%.

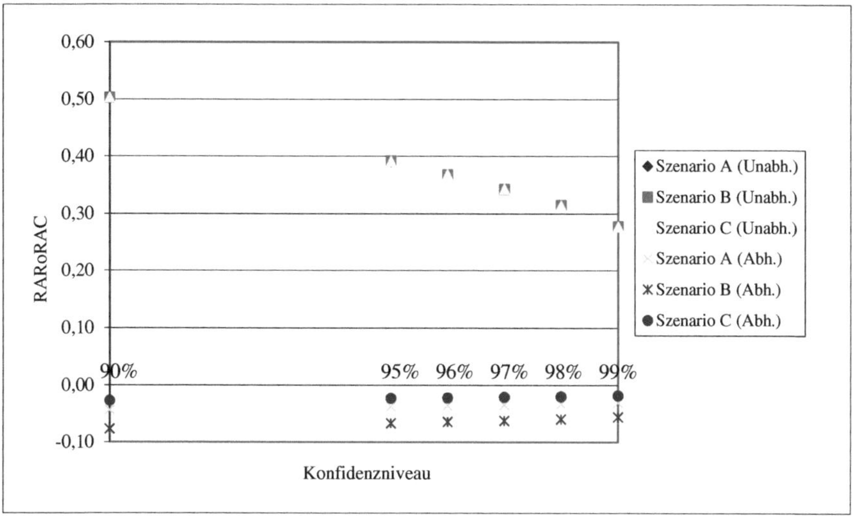


*Abb. 4-XIII: Entwicklung des RARoRAC bei optimistischer Erwartungshaltung und steigendem Konfidenzniveau*

Abbildung 4-XIV zeigt die Entwicklung der RARoRACs bei Annahme einer pessimistischen Erwartungshaltung. Bei Unabhängigkeit lassen sich die Ausführungen zu einer optimistischen Erwartungsänderung auf den Fall bei Pessimismus übertragen. Auch hier nehmen die RARoRACs aller Cash Flow-Szenarien bei allen Konfidenzniveaus die gleichen Werte wie bei Neutralität an.

Bei stochastisch abhängigen Cash Flows führen die gegenüber dem Grundmodell erhöhten risikoadjustierten Kapitalwerte und die geringeren relativen VaRs zu einem Anstieg des betragsmäßigen Niveaus der RARoRACs. Die Bewertungsrangfolge ändert sich gegenüber dem Grundmodell jedoch auch hier nicht. Die höchsten Werte nimmt der RARoRAC über alle Konfidenzniveaus erneut bei Cash Flow-Szenario C an. Mit steigendem Konfidenzniveau sinkt er von 0,22 bei 1-α von 90% auf 0,15 bei 1-α von 99%. In der Mitte liegt mit einer Entwicklung von 0,21 bis 0,15 für die entsprechenden Konfidenzniveaus das konstante Cash Flow-Szenario A. Die geringsten RARoRAC-Werte generiert

Szenario B. Mit dem Anstieg des Konfidenzniveaus ist hier eine abnehmende Entwicklung von 0,18 bis 0,13 festzustellen.

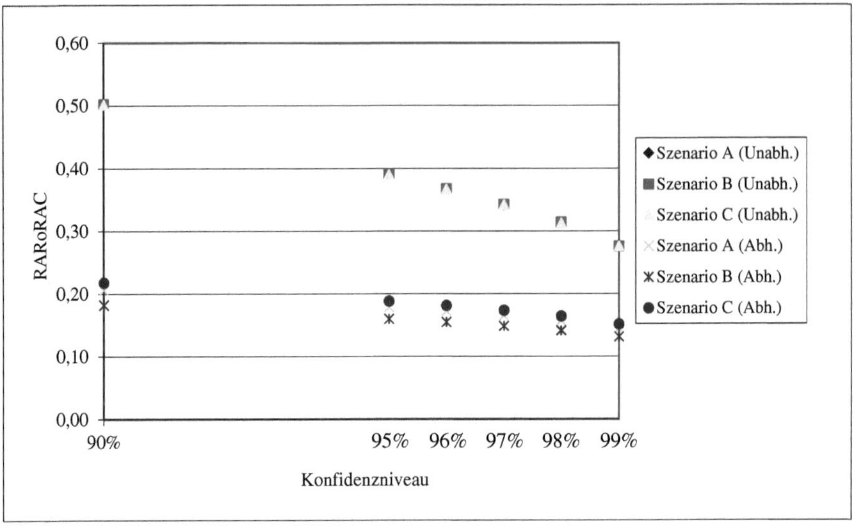


*Abb. 4-XIV: Entwicklung des RARoRAC bei pessimistischer Erwartungshaltung und steigendem Konfidenzniveau*

Eine Modifikation der Erwartungshaltung verändert die Bewertungsrangfolgen der risikoadjustierten Kapitalwerte und der RARoRACs gegenüber dem Grundmodell somit nicht. Die Konsistenz der aus beiden Verfahren resultierenden Investitionsentscheidungen ist demnach weiterhin gegeben. Einen Effekt haben nicht-neutrale Erwartungen lediglich bei abhängigen Cash Flows auf das Bewertungsniveau beider Verfahren. Dieses steigt bei pessimistischen Erwartungen. Ein Absinken des Bewertungsniveaus ist bei einer optimistischen Erwartungshaltung zu beobachten.

### 4.3.6 Investitionsbewertung bei modifizierter Verteilungsannahme

#### 4.3.6.1 Implikationen einer modifizierten Verteilungsannahme

In den bisherigen Darstellungen wurde auf Basis der in der Szenarioanalyse erfassten Cash Flow-Prognose von einer Normalverteilung der periodenspezifischen Cash Flows ausgegangen. Diese wird auch einer Ermittlung des CAPM-basierten Kapitalwertes zu Grunde gelegt.[462] Unter dieser Voraussetzung werden die periodischen Cash Flow-Verteilungen vollständig durch ihre ersten beiden Momente beschrieben. Diese Momente gehen in die Berechnung der Kovarianz zwischen den Cash Flows und der ebenfalls normalverteilten Marktrendite ein. Die CAPM-basierte Bestimmung des risikoadjustierten Kapitalwertes setzt die Annahme normalverteilter unsicherer Parameter somit unabhängig von der konkreten Intention der i.d.R. auf Expertenmeinungen basierenden Szenarioanalyse durch. Im Gegensatz dazu erfordert die Monte-Carlo-Simulation neben einer Angabe der in der Szenarioanalyse erfassten diskreten Cash Flow-Ausprägungen die explizite Spezifikation der zwischen diesen Ausprägungen gültigen Verteilungsannahme. Bislang wurde hierfür beispielhaft die Normalverteilung unterstellt. Aufgrund der Vielzahl der zur Verfügung stehenden Alternativen, erwächst aus der Wahl der Verteilungsannahme jedoch ein großer Spielraum für bewusste oder unbewusste Manipulationen des Trägers einer Investitionsentscheidung.[463] In den folgenden Abschnitten soll daher analysiert werden, welche Auswirkungen die Abweichung von der Normalverteilungsannahme auf die RAPM-basierte Investitionsbewertung haben kann bzw. ob hieraus verschiedene Investitionsentscheidungen aufgrund des risikoadjustierten Kapitalwertes bzw. des RARoRACs hervorgerufen werden. Beispielhaft wird für diese Analyse die *ß-Verteilung* herangezogen. Analog der bislang verwendeten Normalverteilung handelt es sich auch hier um eine stetige Verteilung. Im Gegensatz zur Normalverteilung ist ihr Wertebereich jedoch durch die mittels Unter- und Obergrenze abgesteckte Bandbreite beschränkt.[464] Da die ß-Verteilung bei den in der Szena-

---

462 Zu den Annahmen des CAPM vgl. Abschnitt 2.2.2.1.

463 Vgl. *Henking* [Risikoanalyse], S. 12. *Henking* sieht in der unscharfen Modellierung der Verteilungen die Hauptgefahr bei Risikoanalysen. *Keefer/Bodily* quantifizieren den verzerrenden Einfluss, der aus der Verteilungsannahme im Rahmen einer nicht hinreichend spezifizierten Dreipunktschätzung erwachsen kann (vgl. *Keefer/Bodily* [Three-Point Approximations], S. 595).

464 Eine ausführliche Definition der ß-Verteilung findet sich bei *Heider*, der die ß-Verteilung in einer simulativen Risikoanalyse für Investitionsplanungen einsetzt (vgl. *Heider* [Simulationsmodell], S. 81 ff.).

rioanalyse erfassten Cash Flow-Ausprägungen ansetzt, können die resultierenden Unterschiede in der RAPM-Bewertung allein auf die veränderte Verteilungsannahme zurückgeführt werden.

Die ß-Verteilung wird durch die Parameter $\delta_1$ und $\delta_2$ beschrieben.[465] Der Mittelwert $\mu$ ergibt sich in Abhängigkeit von $\delta_1$ und $\delta_2$ und der Unter- und Obergrenze (DC bzw. UC) des geschätzten Wertebereiches gemäß folgender Gleichung:[466]

$$\mu = DC + \frac{\delta_1}{\delta_1 + \delta_2} \cdot (UC - DC) \tag{4-39}$$

Die Auflösung von Gleichung 4-27 nach $\delta_1$ bzw. $\delta_2$ führt zu den folgenden beiden Ausdrücken:

$$\delta_1 = \delta_2 \cdot \frac{DC - \mu}{\mu - UC} \tag{4-40}$$

bzw.

$$\delta_2 = \delta_1 \cdot \frac{\mu - UC}{DC - \mu} \tag{4-41}$$

Durch Einsetzen von Gleichung (4-40) bzw. (4-41) in (4-39) lässt sich $\delta_1$ oder $\delta_2$ bei Bekanntheit von $\mu$ und DC bzw. UC berechnen. Es zeigt sich, dass $\delta_1$ bzw. $\delta_2$ bei neutralen Erwartungen identische, jedoch betragsmäßig nicht fixierte Werte annehmen müssen. Durch eine Variation beider Parameter können somit – unabhängig von den konkreten Angaben in der Szenarioanalyse – verschiedene Formen der ß-Verteilung generiert und in die Monte-Carlo-Simulation integriert werden (Abbildung 4-XV).[467]

465 Vgl. *Keefer/Bodily* [Three-Point Approximations], S. 600.

466 Vgl. *o. V.* [Guide], S. 470.

467 Bei Variation der Verteilungsparameter ist darauf zu achten, dass diese Parameter Werte >0 annehmen, da für $\delta_1$<=0, $\delta_2$<=0 keine ß-Verteilung existiert (vgl. *Heider* [Simulationsmodell], Anhang A11).

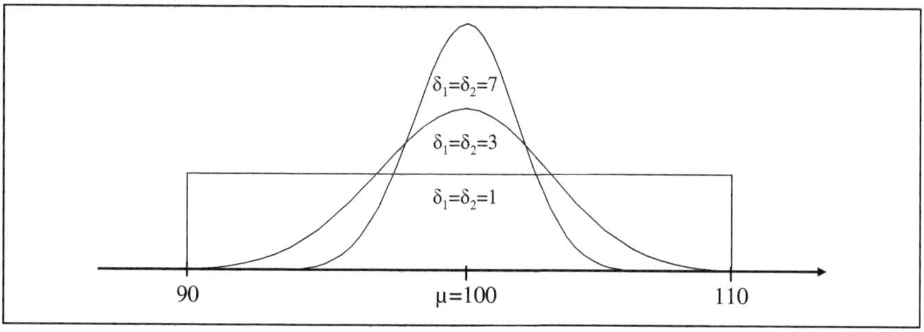


*Abb. 4-XV: Formen der ß-Verteilung bei neutraler Erwartungshaltung und variierendem $\delta_1$ bzw. $\delta_2$*

Abbildung 4-XV zeigt die in Abhängigkeit der Wahl von $\delta_1$ bzw. $\delta_2$ erzielten Formen der ß-Verteilung für die beispielhaften Werte $\delta_1 = \delta_2 \in \{1;3;7\}$ und eines Wertebereiches von [90; 110]. Zunächst wird deutlich, dass alle Werte innerhalb des angegebenen Wertebereiches liegen. Ein Blick auf die generierten Verteilungsformen zeigt zudem, dass sich diese von einer Gleichverteilung (für $\delta_1=\delta_2=1$) mit steigenden Parameterwerten zu einer immer stärker gewölbten symmetrischen Glocke entwickeln.

### 4.3.6.2 Notwendige Modifikationen am Grundmodell

Die Integration einer alternativen Verteilungsannahme erzeugt zunächst keinen Modifikationsaufwand am diskreten Zustandsbaum für stochastisch unabhängige und abhängige Cash Flows. Auch die Angaben zur Marktrendite bleiben unbeeinflusst. Aufgrund der Identität dieser Parameter können die Ergebnisse der CAPM-Bewertung unverändert aus dem Grundmodell übernommen werden.

Modifikationsaufwand entsteht ausschließlich im Rahmen der durchzuführenden Monte-Carlo-Simulation. Zur Integration der alternativen Verteilungsannahme sind neben den – im diskreten Zustandsbaum erfassten – Unter- und Obergrenzen der bedingten und unbedingten Cash Flow-Verteilungen durch den Entscheidungsträger konkrete Werte der Parameter ($\delta_1$ bzw. $\delta_2$) für die periodischen ß-Verteilungen anzugeben. Zur Analyse der Abhängigkeit der Bewertungsergebnisse von der Verteilungsannahme werden im Folgenden zwei alternative Parameterausprägungen unterstellt:[468]

468 Es wird vereinfachend davon ausgegangen, dass sich die Parameterwerte $\delta_1$ und $\delta_2$ im Zeitablauf nicht ändern.

Fall 1: $\delta_1 = \delta_2 = 1\ \forall t$

bzw.

Fall 2: $\delta_1 = \delta_2 = 7\ \forall t$

Auf dieser Basis werden im nächsten Abschnitt zwei separate Monte-Carlo-Simulationen durchgeführt. Die Auswirkungen auf die RAPM-basierte Investitionsbewertung wird anschließend analysiert.

### 4.3.6.3 Bewertung anhand RAPM

Die simulativ ermittelten relativen VaRs für die alternativen Parameterwerte $\delta_1$ bzw. $\delta_2$ von 1 bzw. 7 sind in Tabelle 4-XVIII beispielhaft für die Konfidenzniveaus (1-α) von 90%, 95%, 96%, 97%, 98% und 99% dargestellt.

*Tab. 4-XVIII: Relativer VaR bei Unabhängigkeit und modifizierter Verteilungsannahme*

| | | **Relativer VaR** | | | | | |
|---|---|---|---|---|---|---|---|
| | | $\delta_1=\delta_2=1$ | | | $\delta_1=\delta_2=7$ | | |
| | **Szenario** | A | B | C | A | B | C |
| 1-α | 90% | 11,71 | 11,71 | 11,72 | 5,14 | 5,15 | 5,15 |
| | 95% | 14,78 | 14,77 | 14,79 | 6,58 | 6,59 | 6,58 |
| | 96% | 15,63 | 15,62 | 15,65 | 6,98 | 6,99 | 6,99 |
| | 97% | 16,65 | 16,62 | 16,65 | 7,48 | 7,49 | 7,50 |
| | 98% | 17,95 | 17,89 | 17,92 | 8,15 | 8,14 | 8,16 |
| | 99% | 19,78 | 19,73 | 19,71 | 9,19 | 9,16 | 9,19 |

Analog der Situation im Grundmodell unterscheiden sich die relativen VaRs bei Unabhängigkeit über alle Cash Flow-Szenarien hinweg nur geringfügig. Zudem steigen die relativen VaRs für jedes Cash Flow-Szenario mit einem ansteigenden Konfidenzniveau.

Ein Vergleich der betragsmäßigen Niveaus der relativen VaRs abhängig von der Verteilungsannahme offenbart jedoch deutliche Unterschiede. Eine Betrachtung des Mittelwertes über alle Cash Flow-Verläufe und Konfidenzniveaus zeigt, dass das Niveau bei unterstellter ß-Verteilung gegenüber dem einer Normalverteilung deutlich sinkt. Betrug dieser Mittelwert bei Unabhängigkeit im Grundmodell noch 28,17, sinkt sein Wert bei ß-verteilten periodischen Cash Flows mit $\delta_1 = \delta_2 = 1$ um fast 43% auf 16,07. Ein Anstieg von $\delta_1$ bzw. $\delta_2$ auf einen

Wert von 7 hat eine noch stärkere Abnahme zur Folge. Der Mittelwert über alle Cash Flow-Verläufe und Konfidenzniveaus sinkt in diesem Fall gegenüber dem Grundmodell um gut 74% auf nur noch 7,26. Ursächlich für diese Abnahme ist der begrenzte Wertebereich der ß-Verteilung. Dieser verhindert stark negative Ausprägungen der periodischen Cash Flows und damit sehr geringe Ausprägungen des nicht-risikoadjustierten Kapitalwertes. Die Unterschiede der relativen VaRs in Abhängigkeit der Parameterausprägungen von $\delta_1$ bzw. $\delta_2$ sind wiederum durch die bei höheren Parameterwerten vorherrschende Konzentration der Cash Flow-Ausprägungen um den Mittelwert der Verteilungen zu erklären. Je stärker diese Konzentration ausfällt, desto geringer wird der prozentuale Anteil der stark negativen Cash Flow-Ausprägungen. Das Niveau der relativen VaRs sinkt entsprechend.

Bei intertemporaler Abhängigkeit der Cash Flows bildet sich für beide Ausprägungen von $\delta_1$ bzw. $\delta_2$ eine zum Grundmodell analoge Bewertungsrangfolge heraus (Tabelle 4-XIX). Erneut nehmen die relativen VaRs über alle Konfidenzniveaus bei sinkendem Cash Flow (Szenario C) die geringsten (und damit besten) Werte an. Die höchsten Werte resultieren bei steigendem Zahlungsverlauf (Szenario B). Die konstante Zahlungsreihe (Szenario A) liegt in der Mitte.

*Tab. 4-XIX: Relativer VaR bei Abhängigkeit und modifizierter Verteilungsannahme*

| | | **Relativer VaR** | | | | | |
|---|---|---|---|---|---|---|---|
| | | $\delta_1=\delta_2=1$ | | | $\delta_1=\delta_2=7$ | | |
| | **Szenario** | A | B | C | A | B | C |
| 1-α | 90% | 35,02 | 38,65 | 33,42 | 29,06 | 32,75 | 27,49 |
| | 95% | 38,30 | 41,90 | 36,74 | 30,66 | 34,33 | 29,08 |
| | 96% | 39,11 | 42,70 | 37,56 | 31,08 | 34,75 | 29,50 |
| | 97% | 40,04 | 43,64 | 38,47 | 31,58 | 35,25 | 30,00 |
| | 98% | 41,18 | 44,79 | 39,66 | 32,22 | 35,88 | 30,65 |
| | 99% | 42,81 | 46,40 | 41,26 | 33,21 | 36,86 | 31,64 |

Auch im Fall der Abhängigkeit bewirkt die Veränderung der Verteilungsannahme eine Senkung des betragsmäßigen Niveaus der relativen VaRs gegenüber dem Grundmodell. Die Abnahme fällt jedoch geringer aus als im Fall der Unabhängigkeit. Lag der Mittelwert über alle Cash Flow-Verläufe und Konfidenzniveaus bei Abhängigkeit im Grundmodell bei 50,45, so sinkt er bei Annahme der ß-Verteilung und einem Parameterwert von $\delta_1$ bzw. $\delta_2$ von 1 um gut 20% auf 40,09. Steigen die Parameterwerte für $\delta_1$ bzw. $\delta_2$ auf 7, sinkt der Mittelwert über alle Cash Flow-Verläufe und Konfidenzniveaus auf einen Wert von 32,00. Dies entspricht einer negativen Veränderung von ~37% gegenüber dem Grundmodell.

Durch die Senkung der Nennergröße bei Konstanz des Zählers bewirkt die Modifikation der Verteilungsannahme in jedem Fall eine Steigerung des Niveaus des bei der Investitionsentscheidung maßgeblichen RARoRAC. Abbildung 4-XVI zeigt dessen Entwicklung je Cash Flow-Szenario und steigendem Konfidenzniveau zunächst für $\delta_1$ bzw. $\delta_2$ von 1.[469]

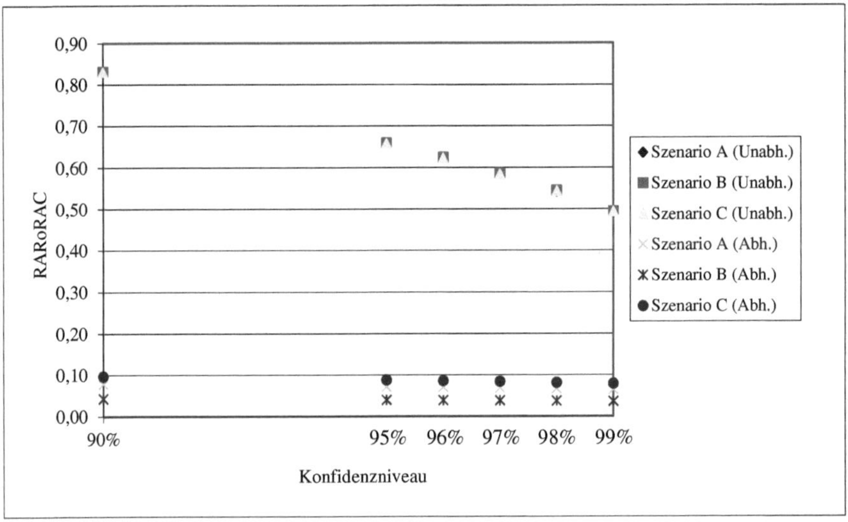


*Abb. 4-XVI: Entwicklung des RARoRAC in Abhängigkeit von 1-α bei modifizierter Verteilungsannahme ($\delta_1$=$\delta_2$=1)*

Bei Unabhängigkeit liegen die erzielten RARoRACs für alle Cash Flow-Szenarien zwischen 0,83 für 1-α von 90% (vs. 0,49 im Grundmodell) bis 0,49 für 1-α von 99% (vs. 0,27 im Grundmodell). Wie im Grundmodell fällt auch hier das Niveau der RARoRACs bei unterstellter Abhängigkeit. Gemäß der hier gebildeten Rangfolge liegen die RARoRACs der konstanten Zahlungsreihe (Szenario A) mit Werten zwischen 0,08 für 1-α von 90% (vs. 0,07 im Grundmodell) bis 0,06 für 1-α von 99% (vs. 0,05 im Grundmodell) in der Mitte. Für die entsprechenden Konfidenzniveaus sinken diese Werte bei steigenden Cash Flows (Szenario B) auf durchgehend auf 0.04 (vs. 0,04 bzw. 0,03 im Grundmodell). Die höchsten Werte des RARoRAC erzielt erneut das sinkende Cash

469 Eine tabellarische Aufstellung der RARoRACs findet sich für beide Parameterausprägungen in Anhang 4.3.6.3.

Flow-Szenario (Szenario C) mit Werten von 0,10 bis 0,08 (vs. 0,08 bis 0,06 im Grundmodell).

Werden die Verteilungsparameter $\delta_1$ bzw. $\delta_2$ auf einen Wert von 7 angehoben, steigt das Niveau der RARoRACs aufgrund des nun weiter sinkenden relativen VaR an (Abbildung 4-XVII).

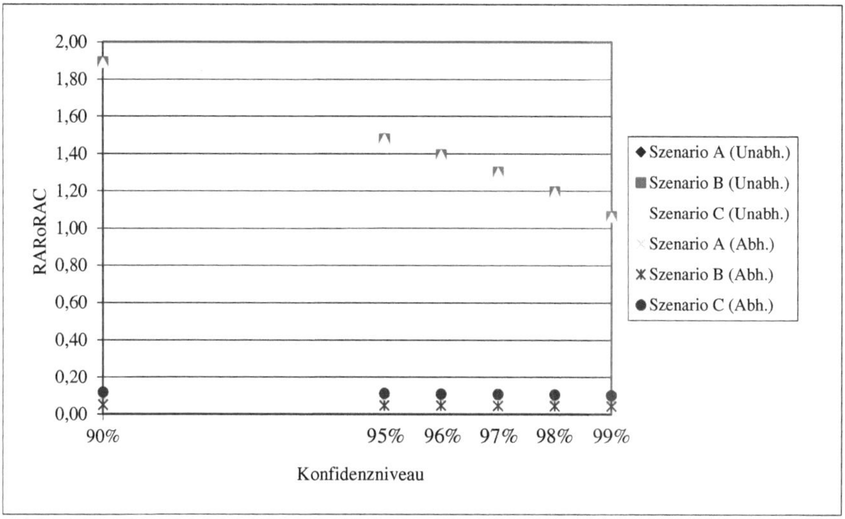


*Abb. 4-XVII: Entwicklung des RARoRAC in Abhängigkeit von 1-α bei modifizierter Verteilungsannahme ($\delta_1$=$\delta_2$=7)*

Besonders deutlich fällt diese Steigerung für die RARoRACs bei Unabhängigkeit aus. Ihre Werte reichen für alle Cash Flow-Szenarien von 1,89 bei einem Konfidenzniveau von 90% bis 1,06 für 1-α von 99% und liegen damit nochmals deutlich über den ohnehin schon angehobenen Werten der Situation $\delta_1$=$\delta_2$=1. Nicht ganz so deutlich fällt die Steigerung bei stochastisch abhängigen Cash Flows aus. Bei einer dem Fall $\delta_1$=$\delta_2$=1 identischen Bewertungsrangfolge entwickeln sich die RARoRAC-Werte im konstanten Cash Flow-Szenario C von 0,09 für 1-α von 90% bis 0,08 für 1-α von 99%. Leicht darunter nimmt der steigende Zahlungsverlauf für alle Konfidenzniveaus einen identischen Wert von 0,05 an. Erneut darüber liegt die sinkende Zahlungsreihe mit RARoRAC-Werten von 0,12 (1-α=90%) bis 0,10 (1-α=99%).

Es lässt sich festhalten, dass ein Entscheidungsträger das Bewertungsniveau des RARoRAC durch Wahl einer von der Normalverteilung abweichenden Verteilungsannahme gezielt beeinflussen kann. Bei der hier zu Grunde gelegten ß-Verteilung kann dieses deutlich gesteigert werden. Wird die alternative Verteilungsannahme zur Beschreibung der Cash Flows *aller* potenziellen Investitionsprojekte herangezogen, bleibt die resultierende Bewertungsrangfolge im Vergleich zur Rangfolge der risikoadjustierten Kapitalwerte jedoch unverändert. Dies gilt für den Fall stochastisch unabhängiger und abhängiger Cash Flows. Die aus beiden Kriterien resultierenden Investitionsentscheidungen bleiben somit auch bei dieser Modellvariation konsistent.

## 4.4 Kapitelfazit

Die Analyse der Übertragbarkeit von RAPM zur Investitionssteuerung auf den Nicht-Finanzbereich erfolgte in diesem Kapitel in Bezug auf das Risikotragfähigkeits- und das Risiko-Rendite-Kalkül. Die Einhaltung des Risikotragfähigkeitskalküls fordert ein der Risikoneigung des Entscheidungsträgers entsprechendes Verhältnis zwischen dem Risikopotenzial *nach* Durchführung eines potenziellen Investitionsprojektes und den insgesamt verfügbaren finanzwirtschaftlichen und erfolgsrechnerischen Risikodeckungsmassen. Ein direkter Einfluss auf die Investitionsentscheidung setzt voraus, dass die Risikodeckungsmassen bei entsprechender Überschreitung des Risikopotenzials unverändert bleiben und das Risikopotenzial nicht anderweitig verringert wird.

Ein Einfluss des Risikotragfähigkeitskalküls auf die Investitionsentscheidung wurde bei der Analyse des Risiko-Rendite-Kalküls ausgeblendet. Unter den getroffenen Annahmen entsprechen alle auf Basis des RARoRAC gebildeten Rangfolgen der unterschiedenen Cash Flow-Szenarien denen des risikoadjustierten Kapitalwertes. Dies gilt für das Grundmodell und alle anderen untersuchten Modellvariationen unabhängig von der Annahme einer intertemporalen Abhängigkeit der periodischen Cash Flows. Da der risikoadjustierte Kapitalwert als *First-best*-Lösung des Wertmanagements begriffen wurde, legt dies den Schluss nahe, dass die hier untersuchten RAPM-basierten Investitionsentscheidungen grundsätzlich mit den Zielen des Wertmanagements in Einklang stehen.

Eine Relativierung muss diese Aussage insbesondere vor dem Hintergrund der annahmegemäß ausgeschlossenen Diversifikationseffekte zwischen potenziellen Investitionsprojekten und dem unternehmerischen Investitionsprogramm erfahren. Diese Vereinfachung hatte zur Folge, dass der investitionsbezogene relative VaR unabhängig vom konkreten Bewertungskontext als maßgebliches Risikomaß angesetzt werden konnte. Demgegenüber wurde in Abschnitt 2.3.3.4

gezeigt, wie Diversifikationseffekte zu einer Reduktion des investitionsbezogenen Risikos führen können. Das folgende Beispiel zeigt die Abhängigkeit der im Rahmen des Risiko-Rendite-Kalküls getroffenen Schlussfolgerungen von solchen Diversifikationseffekten. Ausgangspunkt ist die Bewertung im Grundmodell bei einem beispielhaften Konfidenzniveau von 95% und einer simultanen Durchführung aller potenziellen Investitionsprojekte. Es wird weiter angenommen, dass sich das hierdurch zusätzlich übernommene (Downside-)Risikopotenzial im Kontext des gesamtunternehmerischen Investitionsprogramms gegenüber einer isolierten Betrachtung unter Vernachlässigung von Diversifikationseffekten um 20% reduziert. Die Beiträge der Investitionsprojekte zu dieser Risikoreduktion sind jedoch unterschiedlich. Das Projekt mit konstanten Cash Flows (Szenario A) verursacht 50% der Risikoreduktion. Die durch ansteigende bzw. sinkende Cash Flows charakterisierten Investitionsprojekte (Szenario B bzw. C) tragen zu 30% bzw. 20% zur Diversifikation bei. Die Auswirkungen auf die relativen VaRs zeigt Tabelle 4-XX.

*Tab. 4-XX: Einfluss von Diversifikationseffekten auf die investitionsspezifischen relativen VaRs*

| | **Szenario** | | |
|---|---|---|---|
| | **A** | **B** | **C** |
| (1) $VaR^{Rel}_{95\%}$ ohne Diversifikation | 25,41 | 25,41 | 25,41 |
| (2) Risikopotenzial ohne Diversifikation | 76,23 | | |
| (3) Diversifikationseffekt (=(2)*0,2) | 15,25 | | |
| (4) Risikopotenzial inkl. Diversifikation (=(2)-(3)) | 60,98 | | |
| (5) Verteilungsschlüssel | 50% | 30% | 20% |
| (6) Verursachungsgerechte Diversifikation (=(3)*(5)) | 7,63 | 4,58 | 3,05 |
| (7) $VaR^{Rel}_{95\%}$ inkl. Diversifikation (=(1)-(6)) | 17,79 | 20,84 | 22,36 |

Während die Berücksichtigung von Diversifikationseffekten in den investitionsbezogenen relativen VaRs im obigen Beispiel zur Bildung einer Rangfolge führt, bleiben die risikoadjustierten Kapitalwerte der Investitionsprojekte unverändert. Ursächlich hierfür ist die Bewertungsirrelevanz der durch die Diversifikation verringerten unsystematischen Risikobeiträge gemäß dem CAPM. Nehmen die risikoadjustierten Kapitalwerte für alle Investitionsprojekte einen unveränderten Wert von 9,74 an, ergibt sich aufgrund unterschiedlich hoher relativer VaRs nun die RARoRAC-basierte Präferenzrelation A>B>C. Die Konsistenz RAPM-basierter Investitionsentscheidungen mit den Zielen des Wertmanagements wäre demnach nicht länger gegeben. Sie würde durch den Einfluss unsystematischer Risiken auf die risikoadjustierte Investitionsbewertung mit RAPM durchbrochen.

Zusammenfassend kann die verursachungsgerechte Risikobewertung bei Existenz stochastischer Abhängigkeiten zwischen den potenziellen Investitionsprojekten und dem bereits realisierten Investitionsprogramm somit die Berücksichtigung gesamtunternehmensbezogener Zusammenhänge erforderlich machen.[470] Eine Rechtfertigung erhält die Vernachlässigung von Diversifikationseffekten dagegen unter dem Aspekt der Vorsicht. So haben die Ausführungen in Kapitel 3 gezeigt, dass einer validen Quantifizierung stochastischer Abhängigkeiten im Nicht-Finanzbereich Grenzen gesetzt sind.[471] Bevor diese Abhängigkeiten nicht realitätsgetreu in die Risikobewertung eingebracht werden, kann ihr Einfluss demnach auch vollständig vernachlässigt werden.[472]

Eine Risiko- und Renditeaspekte integrierende Unternehmensführung hat neben geeigneten Kennzahlen zur zielgerichteten Bewertung potenzieller Investitionsprojekte auch Informationen für die Performancekontrolle *bereits realisierter* Projekte bereitzustellen. In Analogie zu den Zielsetzungen der Investitionsbewertung hat eine hierfür zum Einsatz kommende Kennzahl ebenfalls auf die Entwicklung des Marktwertes des Eigenkapitals unter gleichzeitiger Berücksichtigung des eingegangenen Gesamtrisikos abzustellen.[473] Da die Performance bereits initiierter Projekte zudem regelmäßig bewertet werden muss, ist eine Kennzahl zur Performancekontrolle in einem perioden*bezogenen* Kontext zu formulieren.[474] Auf diese Weise bietet sie neben der Möglichkeit,

---

470 Vgl. *Häckel* [Sicherheitsäquivalente], S. 5. Eine Bewertung dieses Risikobeitrages kann mit Hilfe des Inkrementellen-, Marginalen- oder Komponenten-CFaR erfolgen (vgl. *Hoitsch/Winter* [Cash Flow at Risk], S. 243; *Diggelmann* [Value At Risk], S. 184; *Jorion* [Value at Risk], S. 154).

471 Vgl. Abschnitt 3.4.2.3.4.

472 *Schierenbeck/Lister* fordern daher die einfache Summation einzelner Risikofaktoren zum Gesamtrisikopotenzial unter Vernachlässigung kompensatorischer Diversifikationseffekte (vgl. *Schierenbeck/Lister* [Value Controlling], S. 366).

473 Vgl. *Kah* [Steuerung], S. 84. Darüber hinaus existieren Performancemaße, die keine direkte Verknüpfung zu den Ergebnissen der Investitionsbewertung zulassen. Beispiele sind bilanzielle Renditen wie die Eigenkapitalrendite.

474 Vgl. *Bauer* [Wertorientierte Steuerung], S. 147, *Schüler* [Performance-Messung], S. 84.

Abweichungen der erwarteten Erfolgsentwicklung rechtzeitig entgegen zu wirken auch einen Ansatzpunkt für den Performancevergleich von Investitionsprojekten unterschiedlicher Fristigkeit. Die Entwicklung einer solchen Kennzahl zur periodenbezogenen Kontrolle der risikoadjustierten Performance ist Gegenstand des folgenden Kapitels.

# 5 Periodische Kontrolle der risikoadjustierten Performance

## 5.1 Kapitelüberblick

Die bislang vorgestellten RAPM ermöglichen eine perioden*übergreifende* Bewertung potenzieller Nicht-Finanzinvestitionen zum Entscheidungszeitpunkt t=0. Ziel dieses Kapitels ist demgegenüber die Entwicklung perioden*bezogener* Kennzahlen zur regelmäßigen Kontrolle der risikoadjustierten Performance von Nicht-Finanzinvestitionen. In einem anwendungsbezogenen Kontext sollen die entwickelten Kennzahlen zudem als Maßstab für den periodischen Vergleich von Investitionen unterschiedlicher Fristigkeit herangezogen werden können.

Im Zuge der Entwicklung einer solchen Kennzahl wird in diesem Kapitel zunächst gezeigt, wie über das sog. *Lücke-Theorem* der Kapitalwert eines mehrperiodischen Investitionsprojektes auf Basis eines periodenbezogenen Residualgewinns ermittelt werden kann. Die Darstellung erfolgt zunächst unter der Annahme sicherer zukünftiger Cash Flows. Anschließend wird diese Annahme aufgegeben, und es erfolgt die Integration des systematischen Risikos in das Residualgewinnkonzept. Der resultierende, CAPM-basierte Residualgewinn wird schließlich einem modelltheoretischen Vergleich mit den periodischen Risk Adjusted Returns mehrerer einperiodischer Finanzinvestitionen unterzogen. Dies dient einerseits dazu, unter Vornahme der erforderlichen Anpassungen des Residualgewinns, eine periodische Kennzahl für die risikoadjustierte Performancekontrolle von Nicht-Finanzinvestitionen zu ermitteln. Des Weiteren sollen auf diese Weise zusätzliche Modifikationen bei der Anwendung dieser Kennzahl für den periodischen, risikoadjustierten Performancevergleich von Investitionen unterschiedlicher Fristigkeit aufgezeigt werden. Diese Ausführungen gehen zunächst von identischen systematischen Risiken von Finanz- und Nicht-Finanzinvestitionen aus. Das entwickelte Bewertungsinstrumentarium wird anschließend für den Fall divergierender systematischer Risiken modifiziert.

## 5.2 Mehrperiodische Investitionen und Periodenerfolgsrechnung

### 5.2.1 Definition des Periodenerfolgs

In den einzelnen Perioden der Nutzungsdauer einer Nicht-Finanzinvestition ist eine *eindeutige* periodische Erfolgsermittlung in der Praxis nicht möglich. Ursächlich hierfür sind Periodisierungsvorschriften und -wahlrechte. Sie haben zur Folge, dass die erwarteten Periodengewinne in der Regel von den bislang zu Grunde gelegten, periodischen Cash Flows abweichen. Die Periodisierung von Zahlungsgrößen macht den Ansatz von Vermögen und Schulden als „Abgrenzungsposten" notwendig. Ihre Wertänderungen nehmen Einfluss auf den Periodenerfolg. In einer allgemeinen Definition ergibt sich der Erfolg in Periode t ($PG_t$) damit als (operativer) Cash Flow ($CF_t$) abzüglich der Investitionsauszahlungen ($ICF_t$) zuzüglich der Vermögensänderung in t ($V_t$-$V_{t-1}$):[475]

$$PG_t = CF_t - ICF_t + V_t - V_{t-1} \tag{5-1}$$

Da der (operative) Cash Flow und die getätigten Investitionsauszahlungen an jedem Periodenende eindeutig messbar sind, bestimmt der konkrete Ansatz der Vermögenswertänderung die Aufteilung des Totalerfolgs (als Summe aller Cash Flows eines Investitionsprojektes) auf die Perioden der Nutzungsdauer.[476] Basiert die Erfolgsermittlung auf dem Anschaffungs- und Herstellungskostenprinzip, ist eine Modifikation der allgemeinen Definition des Periodengewinns erforderlich.[477] Beim Konzept des kaufmännischen Gewinns ($G_t$) ist jeder Vermögensgegenstand mit seinem Buchwert (BW) zu bewerten. Dieser entspricht

---

475 Vgl. z. B. *Gaber* [Gewinnermittlung], S. 48; *Crasselt* [Managemententlohnung], S. 46. *Crasselt* legt seiner Definition des Periodenerfolgs den Free Cash Flow als Saldo aus dem operativen Cash Flow und den Investitionsauszahlungen zu Grunde.

476 Zum Zusammenhang von Totalerfolg und Periodenerfolg vgl. z. B. *Franke/Hax* [Finanzwirtschaft], S. 82 ff.

477 *Crasselt* spricht in diesem Kontext vom „kaufmännischen Gewinn" (*Crasselt* [Managemententlohnung], S. 55 ff.). Dieser stellt nur eine mögliche Ausprägung für einen zur Vermögensbewertung ausgewählten Maßstab dar. Der sog. „ökonomische Gewinn" als weiteres, theoretisches Konzept der Erfolgsermittlung weist den zukünftig erwarteten Gewinn bereits vollständig zum Gründungszeitpunkt aus. Zum Konzept des ökonomischen Gewinns und einer kritischen Bewertung zu seinem Einsatz als Performancemaß vgl. z. B. *Mohnen* [Performancemessung], S. 78 ff.

seinen Anschaffungskosten abzüglich der bislang vorgenommenen Abschreibungen und zuzüglich etwaiger Zuschreibungen:[478]

$$G_t = CF_t - ICF_t + BW_t - BW_{t-1} \qquad (5\text{-}2)$$

bzw.

$$G_t = CF_t - AB_t \qquad (5\text{-}3)$$

Aus Gleichung (5-3) wird deutlich, dass die Vermögensänderung genau dem Abschreibungsbetrag der Periode ($AB_t$) entspricht. Die Vermögensbewertung überträgt sich über die Abschreibungen somit auf die periodische Erfolgsermittlung. Aufgrund der in Abschnitt 2.2.2.1 eingeführten Annahme diskreter Zahlungszeitpunkte ist zu beachten, dass die zur Gewinnermittlung in Periode t anfallenden Abschreibungen grundsätzlich am Periodenende in Abzug gebracht werden. Abschreibungen haben als nachperiodisierte Auszahlungen zur Folge, dass Cash Flows und Periodengewinne in einem Barwertkalkül zu unterschiedlichen Ergebnissen führen. Wie dennoch auf Basis beider Erfolgsmaßstäbe identische Barwerte, bzw. *Barwertkompatibilität* zum Entscheidungszeitpunkt t=0 erreicht werden kann, ist Gegenstand der folgenden Abschnitte.

## 5.2.2 Residualgewinnkonzept

### 5.2.2.1 Allgemeine Definition

Beim Residualgewinn handelt es sich allgemein um einen Periodengewinn abzüglich der Kosten für das eingesetzte Kapital.[479] Als moderne Beispiele von Residualgewinngrößen werden häufig der Economic Value Added (EVA)[480], Economic Profit (EP)[481] oder der Cash Value Added (CVA)[482] angeführt.[483] Sie

478 Vgl. *Crasselt* [Managemententlohnung], S. 56.

479 Vgl. z. B. *Ewert/Wagenhofer* [Rechnungslegung], S. 9; *Krotter* [Durchbrechungen], S. 3.

480 Der EVA ist eine eingetragene Marke der US-amerikanischen Unternehmensberatung *Stern Stewart & Co.* und wurde von *G. Bennett Stewart* 1991 erstmals veröffentlicht (vgl. *Stewart* [Quest]).

481 Vgl. *Copeland/Koller/Murrin* [Unternehmenswert], S. 184 ff.

alle modifizieren aus verschiedenen Gründen die Ausgangsgrößen zur Ermittlung des Residualgewinns.

*Coenenberg/Salfeld* differenzieren weiter und bezeichnen *„um die Kosten des Kapitalmarktes verminderte"* Residualgewinne als Wertbeitragsgrößen.[484] Im Folgenden wird die Erfolgsdefinition aus Gleichung (5-2) bzw. (5-3) zu Grunde gelegt. Die Cash Flows gelten zunächst als sicher, bzw. die Kapitalmarktteilnehmer als risikoneutral. Unter diesen Voraussetzungen kann der Residualgewinn in Periode t ($RG_t$) allgemein als Periodengewinn abzüglich des Produktes aus risikolosem Zinssatz ($r_{s,t}$) und des Wertes der Anfangsinvestition am Periodenbeginn t-1 zu Buchwerten ($BW_{t-1}$) definiert werden:

$$RG_t = G_t - r_{s,t} \cdot BW_{t-1} \qquad (5\text{-}4)$$

bzw.

$$RG_t = CF_t - AB_t - r_{s,t} \cdot (AB_t + BW_t) \qquad (5\text{-}5)$$

Gleichung (5-5) zeigt die vollständige Belegung der Abschreibung als nachperiodisierten Aufwand mit dem Kapitalkostensatz $r_{s,t}$. Werden Abschreibung und Kapitalkosten zum sog. Kapitaldienst ($KD_t$) zusammengefasst, ist eine alternative Definition des Residualgewinns möglich:

$$RG_t = CF_t - KD_t \qquad (5\text{-}6)$$

mit

$$KD_t = AB_t + r_{s,t} \cdot BW_{t-1} \qquad (5\text{-}7)$$

482 Der CVA wurde von der *Boston Consulting Group* entwickelt. Eine Darstellung des Konzepts findet sich z. B. bei *Coenenberg/Salfeld* [Unternehmensführung], S. 266 f.

483 Vgl. z. B. *Ewert/Wagenhofer* [Rechnungslegung], S. 9. *Coenenberg/Salfeld* bezeichnen die genannten Beispiele als die wohl bekanntesten Kennzahlen ihrer Art (vgl. *Coenenberg/Salfeld* [Unternehmensführung], S. 263).

484 *Coenenberg/Salfeld* [Unternehmensführung], S. 263.

Im Folgenden Abschnitt wird gezeigt, wie durch diese Modifikation eine Verknüpfung buchwertbasierter Residualgewinne mit dem nicht-risikoadjustierten Kapitalwert gemäß (4-12) erreicht werden kann.

### 5.2.2.2 Barwertkompatibilität zum Entscheidungszeitpunkt

Der im deutschen Sprachgebrauch als „*Lücke-Theorem*" bekannte Zusammenhang zeigt, wie auf Basis von Residualgewinnen eine Brücke zwischen Periodenerfolgs- und Investitionsrechnung geschlagen werden kann.[485] Die kalkulatorischen Zinsen fungieren im Residualgewinn als „Ausgleichsventil" zur Neutralisierung des Zinseffektes, der durch die Periodisierung der Investitionsauszahlung $A_0$ entstanden ist.[486] *Lücke* hat gezeigt, dass sich hierdurch die Barwerte der Cash Flows und der Residualgewinne im Entscheidungszeitpunkt t=0 entsprechen:

$$-A_0 + \sum_{t=1}^{T} CF_t \cdot (1+r_{s,t})^{-t} = KW(r_s) = \sum_{t=1}^{T} RG_t \cdot (1+r_{s,t})^{-t} \quad (5\text{-}8)$$

Aus Gleichung (5-6) und (5-8) ergibt sich für die Gewährleistung von Barwertkompatibilität folgender notwendiger Zusammenhang zwischen der Investitionsauszahlung und den Abschreibungen bzw. Kapitalkosten:

$$A_0 = \sum_{t=1}^{T} (AB_t + r_{s,t} \cdot BW_{t-1}) \cdot (1+r_{s,t})^{-t} \quad (5\text{-}9)$$

Voraussetzung für Barwertkompatibilität ist also eine Identität des Barwertes der Summe aus Abschreibungen und Kapitalkosten mit der Investitionsauszahlung.[487] Dies ist unter folgenden Voraussetzungen der Fall:[488]

---

485 Vgl. *Lücke* [Investitionsrechnungen], S. 310 ff.; *Lücke* [Zinsen], S. 3 ff. Die Bezeichnung „Lücke-Theorem" ist auf Franke zurückzuführen (vgl. *Franke* [Kosten], S. 189 ff.). Da *Preinreich* diesen Zusammenhang in der englischsprachigen Literatur schon deutlich früher formuliert hat (vgl. *Preinreich* [fair value], S. 131; *Preinreich* [Valuation], S. 239 ff.) herrscht z. T. auch die Bezeichnung „Preinreich-Lücke-Theorem" vor (vgl. z. B. *Kruschwitz* [Investitionsrechnung]).

486 *Lücke* [Investitionsrechnungen], S. 314.

487 Vgl. *Lücke* [Investitionsrechnungen], S. 315.

488 Vgl. *Ewert/Wagenhofer* [Interne Unternehmensrechnung], S. 67 f.; *Laux/Liermann* [Grundlagen], S. 602.

- Die Investitionsauszahlung wird vollständig aktiviert;
- Die Summe der undiskontierten Abschreibungen entspricht der aktivierten Investitionsauszahlung;
- Die Kapitalkosten werden jeweils auf den Buchwert der Investitionsauszahlung zu Periodenbeginn erhoben. Dieser entspricht der um die Abschreibungen der Vorperioden reduzierten Investitionsauszahlung.

Die ersten beiden Annahmen stellen im Hinblick auf die Abschreibung von Investitionsprojekten sicher, dass das sog. *Kongruenzprinzip* eingehalten wird. Demzufolge muss die Summe der Periodengewinne dem Totalerfolg, bzw. der Summe aller Cash Flows entsprechen.[489] Es ist ersichtlich, dass der in der dritten Annahme geforderte Ansatz von Kapitalkosten zu einer unmittelbaren Verletzung des Kongruenzprinzips führt. Dieser Verstoß wird jedoch durch die Interpretation der auf den Periodenerfolg angesetzten Kapitalkosten als Mindestgewinn aus Sicht der Eigenkapitalgeber gerechtfertigt.[490]

Ein hoher Stellenwert kommt dem Lücke-Theorem nicht primär durch die dadurch geschaffene Möglichkeit einer Investitionsrechnung auf Basis von Periodengewinnen zu.[491] Bedeutung erlangt es in erster Linie dadurch, eine mit dem Ziel der Marktwertmaximierung des Eigenkapitals konforme Gestaltung von Kontroll- und Anreizsystemen auf Basis der ohnehin vorhandenen Periodenerfolgsrechnung zu ermöglichen.[492]

Zur Veranschaulichung dieser Zusammenhänge wird im Folgenden auf das bekannte Beispiel des konstanten Cash Flow-Szenarios A aus dem Grundmodell in Kapitel 4 zurückgegriffen.[493] Hierbei wird von einem im Zeitverlauf konstanten risikolosen Zinssatz i.H.v. 6,00% ausgegangen. Tabelle 5-I stellt die Ergeb-

489 Zur Begrifflichkeit des „Kongruenzprinzips" vgl. *Schmalenbach* [Bilanz], S. 96 ff. Im englischen Sprachgebrauch ist dieses als „Clean-Surplus"-Prinzip bekannt (vgl. *Brief/Peasnell* [Introduction]). Soll der beschriebene Zusammenhang zwischen Markt- und Buchwert eines Investitionsprojektes für jede beliebige Periode seiner Nutzungsdauer zutreffen, soll also „Barwertidentität" gelten, ist das Kongruenzprinzip dahingehend zu erweitern, dass sich das Eigenkapital einer Periode auf Basis des Eigenkapitals der Vorperiode, zuzüglich des buchhalterischen Gewinns und abzüglich sämtlicher Auszahlungen an die Unternehmenseigner ergibt (vgl. *Krotter* [Durchbrechungen], S. 3 f.). Zum Begriff der Barwertidentität vgl. z. B. *Schüler/Krotter* [Konzeption], S. 430.

490 Vgl. *Crasselt* [Managemententlohnung], S. 66.

491 Aufgrund der systematisch höheren Anforderungen an Informationsbedarf und -verarbeitung für die Kennzahlenermittlung sieht *Laux* eine Cash Flow-basierte Investitionsbewertung sogar als überlegen an (vgl. *Laux* [Unternehmensrechnung], S. 150).

492 Vgl. *Terstege* [Transformation], S. 1 f.

493 Vgl. hierzu Abschnitt 4.3.3.1.

nisse einer Kapitalwertberechnung aufgrund von Zahlungsgrößen dem Barwert der gemäß Gleichung (5-4) gebildeten Residualgewinne gegenüber. Zur Periodisierung der Investitionsauszahlung in t=0 auf die Perioden der Nutzungsdauer wird auf eine lineare Abschreibung zurückgegriffen.

*Tab. 5-I: Barwertkompatibilität im Grundmodell bei Sicherheit*

| | | | Periode | | | |
|---|---|---|---|---|---|---|
| | | | **t=0** | **t=1** | **t=2** | **t=3** |
| **Berechnungsgrundlage** | Cash Flow | (1) $CF_t$ | -250,00 | 100,00 | 100,00 | 100,00 |
| | | $KW(r_s)$ | 17,30 | - | - | - |
| | Residual-gewinn | (2) $AB_t$ | - | 83,33 | 83,33 | 83,33 |
| | | (3) $G_t$ (=(1)-(2)) | - | 16,67 | 16,67 | 16,67 |
| | | (4) $BW_{t-1}$ | - | 250,00 | 166,67 | 83,33 |
| | | (5) $RG_t$ (=(3)-$r_{s,t}$*(4)) | - | 1,67 | 6,67 | 11,67 |
| | | $\Phi(RG)$ | 17,30 | - | - | - |

Das Beispiel verdeutlicht den in Gleichung (5-8) erfassten Zusammenhang bei Gültigkeit der genannten Voraussetzungen. Der Kapitalwert auf Basis der Cash Flows und der Barwert der Residualgewinne nehmen demnach zum Entscheidungszeitpunkt t=0 einen identischen Wert i.H.v. 17,30 an.

### 5.2.2.3 Einfluss der Gewinnermittlung auf den Residualgewinn

Die Betrachtung der Residualgewinne der einzelnen Perioden in Tabelle 5-I offenbart die Auswirkungen einer linearen Periodisierung der Anschaffungsauszahlung über die Nutzungsdauer einer Nicht-Finanzinvestition. Der im Zeitverlauf sinkende Buchwert hat einerseits eine sinkende Belastung des Gewinns mit Kapitalnutzungskosten zur Folge. Die weiterhin konstanten Abschreibungsbeträge sorgen für eine systematische Verschiebung des residualen Wertzuwachses auf spätere Perioden der Nutzungsdauer.[494] Die daraus resultierende Entwicklung des gemäß Gleichung (5-7) berechneten Kapitaldienstes ($KD_t$) und seiner Komponenten sind für den Fall der linearen Abschreibung im Grundmodell in Tabelle 5-II aufgeführt.

494 Vgl. *Hachmeister* [Wertbeitragskennzahlen], S. 100.

*Tab. 5-II: Entwicklung des Kapitaldienstes bei linearer Abschreibung*

| | Periode | | | |
|---|---|---|---|---|
| | t=0 | t=1 | t=2 | t=3 |
| (1) $AB_t$ | - | 83,33 | 83,33 | 83,33 |
| (2) $r_{s,t}*BW_{t-1}$ | - | 15,00 | 10,00 | 5,00 |
| (3) $KD_t$ (=(1)+(2)) | - | 98,33 | 93,33 | 88,33 |

Der Kapitaldienst nimmt aufgrund der obigen Erklärung bei der Gewinnermittlung auf Basis eines linearen Abschreibungsplans im Zeitablauf betragsmäßig ab. Da die Wahl des Abschreibungsplans und die daraus resultierende Entwicklung des Kapitaldienstes bei Gültigkeit der oben getroffenen Annahmen keine Auswirkungen auf den Barwert der Residualgewinne zum Investitionszeitpunkt t=0 haben (*Kapitalwertneutralität*), können hierdurch unterschiedliche Zielsetzungen verfolgt werden. Dies kann z. B. eine Minimierung der Steuerlast auf die ausgewiesenen Periodengewinne sein. Ein Abschreibungsplan kann jedoch auch zur Lösung spezifischer Problemstellungen der Investitionssteuerung herangezogen werden.

Eine informationsökonomische Fundierung von Residualgewinnen und deren Bedeutung zur Lösung von Anreizproblemen wird von *Rogerson* und *Reichelstein* vorgeschlagen.[495] Das Grundprinzip ihres Ansatzes wird im Rahmen der in diesem Kapitel verfolgten Entwicklung einer periodenbezogenen Kennzahl zur risikoadjustierten Performancekontrolle noch von Bedeutung sein. Es wird daher im Folgenden kurz beschrieben.[496] *Rogerson* und *Reichelstein* unterstellen ein mehrperiodisches Agency-Problem mit divergierenden, unbekannten Zeitpräferenzen von Manager und Eigentümer. Finanzielle Ressourcen sind ferner nicht begrenzt. Zur weiteren Vereinfachung werden beide Akteure im Folgenden zudem – in Abgrenzung zu *Rogerson* und *Reichelstein* – als risikoneutral angenommen. Dies erlaubt auch hier den Ansatz des risikolosen Zinssatzes zur Bemessung der Kapitalkosten. In diesem Kontext soll eine kapitalwertmaximale Investitionsauswahl durch den Manager aufgrund der periodischen Residualgewinngrößen erreicht werden. In Anlehnung an *Rogerson* und *Reichelstein* kann dieses Ziel durch eine Verteilung des Gesamtkapitaldienstes auf die Perioden der Nutzungsdauer nach dem *„relativen Tragfähigkeitsprinzip"* erreicht werden. Perioden mit hohen Cash Flows sollen demnach mit einem relativ hohen Anteil

495 Vgl. *Rogerson* [Cost Allocation]; *Reichelstein* [Investment Decisions].

496 Die folgende Darstellung orientiert sich an *Hachmeister* [Wertbeitragskennzahlen], S. 103 ff.

des Gesamtkapitaldienstes belastet werden, während Umgekehrtes für Perioden mit geringen Cash Flows gilt. Im Allgemeinen steht der Residualgewinn damit in einem proportionalen Verhältnis zum Cash Flow bzw. dem Kapitaldienst einer Periode. Bereits der periodische Residualgewinn zeigt in dieser Situation, ob das mehrperiodische Projekt kapitalwertsteigernd ist, oder nicht. Unter ausschließlicher Kenntnis der Strukturparameter der erwarteten Cash Flows ($\kappa_t$) ermitteln *Rogerson* und *Reichelstein* einen Belastungsparameter ($a_t$) zur Verteilung des Kapitaldienstes auf die einzelnen Perioden der Nutzungsdauer:[497]

$$a_t = \frac{\kappa_t}{\sum_{t=1}^{T} \frac{\kappa_t}{(1+r_{s,t})^t}} \tag{5-10}$$

Zur Sicherstellung der durch das Lücke-Theorem postulierten Barwertkompatibilität muss der Barwert dieser Belastungsparameter zudem eins ergeben:

$$\sum_{t=1}^{T} a_t \cdot (1+r_{s,t})^{-t} = 1 \tag{5-11}$$

Unter Annahme einer Periodisierung der Investitionsauszahlung nach dem Tragfähigkeitsprinzip entwickeln sich der Kapitaldienst, seine Komponenten und der Residualgewinn im Grundmodell wie in Tabelle 5-III dargestellt.[498] Die Konstanz der Cash Flows im Zeitablauf spiegelt sich zunächst im Belastungsfaktor $a_t$ wider, der durch Multiplikation mit der Anfangsinvestition einen periodisch konstanten Kapitaldienst ergibt. Er ist das Resultat von im Zeitverlauf abnehmenden Kapitalkosten und einer hiervon abhängigen, progressiven Abschreibung.[499] Als Resultat bleibt auch die residuale Wertschaffung auf einem konstanten Niveau von 6,47. Aufgrund der Erfüllung von Gleichung (5-11) wird zudem die Barwertkompatibilität der Residualgewinne erreicht.

---

497 Vgl. *Hachmeister* [Wertbeitragskennzahlen], S. 105. Durch den Strukturparameter können die erwarteten Cash Flows während der Nutzungsdauer der Nicht-Finanzinvestition in Relation zueinander gesetzt werden (vgl. *Crasselt* [Managemententlohnung], S. 108).

498 Anstelle einer Nutzung der Strukturparameter $\kappa_t$ kann der Belastungsparameter $a_t$ in diesem Kontext unter Rückgriff auf die konkreten Cash Flows ($CF_t$) berechnet werden.

499 Unter der hier gezeigten Annahme konstanter Cash Flows entspricht die periodische Abschreibung nach dem Tragfähigkeitsprinzip einer Annuitätenabschreibung. Zum Konzept der Annuitätenabschreibung vgl. *Gaber* [Gewinnermittlung], S. 177.

*Tab. 5-III: Kapitaldienst und Residualgewinn bei einer Abschreibung nach dem Tragfähigkeitsprinzip*

| | Periode | | | |
|---|---|---|---|---|
| | **t=0** | **t=1** | **t=2** | **t=3** |
| (1) $CF_t$ | -250 | 100 | 100 | 100 |
| (2) $a_t$ | - | 0,37 | 0,37 | 0,37 |
| $\Phi(a)$ | 1,00 | - | - | - |
| (3) $KD_t$ (=(2)*$A_0$)) | - | 93,53 | 93,53 | 93,53 |
| (4) $r_{s,t}$*$BW_{t-1}$ | - | 15,00 | 10,29 | 5,29 |
| (5) $AB_t$ (=(3)-(4)) | - | 78,53 | 83,24 | 88,23 |
| (6) $RG_t$ (=(1)-(3)) | - | 6,47 | 6,47 | 6,47 |
| $\Phi(RG)$ | 17,30 | - | - | - |

Das relative Beitragsverfahren stellt somit einen Ansatz zur Definition von Residualgewinnen auf Basis der Charakteristika des zu Grunde liegenden periodischen Cash Flows dar. Bevor auf die Bedeutung dieser Eigenschaft für die weiteren Ausführungen eingegangen wird, soll zunächst die Annahme sicherer zukünftiger Cash Flows bzw. risikoneutraler Kapitalmarktteilnehmer aufgehoben werden. Eine solche Modifikation erfordert eine Integration der systematischen Risiken in den buchwertbasierten Residualgewinn. Die Möglichkeiten dieser Integration sind Gegenstand der folgenden Abschnitte. Wie in den bisherigen Ausführungen wird zur Quantifizierung des systematischen Risikos auch hier auf das CAPM zurückgegriffen.[500] Eine Integration der hierdurch quantifizierten systematischen Risikokomponente erfolgt dabei zunächst durch die Risikozuschlagsmethode.[501]

500 Zum CAPM vgl. Abschnitt 2.2.2.2.

501 Zur Unterscheidung von Risikozuschlags- und Sicherheitsäquivalenzmethode vgl. Abschnitt 2.2.2.3.

## 5.2.3 Residualgewinne nach der Risikozuschlagsmethode

### 5.2.3.1 Berücksichtigung von Risiko im Residualgewinnkonzept

In den bisherigen Ausführungen unterlag die Definition des Residualgewinns stets der Annahme sicherer Cash Flows bzw. der Risikoneutralität der Kapitalmarktteilnehmer. Dies kam durch die Bemessung der Kapitalkosten und der Diskontierung der Residualgewinne mit dem risikolosen Zinssatz zum Ausdruck.

Bezüglich einer Risikoadjustierung von Residualgewinnen wird teilweise argumentiert, dass eine systematisch fehlerhafte Berücksichtigung des Risikos im Residualgewinn zu fehlerhaften, d.h. nicht kapitalwertmaximierenden Entscheidungen führe.[502] Trotz der primären Anführung dieser Kritik im Kontext der Anreizgestaltung wird auf diese Weise die grundsätzliche Eignung risikoadjustierter Residualgewinne zur Erzielung von Barwertkompatibilität in Frage gestellt.[503] *Crasselt* argumentiert demgegenüber, dass die Aufgabe der Annahme risikoneutraler Kapitalmarktteilnehmer die rechnerische Gültigkeit des Lücke-Theorems in keiner Weise einschränkt.[504] Anstelle des risikolosen Zinssatzes sei in diesem Fall lediglich ein perioden- und zustandsspezifischer risikoadjustierter Zinssatz heranzuziehen.[505] Geht diese Argumentation zunächst von einer Integration des systematischen Risikos im Kalkulationszinssatz aus (Risikozuschlagsmethode) schließt *Crasselt* auch eine Risikoadjustierung über Sicherheitsäquivalente nicht aus. Aufgrund der Probleme, die sich im Rahmen der Performancemessung ergeben, sei ein Ansatz des Risikos im Kalkulationszinssatz jedoch vorzuziehen.[506] Über die Argumentation, die Einhaltung von Barwertkompatibilität sei ungefährdet, solange eine Berechnung der Kapitalkosten mit dem gleichen Zinssatz erfolgt, der auch zur Diskontierung herangezogen wird,

502 Vgl. *Feltham/Olsen* [Residual Earnings], S. 169 ff.; *Velthuis* [Entwurf], S. 309 f.; *Crasselt* [Managemententlohnung], S. 133 ff., insb. S. 136.

503 Diese Interpretation findet sich auch bei *Bauer* (vgl. *Bauer* [Wertorientierte Steuerung], S. 214 ff.).

504 Vgl. *Crasselt* [Managemententlohnung], S. 69.

505 Vgl. *Crasselt* [Managemententlohnung], S. 71. Implizit geht *Crasselt* dabei von intertemporal abhängigen Cash Flows aus.

506 Es wird argumentiert, dass ein sinnvoller ex-post-Vergleich grundsätzlich nur dann möglich ist, wenn von einem tatsächlich realisierten Residualgewinn ein Abschlag in Höhe der Differenz aus Erwartungswert und Sicherheitsäquivalent vorgenommen wird. Dies sei jedoch unrealistisch (vgl. *Crasselt* [Managemententlohnung], S. 71).

schließen andere Autoren eine CAPM-basierte Integration des Risikos in den buchwertbasierten Residualgewinn zumindest nicht aus.[507]

Im Folgenden wird gezeigt, wie Barwertkompatibilität der buchwertbasierten Residualgewinne auf Basis der Risikozuschlagsmethode erreicht werden kann. Anhand des bekannten Beispiels von Cash Flow-Szenario A im Grundmodell werden in Analogie zu den Ausführungen in Kapitel 4 zudem die Fälle stochastisch unabhängiger (Abschnitt 5.2.3.2) und abhängiger Cash Flows (Abschnitt 5.2.3.3) unterschieden.

### 5.2.3.2 Stochastische Unabhängigkeit der Cash Flows

Bei stochastischer Unabhängigkeit ist im Rahmen der Residualgewinnermittlung dem zustandsunabhängigen systematischen Risiko der erwarteten Cash Flows Rechnung zu tragen. In Kapitel 4 wurde dieses ausschließlich auf Basis der Sicherheitsäquivalenzmethode als Abschlag auf den erwarteten, nicht-risikoadjustierten Kapitalwert betrachtet. Zur Integration des systematischen Risikos in das Residualgewinnkonzept gemäß Risikozuschlagsmethode sind daher zunächst die hinter den periodischen Sicherheitsabschlägen stehenden, risikoadjustierten Renditeerwartungen abzuleiten. Sie sind als erwartete, relative Wertänderungen aus Sicht der Periode t-1 zu interpretieren und berechnen sich auf Basis des Quotienten aus dem erwarteten Cash Flow von Periode t ($\mu(CF_t)$) und dessen risikolos diskontiertem Sicherheitsäquivalent ($EW_{t-1}$). Die unbedingten risikoadjustierten Renditeerwartungen ($r_{a,t}$) für Cash Flow-Szenario A im Grundmodell sind in Tabelle 5-IV berechnet.

Im Fall unabhängiger Cash Flows ist zu beachten, dass der in Tabelle 5-IV errechnete Zinssatz von 9,09% nur zur Diskontierung des Cash Flow der Periode t bis t-1 heranzuziehen ist. Die ggf. verbleibende Diskontierung bis zum Entscheidungszeitpunkt t=0 ist aufgrund der Annahme der intertemporalen Unabhängigkeit der Cash Flows mit dem risikolosen Zinssatz zu vollziehen.

507 Vgl. *Hachmeister* [Wertbeitragskennzahlen], S. 101; *Pfaff/Stefani* [Wertorientierte Unternehmensführung], S. 58 f.; *Mohnen* [Performancemessung], S. 117.

*Tab. 5-IV: Periodische, risikoadjustierte Renditeerwartungen bei unabhängigen Cash Flows*

| | Periode | | |
|---|---|---|---|
| | **t=1** | **t=2** | **t=3** |
| (1) $\mu(CF_t)$ | 100 | 100 | 100 |
| (2) $EW_{t-1}$ | 91,67 | 91,67 | 91,67 |
| (3) $r_{a,t}$ (=(1)/(2)-1) | 9,09% | 9,09% | 9,09% |

Für die zahlungsorientierte Berechnung des risikoadjustierten Kapitalwertes ($KW^{CAPM}$) aufgrund der Risikozuschlagsmethode gilt somit:

$$KW^{CAPM} = -A_0 + \sum_{t=1}^{T} CF_t \cdot \left[(1+r_{a,t})^{-1} \cdot (1+r_{s,t})^{-(t-1)}\right] \qquad (5\text{-}12)$$

Diese Besonderheit bei der Kapitalwertermittlung ist bei der Formulierung des risikoadjustierten Kapitaldienstes bei Unabhängigkeit zu berücksichtigen. Die hierin enthaltenen Kapitalkosten sind einer differenzierten Betrachtung zu unterziehen. Eine Belegung mit dem risikoadjustierten Zinssatz erfährt lediglich der als periodischer Kapitaleinsatz zu interpretierende Abschreibungsbetrag in t. Auf den am Ende von Periode t verbleibenden Restbuchwert des Vermögensgegenstandes ($BW_t$) ist dagegen der risikolose Zins anzusetzen. Es gilt zunächst folgende, zu Gleichung (5-7) alternative Formulierung des Kapitaldienstes:

$$KD_t = AB_t + r_{a,t} \cdot AB_t + r_{s,t} \cdot BW_t \qquad (5\text{-}13)$$

Bezogen auf das bisherige Zahlenbeispiel würde die Diskontierung der auf dieser Basis definierten Residualgewinne der Perioden 1 und 2 mit dem einer Zahlungsbetrachtung analogen Zinssatz zu geringe Barwerte in t=0 hervorbringen. Die Folge wäre ein zu geringer risikoadjustierter Kapitalwert. Ursächlich hierfür ist die in diesem Fall erfolgende Diskontierung der in $BW_t$ enthaltenen Abschreibungen der Folgeperioden mit dem risikoadjustierten Zinssatz $r_{a,t}$. Eine Vermeidung dieses Fehlers ist durch eine alternative Formulierung des Kapitaldienstes aus Gleichung (5-13) möglich. In dieser ist die zu hohe Diskontierung von $r_{s,t}$*BW durch Multiplikation mit dem Faktor ($1+r_{a,t}$) „rückgängig" zu machen und durch die korrekte Diskontierung mit dem Faktor ($1+r_{s,t}$) zu ersetzen. Für den Kapitaldienst bei Unabhängigkeit der Cash Flows gilt somit:

$$KD_t^{Unab} = AB_t + r_{a,t} \cdot AB_t + r_{s,t} \cdot BW_t \cdot \left( \frac{1+r_{a,t}}{1+r_{s,t}} \right) \quad (5\text{-}14)$$

In Anlehnung an Gleichung (5-6) ist der Residualgewinn bei Unsicherheit als Differenz auf dem Cash Flow-Erwartungswert von Periode t ($\mu(CF_t)$) und dem gemäß Gleichung (5-14) ermittelten Kapitaldienst abzuleiten als:

$$RG_t = \mu(CF_t) - KD_t^{Unab} \quad (5\text{-}15)$$

Tabelle 5-V zeigt die aufgrund eines gemäß den obigen Ausführungen ermittelten Residualgewinns erreichte Barwertkompatibilität beispielhaft für Cash Flow-Szenario A im Grundmodell bei linearer Abschreibung und einem risikolosen Zinssatz $r_{s,t}$ von 6,00%.

*Tab. 5-V: Barwertkompatibilität bei Unabhängigkeit der periodischen Cash Flows und linearer Abschreibung*

| | Periode | | | |
|---|---|---|---|---|
| | t=0 | t=1 | t=2 | t=3 |
| (1) $\mu(CF_t)$ | -250,00 | 100 | 100 | 100 |
| $KW^{CAPM}$ | 9,74 | - | - | - |
| (2) $AB_t$ | - | 83,33 | 83,33 | 83,33 |
| (3) $BW_t$ | - | 166,67 | 83,33 | 0,00 |
| (4) $r_{a,t}$*$AB_t$ | - | 7,57 | 7,57 | 7,57 |
| (5) $r_{s,t}$*$BW_t$ | - | 10,00 | 5,00 | 0,00 |
| (6)=(5)*((1+$r_{a,t}$)/(1+$r_{s,t}$)) | - | 10,29 | 5,15 | 0,00 |
| (7) $KD^{Unab}_t$ (=(2)+(4)+(6)) | - | 101,20 | 96,05 | 90,90 |
| (8) $RG_t$ (=(1)-(7)) | - | -1,19 | 3,96 | 9,10 |
| Φ(RG) | 9,74 | - | - | - |

Barwertkompatibilität kann auch über eine Ableitung des Gesamtkapitaldienstes nach dem Tragfähigkeitsprinzip erreicht werden. Der modifizierte Belastungsparameter ($a^{Unab}_t$) für die *erwarteten* Strukturparameter ($\mu(\kappa_t)$) orientiert sich in diesem Fall an den maßgeblichen Diskontierungsfaktoren bei Unabhängigkeit:

$$a_t^{Unab} = \frac{\mu(\kappa_t)}{\sum_{t=1}^{T} \frac{\mu(\kappa_t)}{(1+r_{a,t}) \cdot (1+r_{s,t})^{t-1}}} \quad (5\text{-}16)$$

Eine analoge Anpassung ist auch für die Formulierung der Bedingung für Barwertkompatibilität erforderlich:

$$\sum_{t=1}^{T} a_t^{Unab} \cdot \left[(1+r_{a,t})^{-1} \cdot (1+r_{s,t})^{-(t-1)}\right] = 1 \quad (5\text{-}17)$$

In Bezug auf Cash Flow-Szenario A im Grundmodell entwickeln sich Kapitaldienst und Residualgewinn bei einer Verteilung des risikoadjustierten Kapitaldienstes nach dem Tragfähigkeitsprinzip wie in Tabelle 5-VII dargestellt.[508]

*Tab. 5-VI: Kapitaldienst und Residualgewinn bei Unabhängigkeit der periodischen Cash Flows und einer Abschreibung nach dem Tragfähigkeitsprinzip*

| | **Periode** | | | |
|---|---|---|---|---|
| | **t=0** | **t=1** | **t=2** | **t=3** |
| (1) $\mu(CF_t)$ | -250 | 100 | 100 | 100 |
| (2) $a^{Unab}_t$ | - | 0,38 | 0,38 | 0,38 |
| $\Phi$(a) | 1,00 | - | - | - |
| (3) $KD^{Unab}_t$ (=(2)*$A_0$)) | - | 96,25 | 96,25 | 96,25 |
| (4) $RG_t$ (=(1)-(3)) | - | 3,75 | 3,75 | 3,75 |
| $\Phi$(RG) | 9,74 | - | - | - |

Aufgrund der erwarteten, konstanten Cash Flows ist der Belastungsfaktor $a^{Unab}_t$ konstant. Die Annahme der Unsicherheit impliziert jedoch höhere Werte als im Fall sicherer Cash Flows (0,38 bei Unsicherheit vs. 0,37 bei Sicherheit). Dies schlägt sich in einem erhöhten risikoadjustierten, konstanten Kapitaldienst nieder (96,25 bei Unsicherheit vs. 93,53 bei Sicherheit). Die residuale Wertschaffung ist ebenfalls konstant, bewegt sich jedoch auf einem geringeren Niveau von 3,75 (vs. 6,47 bei Sicherheit).

508 Analog dem Fall bei Sicherheit erfolgt an dieser Stelle ein Rückgriff auf konkrete Cash Flow-Plandaten. Anstelle der erwarteten Cash Flow-Strukturparameter $\mu(\kappa_t)$ werden hierzu die erwarteten periodischen Cash Flows ($\mu(CF_t)$) verwendet.

### 5.2.3.3 Stochastische Abhängigkeit der Cash Flows

Analog dem Fall bei Unabhängigkeit sind auch zur Residualgewinnermittlung bei intertemporaler Abhängigkeit zunächst die impliziten, risikoadjustierten Renditeerwartungen zu berechnen. Im Gegensatz zur Situation bei Unabhängigkeit sind deren Berechnung bei Abhängigkeit jedoch die perioden- und zustandsspezifischen Erwartungs- bzw. Ertragswerte ($\mu(CF_{t,u})$ bzw. $EW_{t-1,u}$) zu Grunde zu legen. Die bedingten, risikoadjustierten Renditeerwartungen ($r_{a,t,u}$) für das Cash Flow-Szenario A im Grundmodell sind Tabelle 5-VII zu entnehmen.

*Tab. 5-VII: Perioden- und zustandsspezifische, risikoadjustierte Renditeerwartungen bei abhängigen Cash Flows*

| | Periode | | |
|---|---|---|---|
| | t=1 | t=2 | t=3 |
| | | | 121 |
| | | | 110,92 |
| | | | 9,09% |
| | | 110 | |
| | | 100,84 | |
| | | 9,09% | |
| | | | 99 |
| | | | 90,75 |
| (1) $\mu(CF_{t,u})$ | 100 | | 9,09% |
| (2) $EW_{t-1,u}$ | 91,67 | | |
| (3) $r_{a,t,u}$ (=(1)/(2)-1) | 9,09% | | 99 |
| | | | 90,75 |
| | | | 9,09% |
| | | 90 | |
| | | 82,50 | |
| | | 9,09% | |
| | | | 81 |
| | | | 74,25 |
| | | | 9,09% |

Da der erwartete, risikoadjustierte Zinssatz zustandsübergreifend einen identischen Wert annimmt, ist im Folgenden vereinfachend eine Durchschnittsbildung möglich. Analog dem Fall bei Unabhängigkeit kann daher mit einem konstanten periodenspezifischen Zinssatz i.H.v. 9,09% gerechnet werden. Bei intertemporaler Abhängigkeit ist dieser Zinssatz für die *gesamte* Diskontierung bis zum Investitionszeitpunkt t=0 anzusetzen. Die Ermittlung des zahlungsorientierten, risikoadjustierten Kapitalwertes ($KW^{CAPM}$) erfolgt damit gemäß der Risikozuschlagsmethode mit folgender Formel:

$$KW^{CAPM} = -A_0 + \sum_{t=1}^{T} CF_t \cdot (1 + r_{a,t})^{-t} \qquad (5\text{-}18)$$

Auch bei abhängigen Cash Flows müssen die Eigenschaften der Kapitalwertermittlung bei Zahlungsbetrachtung bei der Definition des risikoadjustierten Kapitaldienstes ($KD^{Abh}{}_t$) berücksichtigt werden. Sie gestaltet sich im Fall der Abhängigkeit vergleichsweise einfach, da Abschreibungen *und* Restbuchwert des Vermögensgegenstandes ($BW_t$) gleichermaßen mit dem risikoadjustierten Zinssatz zu belegen sind:

$$KD_t^{Abh} = AB_t + r_{a,t} \cdot (AB_t + BW_t) \qquad (5\text{-}19)$$

bzw.

$$KD_t^{Abh} = AB_t + r_{a,t} \cdot (BW_{t-1}) \qquad (5\text{-}20)$$

Für den risikoadjustierten Residualgewinn bei Abhängigkeit gilt somit:

$$RG_t = \mu(CF_t) - KD_t^{Abh} \qquad (5\text{-}21)$$

Tabelle 5-VIII zeigt die erreichte Barwertkompatibilität bei einer derartigen Ermittlung des buchwertbasierten Residualgewinns für das Cash Flow-Szenario A im Grundmodell bei einer linearen Abschreibung.

*Tab. 5-VIII: Barwertkompatibilität bei Abhängigkeit der periodischen Cash Flows und linearer Abschreibung*

| | Periode | | | |
|---|---|---|---|---|
| | t=0 | t=1 | t=2 | t=3 |
| (1) $\mu(CF_t)$ | -250,00 | 100 | 100 | 100 |
| $KW^{CAPM}$ | 2,74 | - | - | - |
| (2) $AB_t$ | - | 83,33 | 83,33 | 83,33 |
| (3) $BW_t$ | - | 166,67 | 83,33 | 0,00 |
| (4) $r_{a,t}*AB_t$ | - | 7,57 | 7,57 | 7,57 |
| (5) $r_{a,t}*BW_t$ | - | 15,14 | 7,57 | 0,00 |
| (6) $KD^{Abh}{}_t$ (=(2)+(4)+(5)) | - | 106,05 | 98,48 | 90,90 |
| (7) $RG_t$ (=(1)-(6)) | - | -6,05 | 1,52 | 9,10 |
| $\Phi$(RG) | 2,74 | - | - | - |

Soll der Residualgewinn nach dem relativen Beitragsverfahren ermittelt werden, ist das oben für den Fall der Unabhängigkeit der Cash Flows modifizierte Kalkül erneut anzupassen. Für den Belastungsparameter bei Abhängigkeit ($a^{Abh}{}_t$) gilt:

$$a_t^{Abh} = \frac{\mu(\kappa_t)}{\sum_{t=1}^{T} \frac{\mu(\kappa_t)}{(1+r_{a,t})^t}} \qquad (5\text{-}22)$$

Für die Gültigkeit des Lücke-Theorems muss der folgende Zusammenhang erfüllt sein:

$$\sum_{t=1}^{T} a_t^{Abh} \cdot (1+r_{a,t})^{-t} = 1 \qquad (5\text{-}23)$$

Die Entwicklung des so berechneten Kapitaldienstes und des daraus resultierenden Residualgewinns sind für Cash Flow-Szenario A des Grundmodells in Tabelle 5-IX aufgeführt.[509]

509 Wie im Fall der Unabhängigkeit werden für die gezeigten Berechnungen anstelle der erwarteten Cash Flow-Strukturparameter $\mu(\kappa_t)$ die erwarteten, periodischen Cash Flows ($\mu(CF_t)$) verwendet.

*Tab. 5-IX: Kapitaldienst und Residualgewinn bei Abhängigkeit der periodischen Cash Flows und einer Abschreibung nach dem Tragfähigkeitsprinzip*

| | Periode | | | |
|---|---|---|---|---|
| | t=0 | t=1 | t=2 | t=3 |
| (1) $\mu(CF_t)$ | -250 | 100 | 100 | 100 |
| (2) $a^{Abh}_t$ | - | 0,40 | 0,40 | 0,40 |
| $\Phi(a)$ | 1,00 | - | - | - |
| (3) $KD^{Abh}_t$ (=(2)*$A_0$)) | - | 98,91 | 98,91 | 98,91 |
| (4) $RG_t$ (=(1)-(3)) | - | 1,09 | 1,09 | 1,09 |
| $\Phi(RG)$ | 2,74 | - | - | - |

Der Belastungsfaktor $a^{Abh}_t$ ist aufgrund der alternativen Diskontierungssystematik bei Abhängigkeit im Vergleich zur Situation bei Unabhängigkeit auf einen konstanten Wert von 0,40 gestiegen (vs. 0,38 bei Unabhängigkeit). Dies schlägt sich in einem ebenfalls gestiegenen risikoadjustierten, konstanten Kapitaldienst von 98,91 (vs. 96,25 bei Unabhängigkeit) bzw. einem geringeren periodischen Residualgewinn von 1,09 (vs. 3,75 bei Unabhängigkeit) nieder.

## 5.2.4 Zwischenfazit

Mit dem Lücke-Theorem wurde das Fundament der weiteren Analyse gelegt. Es wurde gezeigt, wie nach einer Periodisierung der Anfangsinvestition eines Nicht-Finanzprojektes auf die Perioden seiner Nutzungsdauer eine Barwertkompatibilität auf Basis des buchwertbasierten Periodengewinnes erreicht werden kann. Welches konkrete Ziel durch diese Periodisierung dabei verfolgt wird, kann von verschiedensten Zielsetzungen abhängen. Am Beispiel des relativen Beitragsverfahrens wurde gezeigt, wie ein Abschreibungsplan aufgrund der konkreten Cash Flow-Struktur eines Investitionsprojektes barwertkompatibel ausgestaltet werden kann. Unterlagen die Ausführungen zunächst der Annahme der Sicherheit der zukünftigen Cash Flows bzw. der Risikoneutralität der Kapitalmarktteilnehmer, erfolgte schließlich eine Integration des systematischen Risikos anhand der Risikozuschlagsmethode. Für den Fall intertemporal unabhängiger und abhängiger Cash Flows wurde gezeigt, wie eine Berücksichtigung des systematischen Risikos im buchwertbasierten Residualgewinn unter Einhaltung des Lücke-Theorems erfolgen kann. Dabei wurden auch die jeweils notwendigen Modifikationen des Belastungsfaktors bei Anwendung des relativen Beitragsverfahrens dargestellt.

Die sich ergebenden Residualgewinne sind als periodenspezifische Kennzahlen zur risikoadjustierten Performancekontrolle jedoch noch nicht geeignet. Ursächlich hierfür ist, dass sich die als periodische Kapitaleinsätze fungierenden Abschreibungsbeträge noch nicht an dem zur Generierung der Periodenerfolge eingegangenen Gesamtrisiko orientieren. Eine zentrale Zielsetzung von RAPM ist damit nicht erfüllt.[510] Zur Ableitung des aus diesem Grunde notwendigen Anpassungsbedarfes wird im Folgenden auf einen modelltheoretischen Vergleich mit mehreren einperiodischen Finanzinvestitionen abgestellt. Diese erfahren eine Bewertung ihrer absoluten residualen Wertschaffung anhand des im Rahmen der Charakterisierung von RAPM vorgestellten Risk Adjusted Returns.[511] Sein Vergleich mit dem zuletzt abgeleiteten, CAPM-basierten Residualgewinn ist Gegenstand des folgenden Abschnittes.

## 5.3 Risk Adjusted Return vs. CAPM-basierter Residualgewinn

### 5.3.1 Annahmen

Für die weiteren Ausführungen sind weitere Annahmen erforderlich. Sie spezifizieren die als Vergleichsmaßstab herangezogenen, einperiodischen Finanzinvestitionen. Zugleich konkretisieren sie die für die Nicht-Finanzinvestitionen getroffenen Annahmen aus dem Abschnitt 4.3.1.1:

- Der Zeitraum bzw. die Haltedauer der einperiodischen Finanzinvestitionen beträgt jeweils ein Jahr. Die relevanten Erfolgsgrößen und die Messung ihrer negativen Abweichungen sind daher auf der Zahlungsebene angesiedelt.
- Die periodischen Cash Flows von Finanz- und Nicht-Finanzinvestitionen folgen einer Normalverteilung.
- Die Analyse basiert in einer ex-ante-Betrachtung auf Erwartungswerten.
- Die Periodenerfolge der Finanzinvestitionen sind intertemporal voneinander unabhängig.
- Die Risikoneigung des Managements bzw. das Konfidenzniveau zur Bemessung der Risikodeckungsmassen der Finanzinvestitionen sind über die gesamte Nutzungsdauer der Nicht-Finanzinvestition konstant.

510 Vgl. hierzu Abschnitt 2.4.3.

511 Vgl. hierzu Abschnitt 2.4.3.2.

## 5.3.2 Modellierung der einperiodischen Finanzinvestitionen

Es wird zunächst von einem identischen periodischen systematischen Risiko von Finanz- und Nicht-Finanzinvestitionen ausgegangen. Aufgrund der nicht notwendigerweise identischen Höhe der periodischen Cash Flow-Erwartungswerte sind die Standardabweichungen der Cash Flows der Nicht-Finanzinvestition in ihrer relativen Form, dem Variationskoeffizienten ($VK(CF_t)$), als Referenzwerte für die Modellierung der Finanzinvestitionen heranzuziehen:[512]

$$VK(CF_t) = \frac{\sigma(CF_t)}{\mu(CF_t)} \tag{5-24}$$

Im Grundmodell ergibt sich für Szenario A ein periodisch konstanter Variationskoeffizient von 0,1.[513] Im Folgenden wird weiterhin von einem konstanten risikolosen Zinssatz ($r_{s,t}$) von 6,00% ausgegangen. Der Marktpreis des Risikos ($\lambda_t$) i.H.v. 1,00 wird ebenfalls unverändert aus dem Grundmodell übernommen. Da das systematische Risiko von Finanz- *und* Nicht-Finanzinvestitionen in Relation zum konstanten Verlauf der Marktrendite gemessen wird, stimmen die risikoadjustierten Renditeerwartungen beider Investitionsarten überein. Der Eigenkapitalbedarf für die Finanzinvestition bestimmt sich am Risiko negativer Abweichungen vom periodisch konstanten, erwarteten Cash Flow i.H.v. 4,57. Da dieser einen positiven Wert annimmt, ist als relevantes, zahlungsorientiertes Risikomaß der relative CFaR ($CFaR^{Rel}{}_t$) zu verwenden.[514] Aufgrund der annahmegemäß normalverteilten periodischen Cash Flows kann dieser auf analytischem Wege gemäß Gleichung (3-2) berechnet werden. Hierbei wird in den gesamten weiteren Ausführungen von einem im Zeitablauf konstanten, beispielhaften Konfidenzniveau 1-α von 95% ausgegangen. Der zugehörige z-Wert der Standardnormalverteilung nimmt für das entsprechende α-Quantil einen Wert von 1,6449 an. Eine Zusammenfassung der Ausgangsdaten für die prognostizierten Finanzinvestitionen über die Nutzungsdauer der Nicht-Finanzinvestition zeigt Tabelle 5-X.

---

512 Vgl. z. B. *Hartung/Elpelt/Klösener* [Statistik], S. 117 f. Der Variationskoeffizient bezeichnet die Standardabweichung in Einheiten des arithmetischen Mittels und wird zum Vergleich der Variabilität von Verteilungen mit unterschiedlichen Mittelwerten herangezogen.

513 Aufgrund der konstanten Werte von $\sigma(CF_t)$ und $\mu(CF_t)$ von 10 bzw. 100 ergibt sich der Variationskoeffizient jeder Periode als 10/100=0,1.

514 Zur Unterscheidung von absolutem und relativem CFaR vgl. Abschnitt 3.4.2.1.

*Tab. 5-X: Charakteristika der Finanzinvestitionen bei identischem systematischem Risiko*

| | Periode | | |
|---|---|---|---|
| | **t=1** | **t=2** | **t=3** |
| (1) $\mu(CF_t)$ | 4,57 | 4,57 | 4,57 |
| (2) $VK(CF_t)$ | 0,10 | 0,10 | 0,10 |
| (3) $\sigma(CF_t)$ (=(1)*(2)) | 0,46 | 0,46 | 0,46 |
| (4) $Cov(CF_t;r_{M,t})$ | 1,20 | 1,20 | 1,20 |
| (5) $EW(CF_t)$ | 3,18 | 3,18 | 3,18 |
| (6) $r_{a,t}$ (=(1)/(5)-1) | 9,09% | 9,09% | 9,09% |
| (7) $z_{1-\alpha=95\%}$ | 1,6449 | 1,6449 | 1,6449 |
| (8) $CFaR^{Rel}_t$ (=(3)*(7)) | 0,75 | 0,75 | 0,75 |

Auf dieser Basis erfolgt im nächsten Abschnitt eine Gegenüberstellung der residualen, periodischen Wertschaffung von Finanz- und Nicht-Finanzinvestitionen, wobei für letztere erneut eine Unterscheidung von unabhängigen und abhängigen Cash Flows vorgenommen wird.

## 5.3.3 Gegenüberstellung der periodischen residualen Wertschaffung

Die periodenspezifische Messung der absoluten residualen Wertschaffung der Nicht-Finanzinvestitionen erfolgt aufgrund des CAPM-basierten Residualgewinns. Als Gegenstück hierzu wird für die Finanzinvestitionen auf den Risk Adjusted Return zurückgegriffen.[515] Der Risk Adjusted Return von Periode t ($RAR_t$) quantifiziert einen Erfolg nach Kosten der hierfür vorgehaltenen Risikodeckungsmassen. Deren Höhe wiederum bemisst sich nach dem, der Erfolgsgröße innewohnenden Risiko, gemessen durch den relativen CFaR. Der anzusetzende Kapitalkostensatz orientiert sich am CAPM-basierten systematischen Ri-

515 Zum Risk Adjusted Return als Zählergröße eines einperiodischen RARoRAC vgl. Abschnitt 2.4.3.2. Residualgewinn und Risk Adjusted Return werden häufig als synonyme Begriffe verwendet (vgl. z. B. *Bielefeld/Maifarth* [Kennzahlen], S. 164; *Weißenberger/Löhr* [Risikocontrolling], S. 14). In dieser Arbeit werden beide Begriffe jedoch zur differenzierten Bezeichnung der residualen Wertschaffung von Finanz- bzw. Nicht-Finanzinvestitionen verwendet.

siko. Gemäß der hier angenommenen, zahlungsorientierten Betrachtungsweise hat der periodische Risk Adjusted Return somit die folgende Form:

$$RAR_t = G_t - r_{a,t} \cdot CFaR_t^{Rel} \tag{5-25}$$

bzw.

$$RAR_t = \mu(CF_t) - (1 + r_{a,t}) \cdot CFaR_t^{Rel} \tag{5-26}$$

Die konzeptionelle Ähnlichkeit zum Residualgewinn wird bei genauerer Betrachtung des in (5-26) implizit angesetzten Kapitaldienstes deutlich. Für diesen gilt:

$$KD_t = CFaR_t^{Rel} + r_{a,t} \cdot CFaR_t^{Rel} \tag{5-27}$$

Der Kapitaldienst ergibt sich gemäß (5-27) als Summe aus periodischem Kapitaleinsatz – gemessen durch den $CFaR^{Rel}{}_t$ – und der hierauf zu erwirtschaftenden Mindestrendite. Im Gegensatz zum Residualgewinnkonzept enthält $KD_t$ im Risk Adjusted Return somit keine Kapitalkosten auf die am Ende von Periode t verbleibende Kapitalbindung. Rechentechnisch entspricht dies einer vollständigen Abschreibung des zu Beginn der Periode t erworbenen und vollständig aktivierten Vermögensgegenstandes am Ende von t. Als nachperiodisierter Aufwand ist die Kapitalvorhaltung i.H.v. $CFaR^{Rel}{}_t$ analog $AB_t$ im Residualgewinnkonzept vollständig mit Kapitalkosten zu belegen. Konzeptionell entspricht der Risk Adjusted Return somit einem einperiodischen Residualgewinn.

Die aufgrund der Ausgangsdaten in Tabelle 5-X berechneten Risk Adjusted Returns der Finanzinvestitionen werden in der folgenden Tabelle 5-XI den Residualgewinnen der Nicht-Finanzprojekte aus den Abschnitten 5.2.3.2 bzw. 5.2.3.3 gegenübergestellt. Bei letzteren wird eine lineare Abschreibung und eine Abschreibung nach dem Tragfähigkeitsprinzip der Anfangsinvestition über die Nutzungsdauer verglichen. Es findet zudem eine Unterscheidung der Situationen intertemporal unabhängiger und abhängiger Cash Flows statt.[516]

516 Die Daten der Nicht-Finanzinvestition sind für den Fall der Unabhängigkeit Abschnitt 5.2.3.2 bzw. für Abhängigkeit Abschnitt 5.2.3.3 entnommen.

*Tab. 5-XI:* *Gegenüberstellung der absoluten residualen Wertschaffung bei linearer Abschreibung der Nicht-Finanzinvestition*

| | **Periode** | | | |
|---|---|---|---|---|
| | **t=0** | **t=1** | **t=2** | **t=3** |
| **Finanzinvestition** | | | | |
| (1) $\mu(CF_t)$ | - | 4,57 | 4,57 | 4,57 |
| (2) $KD_t$ (=$CFaR^{Rel}_t*(1+r_{a,t})$) | - | 0,82 | 0,82 | 0,82 |
| (3) $RAR_t$ (=(1)-(2)) | - | 3,75 | 3,75 | 3,75 |
| Φ(RAR) | 9,74 | - | - | - |
| **Nicht-Finanzinvestition** | | | | |
| Unabhängigkeit | | | | |
| $RG_t$ (lineare AB) | - | -1,19 | 3,96 | 9,10 |
| Φ(RG) | 9,74 | - | - | - |
| $RG_t$ (AB nach Tragfähigkeit) | - | 3,75 | 3,75 | 3,75 |
| Φ(RG) | 9,74 | - | - | - |
| Abhängigkeit | | | | |
| $RG_t$ (lineare AB) | - | -6,05 | 1,52 | 9,10 |
| Φ(RG) | 2,74 | - | - | - |
| $RG_t$ (AB nach Tragfähigkeit) | - | 1,09 | 1,09 | 1,09 |
| Φ(RG) | 2,74 | - | - | - |

Die Betrachtung der periodischen Finanzinvestitionen über die prognostizierten Perioden offenbart eine identische residuale Wertschaffung von 3,75 je Periode. Zum Barwert verdichtet, ergibt sich in t=0 ein risikoadjustierter Kapitalwert i.H.v. 9,74. Bei der Nicht-Finanzinvestition bei Unabhängigkeit der Cash Flows unterscheiden sich die periodischen Residualgewinne bei linearer Abschreibung stark voneinander. Die Abschreibung der Anfangsinvestition nach dem Tragfähigkeitsprinzip vereinheitlicht die Residualgewinne der Nicht-Finanzinvestition über die gesamte Nutzungsdauer. Ein ähnliches Bild bei einem geringeren betragsmäßigen Niveau ergibt sich im Fall intertemporal abhängiger Cash Flows. Der Barwert der Residualgewinne der Nicht-Finanzinvestition beträgt bei beiden Abschreibungsvarianten im Fall der Unabhängigkeit 9,74 und bei Abhängigkeit 2,74.

### 5.3.4 Eignung für einen Performancevergleich und Anpassungsbedarf

Die Risk Adjusted Returns der Finanzinvestitionen tragen in konstanter Weise zur erreichten Wertschaffung i.H.v. 9,74 bei. Die Betrachtung der Residualgewinne der Nicht-Finanzinvestition bei Unabhängigkeit und Abhängigkeit offenbart bei einer linearen Abschreibung trotz vergleichbar hoher und zeitlich konstanter Risiken einen anwachsenden Verlauf der periodischen residualen Wertschaffungen. Unter dieser Voraussetzung würde der Finanzinvestition bei einem Performancevergleich in Periode 1 mit einem Risk Adjusted Return von 3,75 die beste Periodenperformance zugewiesen. Ab Periode 2 läge die Performance der Nicht-Finanzinvestition bei Unabhängigkeit über diesem Wert. In Periode 3 übersteigt darüber hinaus auch der Residualgewinn der Nicht-Finanzinvestition bei Abhängigkeit diesen Wert. Ursächlich für den tendenziellen Anstieg der Residualgewinne der Nicht-Finanzinvestition ist – wie in Abschnitt 5.2.2.3 beschrieben – die systematische Erfolgsverlagerung auf spätere Perioden der Nutzungsdauer aufgrund der Berücksichtigung von Kapitalbindungskosten im Residualgewinn bzw. dem entsprechenden Kapitaldienst. Diese Verzerrungen können durch eine Abschreibung der Nicht-Finanzinvestition nach dem Tragfähigkeitsprinzip vermieden werden. In diesem Fall entsprechen sich die Risk Adjusted Returns der Finanzinvestitionen und die periodisch einheitlichen Residualgewinne der Nicht-Finanzinvestition bei Unabhängigkeit mit einem Wert von 3,75. Bei unterstellter Abhängigkeit der Cash Flows sinken die Residualgewinne der Nicht-Finanzinvestition auf einen konstanten Betrag i.H.v. 1,09.

Die hervorgehenden Kennzahlen eignen sich jedoch auch bei der zuletzt unterstellten Abschreibung der Nicht-Finanzinvestition nach dem Tragfähigkeitsprinzip nicht für einen periodischen Vergleich der risikoadjustierten Performance der unterschiedenen Investitionsarten. Um diese Vergleichbarkeit herzustellen sind zunächst die folgenden weiteren Anpassungen erforderlich:

- Die Risk Adjusted Returns der Finanzinvestition und die periodischen Residualgewinne der Nicht-Finanzinvestition sind zunächst *konzeptionell* zu vereinheitlichen. Dies geschieht, indem die bei letzteren angesetzten Kapitaldienste – bestehend aus den periodischen Abschreibungen und den auf die Kapitalbindung zu Periodenbeginn verrechneten Kapitalkosten – auf die periodischen Cash Flow-Risiken hin ausgerichtet werden. Der Preis einer solchen konzeptionellen Harmonisierung von Risk Adjusted Return und Residualgewinn ist die entfallende Möglichkeit, den Abschreibungsplan der Nicht-Finanzinvestition für wie auch immer geartete Zielsetzungen frei zu gestalten. Er wird vielmehr durch die Struktur der periodischen Cash Flow-Risiken determiniert.

- Die Vergleichbarkeit der periodischen Kapitalbezugsbasen von Residualgewinnen und Risk Adjusted Returns ist sicherzustellen. Dies erfordert zunächst eine Ableitung der periodenspezifischen Kapitalbezugsbasen der Nicht-Finanzinvestitionen. Ihre Ableitung hat den, im Rahmen der konzeptionellen Harmonisierung bestimmten, *risikogerechten* Kapitaldienst zu Grunde zu legen. Die hervorgehende Kapitalbezugsbasis muss zudem eine Interpretation als risikogerechter Eigenkapitaleinsatz zulassen. Eine Vergleichbarkeit der unterschiedenen Investitionsarten setzt weiterhin die Identität der mit den jeweiligen Kapitalbezugsbasen einhergehenden, periodischen Absicherungsgrade voraus. Ist diese nicht gegeben, muss letztere wiederum auf ein investitionsübergreifend einheitliches Niveau harmonisiert werden.

Die folgenden Abschnitte vollziehen den dargestellten Anpassungsbedarf zunächst für eine Situation identischer systematischer Risiken von Finanz- und Nicht-Finanzinvestitionen. Das entwickelte Kontrollinstrumentarium wird anschließend für einen Performancevergleich von Investitionen unterschiedlichen systematischen Risikos modifiziert.

## 5.4 Performancekontrolle bei identischem systematischem Risiko

### 5.4.1 Formulierung eines periodischen Risikobelastungsfaktors

#### 5.4.1.1 Stochastische Unabhängigkeit

Zur konzeptionellen Vereinheitlichung von Risk Adjusted Return und Residualgewinn ist es notwendig, den auf letzteren angerechneten Kapitaldienst – als Summe aus Abschreibungen und kalkulatorischen Zinsen – an dem periodischen Cash Flow-Risiko auszurichten. Mit dem relativen Beitragsverfahren wurde bereits ein Verfahren vorgestellt, das zur Verteilung des Kapitaldienstes auf die Struktur der Cash Flows einer Investition zurückgreift.[517] In den Belastungsfaktor gingen die erwarteten Cash Flow-Ausprägungen innerhalb der Nutzungsdauer der zu bewertenden Nicht-Finanzinvestition ein. Im Folgenden soll gezeigt

517 Zum relativen Beitragsverfahren vgl. Abschnitt 5.2.2.3.

werden, wie aufgrund eines periodischen (Downside-)Risikomaßes ein *Risikobelastungsfaktor* zur risikogerechten Verteilung des Gesamtkapitaldienstes auf die Perioden der Nutzungsdauer einer Nicht-Finanzinvestition formuliert werden kann. Er bildet die Basis der konzeptionellen Vereinheitlichung der residualen Performancemessung von Finanz- und Nicht-Finanzinvestitionen.

Die Grundlage des Risikobelastungsfaktors im Fall unabhängiger Cash Flows ($b^{Unab}_t$) bildet der Belastungsparameter $a^{Unab}_t$ gemäß Gleichung (5-16). Der hierin enthaltene Strukturparameter $\mu(\kappa_t)$ ist jedoch durch das periodische Risikomaß $CFaR^{Rel}_t$ zu ersetzen. Daraus folgt:

$$b_t^{Unab} = \frac{CFaR_t^{Rel}}{\sum_{t=1}^{T} \frac{CFaR_t^{Rel}}{(1+r_{a,t}) \cdot (1+r_{s,t})^{t-1}}} \tag{5-28}$$

Zur Erfüllung von Barwertkompatibilität muss auch der Barwert von $b^{Unab}_t$ eins betragen. In Anlehnung an (5-17) gilt demnach:

$$\sum_{t=1}^{T} b_t^{Unab} \cdot \left[(1+r_{a,t})^{-1} \cdot (1+r_{s,t})^{-(t-1)}\right] = 1 \tag{5-29}$$

Tabelle 5-XII zeigt die Berechnung des Risikobelastungsfaktors $b^{Unab}_t$, des daraus hervorgehenden Kapitaldienstes $KD^{Unab}_t$ und der Residualgewinne ($RG_t$) in Bezug auf Cash Flow-Szenario A des Grundmodells. Erneut wird das Konfidenzniveau 1-α von 95% mit einem z-Wert i.H.v. 1,6449 zu Grunde gelegt.

*Tab. 5-XII: Kapitaldienst und Residualgewinn bei Unabhängigkeit der periodischen Cash Flows und einer risikogerechten Abschreibung*

| | **Periode** | | | |
|---|---|---|---|---|
| | **t=0** | **t=1** | **t=2** | **t=3** |
| (1) $\mu(CF_t)$ | -250 | 100 | 100 | 100 |
| (2) $\sigma(CF_t)$ | - | 10 | 10 | 10 |
| (3) $z_{1-\alpha=95\%}$ | - | 1,6449 | 1,6449 | 1,6449 |
| (4) $CFaR^{Rel}_t$ (=(2)*(3)) | - | 16,45 | 16,45 | 16,45 |
| (5) $b^{Unab}_t$ | - | 0,38 | 0,38 | 0,38 |
| Φ(b) | 1,00 | - | - | - |
| (6) $KD^{Unab}_t$ (=(5)*$A_0$)) | - | 96,25 | 96,25 | 96,25 |
| (7) $RG_t$ (=(1)-(6)) | - | 3,75 | 3,75 | 3,75 |
| Φ(RG) | 9,74 | - | - | - |

Es fällt auf, dass sich die drei Größen im Vergleich zur Situation in Abschnitt 5.2.3.2 nicht ändern. Ursächlich hierfür ist die Konstanz der Verläufe der Cash Flow-Erwartungswerte *und* der periodischen CFaRs. Sie führen zu einer Identität von $a^{Unab}_t$ und $b^{Unab}_t$ und damit zu identischen Werten der jeweiligen Kapitaldienste und Residualgewinne im Zeitablauf.

### 5.4.1.2 Stochastische Abhängigkeit

Die Ermittlung des Risikobelastungsfaktors bei intertemporal abhängigen Cash Flows erfolgt auf der Grundlage des Belastungsfaktors $a^{Abh}_t$ nach Gleichung (5-22). Wird auch hier der verwendete Strukturparameter der zukünftigen Cash Flows durch den relativen Cash Flow at Risk ersetzt, ergibt sich unter Beibehaltung des risikoadjustierten Diskontierungsansatzes der Risikobelastungsparameter $b^{Abh}_t$:

$$b_t^{Abh} = \frac{CFaR_t^{Rel}}{\sum_{t=1}^{T} \frac{CFaR_t^{Rel}}{(1+r_{a,t})^t}} \quad (5\text{-}30)$$

Eine Barwertkompatibilität gilt unter Rückgriff auf $b^{Abh}_t$ bei Gültigkeit des an Gleichung (5-23) angelehnten Zusammenhangs:

$$\sum_{t=1}^{T} b_t^{Abh} \cdot (1+r_{a,t})^{-t} = 1 \quad (5\text{-}31)$$

Für die Ermittlung von $b^{Abh}_t$, wird wie im Fall der Unabhängigkeit beispielhaft ein Konfidenzniveau von 95% unterstellt. Die Ermittlung von $b^{Abh}_t$, des hieraus hervorgehenden Kapitaldienstes sowie der Residualgewinne zeigt Tabelle 5-XIII. Analog dem Fall bei Unabhängigkeit führt die Konstanz der Cash Flow-Erwartungswerte und der relativen Cash Flow at Risks auch hier zu einer Identität mit den Ergebnissen einer Anwendung des relativen Beitragsverfahrens bei Unsicherheit der Cash Flows (Abschnitt 5.2.3.3).

*Tab. 5-XIII: Kapitaldienst und Residualgewinn bei Abhängigkeit der periodischen Cash Flows und einer risikogerechten Abschreibung*

| | Periode | | | |
|---|---|---|---|---|
| | **t=0** | **t=1** | **t=2** | **t=3** |
| (1) $\mu(CF_t)$ | -250 | 100 | 100 | 100 |
| (2) $\sigma(CF_t)$ | - | 10 | 10 | 10 |
| (3) $z_{1-\alpha=95\%}$ | - | 1,6449 | 1,6449 | 1,6449 |
| (4) $CFaR^{Rel}_t$ (=(2)*(3)) | - | 16,45 | 16,45 | 16,45 |
| (5) $b^{Abh}_t$ | - | 0,40 | 0,40 | 0,40 |
| $\Phi(b)$ | 1,00 | - | - | - |
| (6) $KD^{Abh}_t$ (=(5)*$A_0$)) | - | 98,91 | 98,91 | 98,91 |
| (7) $RG_t$ (=(1)-(6)) | - | 1,09 | 1,09 | 1,09 |
| $\Phi(RG)$ | 2,74 | - | - | - |

## 5.4.2 Gegenüberstellung der periodischen Wertschaffung

Die Adjustierung der periodischen Residualgewinne der Nicht-Finanzinvestition auf die relativen Cash Flow at Risks führt im Beispiel zu einer konzeptionellen Harmonisierung zwischen Residualgewinn und Risk Adjusted Return. Durch die risikogerechte Verteilung des Gesamtkapitaldienstes wird die systematische Erfolgsverlagerung auf die hinteren Perioden der Nutzungsdauer der Nicht-Finanzinvestition vermieden. Der im Grundmodell abgebildete Fall zeitlich konstanter Cash Flow-Risiken führt bei einer Ermittlung des Kapitaldienstes mit dem dargestellten Risikobelastungsfaktor zu einem konstanten Verlauf der periodischen residualen Wertschaffung. Diese nimmt im Fall unabhängiger Cash Flows den konstanten Wert von 3,75 an. Der unterschiedliche risikoadjustierte Diskontierungsansatz führt bei abhängigen Cash Flows zu einem geringeren Residualgewinn i.H.v. konstant 1,09. Diese Werte entsprechen den periodischen residualen Wertschaffungen, die bereits die Verteilung des Kapitaldienstes nach dem Tragfähigkeitsprinzip hervorgebracht hat.[518] Eine Gegenüberstellung der *absoluten* residualen Wertschaffung bewertet somit auch hier die periodische Performance der Finanz- und der Nicht-Finanzinvestition bei Unabhängigkeit

518 Die Identität der Residualgewinne bei einer risikogerechten Abschreibung mit den Ergebnissen der Abschreibung nach dem Tragfähigkeitsprinzip wäre bei alternativen Cash Flow-Verläufen mit konstanten Cash Flow-Standardabweichungen gegeben.

äquivalent. Die absolute Periodenperformance der Nicht-Finanzinvestition bei intertemporaler Abhängigkeit wird geringer bewertet (Tabelle 5-XIV).

Die Problematik eines derartigen Vergleiches wird mit Blick auf die impliziten Kapitalbezugsbasen der unterschiedenen Investitionsprojekte deutlich. Als Kapitalbezugsbasis der Finanzinvestition fungiert deren relativer Cash Flow at Risk. Er ist als risikoadjustierter Kapitaleinsatz zu Periodenbeginn zu interpretieren und daher vollständig mit dem risikoadjustierten Kapitalkostensatz zu belegen.

*Tab. 5-XIV: Gegenüberstellung der absoluten residualen Wertschaffung bei risikogerechter Abschreibung der Nicht-Finanzinvestition*

| | Periode | | | |
|---|---|---|---|---|
| | t=0 | t=1 | t=2 | t=3 |
| **Finanzinvestition** | | | | |
| $RAR_t$ | - | 3,75 | 3,75 | 3,75 |
| $\Phi(RAR)$ | 9,74 | - | - | - |
| **Nicht-Finanzinvestition** | | | | |
| Unabhängigkeit | | | | |
| $RG_t$ | - | 3,75 | 3,75 | 3,75 |
| $\Phi(RG)$ | 9,74 | - | - | - |
| Abhängigkeit | | | | |
| $RG_t$ | - | 1,09 | 1,09 | 1,09 |
| $\Phi(RG)$ | 2,74 | - | - | - |

Eine äquivalente Kapitalbezugsbasis kann für Nicht-Finanzinvestitionen aus dem mit dem Risikobelastungsfaktor ermittelten Kapitaldienst abgeleitet werden. Es gilt:

$$RG_t = \mu(CF_t) - KD_t \tag{5-32}$$

$$= \mu(CF_t) - \left[KD_t \cdot (1+r_{a,t})^{-1} + (KD_t \cdot (1+r_{a,t})^{-1}) \cdot r_{a,t}\right] \tag{5-33}$$

$$= \mu(CF_t) - (1+r_{a,t}) \cdot \left[KD_t \cdot (1+r_{a,t})^{-1}\right] \tag{5-34}$$

Analog dem relativen CFaR für die Finanzinvestition kann somit der Ausdruck $\left[KD_t \cdot (1+r_{a,t})^{-1}\right]$ als Kapitalbezugsbasis der residualen Wertschaffung der Nicht-Finanzinvestition interpretiert werden. Er wird im Folgenden als relatives CFaR-Äquivalent ($CFaR^{Rel,Äqu}{}_t$) bezeichnet.[519] Für den Residualgewinn folgt da-

519 Durch den Zusatz „Äquivalent“ soll darauf hingewiesen werden, dass der Interpretation als risikoadjustiertem Kapitaleinsatz lediglich eine rechentechnische Bedeutung zu-

raus in Anlehnung an den Risk Adjusted Return der Finanzinvestition gemäß Gleichung (5-26):

$$RG_t = \mu(CF_t) - (1 + r_{a,t}) \cdot CFaR_t^{Rel,Äqu} \tag{5-35}$$

Da die Diskontierungsregel bei intertemporaler Unabhängigkeit *und* Abhängigkeit die Diskontierung des Residualgewinns der Periode t auf t-1 anhand des zustandsunabhängigen, risikoadjustierten Zinssatzes $r_{a,t}$ vorsieht, ist die Gleichung (5-35) auf diese beiden Fälle gleichermaßen übertragbar.

Im Weiteren sollen die periodischen, absoluten residualen Wertschaffungen ins Verhältnis zu den jeweiligen Kapitalbezugsbasen gesetzt werden. Die so erzeugte Kennzahl quantifiziert die residuale Wertschaffung je Einheit der Kapitalbezugsbasis. Sie entspricht damit einem auf Zahlungsgrößen berechneten, *periodischen* $RARoRAC_t$.[520] Tabelle 5-XV vergleicht die relativen, residualen Wertschaffungen der unterschiedenen Finanz- und Nicht-Finanzinvestitionen. Aufgrund ihrer Konstanz im Zeitablauf und aus Gründen der Übersichtlichkeit erfolgt lediglich eine Betrachtung der Periode 1:

*Tab. 5-XV: Gegenüberstellung der relativen residualen Wertschaffung in Periode 1 bei risikogerechter Abschreibung der Nicht-Finanzinvestition und unharmonisierten Kapitalbezugsbasen*

| | t=1 | | |
|---|---|---|---|
| | Finanzinvestition | Nicht-Finanzinvestition | |
| | | Unabhängigkeit | Abhängigkeit |
| (1) $RAR_t$ bzw. $RG_t$ | 3,75 | 3,75 | 1,09 |
| (2) $CFaR^{Rel}_t$ bzw. $CFaR^{Rel,Äqu}_t$ | 0,75 | 88,23 | 90,68 |
| (3) $RARoRAC_t$ (=(1)/(2)) | 4,99 | 0,04 | 0,01 |

Die relative residuale Wertschaffung, gemessen durch den $RARoRAC_t$, zeigt eine andere Rangfolge als die Betrachtung der absoluten Erfolgskennzahlen in Tabelle 5-XIV. Die Finanzinvestition generiert je Einheit der risikoadjus-

kommt. Der dem relativen CFaR-Äquivalent zu Grunde liegende Kapitaldienst $KD_t$ vereint somit neben der zeitraumbezogenen, periodischen Abschreibung (Stromgröße) auch die, auf eine Bestandsgröße verrechneten und damit zeitpunktbezogenen Kapitalkosten.

520 Der Periodenbezug des so abgeleiteten RARoRAC kommt durch den Periodenindex t zum Ausdruck. Die Kapitalbezugsbasis entspricht auch bei der hier zu Grunde gelegten, zahlungsorientierten Risikobewertung dem durch den VaR im Finanzbereich quantifizierten Risk Adjusted Capital.

tierten Kapitalvorhaltung einen Risk Adjusted Return von 4,99. Die residuale Wertschaffung der Nicht-Finanzinvestition bei Unabhängigkeit ist nun mit 0,04 je Einheit der Kapitalbezugsbasis deutlich geringer. Den letzten Rang nimmt wie zuvor die Nicht-Finanzinvestition bei Abhängigkeit an. Der $RARoRAC_t$ beträgt hier lediglich 0,01.

Diese Rangfolge ist jedoch auch hier nur bedingt von Nutzen. Aussagekraft besitzt lediglich ein Vergleich der relativen residualen Wertschaffungen der Nicht-Finanzinvestition bei Unabhängigkeit und bei Abhängigkeit. Die verschiedenen Kapitalbezugsbasen sind hier auf die bei Unabhängigkeit und Abhängigkeit divergierenden Diskontierungsregeln zurückzuführen.[521] Letztere bilden gemäß Risikozuschlagsmethode die Grundlage einer verursachungsgerechten Erfolgsermittlung und schränken die Vergleichbarkeit der Ergebnisse daher nicht ein. Anders ist dies bei einem Vergleich von Finanzinvestition und Nicht-Finanzinvestition bei Unabhängigkeit. Die Unabhängigkeit der durch beide Investitionsarten generierten Cash Flows erfordert den Ansatz identischer Diskontierungsregeln. Vor einem unreflektierten Vergleich der relativen residualen Wertschaffungen sind daher die Unterschiede der Kapitalbezugsbasen beider Investitionsarten zunächst genauer zu betrachten.

Die durch den CFaR bzw. sein Äquivalent quantifizierte Kapitalbezugsbasis ist als Kapitalvorhaltung zur Sicherung potenzieller Abweichungen von dem periodischen Cash Flow-Erwartungswert zu interpretieren. Die Höhe des jeweils abgesicherten Konfidenzniveaus 1-α wird durch den periodisch konstanten z-Wert ($z_{1-\alpha}$) quantifiziert. Bei gegebenen Werten für den relativen CFaR bzw. sein Äquivalent und die periodische Standardabweichung kann der z-Wert wie folgt berechnet werden:[522]

$$z_{1-\alpha} = \frac{CFaR_t^{Rel}}{\sigma(CF_t)} \qquad (5\text{-}36)$$

bzw. für die Nicht-Finanzinvestition bei Unabhängigkeit auf Basis des relativen CFaR-Äquivalents als:

521 Für die Diskontierungsregeln bei einer zahlungsorientierten Betrachtung vgl. Gleichung (5-12) bei intertemporaler Unabhängigkeit bzw. Gleichung (5-18) bei intertemporaler Abhängigkeit der Cash Flows.

522 Da $\mu(CF_t)=CFaR^{Abs}_t+CFaR^{Rel}_t$ (vgl. Gleichung (3-3) in Abschnitt 3.4.2.1) geht eine Senkung des abgesicherten Konfidenzniveaus bzw. des korrespondierenden z-Wertes mit einer Senkung des absoluten CFaR bzw. einer Erhöhung des relativen CFaR einher.

$$z_{1-\alpha} = \frac{CFaR_t^{Rel,Äqu}}{\sigma(CF_t)} \tag{5-37}$$

Unter Rückgriff auf die statistische Tabelle der Verteilungsfunktion der Standardnormalverteilung kann bei Kenntnis von $z_{1-\alpha}$ auf das implizit abgesicherte Konfidenzniveau geschlossen werden. Die Tabelle 5-XVI ermittelt die z-Werte und Konfidenzniveaus für die Finanzinvestition und die Nicht-Finanzinvestition bei Unabhängigkeit, wiederum für Periode 1. Der für beide Investitionsarten divergierende z-Wert macht deutlich, dass mit den Kapitalbezugsbasen unterschiedliche Absicherungsgrade verbunden sind. Bei einem z-Wert von 1,6449 beträgt das Konfidenzniveau für die Finanzinvestition – wie dies bislang beispielhaft vorgegeben war – 95%. Die Abweichung der tatsächlichen von der erwarteten Cash Flow-Ausprägung überschreitet damit in 95 von 100 Fällen den Wert von 0,75 nicht. Der z-Wert der Kapitalbezugsbasis der Nicht-Finanzinvestition bei Unabhängigkeit offenbart dagegen einen höheren Absicherungsgrad. Mit einer Ausprägung von 8,8233 können negative Abweichungen des erwarteten Cash Flows über dem gegebenen CFaR-Äquivalent in nahezu 100 von 100 Fällen ausgeschlossen werden.

*Tab. 5-XVI: Absicherungsgrade der unharmonisierten Kapitalbezugsbasen von Finanz- und Nicht-Finanzinvestition bei Unabhängigkeit der periodischen Cash Flows*

| | t=1 | |
|---|---|---|
| | Finanzinvestition | Nicht-Finanzinvestition bei Unabhängigkeit |
| $\mu(CF_t)$ | 4,57 | 100,00 |
| $CFaR^{Rel}_t$ bzw. $CFaR^{Rel,Äqu}_t$ | 0,75 | 88,23 |
| $\sigma(CF_t)$ | 0,46 | 10,00 |
| $z_{1-\alpha}$ | 1,6449 | 8,8233 |
| $1-\alpha$ | 95% | ~100% |

Dieser Unterschied hat zur Folge, dass eine Vergleichbarkeit der individuellen $RARoRAC_t$-Werte in Tabelle 5-XV nicht gegeben ist. M.a.W. können Bewertungsunterschiede neben dem eigentlich zu messenden Profitabilitätsunterschied somit auch auf divergierende Konfidenzniveaus zurückzuführen sein. Um eine Vergleichbarkeit herzustellen, sind letztere daher zunächst auf einen identischen Wert hin zu harmonisieren. Diese Harmonisierung ist Gegenstand des folgenden Abschnittes.

### 5.4.3 Harmonisierung der periodischen Absicherungsgrade

Bevor auf die konzeptionellen Möglichkeiten einer Harmonisierung eingegangen werden kann, muss ein einheitlicher Absicherungsgrad festgelegt werden. Er ist durch einen korrespondierenden z-Wert ($z^*_{1-\alpha}$) zu operationalisieren und ist das Ziel der weiteren Harmonisierungsanstrengungen. Grundsätzlich kann bei identischer Verteilungsannahme der Erfolgsgrößen jedes denkbare Konfidenzniveau herangezogen werden. Da mit dem z-Wert von 8,8233 der Nicht-Finanzinvestition bei Unabhängigkeit jedoch bereits eine Vergleichbarkeit zur Nicht-Finanzinvestition bei Abhängigkeit hergestellt ist, ist es sinnvoll, den Absicherungsgrad der Finanzinvestition auf diesen Wert zu vereinheitlichen. Auf diese Weise können die periodischen $RARoRAC_t$ aller unterschiedenen Investitionsarten theoretisch konsistent miteinander verglichen werden.

Zur Harmonisierung des Absicherungsgrades der Finanzinvestition sind *beide* Komponenten der relativen Wertschaffung, also der Risk Adjusted Return *und* der relative CFaR auf den maßgeblichen z-Wert ($z^*_{1-\alpha}=8{,}8233$) hin zu adjustieren.[523] Für die Berechnung beider Größen gilt demnach:

$$CFaR_t^{Rel} = \left| -z^*_{1-\alpha} \cdot \sigma(CF_t) \right| \tag{5-38}$$

bzw.

$$RAR_t = \mu(CF_t) - (1 + r_{a,t}) \cdot CFaR_t^{Rel} \tag{5-39}$$

$$= \mu(CF_t) - (1 + r_{a,t}) \cdot \left| -z^*_{1-\alpha} \cdot \sigma(CF_t) \right| \tag{5-40}$$

523 Das durch den z-Wert von 8,8233 operationalisierte Konfidenzniveau von fast 100 Prozent ist auf das relative CFaR-Äquivalent und damit die an den Cash Flow der Nicht-Finanzinvestition gestellten Annahmen zurückzuführen. Die damit verbundene Eigenkapitalhinterlegung für potenzielle Verluste aus der Finanzinvestition ist aus praktischer Sicht jedoch kritisch zu beurteilen. Die Berücksichtigung nahezu aller theoretisch vorstellbaren Extremausprägungen einer Zielgröße brächte eine starke Risikoaversion bzw. ein hohes Sicherheitsbedürfnis des Entscheidungsträgers zum Ausdruck. Da jedes At-Risk-Modell jedoch auf mehr oder weniger restriktiven Modellannahmen beruht, kann die praktische Erfüllung dieses Sicherheitsbedürfnisses auch bei Anhebung des Konfidenzniveaus auf nahezu 100 Prozent nicht zuverlässig erfolgen. In der unternehmerischen Praxis wird anstelle einer derartigen Anhebung des Konfidenzniveaus daher in der Regel der Ansatz einer Steigerung des Realitätsbezugs des At-Risk-Modells unter Beibehaltung einer geringen Insolvenzwahrscheinlichkeit verfolgt. Geläufige Verfahren zur Steigerung des Realitätsbezugs eines At-Risk-Modells sind das Back-Testing und das Stress-Testing (vgl. hierzu z. B. *Hull* [Risikomanagement], S. 202 ff. bzw. 421 ff.).

Die Tabelle 5-XVII zeigt einen Vergleich der aus einer solchen Harmonisierung hervorgehenden Werte der Finanzinvestition mit den relativen residualen Wertschaffungen der Nicht-Finanzinvestition bei Unabhängigkeit und Abhängigkeit in Periode 1.[524]

*Tab. 5-XVII: Gegenüberstellung der relativen residualen Wertschaffung in Periode 1 bei risikogerechter Abschreibung der Nicht-Finanzinvestition und harmonisierten Kapitalbezugsbasen*

| | t=1 | | |
|---|---|---|---|
| | Finanzinvestition | Nicht-Finanzinvestition | |
| | | Unabhängigkeit | Abhängigkeit |
| (1) $RAR_t$ bzw. $RG_t$ | 0,17 | 3,75 | 1,09 |
| (2) $CFaR^{Rel}_t$ bzw. $CFaR^{Rel,Äqu}_t$ | 4,03 | 88,23 | 90,68 |
| (3) $RARoRAC_t$ (=(1)/(2)) | 0,04 | 0,04 | 0,01 |

Die Harmonisierung des relativen CFaR und des Risk Adjusted Returns der Finanzinvestition führt dazu, dass deren relative Wertschaffung auf einen Wert von 0,04 (vs. 4,99 im unharmonisierten Fall) sinkt. Diese Senkung ist auf eine Senkung des $RAR_t$ auf 0,17 (vs. 3,75 im unharmonisierten Fall) bei gleichzeitigem Anstieg von $CFaR^{Rel}_t$ auf 4,03 (vs. 0,75 im unharmonisierten Fall) zurückzuführen. Der Vergleich der relativen residualen Wertschaffungen offenbart damit eine, der Gegenüberstellung absoluter residualer Erfolgsgrößen identische Rangfolge.

Die $RARoRAC_t$-Werte der Finanzinvestition und der Nicht-Finanzinvestition bei Unabhängigkeit sind mit jeweils 0,04 identisch. Die geringste relative Wertschaffung generiert nach wie vor die Nicht-Finanzinvestition bei Abhängigkeit. Ihr $RARoRAC_t$ beträgt nach wie vor nur 0,01.

## 5.4.4 Zwischenfazit

Die bisherigen Ausführungen zeigten, wie auf Basis des Residualgewinns eine periodische Kennzahl für die risikoadjustierte Performancekontrolle formuliert werden kann. Voraussetzung hierfür ist einerseits die Integration des systematischen Risikos in das Residualgewinnkonzept nach der Risikozuschlagsmethode. Die periodische absolute residuale Wertschaffung ist zudem aufgrund des ent-

524 Der veränderte Wert des $CFaR^{Rel}_t$ berechnet sich als: 0,46*8,8233. Der harmonisierte $RAR_t$ der Finanzinvestition ergibt sich entsprechend als: 4,57-1,09,09*0,46*8,8233.

wickelten Risikobelastungsfaktors zu bestimmen. Wird ein Performancevergleich unterschiedlicher Investitionsprojekte angestrebt, sind die periodischen absoluten residualen Wertschaffungen zunächst ins Verhältnis zu den projektspezifischen Kapitalbezugsbasen zu setzen. Zusätzlich ist die Vergleichbarkeit der mit den Kapitalbezugsbasen implizit verbundenen Absicherungsgrade zu gewährleisten. Ist diese gegeben, kann ein theoretisch konsistenter Vergleich der risikoadjustierten Performances über den periodischen $RARoRAC_t$ vollzogen werden. Er quantifiziert die absolute residuale Wertschaffung eines Investitionsprojektes je Einheit einer über alle Investitionsprojekte vergleichbaren Kapitalbezugsbasis.

Grundlage der periodischen Performancemessung war bislang ein identisches systematisches Risiko von Finanz- und Nicht-Finanzinvestitionen. Die daraus hervorgehenden identischen risikoadjustierten Zinssätze ergeben, dass als Ursache einer mangelnden Vergleichbarkeit der absoluten residualen Wertschaffungen nur die unterschiedlichen Kapitalbezugsbasen der verschiedenen Investitionsprojekte in Frage kommen. M.a.W. kann lediglich dieser Unterschied einen Rückschluss von der Relation der absoluten residualen Periodenperformance auf die Rangfolge der risikoadjustierten Kapitalwerte zum Entscheidungszeitpunkt verhindern. Dies ist bei unterschiedlichen systematischen Risiken von Finanz- und Nicht-Finanzinvestitionen nicht der Fall. Ursache einer mangelnden Vergleichbarkeit der absoluten residualen Wertschaffungen können hier neben divergierenden Kapitalbezugsbasen auch verschieden hohe risikoadjustierte Zinssätze sein. In den folgenden Ausführungen wird gezeigt, wie derartige Verzerrungen die Aussagekraft periodischer Performancemaße beeinträchtigen können. Die Vermeidung dieser Effekte erfordert eine Modifikation des entwickelten Bewertungskalküls in deren Zentrum die Ermittlung von periodischen Sicherheitsäquivalenten der residualen Wertschaffungen steht.

## 5.5 Performancekontrolle bei divergierendem systematischem Risiko

### 5.5.1 Modellierung der einperiodischen Finanzinvestitionen

Zur Modifikation des Bewertungskalküls wird im Folgenden erneut eine als Vergleichsmaßstab dienende Finanzinvestition modelliert. Zur Abbildung divergierender systematischer Risiken wird hierbei ein zur Nicht-Finanzinvestition *verschiedener*, periodisch konstanter Variationskoeffizient ($VK(CF_t)$) von 0,2 angenommen. Unverändert bleiben die Annahmen bezüglich des risikolosen Zinssatzes (6,00%) und des Marktpreises des Risikos (1,00). Wie zuvor orientiert sich der Eigenkapitaleinsatz am relativen CFaR, wobei auch hier beispielhaft von einem – später noch zu harmonisierenden – periodisch konstanten Konfidenzniveau 1-α von 95% ausgegangen wird. Die Ausgangsdaten für die so modifizierten, einperiodischen Finanzinvestitionen über die Nutzungsdauer der Nicht-Finanzinvestition zeigt Tabelle 5-XVIII. Die auf dieser Datenbasis berechneten Risk Adjusted Returns der Finanzinvestition werden im nächsten Abschnitt den absoluten residualen Erfolgsgrößen der Nicht-Finanzinvestition bei Unabhängigkeit und bei Abhängigkeit gegenübergestellt.

*Tab. 5-XVIII: Charakteristika der Finanzinvestitionen bei divergierendem systematischem Risiko*

| | Periode | | |
|---|---|---|---|
| | t=1 | t=2 | t=3 |
| (1) $\mu(CF_t)$ | 6,00 | 6,00 | 6,00 |
| (2) $VK(CF_t)$ | 0,20 | 0,20 | 0,20 |
| (3) $\sigma(CF_t)$ (=(1)*(2)) | 1,20 | 1,20 | 1,20 |
| (4) $Cov(CF_t;r_{M,t})$ | 0,34 | 0,34 | 0,34 |
| (5) $EW_{t-1}(CF_t)$ | 5,34 | 5,34 | 5,34 |
| (6) $r_{a,t}$ (=(1)/(5)-1) | 12,35% | 12,35% | 12,35% |
| (7) $z_{1-\alpha=95\%}$ | 1,6449 | 1,6449 | 1,6449 |
| (8) $CFaR^{Rel}_t$ (=(3)*(7)) | 1,97 | 1,97 | 1,97 |

## 5.5.2 Gegenüberstellung der absoluten residualen Wertschaffung

Tabelle 5-XIX vergleicht die unter Verwendung des jeweiligen Risikobelastungsfaktors ermittelten Residualgewinne mit den Risk Adjusted Returns der einperiodischen Finanzinvestitionen. Auf Basis dieser residualen Erfolgsgrößen werden zudem die jeweils in t=0 erwarteten, risikoadjustierten Kapitalwerte berechnet.

Bei unveränderten Werten der Residualgewinne der Nicht-Finanzinvestition bei Unabhängigkeit (3,75) und bei Abhängigkeit (1,09) erreicht der Risk Adjusted Return der Finanzinvestition mit 3,78 nun den höchsten Wert der absoluten residualen Wertschaffung. Verursacht wird dieser Anstieg gegenüber der Situation bei identischen systematischen Risiken durch die modifizierten Komponenten des Risk Adjusted Returns. Positive Auswirkungen auf diesen hatte einzig die Erhöhung des erwarteten Cash Flows ($\mu(CF_t)$) von 4,57 auf 6,00. Sie überkompensiert in einer periodenbezogenen Betrachtung zunächst die negativen Einflüsse einer Erhöhung der Cash Flow-Standardabweichung $\sigma(CF_t)$ von 0,46 auf 1,20 und des risikoadjustierten Zinssatzes $r_{a,t}$ von 9,09% auf 12,35%. In einer periodenübergreifenden Sicht führt die Steigerung des letzteren jedoch dazu, dass die Aggregation der diskontierten Risk Adjusted Returns einen risikoadjustierten Kapitalwert von nun lediglich 9,54 erzielt.

In einer perioden*bezogenen* Betrachtung erzielt die Finanzinvestition im Zahlenbeispiel somit die höchste residuale Wertschaffung und erscheint dadurch als rentabelste Investitionsalternative. In einer perioden*übergreifenden* Perspektive liegt der risikoadjustierte Kapitalwert der Finanzinvestition demgegenüber hinter dem der Nicht-Finanzinvestition bei Unabhängigkeit. Auch ohne eine konkrete Betrachtung der verschiedenen Kapitalbezugsbasen verhindern die Unterschiede in den risikoadjustierten Zinssätzen somit die Vergleichbarkeit der unterschiedenen Investitionsprojekte anhand periodischer Erfolgsgrößen.

*Tab. 5-XIX: Gegenüberstellung der absoluten residualen Wertschaffung bei risikogerechter Abschreibung der Nicht-Finanzinvestition*

| | **Periode** | | | |
|---|---|---|---|---|
| | **t=0** | **t=1** | **t=2** | **t=3** |
| **Finanzinvestition** | | | | |
| (1) $\mu(CF_t)$ | - | 6,00 | 6,00 | 6,00 |
| (2) $KD_t$ (=$CFaR^{Rel}_t*(1+r_{a,t})$) | - | 2,22 | 2,22 | 2,22 |
| (3) $RAR_t$ (=(1)-(2)) | - | 3,78 | 3,78 | 3,78 |
| $\Phi$(RAR) | 9,54 | - | - | - |
| **Nicht-Finanzinvestition** | | | | |
| Unabhängigkeit | | | | |
| $RG_t$ | - | 3,75 | 3,75 | 3,75 |
| $\Phi$(RG) | 9,74 | - | - | - |
| Abhängigkeit | | | | |
| $RG_t$ | - | 1,09 | 1,09 | 1,09 |
| $\Phi$(RG) | 2,74 | - | - | - |

Eine Vermeidung solcher Verzerrungen und damit eine Übertragbarkeit der in Abschnitt 5-4 entwickelten Bewertungsmethodik wären dann gegeben, wenn trotz divergierender systematischer Risiken ein einheitlicher Diskontierungszinssatz zur Barwertermittlung verwendet werden könnte. Als „kleinster gemeinsamer Nenner" bei unterschiedlich risikobehafteten Investitionsprojekten kommt hierfür der risikolose Zinssatz $r_{s,t}$ in Betracht.[525] Sein Einsatz als Diskontierungszinssatz erfordert jedoch die Transformation der absoluten residualen Wertschaffungen in Sicherheitsäquivalente. Sie ist Gegenstand des folgenden Abschnitts.

## 5.5.3 Residualgewinne nach der Sicherheitsäquivalenzmethode

### 5.5.3.1 Besonderheiten der Berechnung

In Abschnitt 5.2.3 wurde die Integration des systematischen Risikos in das Residualgewinnkonzept über die Risikozuschlagsmethode beschrieben. Der risikoadjustierte Zinssatz $r_{a,t}$ diente hier gleichzeitig als Kapitalkosten- und als (periodischer) Diskontierungssatz. Eine alternative Integration des systematischen Risikos legt die Transformation eines so definierten Residualgewinns in ein Sicherheitsäquivalent der Periode t und dessen anschließende Diskontierung mit dem risikolosen Zinssatz nahe.[526] Beide Ansätze sollten zu einem identischen Barwert des Residualgewinns führen.[527] Eine Überprüfung dieser Aussagen erfolgt im Weiteren anhand des Risk Adjusted Returns in Periode 1 der Finanzinvestition aus Abschnitt 5.5.1. Dessen Barwert berechnet sich nach der Risikozuschlagsmethode als:

$$\begin{aligned}\Phi(RAR_1) &= \left[\mu(CF_1) - (1 + r_{a,1}) \cdot CFaR_1^{Rel}\right] \cdot (1 + r_{a,1})^{-1} \\ &= 3{,}78 \cdot (1 + 0{,}1235)^{-1} = 3{,}37\end{aligned} \tag{5-41}$$

Der Marktpreis des Risikos ($\lambda_1$) nimmt in Periode 1 den Wert von 1,00 an. Die Kovarianz zwischen dem periodischen Cash Flow der Finanzinvestition und

---

525 *Bauer* [Wertorientierte Steuerung], S. 250. *Bauer* leitet diese Aussage im Kontext der Performancemessung unterschiedlich risikobehafteter Unternehmensdivisionen ab.

526 Zur Unterscheidung von Risikozuschlags- und Sicherheitsäquivalenzmethode im Rahmen der zahlungsorientierten Kapitalwertberechnung vgl. Abschnitt 2.2.2.3.

527 Da der Residualgewinn eine Erfolgsgröße nach Abzug des zu Periodenbeginn gebundenen Kapitals darstellt, wird dessen diskontierter Wert im Weiteren als sein Kapitalwert bezeichnet.

der Marktrendite ($Cov(CF_1;r_{M,1})$) beträgt 0,34. Um zu einem Sicherheitsäquivalent zu gelangen, das nach Diskontierung mit dem Faktor ($1+r_{s,1}$) einen Barwert von 3,37 hervorbringt, ist der Risk Adjusted Return aus Gleichung (5-26) zunächst wie folgt zu modifizieren:

$$RAR_1 = \mu(CF_1) - (1 + r_{s,1}) \cdot CFaR_1^{Rel} \qquad (5\text{-}42)$$
$$= 6{,}00 - 1{,}06 \cdot 1{,}97 = 3{,}91$$

Auf dieser Basis berechnet sich das Sicherheitsäquivalent in Anlehnung an Gleichung (2-9) als:

$$SÄ(RAR_1) = RAR_1 - \lambda_1 \cdot Cov(CF_1; r_{M,1}) \qquad (5\text{-}43)$$
$$= 3{,}91 - 1{,}00 \cdot 0{,}34 = 3{,}57$$

Der Barwert ergibt sich nach Diskontierung von $SÄ(RAR_1)$ mit dem Faktor ($1+r_{s,1}$) als:

$$\Phi(RAR_1) = SÄ(RAR_1) \cdot (1 + r_{s,1})^{-1} \qquad (5\text{-}44)$$
$$= 3{,}57 \cdot (1 + 0{,}06)^{-1} = 3{,}37$$

Eine zu Gleichung (5-43) alternative Formulierung des Sicherheitsäquivalents setzt nicht an einer Korrektur des zu Grunde liegenden Risk Adjusted Returns, sondern einer Anpassung des periodischen Risikoabschlags an.[528] Wird dieser in Analogie zu einer reinen Zahlungsbetrachtung als Produkt aus dem Marktpreis des Risikos und der Kovarianz zwischen dem periodischen Cash Flow und der Marktrendite ($\lambda_1$* $Cov(CF_1;r_{M,1})$) berechnet, quantifiziert dieser die Überrendite ($r_{a,1}$-$r_{s,1}$) auf den Ertragswert des Cash Flow aus Periode 1. Der erwartete Risk Adjusted Return nach Gleichung (5-26) ist jedoch bereits um die Summe aus relativem CFaR und den hierauf berechneten risikoadjustierten Kapitalkosten geringer als der erwartete Cash Flow in Periode 1. Der Ansatz eines so berechneten Risikoabschlags ist demnach zu hoch und führt unter Verwendung der „originären" Formulierung des Risk Adjusted Returns aus Gleichung (5-26) zu einem zu geringen risikoadjustierten Barwert:

$$SÄ(RAR_1) = RAR_1 - \lambda_1 \cdot Cov(CF_1; r_{M,1}) \qquad (5\text{-}45)$$
$$= 3{,}78 - 1{,}00 \cdot 0{,}34 = 3{,}44$$

Und nach Diskontierung mit dem risikolosen Zinssatz ($1+r_{s,1}$):

528 Dieses Vorgehen wählt z. B. *Bauer* (vgl. *Bauer* [Wertorientierte Steuerung], S. 214 ff.).

$$\Phi(RAR_1) = SÄ(RAR_1) \cdot (1+r_{s,1})^{-1} \tag{5-46}$$
$$= 3{,}44 \cdot (1+0{,}06)^{-1} = 3{,}25 \neq 3{,}37$$

Der Ursprung dieses Problems liegt darin, dass sich die residuale Wertschaffung nicht auf den *Ertrags*-, sondern den *Kapital*wert einer Zahlung bzw. eines Zahlungsstromes bezieht. Der für den erwarteten Risk Adjusted Return in Periode 1 maßgebliche Risikoabschlag hat demnach lediglich die Überrendite auf den *Kapital*wert des Cash Flow in Periode 1 zu quantifizieren.[529] Ergibt sich letzterer als Differenz aus dem Ertragswert in t=0 ($EW_{t=0}(CF_1)$) und dem durch den relativen Cash Flow at Risk ($CFaR^{Rel}{}_1$) quantifizierten Kapitaleinsatz, gilt für den maßgeblichen Risikoabschlag ($RA_1$):[530]

$$RA_1 = \left[EW_{t=0}(CF_1) - CFaR_1^{Rel}\right] \cdot (r_{a,1} - r_{s,1}) \tag{5-47}$$
$$= [5{,}34 - 1{,}97] \cdot (0{,}1235 - 0{,}06) = 0{,}2139$$

Das Sicherheitsäquivalent im Residualgewinnkonzept bestimmt sich danach als:[531]

$$SÄ(RAR_1) = RAR_1 - RA_1 \tag{5-48}$$

bzw.

$$SÄ(RAR_1) = RAR_1 - \left[EW_{t=0}(CF_1) - CFaR_1^{Rel}\right] \cdot (r_{a,1} - r_{s,1}) \tag{5-49}$$
$$= 3{,}78 - 0{,}2139 = 3{,}57$$

---

529 Vgl. *Bauer* [Wertorientierte Steuerung], S. 214.

530 Streng genommen besteht damit ein Zirkularitätsproblem, da zu Berechnung des Sicherheitsäquivalents des Residualgewinns neben dem risikoadjustierten Zinssatz auch der Ertragswert des Zahlungsstromes als bekannt vorausgesetzt wird. Dieses Problem wird allerdings dadurch entschärft, dass die hier vorgestellte Performancemessung lediglich eine alternative Aufbereitung bereits vorhandener Planungsdaten vornimmt.

531 Im Kontext der Unternehmensbewertung definiert *Bauer* das Sicherheitsäquivalent im Residualgewinnkonzept durch den anteiligen Ansatz der Kovarianz zwischen dem erwarteten Cash Flow und der Marktrendite. Bewertungsrelevant ist die Kovarianz demnach lediglich zu dem Anteil des Kapitalwertes am Ertragswert des Cash Flows der Periode t (vgl. *Bauer* [Wertorientierte Steuerung], S. 219). Bei identischen Ergebnissen ist dieser Ansatz jedoch nur auf den Fall stochastisch unabhängiger Cash Flows übertragbar. Eine generische Vorgehensweise für die Ermittlung residualgewinnbasierter Sicherheitsäquivalente unabhängig von stochastischen Abhängigkeiten stellt der hier gewählte Ansatz dar.

Aus der risikolosen Diskontierung von $SÄ(RAR_1)$ nach Gleichung (5-49) geht der korrekte Barwert i.H.v. 3,37 hervor.

Auf den Mehrperiodenkontext übertragen, ergeben sich für die Finanzinvestitionen über die Nutzungsdauer der Nicht-Finanzinvestition die in Tabelle 5-XX aufgeführten periodischen Sicherheitsäquivalente. Zum risikoadjustierten Kapitalwert in t=0 verdichtet, ergeben sie einen Wert von 9,54:

*Tab. 5-XX: Sicherheitsäquivalente der Risk Adjusted Returns der Finanzinvestition*

| | **Periode** | | | |
|---|---|---|---|---|
| | **t=0** | **t=1** | **t=2** | **t=3** |
| $SÄ(RAR_t)$ | - | 3,57 | 3,57 | 3,57 |
| $\Phi(SÄ(RAR))$ | 9,54 | - | - | - |

Durch die gezeigte Modifikation des Kalküls bei Zahlungsorientierung kann somit auch auf Basis der residualen Wertschaffung ein barwertkompatibles Sicherheitsäquivalent gebildet werden. Im Folgenden wird diese Ermittlung für das konstante Cash Flow-Szenario A aus dem Grundmodell vollzogen. Es folgt eine Gegenüberstellung der Sicherheitsäquivalente aller Investitionsarten.

### 5.5.3.2 Stochastische Unabhängigkeit

Die oben beschriebenen Ausführungen zur Bildung residualgewinnbasierter Sicherheitsäquivalente können uneingeschränkt auf den Fall der Nicht-Finanzinvestition bei Unabhängigkeit übertragen werden.

Wie bislang gilt für die Nicht-Finanzinvestition ein risikoadjustierter, zustandsunabhängiger Periodenzinssatz i.H.v. 9,09%. Die Bildung der Sicherheitsäquivalente unterstellt weiterhin eine Residualgewinnermittlung aufgrund des entwickelten Risikobelastungsfaktors bei Unabhängigkeit. Tabelle 5-XXI zeigt die Schritte einer Ermittlung der periodischen Sicherheitsäquivalente und die durch deren Diskontierung mit dem risikolosen Zinssatz erreichte Barwertkompatibilität.

Die Sicherheitsäquivalente der Residualgewinne nehmen aufgrund des gleichbleibenden periodischen Risikoabschlages einen im Zeitverlauf konstanten Wert von 3,64 an. Werden diese mit dem risikolosen Zinssatz bis zum Investitionszeitpunkt t=0 diskontiert und aggregiert, ergibt sich ein risikoadjustierter Kapitalwert i.H.v. 9,74. Dies entspricht dem Wert, den auch die Zahlungsorientierung und die Betrachtung der risikoadjustierten Residualgewinne gemäß Risikozuschlagsmethode ergeben.

*Tab. 5-XXI: Sicherheitsäquivalente der Residualgewinne der Nicht-Finanzinvestition bei Unabhängigkeit der periodischen Cash Flows*

| | Periode | | | |
|---|---|---|---|---|
| | t=0 | t=1 | t=2 | t=3 |
| (1) $RG_t$ | - | 3,75 | 3,75 | 3,75 |
| (2) $EW_{t-1}(CF_t)$ | - | 91,67 | 91,67 | 91,67 |
| (3) $CFaR^{Rel,Äqu}_t$ | - | 88,23 | 88,23 | 88,23 |
| (4) $r_{a,t}$ | - | 9,09% | 9,09% | 9,09% |
| (5) $r_{s,t}$ | - | 6,00% | 6,00% | 6,00% |
| (6) $RA_t$ (=((2)-(3))*((4)-(5)) | - | 0,1061 | 0,1061 | 0,1061 |
| (7) $SÄ(RG_t)$ (=(1)-(6)) | - | 3,64 | 3,64 | 3,64 |
| Φ/SÄ(RG) | 9,74 | - | - | - |

### 5.5.3.3 Stochastische Abhängigkeit

Im Fall stochastisch abhängiger Cash Flows ergibt sich der Kapitalwert eines Zahlungsstroms in t=0 erst durch eine rekursive Anwendung des CAPM.[532] Diese Besonderheit der Kapitalwertermittlung ist auch bei der Ermittlung der periodischen Risikoabschläge für die residualgewinnbasierten Sicherheitsäquivalente zu berücksichtigen. Wie in den bisherigen Ausführungen kann von einem periodisch konstanten risikoadjustierten Zinssatz $r_{a,t}$ von 9,09% ausgegangen werden. Bei einem risikolosen Zinssatz $r_{s,t}$ von 6,00% ergibt sich eine im Zeitablauf konstante, geforderte Überrendite ($r_{a,t}$-$r_{s,t}$) i.H.v. 3,09%. Diese kann jedoch nicht wie im Fall der Unabhängigkeit auf die periodenspezifische Differenz aus dem Ertragswert des Cash Flow in Periode t und dem entsprechenden relativen CFaR angesetzt werden. In der letzten Periode T beginnend, ist die geforderte Überrendite stattdessen auf den rekursiv kumulierten Ertragswert des Zahlungsstromes mit dem jeweils zu Periodenbeginn investierten Kapital zu Buchwerten zu verrechnen. Im Fall einer Residualgewinnermittlung auf Basis des Risikobelastungsfaktors bei Abhängigkeit berechnen sich die Sicherheitsäquivalente damit wie in Tabelle 5-XXII gezeigt.

532 Vgl. hierzu Kapitel 4.3.1.3.3.

*Tab. 5-XXII: Sicherheitsäquivalente der Residualgewinne der Nicht-Finanzinvestition bei Abhängigkeit der periodischen Cash Flows*

| | Periode | | | |
|---|---|---|---|---|
| | **t=0** | **t=1** | **t=2** | **t=3** |
| (1) $RG_t$ | - | 1,09 | 1,09 | 1,09 |
| (2) Rekursiv kumulierter $EW_{t-1}$ | - | 252,74 | 175,71 | 91,67 |
| (3) $KD^{Abh}_t$ | - | 98,91 | 98,91 | 98,91 |
| (4) $r_{a,t}$ | - | 9,09% | 9,09% | 9,09% |
| (5) $r_{s,t}$ | - | 6,00% | 6,00% | 6,00% |
| (6) $BW_{t-1}$ (=(6)-(8)) | - | 250,00 | 173,80 | 90,68 |
| (7) $r_{a,t}*BW_{t-1}$ (=(4)*(6)) | - | 22,71 | 15,79 | 8,24 |
| (8) $AB_t$ (=(3)-(7)) | - | 76,20 | 83,12 | 90,68 |
| (9) $RA_t$ (=((2)-(6))*((4)-(5)) | - | 0,0847 | 0,0589 | 0,0307 |
| (10) $SÄ(RG_t)$ (=(1)-(9)) | - | 1,00 | 1,03 | 1,06 |
| ΦSÄ(RG) | 2,74 | - | - | - |

Aufgrund des rekursiven Vorgehens bei der Ermittlung des Kapitalwertes im Fall der Abhängigkeit nehmen die periodischen Risikoabschläge im Zeitverlauf betragsmäßig ab. Dies bewirkt einen Anstieg der residualgewinnbasierten Sicherheitsäquivalente von 1,00 in t=1 bis 1,06 in t=3. Ihre Diskontierung mit dem risikolosen Zinssatz ergibt den risikoadjustierten Kapitalwert i.H.v. 2,74.

## 5.5.4 Gegenüberstellung der periodischen Wertschaffung

Die folgende Tabelle 5-XXIII zeigt eine Gegenüberstellung der residualgewinnbasierten Sicherheitsäquivalente aller Investitionsarten und die aus deren Aggregation in t=0 gewonnenen risikoadjustierten Kapitalwerte.

Der Vergleich der periodischen Sicherheitsäquivalente zeigt eine Rangfolge die von der Gegenüberstellung der erwarteten Residualgewinne abweicht. Sie entspricht derjenigen bei einer Reihung der risikoadjustierten Kapitalwerte. Demnach weist die Nicht-Finanzinvestition bei Unabhängigkeit nicht nur den höchsten Kapitalwert i.H.v. 9,74, sondern auch die höchsten periodischen Sicherheitsäquivalente von 3,64 auf. Dahinter liegt die Finanzinvestition mit einem Kapitalwert von 9,54 und im Zeitablauf konstanter Sicherheitsäquivalente i.H.v. 3,57. Den geringsten risikoadjustierten Kapitalwert generiert mit 2,74 nach wie vor die Nicht-Finanzinvestition bei Abhängigkeit. Dies spiegeln auch die periodenspezifischen Sicherheitsäquivalente wider. Sie steigen um jeweils 0,03 von 1,00 in t=1 bis auf 1,06 in t=3.

*Tab. 5-XXIII: Gegenüberstellung der sicherheitsäquivalentbasierten absoluten residualen Wertschaffung bei risikogerechter Abschreibung der Nicht-Finanzinvestition*

| | Periode | | | |
|---|---|---|---|---|
| | **t=0** | **t=1** | **t=2** | **t=3** |
| **Finanzinvestition** | | | | |
| $SÄ(RAR_t)$ | - | 3,57 | 3,57 | 3,57 |
| ΦSÄ(RAR) | 9,54 | - | - | - |
| **Nicht-Finanzinvestition** | | | | |
| Unabhängigkeit | | | | |
| $SÄ(RG_t)$ | - | 3,64 | 3,64 | 3,64 |
| ΦSÄ(RG) | 9,74 | - | - | - |
| Abhängigkeit | | | | |
| $SÄ(RG_t)$ | - | 1,00 | 1,03 | 1,06 |
| ΦSÄ(RG) | 2,74 | - | - | - |

Ein Vergleich der periodischen Sicherheitsäquivalente stellt sicher, dass Verzerrungen aufgrund unterschiedlich hoher risikoadjustierter Diskontierungszinssätze unterbleiben. Um jedoch von der Relation der periodischen, risikoadjustierten Performancemessung einen theoretisch konsistenten Rückschluss zur Relation der risikoadjustierten Kapitalwerte im Entscheidungszeitpunkt t=0 zu unternehmen, ist weiterhin eine Vergleichbarkeit der periodischen Kapitalbezugsbasen sicherzustellen. Erneut soll dies anhand eines Vergleiches der relativen residualen Wertschaffungen mit dem $RARoRAC_t$ illustriert werden. Die folgende Tabelle zeigt die periodischen $RARoRAC_t$ aller unterschiedenen Investitionsarten. Als Kapitalbezugsbasis der Finanzinvestition wird der infolge des gestiegenen systematischen Risikos ebenfalls erhöhte relative CFaR angesetzt. Die als Kapitalbezugsbasen der Nicht-Finanzinvestitionen maßgeblichen CFaR-Äquivalente werden unverändert aus Abschnitt 5.4.2 übernommen. Trotz des im Fall der Nicht-Finanzinvestition bei Abhängigkeit im Zeitverlauf leicht ansteigenden Niveaus der Zählergröße wird zu Gunsten der Übersichtlichkeit erneut lediglich Periode 1 betrachtet.[533]

533 Die geringfügigen Veränderungen des residualgewinnbasierten Sicherheitsäquivalents hätten bei einer Darstellung der relativen Performance der Nicht-Finanzinvestition bei Abhängigkeit lediglich eine Auswirkung auf die vierte Nachkommastelle.

*Tab. 5-XXIV: Gegenüberstellung der sicherheitsäquivalentbasierten relativen residualen Wertschaffung in Periode 1 bei risikogerechter Abschreibung der Nicht-Finanzinvestition und unharmonisierten Kapitalbezugsbasen*

| | t=1 | | |
|---|---|---|---|
| | Finanzinvestition | Nicht-Finanzinvestition | |
| | | Unabhängigkeit | Abhängigkeit |
| (1) $SÄ(RAR_t)$ bzw. $SÄ(RG_t)$ | 3,57 | 3,64 | 1,00 |
| (2) $CFaR^{Rel}_t$ bzw. $CFaR^{Rel,Äqu}_t$ | 1,97 | 88,23 | 90,68 |
| (3) $RARoRAC_t$ (=(1)/(2)) | 1,81 | 0,04 | 0,01 |

In Tabelle XXIV erscheint die Finanzinvestition mit einem $RARoRAC_t$ von 1,81 auf dem ersten Rang. Dahinter liegt mit einem Wert von 0,04 die Nicht-Finanzinvestition bei Unabhängigkeit. Den letzten Rang belegt die Nicht-Finanzinvestition bei Abhängigkeit mit einer relativen Performance i.H.v. 0,01.

Analog der Situation identischer systematischer Risiken von Finanz- und Nicht-Finanzinvestitionen sind diese relativen Wertschaffungen für einen risikoadjustierten Vergleich der Investitionsprojekte nur bedingt aussagekräftig. Erneut können auf dieser Basis lediglich die Nicht-Finanzinvestitionen untereinander verglichen werden. Ein periodischer Vergleich von Finanzinvestition und Nicht-Finanzinvestition bei Unabhängigkeit ist aufgrund der mit den unharmonisierten Kapitalbezugsbasen verbundenen, divergierenden Absicherungsgrade nicht möglich. Letztere werden in der folgenden Tabelle 5-XXV gegenübergestellt:

*Tab. 5-XXV: Absicherungsgrade der unharmonisierten Kapitalbezugsbasen von Finanz- und Nicht-Finanzinvestition bei Unabhängigkeit der periodischen Cash Flows*

| | t=1 | |
|---|---|---|
| | Finanzinvestition | Nicht-Finanzinvestition bei Unabhängigkeit |
| $\mu(CF_t)$ | 6,00 | 100,00 |
| $CFaR^{Rel}_t$ bzw. $CFaR^{Rel,Äqu}_t$ | 1,97 | 88,23 |
| $\sigma(CF_t)$ | 1,20 | 10,00 |
| $z_{1-\alpha}$ | 1,6449 | 8,8233 |
| $1-\alpha$ | 95% | ~100% |

Gemäß Tabelle 5-XXV divergieren die Absicherungsgrade von Finanz- und Nicht-Finanzinvestitionen bei Unabhängigkeit. Bei einem z-Wert von 1,6449 erreicht die Finanzinvestition das zuvor beispielhaft unterstellte Konfidenzniveau von 95%. Das Konfidenzniveau der Nicht-Finanzinvestition bei Unabhängigkeit erreicht mit einem unveränderten z-Wert von 8,8233 dagegen nahezu 100%. Zur Gewährleistung der Vergleichbarkeit sind die Konfidenzniveaus beider Investitionsarten daher erneut zu harmonisieren.

## 5.5.5 Harmonisierung der periodischen Absicherungsniveaus

Ziel der Harmonisierung ist eine Anpassung des Absicherungsgrades der Finanzinvestition auf das Niveau der Nicht-Finanzinvestition bei Unabhängigkeit. Der entsprechende z-Wert ($z^*_{1-\alpha}$) beträgt 8,8233. Wie zuvor betrifft diese Harmonisierung beide Komponenten der relativen Wertschaffung. Sie richtet sich im Gegensatz zur Situation identischer systematischer Risiken nun jedoch auf den relativen CFaR und das entsprechende residualgewinnbasierte Sicherheitsäquivalent. Während der relative CFaR eine Harmonisierung gemäß Gleichung (5-38) erfährt, gilt für das Sicherheitsäquivalent folgendes:

$$SÄ(RAR_t) = RAR_t - RA_t \tag{5-50}$$

bzw.

$$\begin{aligned} SÄ(RAR_t) = & \left\lfloor \mu(CF_t) - (1 + r_{a,t}) \cdot \left| - z^*_{1-\alpha} \cdot \sigma(CF_t) \right| \right\rfloor \\ & - \left\lfloor EW_{t-1}(CF_t) - \left| - z^*_{1-\alpha} \cdot \sigma(CF_t) \right| \right\rfloor \cdot (r_{a,t} - r_{s,t}) \end{aligned} \tag{5-51}$$

Eine Gegenüberstellung der so harmonisierten relativen Wertschaffung der Finanzinvestition mit den Werten der Nicht-Finanzinvestition in Periode 1 zeigt Tabelle 5-XXVI:[534] Die Harmonisierung der Absicherungsniveaus von Finanzinvestition und Nicht-Finanzinvestition bei Unabhängigkeit hat zur Folge, dass sich die Rangfolge der $RARoRAC_t$ gegenüber Tabelle 5-XXIV verändert. Mit einem negativen Sicherheitsäquivalent von -0,53 je Einheit der Kapitalbezugsbasis (vs. 1,81 im unharmonisierten Fall) liegt die Finanzinvestition nun an letzter Stelle. Unverändert gegenüber dem unharmonisierten Fall liegen in aufstei-

534 Der veränderte Wert des relativen CFaR der Finanzinvestition errechnet sich als: 1,20*8,8233. Das harmonisierte $SÄ(RAR_t)$ der Finanzinvestition ergibt sich als: 6,00-1,1235*1,20*8,8233-(5,34-1,20*8,8233)*(0,1235-0,06).

gender Rangfolge die Nicht-Finanzinvestitionen mit Werten von 0,01 bei Abhängigkeit bzw. 0,04 bei Unabhängigkeit.

*Tab. 5-XXVI: Gegenüberstellung der sicherheitsäquivalentbasierten relativen residualen Wertschaffung in Periode 1 bei risikogerechter Abschreibung der Nicht-Finanzinvestition und harmonisierten Kapitalbezugsbasen*

| | t=1 | | |
|---|---|---|---|
| | Finanzinvestition | Nicht-Finanzinvestition | |
| | | Unabhängigkeit | Abhängigkeit |
| (1) SÄ($RAR_t$) bzw. SÄ($RG_t$) | -5,56 | 3,64 | 1,00 |
| (2) $CFaR^{Rel}_t$ bzw. $CFaR^{Rel,Äqu}_t$ | 10,59 | 88,23 | 90,68 |
| (3) $RARoRAC_t$ (=(1)/(2)) | -0,53 | 0,04 | 0,01 |

Die starke Senkung des relativen Erfolgs der Finanzinvestition resultiert aus einer Senkung des Sicherheitsäquivalents im Zähler des $RARoRAC_t$ auf einen negativen Wert von -5,56 (vs. 3,57 im unharmonisierten Fall). Verantwortlich für diese Senkung ist der Anstieg des auch im Nenner von $RARoRAC_t$ angesetzten relativen CFaR auf 10,59 (vs. 1,97 im unharmonisierten Fall); er ist die Folge des im Vergleich zum unharmonisierten Fall gestiegenen Absicherungsniveaus.

# 5.6 Kapitelfazit

In diesem Kapitel wurde gezeigt, wie eine Kontrolle der risikoadjustierten Performance von Nicht-Finanzinvestitionen auch in einem periodenbezogenen Kontext möglich ist. In einem modelltheoretischen Vergleich mit mehreren einperiodischen Finanzinvestitionen wurden zudem die notwendigen Anpassungen für einen risikoadjustierten, periodischen Performancevergleich verschiedener Investitionen unterschiedlicher Fristigkeit dargestellt.

Ausgangspunkt der Entwicklung einer Kennzahl zur Kontrolle der risikoadjustierten Performance von Nicht-Finanzinvestitionen war der buchwertbasierte Residualgewinn bei Sicherheit. Dieser wurde zunächst nach der Risikozuschlagsmethode um das systematische Risiko des Zahlungsstromes einer Nicht-Finanzinvestition adjustiert. In einem modelltheoretischen Vergleich mit den Risk Adjusted Returns mehrerer einperiodischer Finanzinvestitionen gleichen systematischen Risikos wurde ein Risikobelastungsfaktor zur risikogerechten Verteilung des Gesamtkapitaldienstes auf die Perioden der Nutzungsdauer der

Nicht-Finanzinvestition formuliert. Beide Modifikationen führten zu einer konzeptionellen Vereinheitlichung der buchwertbasierten Residualgewinne mit den Risk Adjusted Returns der einperiodischen Finanzinvestitionen.

Für den risikoadjustierten Performancevergleich wurden die absoluten residualen Wertschaffungen von Finanz- und Nicht-Finanzinvestitionen in Relation zu ihrer investitionsspezifischen Kapitalbezugsbasis gestellt. Es zeigte sich, dass eine periodische Vergleichbarkeit der daraus resultierenden $RARoRAC_t$ von Finanz- und Nicht-Finanzinvestitionen bei Unabhängigkeit erst nach einer Harmonisierung der Kapitalbezugsbasen möglich ist. Über diese Harmonisierung hinaus erforderte der theoretisch konsistente Vergleich von Finanzinvestitionen und Nicht-Finanzinvestitionen bei *divergierenden* systematischen Risiken zudem einen Ansatz von Sicherheitsäquivalenten der absoluten residualen Wertschaffungen im Zähler der periodenspezifischen $RARoRAC_t$.

Die annahmegemäße Normalverteilung der Cash Flows von Finanz- und Nicht-Finanzinvestitionen stellt das Anwendungspotenzial der entwickelten Methodik für den Performancevergleich zunächst in Frage. So tritt diese Verteilungsform näherungsweise nur für solche Cash Flows auf, die primär durch finanzwirtschaftliche Marktpreisrisiken beeinflusst werden. Gemäß den Ausführungen in Kapitel 3 sind solche Risiken im Allgemeinen jedoch nur ein Teil des gesamten Cash Flow-Risikos im Nicht-Finanzbereich.

Eine praktische Relevanz kommt der entwickelten Methodik für den Performancevergleich von Finanz- und Nicht-Finanzinvestitionen dennoch in einzelnen Branchen auch außerhalb der Finanzindustrie zu. Ein Beispiel hierfür ist der Energiesektor. Die jüngeren Entwicklungen in diesem Markt führten dazu, dass sich Energieversorgungsunternehmen heute einerseits in kapitalintensiven Bereichen wie der Strom- und Gaserzeugung und andererseits im eher bankbetrieblichen Handel mit Gas- und Stromderivaten betätigen.[535] Die Abhängigkeit der in beiden Bereichen generierten Zahlungsüberschüsse von den an organisierten Märkten gebildeten Energiepreisen lässt deren naherungsweise

535 Als maßgebliche Veränderung ist in diesem Kontext die Liberalisierung des Strom- und Gasmarktes im Zuge der EU-Binnenmarkt-Richtlinie und des Energiewirtschaftsgesetzes von 1998 zu nennen. In dessen Folge wurde Energie zu einer, an den Börsen frei handelbaren Ware, wodurch wiederum das Angebot an finanziellen Warenderivaten stieg (vgl. *Dessau* [Energiehandel], S. 1). Die Energieversorgungsunternehmen partizipieren an diesen Finanzmärkten heute selbst zur Erzielung von Spekulationsgewinnen und dem Management kurz- und langfristiger Marktpreisschwankungen (vgl. *Eßer-Scherbeck* [Risikomanagement], S. 3).

Normalverteilung plausibel erscheinen.[536] Ein Einsatz der entwickelten Bewertungsmethodik ist hier uneingeschränkt möglich. Der ausschließliche Fokus auf einperiodige Finanzinvestitionen als Vergleichsmaßstab einer Nicht-Finanzinvestition stellt vor diesem Hintergrund keine Einschränkung dar. Auch bei einer mehrperiodigen Finanzinvestition kann die mehrperiodige Kapitalbindung i.H.d. Cash Flow at Risks auf Basis des definierten Risikobelastungsfaktors auf die einzelnen Perioden der Haltedauer verteilt werden. Ein periodischer Vergleich der risikoadjustierten Performance auf Basis des Risk Adjusted Returns hätte dann lediglich nicht die bislang unterstellte vollständige Ausbuchung des erworbenen (Finanz-)Vermögensgegenstands am Ende einer Periode zur Folge.

536 Als organisierter Kapitalmarkt hat sich insbesondere im kurzfristigen Zeitbereich in den vergangenen Jahren die European Energy Exchange (EEX) etabliert (vgl. *Blaesig* [Risikomanagement], S. 22).

# 6 Zusammenfassung und Ausblick

Am Anfang dieser Arbeit stand die Frage, ob sich die im Finanzbereich entwickelten Risk Adjusted Performance Measures auf die Investitionssteuerung im Nicht-Finanzbereich übertragen lassen. An den existierenden Modellen anknüpfend, sollte ein Ansatz für die theoretisch konsistente, periodenübergreifende Bewertung potenzieller Nicht-Finanzinvestitionen abgeleitet und die dadurch ausgelösten Entscheidungen analysiert werden. Weiteres Ziel war die Entwicklung eines Modellrahmens für die periodenbezogene Kontrolle der risikoadjustierten Performance bereits realisierter Nicht-Finanzinvestitionen und sein Einsatz für den Performancevergleich von Investitionsprojekten unterschiedlicher Fristigkeit. In einem Grundlagenteil sollten zunächst die theoretische Rechtfertigung einer integrierten Risiko-/Rendite-Steuerung und die Möglichkeiten einer Risikobewertung im Nicht-Finanzbereich aufgezeigt werden.

Im Einzelnen sind im Verlauf der Untersuchung die folgenden Erkenntnisse gewonnen worden:

1. Das Setzen eines Ziels und das Risiko von dessen Abweichung sind untrennbar miteinander verbunden. Das im Rahmen des Wertmanagements postulierte Oberziel besteht in einer Maximierung des Marktwertes des Eigenkapitals eines Unternehmens. Es ist auf die gesamte Investitionstätigkeit zu übertragen. Das Ziel des Wertmanagements bildet den Anknüpfungspunkt zur Steuerung potenzieller Abweichungen im unternehmerischen Risikomanagement. Die integrierte Risiko-/Rendite-Steuerung versucht beide Konzepte zu verbinden.
2. Die kapitalmarkttheoretische Ableitung des Marktwertes des Eigenkapitals mit dem Capital Asset Pricing Model (CAPM) erfasst die systematischen, nicht-diversifizierbaren Risiken als bewertungsrelevant. Per Definition verfolgt eine entsprechende Operationalisierung der Zielsetzung des Wertmanagements bereits eine integrierte Betrachtung von Risiko- und Renditeaspekten. Sie ist jedoch an sehr restriktive Annahmen wie z. B. die Semi-Vollkommenheit des Kapitalmarktes gebunden.
3. Bei Gültigkeit der Annahmen des CAPM besitzt das unternehmerische Risikomanagement keine wertorientierte Rechtfertigung. Die Steuerung unsystematischer Risiken wird nicht entlohnt und nimmt in der Folge keinen Einfluss auf den Marktwert des Eigenkapitals. Für eine integierte, systematische und unsystematische Risiken berücksichtigende Risiko-/Rendite-Steuerung bleibt unter diesen Umständen kein Raum.
4. Im praxisrelevanten Fall eines unvollkommenen Kapitalmarkts gibt es diverse wertrelevante Ansatzpunkte für unternehmerisches Risiko-

management. Eine Wertsteigerung erfordert immer eine Kosten-Nutzen-Abwägung der eingesetzten Risikomanagement-Maßnahmen. Lösung dieses Optimierungsproblems ist eine wertmaximale, unternehmensbezogene Risikoposition. Von dieser ausgehend, muss das Management in der Lage sein, die Auswirkung von Investitionsentscheidungen auf den Marktwert des Eigenkapitals *und* die Risikoposition des Unternehmens ex ante einzuschätzen und ex post zu kontrollieren.

5. Im Rahmen des Risiko-Rendite-Kalküls ist zu gewährleisten dass ein Investitionsprojekt mindestens die finanziellen Ansprüche der Eigenkapitalgeber erfüllt. Das Risikotragfähigkeitskalkül muss eine adäquate Hinterlegung des hierdurch zusätzlich übernommenen Risikos durch Risikodeckungsmassen sicherstellen. Eine Vereinigung beider Zielsetzungen sollen Risk Adjusted Performance Measures (RAPM) bzw. der Risk Adjusted Return on Risk Adjusted Capital (RARoRAC) ermöglichen. Letzterer stellt im Fall einer investitionsspezifischen Risikoberücksichtigung das maßgebliche Bewertungskriterium dar.
6. Der durch den RARoRAC zu quantifizierende Marktwertzuwachs einer potenziellen Investitionsentscheidung je Einheit zusätzlich übernommenen Risikos wird im Nicht-Finanzbereich durch den Quotienten aus dem CAPM-basierten Kapitalwert und dem darauf bezogenen Downside-Risikopotenzial, gemessen durch den Value at Risk (VaR), operationalisiert. Die Ermittlung beider Größen erfordert die Erfassung der Risikostruktur des einer Nicht-Finanzinvestition zu Grunde liegenden, mehrperiodischen Zahlungsstromes. In Anlehnung an den Cash Flow als relevante Planungsgröße im Kapitalwertkalkül beträgt der einer periodenbezogenen Risikobewertung zu Grunde liegende Zeitraum ein Jahr.
7. Auf den Cash Flow einer Nicht-Finanzinvestition wirkt in diesem Zeitraum eine Vielzahl finanz- und leistungswirtschaftlicher Risikofaktoren. Die Bewertung der damit verbundenen, periodenbezogenen Cash Flow-Unsicherheit kommt im sog. Cash Flow at Risk (CFaR) zum Ausdruck. Seine Ermittlung erfordert die Identifikation der maßgeblichen Risikofaktoren und ihrer Wahrscheinlichkeitsverteilungen. In einem nächsten Schritt sind diese unter Berücksichtigung der zwischen ihnen herrschenden Abhängigkeitsstrukturen in Verbindung zum periodischen Cash Flow zu bringen. Der CFaR verdichtet die resultierende Wahrscheinlichkeitsverteilung des Cash Flow schließlich – unter Vorgabe eines, der Risikoneigung des Entscheidungsträgers entsprechenden Konfidenzniveaus – zu einer einzelnen Kennzahl. Ihre Validität hängt zu großen Teilen von der Güte der in den einzelnen Ermittlungsschritten erforderlichen, subjektiven Werturteile der in eine Risikobewertung involvierten Parteien ab. Der detailliert vorgestell-

te Varianz-Kovarianz-Ansatz und die Monte-Carlo-Simulation eröffnen hierbei unterschiedliche Gestaltungsspielräume. Zur Ermittlung des VaR zur Bewertung des Downside-Risikopotenzials einer Nicht-Finanzinvestition ist die periodenbezogene Risikobewertung in einen periodenübergreifenden Kontext zu überführen. In diesem gilt es, die als derivative Risikofaktoren fungierenden Cash Flows unter Berücksichtigung ggf. bestehender stochastischer Abhängigkeiten zu aggregieren.

8. Die Analyse des Einsatzes von RAPM zur Bewertung potenzieller Nicht-Finanzinvestitionen setzt an der Einhaltung des Risiko-Rendite-Kalküls und des Risikotragfähigkeitskalküls an. Durch den Ansatz nicht zahlungswirksamer Aufwendungen und Erträge im Nicht-Finanzbereich zerfällt das Risikotragfähigkeitskalkül in eine finanzwirtschaftliche und eine erfolgsrechnerische Dimension. Aus finanzwirtschaftlicher Sicht setzt die Durchführung einer Investition voraus, dass die finanzwirtschaftlichen Risikodeckungsmassen und das durch den absoluten CFaR quantifizierte, finanzwirtschaftliche Risikopotenzial in jeder Periode der Nutzungsdauer in einem der Risikoneigung des Entscheidungsträgers entsprechenden Verhältnis zueinander stehen. Ein solcher Zusammenhang wird aus einer erfolgsrechnerischen Perspektive zwischen den erfolgsrechnerischen Risikodeckungsmassen und dem, durch die absoluten Earnings at Risk quantifizierten Risikopotenzial gefordert.
9. Der zur Analyse des Risiko-Rendite-Kalküls entwickelte Modellrahmen setzt bei einer Drei-Punkt-Schätzung der zukünftigen Cash Flows einer Nicht-Finanzinvestition an. Sie bildet die Grundlage zur Ableitung eines binomialen, diskreten Zustandsbaumes für den Fall stochastisch unabhängiger und abhängiger Cash Flows. Als weitere Modellparameter dienen die Drei-Punkt-Schätzung der zukünftigen Marktrendite und eine Prognose des konstant verlaufenden, risikolosen Zinssatzes. In einem Grundmodell werden die unsicheren Parameter als normalverteilt angenommen.
10. Auf dieser Datengrundlage lässt sich der mehrperiodische Zahlungsstrom kapitalmarktorientiert bewerten. Welcher Aggregationsfolge bei der Ermittlung des CAPM-basierten Kapitalwertes gefolgt werden kann, hängt von der Existenz intertemporaler Abhängigkeiten zwischen den periodischen Cash Flows ab. Der risikoadjustierte Kapitalwert dient im weiteren Analyseverlauf als *First-best*-Lösung. Zugleich wird er als Zählergröße des für die risikoadjustierte Investitionsbewertung maßgeblichen RARoRAC angesetzt.
11. Für die Ableitung des VaR im Nenner des RARoRAC wird der binomiale, diskrete Zustandsbaum stochastiziert. Die Aggregation der periodenbezogenen, stetigen Cash Flow-Verteilungen erfolgt unter Rückgriff auf die

Monte-Carlo-Simulation. Zur Vermeidung einer Doppelerfassung des systematischen Risikos wird auf den nicht-risikoadjustierten Kapitalwert als Zielfunktion abgestellt. Intertemporale Abhängigkeiten werden aufgrund der einseitigen Zukunftsorientierung des mehrperiodischen Zahlungsstromes durch die Verwendung bedingter Wahrscheinlichkeitsverteilungen integriert.

12. Der Investitionsbewertung liegen drei verschiedene Cash Flow-Szenarien (konstant, steigend, sinkend) zu Grunde. Auf diese Weise wird der unterschiedlichen strategischen Relevanz von Investitionsprojekten im Nicht-Finanzbereich Rechnung getragen. Im Grundmodell wird neben der Normalverteilung der unsicheren Parameter deren konstante Varianz im Zeitablauf angenommen. Zugleich wird eine neutrale Erwartungshaltung bzgl. des Eintritts der binomialen Umweltzustände sowie eine konstante Entwicklung der erwarteten Marktrendite und des risikolosen Zinssatzes unterstellt.
13. Bei Unabhängigkeit der periodischen Cash Flows generieren alle unterschiedenen Cash Flow-Szenarien im Grundmodell einen identischen CAPM-basierten Kapitalwert. Auch der VaR nimmt für jeden Cash Flow-Verlauf nahezu identische Werte an, was wiederum identische RARoRAC zur Folge hat. Die gleichen Rangfolgen lassen auf eine Konsistenz RAPM-basierter Investitionsentscheidungen mit der Zielsetzung des Wertmanagements und damit einer grundsätzlichen Einhaltung des Risiko-Rendite-Kalküls schließen.
14. Bei Existenz stochastischer Abhängigkeiten beeinflusst die Entwicklung der Cash Flows im Zeitablauf die Höhe der CAPM-basierten Kapitalwerte. Ursächlich hierfür ist die nun erforderliche rekursive Aggregationsfolge der periodischen Cash Flow-Verteilungen im Rahmen der Kapitalwertberechnung. Die hier vorherrschende Relevanz von Ertragswerten bei der Kovarianzberechnung führt bei ansteigenden Cash Flows zum geringsten risikoadjustierten Kapitalwert. Gegenteiliges gilt für den Fall sinkender Cash Flows. Der konstante Cash Flow-Verlauf nimmt eine Zwischenstellung ein. Diese Präferenzrelation setzt sich im VaR und damit auch dem RARoRAC fort. Die Rangfolge der RAPM-basierten Investitionsbewertung entspricht somit auch bei intertemporaler Cash Flow-Abhängigkeit dem risikoadjustierten Kapitalwertkriterium. Die Grundgleichung des Risiko-Rendite-Kalküls ist erneut erfüllt.
15. Die Stabilität der getroffenen Aussagen wird durch eine sukzessive Variation der Modellparameter überprüft. Die Variationen bilden den Einfluss einer alternativen Verteilungsannahme (ß-Verteilung), einer optimistischen bzw. pessimistischen Erwartungshaltung bzgl. des Eintritts der binomialen

Umweltzustände, einer im Zeitablauf ansteigenden bzw. sinkenden erwarteten Marktrendite und eines gestiegenen bzw. gesunkenen risikolosen Zinssatzes auf die Bewertungsergebnisse ab. Sämtliche Modellvariationen bestätigen die im Grundmodell festgestellte Konsistenz RAPM-basierter Investitionsentscheidungen mit den Zielen des Wertmanagements bzw. des Risiko-Rendite-Kalküls. Dies trifft für die Fälle intertemporal unabhängiger und abhängiger Cash Flows gleichermaßen zu.

16. Der buchwertbasierte Residualgewinn bildet das theoretische Fundament einer periodenspezifischen Kennzahl zur Kontrolle der risikoadjustierten Performance bereits realisierter Nicht-Finanzinvestitionen. Er wird zunächst nach der Risikozuschlagsmethode auf das CAPM-basierte, systematische Risiko des Zahlungsstromes adjustiert. Zur Ableitung der weiterhin erforderlichen Anpassungen wird er über die gesamte Nutzungsdauer der Nicht-Finanzinvestition einem modelltheoretischen Vergleich mit mehreren einperiodischen Finanzinvestitionen unterzogen. Die Cash Flows letzterer werden als intertemporal unabhängig angenommen.
17. Bei identischem systematischem Risiko und einer Normalverteilung der periodischen Cash Flows beider Investitionsarten sind die Risk Adjusted Returns der Finanzinvestitionen und die CAPM-basierten Residualgewinne der Nicht-Finanzinvestition zunächst konzeptionell zu vereinheitlichen. Dies geschieht, indem der Gesamtkapitaldienst der Nicht-Finanzinvestition in Abhängigkeit der periodischen Cash Flow-Risiken über die Nutzungsdauer verteilt wird. Zur Ableitung einer dem periodischen RARoRAC im Finanzbereich entsprechenden Erfolgsgröße ist weiterhin eine rechentechnische Transformation dieses Kapitaldienstes in eine periodenspezifische Kapitalbezugsbasis zu vollziehen. Der Quotient aus dem CAPM-basierten Residualgewinn und dieser Kapitalbezugsbasis quantifiziert die relative residuale Wertschaffung der Nicht-Finanzinvestition.
18. Die bis dato entwickelte, relative Kennzahl bildet einen geeigneten Rahmen zur risikoadjustierten Kontrolle der periodischen Performance von Nicht-Finanzinvestitionen bei Unabhängigkeit und Abhängigkeit der Cash Flows. Der periodische Performancevergleich mit den einperiodischen Finanzinvestitionen erfordert jedoch eine Vergleichbarkeit der periodischen Kapitalbezugsbasen aller unterschiedenen Investitionsarten. Diese Vergleichbarkeit wird durch Harmonisierung der mit den Kapitalbezugsbasen verbundenen Absicherungsgrade der Finanzinvestitionen auf das Niveau der Nicht-Finanzinvestition bei Unabhängigkeit gewährleistet.
19. Weichen die systematischen Risiken von Finanzinvestitionen und Nicht-Finanzinvestitionen voneinander ab, sind zunächst die Sicherheitsäquivalente der Risk Adjusted Returns bzw. der bereits konzeptionell vereinheit-

lichten buchwertbasierten Residualgewinne zu bilden. Der Risikoabschlag von der erwarteten, absoluten residualen Wertschaffung hat sich dabei an der Marktrisikoprämie auf den Kapitalwert des periodischen Cash Flows zu orientieren. Vor einem Vergleich der auf dieser Basis ermittelten relativen, residualen Wertschaffungen werden die Kapitalbezugsbasen der unterschiedenen Investitionsarten erneut harmonisiert.

Zusammenfassend ist eine Investitionssteuerung mit RAPM auch im Nicht-Finanzbereich unter der Voraussetzung einer validen Erfassung der hier relevanten Risiken realisierbar. Ein direkter Einfluss des Risikotragfähigkeitskalküls auf die Investitionsentscheidung setzt voraus, dass die Risikodeckungsmassen bei einer Überschreitung des jeweiligen Risikopotenzials unverändert bleiben *und* das Risikopotenzial nicht anderweitig verringert wird. Die Anwendung des entwickelten Modellrahmens zur periodenübergreifenden Investitionsbewertung lässt auf eine Konsistenz RAPM-basierter Investitionsentscheidungen mit der Zielsetzung des Wertmanagements und somit eine Einhaltung der Grundgleichung des Risiko-Rendite-Kalküls schließen. Auf Basis des Residualgewinnkonzeptes lässt sich eine periodische Kontrolle der risikoadjustierten Performance bereits realisierter Nicht-Finanzinvestitionen vollziehen. Nach einer ggf. erforderlichen Harmonisierung der periodischen Kapitalbezugsbasen eignet sich die entwickelte Kennzahl auch für einen Vergleich der risikoadjustierten Performance von Investitionen unterschiedlicher Fristigkeit.

Die erzielten Ergebnisse sind an die Gültigkeit von Annahmen geknüpft. Eine Analyse der Implikationen ihrer Auflösung bzw. die Erweiterung der entwickelten Modellansätze auf weniger restriktive Bedingungen bieten mögliche Anknüpfungspunkte weiterer Forschungsanstrengungen. Bei der Investitionsbewertung erweist sich insbesondere die Annahme einer stochastischen Unabhängigkeit zwischen den zu bewertenden, potenziellen Investitionsprojekten und dem bereits getätigten Investitionsprogramm des Unternehmens als restriktiv. Wird sie fallen gelassen, können die CAPM- bzw. RAPM-basierten Präferenzrelationen aufgrund der für letztere relevanten Diversifikationseffekte voneinander abweichen. Eine Konsistenz RAPM-basierter Investitionsentscheidungen mit den Zielen des Wertmanagements wäre demnach u.U. nicht mehr länger gegeben. Weitere Arbeiten könnten neben einer entsprechenden konzeptionellen Erweiterung auch zu empirisch gestützten Erkenntnissen zur (branchen- oder investitionsspezifischen) Relevanz solcher Diversifikationseffekte führen. Auch im Bereich der risikoadjustierten, periodischen Performancekontrolle bieten die gesetzten Annahmen Anknüpfungspunkte für weitere Arbeiten. Die konzeptionelle Öffnung des entwickelten Modellrahmens auf nicht-normalverteilte periodische Cash Flows könnte sein Anwendungspotenzial auf solche Nicht-

Finanzinvestitionen erweitern, deren Zahlungsüberschüsse nicht primär von finanzwirtschaftlichen Marktpreisrisiken beeinflusst werden. Eine für beide Anwendungsbereiche der Investitionssteuerung relevante Erweiterung wäre schließlich die modelltheoretische Integration von Risikofaktoren einer niedrigeren Aggregationsstufe als der dieser Arbeit zu Grunde gelegten, derivativen Cash Flow-Ebene; sie könnte die mathematisch-statistischen Erkenntnisse zur Quantifizierung einzelner Risikofaktoren noch stärker mit der anwendungsorientierten Forschung zum Risikocontrolling verbinden und damit einen weiteren Beitrag zur Effektivitätssteigerung von Risikomanagement in der Praxis leisten.

# 7 Anhang

*Anhang 4.3.3.2:* *Entwicklung der bedingten Kovarianzen je Cash Flow-Szenario im Grundmodell*

| Cash Flow-Szenario | t=1 | t=2 | t=3 |
|---|---|---|---|
| A | 7,80 | 5,96 | 3,42 |
| | | | 2,80 |
| | | 4,88 | 2,80 |
| | | | 2,29 |
| B | 8,66 | 6,35 | 3,46 |
| | | | 2,83 |
| | | 5,08 | 2,77 |
| | | | 2,26 |
| C | 7,43 | 5,79 | 3,41 |
| | | | 2,79 |
| | | 4,78 | 2,82 |
| | | | 2,30 |

*Anhang 4.3.3.3:* *RARoRAC in Abhängigkeit von 1-α im Grundmodell*

| | | Grundmodell | | | | | |
|---|---|---|---|---|---|---|---|
| | | Unabhängigkeit | | | Abhängigkeit | | |
| | Szenario | A | B | C | A | B | C |
| 1-α | 90% | 0,49 | 0,49 | 0,49 | 0,07 | 0,04 | 0,08 |
| | 95% | 0,38 | 0,38 | 0,38 | 0,06 | 0,03 | 0,07 |
| | 96% | 0,36 | 0,36 | 0,36 | 0,06 | 0,03 | 0,07 |
| | 97% | 0,34 | 0,33 | 0,33 | 0,05 | 0,03 | 0,07 |
| | 98% | 0,31 | 0,31 | 0,31 | 0,05 | 0,03 | 0,06 |
| | 99% | 0,27 | 0,27 | 0,27 | 0,05 | 0,03 | 0,06 |

*Anhang 4.3.4.1.3a:* *Entwicklung der bedingten Kovarianzen je Cash Flow-Szenario bei einer ansteigenden Marktrendite*

| $\mu(r_{(M,t)})$ steigend | | | |
|---|---|---|---|
| **Cash Flow-Szenario** | **t=1** | **t=2** | **t=3** |
| **A** | 7,73 | 5,92 | 3,42 |
| | | | 2,80 |
| | | 4,85 | 2,80 |
| | | | 2,29 |
| **B** | 8,58 | 6,31 | 3,46 |
| | | | 2,83 |
| | | 5,05 | 2,77 |
| | | | 2,26 |
| **C** | 7,36 | 5,75 | 3,41 |
| | | | 2,79 |
| | | 4,75 | 2,82 |
| | | | 2,30 |

*Anhang 4.3.4.1.3b:* *Entwicklung der bedingten Kovarianzen je Cash Flow-Szenario bei einer sinkenden Marktrendite*

| $\mu(r_{(M,t)})$ sinkend | | | |
|---|---|---|---|
| **Cash Flow-Szenario** | **t=1** | **t=2** | **t=3** |
| **A** | 7,87 | 6,00 | 3,42 |
| | | | 2,80 |
| | | 4,91 | 2,80 |
| | | | 2,29 |
| **B** | 8,74 | 6,40 | 3,46 |
| | | | 2,83 |
| | | 5,12 | 2,77 |
| | | | 2,26 |
| **C** | 7,50 | 5,83 | 3,41 |
| | | | 2,79 |
| | | 4,82 | 2,82 |
| | | | 2,30 |

*Anhang 4.3.4.1.4a: RARoRAC in Abhängigkeit von 1-α bei einer ansteigenden Marktrendite*

| | | $r_{m,t}$ steigend | | | | | |
|---|---|---|---|---|---|---|---|
| | | Unabhängigkeit | | | Abhängigkeit | | |
| | **Szenario** | A | B | C | A | B | C |
| 1-α | 90% | 0,40 | 0,40 | 0,40 | 0,01 | -0,02 | 0,02 |
| | 95% | 0,31 | 0,31 | 0,31 | 0,01 | -0,01 | 0,02 |
| | 96% | 0,29 | 0,29 | 0,29 | 0,01 | -0,01 | 0,02 |
| | 97% | 0,27 | 0,27 | 0,27 | 0,01 | -0,01 | 0,02 |
| | 98% | 0,25 | 0,25 | 0,25 | 0,01 | -0,01 | 0,02 |
| | 99% | 0,22 | 0,22 | 0,22 | 0,01 | -0,01 | 0,02 |

*Anhang 4.3.4.1.4b: RARoC in Abhängigkeit von 1-α bei einer sinkenden Marktrendite*

| | | $r_{m,t}$ sinkend | | | | | |
|---|---|---|---|---|---|---|---|
| | | Unabhängigkeit | | | Abhängigkeit | | |
| | **Szenario** | A | B | C | A | B | C |
| 1-α | 90% | 0,58 | 0,58 | 0,58 | 0,12 | 0,09 | 0,14 |
| | 95% | 0,45 | 0,45 | 0,45 | 0,11 | 0,08 | 0,12 |
| | 96% | 0,43 | 0,43 | 0,43 | 0,10 | 0,08 | 0,12 |
| | 97% | 0,40 | 0,40 | 0,40 | 0,10 | 0,07 | 0,11 |
| | 98% | 0,37 | 0,36 | 0,36 | 0,09 | 0,07 | 0,11 |
| | 99% | 0,32 | 0,32 | 0,32 | 0,09 | 0,07 | 0,10 |

*Anhang 4.3.4.2.3a:* *Entwicklung der bedingten Kovarianzen je Cash Flow-Szenario bei einem gesunkenen risikolosen Zinssatz ($r_{s,t}$=4%)*

| $r_{s,t}$ = 4% | | | |
|---|---|---|---|
| **Cash Flow-Szenario** | **t=1** | **t=2** | **t=3** |
| **A** | 7,89 | 6,00 | 3,42 |
| | | | 2,80 |
| | | 4,91 | 2,80 |
| | | | 2,29 |
| **B** | 8,76 | 6,39 | 3,46 |
| | | | 2,83 |
| | | 5,12 | 2,77 |
| | | | 2,26 |
| **C** | 7,51 | 5,82 | 3,41 |
| | | | 2,79 |
| | | 4,81 | 2,82 |
| | | | 2,30 |

*Anhang 4.3.4.2.3b:* *Entwicklung der bedingten Kovarianzen je Cash Flow-Szenario bei einem gestiegenen risikolosen Zinssatz ($r_{s,t}$=8%)*

| $r_{s,t}$ = 8% | | | |
|---|---|---|---|
| **Cash Flow-Szenario** | **t=1** | **t=2** | **t=3** |
| **A** | 7,71 | 5,93 | 3,42 |
| | | | 2,80 |
| | | 4,85 | 2,80 |
| | | | 2,29 |
| **B** | 8,55 | 6,32 | 3,46 |
| | | | 2,83 |
| | | 5,05 | 2,77 |
| | | | 2,26 |
| **C** | 7,35 | 5,76 | 3,41 |
| | | | 2,79 |
| | | 4,76 | 2,82 |
| | | | 2,30 |

*Anhang 4.3.4.2.4a: RARoRAC in Abhängigkeit von 1-α bei einem gesunkenen risikolosen Zinssatz ($r_{s,t}$=4%)*

| | | Senkung von $r_{s,t}$ auf 4% | | | | | |
|---|---|---|---|---|---|---|---|
| | | Unabhängigkeit | | | Abhängigkeit | | |
| | Szenario | A | B | C | A | B | C |
| 1-α | 90% | 0,86 | 0,88 | 0,85 | 0,20 | 0,16 | 0,22 |
| | 95% | 0,67 | 0,68 | 0,66 | 0,17 | 0,14 | 0,19 |
| | 96% | 0,63 | 0,64 | 0,62 | 0,17 | 0,14 | 0,18 |
| | 97% | 0,59 | 0,60 | 0,58 | 0,16 | 0,13 | 0,18 |
| | 98% | 0,54 | 0,55 | 0,53 | 0,15 | 0,13 | 0,17 |
| | 99% | 0,47 | 0,48 | 0,47 | 0,14 | 0,12 | 0,15 |

*Anhang 4.3.4.2.4b: RARoRAC in Abhängigkeit von 1-α bei einem gestiegenen risikolosen Zinssatz ($r_{s,t}$=8%)*

| | | Anstieg von $r_{s,t}$ auf 8% | | | | | |
|---|---|---|---|---|---|---|---|
| | | Unabhängigkeit | | | Abhängigkeit | | |
| | Szenario | A | B | C | A | B | C |
| 1-α | 90% | 0,12 | 0,10 | 0,13 | -0,07 | -0,09 | -0,06 |
| | 95% | 0,09 | 0,08 | 0,10 | -0,06 | -0,08 | -0,05 |
| | 96% | 0,09 | 0,07 | 0,09 | -0,06 | -0,08 | -0,05 |
| | 97% | 0,08 | 0,07 | 0,09 | -0,06 | -0,07 | -0,05 |
| | 98% | 0,07 | 0,06 | 0,08 | -0,05 | -0,07 | -0,05 |
| | 99% | 0,06 | 0,05 | 0,07 | -0,05 | -0,07 | -0,04 |

*Anhang 4.3.5.3a:* *Entwicklung der bedingten Kovarianzen je Cash Flow-Szenario bei optimistischer Erwartungshaltung ($p_t$=0,6 bzw. 1-$p_t$=0,4)*

| Optimismus | | | |
|---|---|---|---|
| **Cash Flow-Szenario** | **t=1** | **t=2** | **t=3** |
| A | 7,35 | 5,56 | 3,16 |
| | | | 2,58 |
| | | 4,55 | 2,58 |
| | | | 2,11 |
| B | 8,06 | 5,87 | 3,18 |
| | | | 2,60 |
| | | 4,70 | 2,55 |
| | | | 2,08 |
| C | 7,07 | 5,44 | 3,15 |
| | | | 2,57 |
| | | 4,50 | 2,60 |
| | | | 2,13 |

*Anhang 4.3.5.3b:* *Entwicklung der bedingten Kovarianzen je Cash Flow-Szenario bei pessimistischer Erwartungshaltung ($p_t$=0,4 bzw. 1-$p_t$=0,6)*

| Pessimismus | | | |
|---|---|---|---|
| **Cash Flow-Szenario** | **t=1** | **t=2** | **t=3** |
| A | 7,63 | 5,90 | 3,42 |
| | | | 2,80 |
| | | 4,83 | 2,80 |
| | | | 2,29 |
| B | 8,41 | 6,26 | 3,46 |
| | | | 2,83 |
| | | 5,01 | 2,77 |
| | | | 2,27 |
| C | 7,33 | 5,76 | 3,40 |
| | | | 2,78 |
| | | 4,76 | 2,81 |
| | | | 2,30 |

*Anhang 4.3.5.4a:* *RARoRAC in Abhängigkeit von 1-α bei optimistischer Erwartungshaltung ($p_t$=0,6 bzw. 1-$p_t$=0,4)*

| | | Optimismus | | | | | |
|---|---|---|---|---|---|---|---|
| | | Unabhängigkeit | | | Abhängigkeit | | |
| | Szenario | A | B | C | A | B | C |
| 1-α | 90% | 0,50 | 0,50 | 0,50 | -0,04 | -0,08 | -0,03 |
| | 95% | 0,39 | 0,39 | 0,39 | -0,04 | -0,07 | -0,02 |
| | 96% | 0,37 | 0,37 | 0,37 | -0,04 | -0,07 | -0,02 |
| | 97% | 0,34 | 0,34 | 0,34 | -0,04 | -0,06 | -0,02 |
| | 98% | 0,31 | 0,31 | 0,31 | -0,03 | -0,06 | -0,02 |
| | 99% | 0,28 | 0,28 | 0,28 | -0,03 | -0,06 | -0,02 |

*Anhang 4.3.5.4b:* *RARoRAC in Abhängigkeit von 1-α bei pessimistischer Erwartungshaltung ($p_t$=0,4 bzw. 1-$p_t$=0,6)*

| | | Pessimismus | | | | | |
|---|---|---|---|---|---|---|---|
| | | Unabhängigkeit | | | Abhängigkeit | | |
| | Szenario | A | B | C | A | B | C |
| 1-α | 90% | 0,50 | 0,50 | 0,50 | 0,21 | 0,18 | 0,22 |
| | 95% | 0,39 | 0,39 | 0,39 | 0,18 | 0,16 | 0,19 |
| | 96% | 0,37 | 0,37 | 0,37 | 0,17 | 0,15 | 0,18 |
| | 97% | 0,34 | 0,34 | 0,34 | 0,17 | 0,15 | 0,17 |
| | 98% | 0,31 | 0,31 | 0,31 | 0,16 | 0,14 | 0,16 |
| | 99% | 0,28 | 0,28 | 0,28 | 0,15 | 0,13 | 0,15 |

*Anhang 4.3.6.3a:* *RARoRAC in Abhängigkeit von 1-α bei alternativer Verteilungsannahme ($\delta_1=\delta_2=1$)*

| | | $\delta_1=\delta_2=1$ | | | | | |
|---|---|---|---|---|---|---|---|
| | | Unabhängigkeit | | | Abhängigkeit | | |
| | Szenario | A | B | C | A | B | C |
| 1-α | 90% | 0,83 | 0,83 | 0,83 | 0,08 | 0,04 | 0,10 |
| | 95% | 0,66 | 0,66 | 0,66 | 0,07 | 0,04 | 0,09 |
| | 96% | 0,62 | 0,62 | 0,62 | 0,07 | 0,04 | 0,09 |
| | 97% | 0,58 | 0,59 | 0,58 | 0,07 | 0,04 | 0,08 |
| | 98% | 0,54 | 0,54 | 0,54 | 0,07 | 0,04 | 0,08 |
| | 99% | 0,49 | 0,49 | 0,49 | 0,06 | 0,04 | 0,08 |

*Anhang 4.3.6.3b: RARoRAC in Abhängigkeit von 1-α bei alternativer Verteilungsannahme ($\delta_1$=$\delta_2$=7)*

| | | $\delta_1=\delta_2=7$ | | | | | |
|---|---|---|---|---|---|---|---|
| | | **Unabhängigkeit** | | | **Abhängigkeit** | | |
| | **Szenario** | A | B | C | A | B | C |
| 1-α | 90% | 1,90 | 1,89 | 1,89 | 0,09 | 0,05 | 0,12 |
| | 95% | 1,48 | 1,48 | 1,48 | 0,09 | 0,05 | 0,11 |
| | 96% | 1,40 | 1,39 | 1,39 | 0,09 | 0,05 | 0,11 |
| | 97% | 1,30 | 1,30 | 1,30 | 0,09 | 0,05 | 0,11 |
| | 98% | 1,20 | 1,20 | 1,19 | 0,09 | 0,05 | 0,10 |
| | 99% | 1,06 | 1,06 | 1,06 | 0,08 | 0,05 | 0,10 |

# 8 Literaturverzeichnis

**Bibliographie**


Albrecht, P./Bährle, H. W. F./König, A.: [Value-at-Risk] Value-at-Risk: Eine risikotheoretische Analyse der konzeptionellen Grundlagen mit Folgerungen für die Risikokontrolle der Kapitalanlage von Versicherungsunternehmen, in: Zeitschrift für die gesamte Versicherungswissenschaft, 86. Jg., 1997, S. 81-101.

Albrecht, P./Mauer, R./Ruckpaul, U.: [Shortfall-Risks] Shortfall-Risks of Stock in the Long Run, in: Financial Markets and Portfolio Management, Vol. 15, 2001, S. 481-499.

Albrecht, P.: [Finanzrisiken] Zur Messung von Finanzrisiken, Mannheim 2003.

Albrecht, T.: [Vereinbarkeit] Die Vereinbarkeit der Value-at-Risk-Methode in Banken mit anteilseignerorientierter Unternehmensführung, in Zeitschrift für Betriebswirtschaft, 68. Jg., 1998, S. 259-273.

Alesii, G.: [Value at Risk] Value at Risk (VaR) in Real Options Analysis, Working Paper, Social Science Research Network, 2005.

Arbeitskreis Finanzierung: [Unternehmenssteuerung] Wertorientierte Unternehmenssteuerung mit differenzierten Kapitalkosten, in: Zeitschrift für betriebswirtschaftliche Forschung, 48. Jg., 1996, S. 543-578.

Arbeitskreis Finanzierungsrechnung: [Risikomanagement] Risikomanagement und Risikocontrolling in Industrie- und Handelsunternehmen. Empfehlungen des Arbeitskreises "Finanzierungsrechnung" der Schmalenbach-Gesellschaft für Betriebswirtschaft, e.V., Sonderheft 46 der Zeitschrift für betriebswirtschaftliche Forschung, hrsg. v. Gebhard, G./Mansch, H., Frankfurt 2001.

Baetge, J./Schulze, D.: [Lagebericht ] Möglichkeiten der Objektivierung der Lageberichterstattung über "Risiken der künftigen Entwicklung". Ein Vorschlag zur praktischen Umsetzung der vom KonTraG verlangten Berichtspflichten, in: Der Betrieb, 51. Jg., 1998, S. 937-948.

Bamberg, G./Coenenberg, A. G./Krapp, M.: [Entscheidungslehre] Betriebswirtschaftliche Entscheidungslehre, 14. Aufl., München 2002.

Bamberg, G./Dorfleitner, G./Krapp, M.: [Abhängigkeitsstruktur] Zur Bewertung risikobehafteter Zahlungsströme mit intertemporaler Abhängigkeitsstruktur, in: Betriebswirtschaftliche Forschung und Praxis, 56. Jg., 2004, S. 101-118.

Banz, R. W.: [Relationship] The Relationship Between Return and Market Value of Common Stocks, in: Journal of Financial Economics, Vol. 9, 1981, S. 3-18.

Bartram, S. M.: [Corporate Risk Management] Corporate Risk Management: Eine emprirische Analyse der finanzwirtschaftlichen Exposures deutscher Industrie- und Handelsunternehmen, Bad Soden 1999.

Bartram, S. M.: [Exposures] Verfahren zur Schätzung finanzwirtschaftlicher Exposures von Nichtbanken, in: Handbuch Risikomanagement – Band 2, hrsg. v. Rudolph, B./Johanning, L., Bad Soden 2000, S. 1267-1294.

Bauer, G.: [Wertorientierte Steuerung] Wertorientierte Steuerung multidivisionaler Unternehmen über Residualgewinne, Frankfurt a.M. u.a. 2009.

Becker, G.: [Value at Risk] Value at Risk-Modelle für das Finanzrisikomanagement, in: Das Wirtschaftsstudium, 27. Jg., 1998, S. 392-396.

Beckmann, P.: [Diversification Discount] Der Diversification Discount am deutschen Kapitalmarkt, Wiesbaden 2006.

Beeck, H./Kaiser, T.: [Operational Risk] Quantifizierung von Operational Risk, in: Handbuch Risikomanagement – Band 1. Hrsg. v. Rudolph, B./Johanning, L., Bad Soden 2000, S. 633-653.

Beinker, M. W./Deutsch, H.-P.: [Hauptmethoden] Die drei Hauptmethoden zur VaR-Berechnung im Praxisvergleich, in: Handbuch Bankenaufsicht und interne Risikomodelle, hrsg. v. Eller, R., Stuttgart 1999, S. 153-171.

Bergener, R. F.: [Risikocontrolling] Gestaltung des leistungswirtschaftlichen Risikocontrollings – Eine theoretische und empirische Untersuchung, München 2006.

Bhandari, L. C.: [Debt/Equity Ratio] Debt/Equity Ratio and Expected Common Stock Returns: Empirical Evidence, in: Journal of Finance, Vol. 43, 1988, S. 507-28.

Bielefeld, F./ Maifarth, M.: [Kennzahlen] Traditionelle und moderne Kennzahlen der Gesamtbanksteuerung, in: Aktuelle Entwicklungen im Bankcontrolling: Rating, Gesamtbanksteuerung und Basel II, hrsg. v. Neupel, J./Rudolph, B./Hahnenstein, L., Düsseldorf 2005, S. 145-182.

Bimberg, L.: [Renditeberechnung] Langfristige Renditeberechnung zur Ermittlung von Risikoprämien, Frankfurt a.M. 1991.

Bitz, M./Stark, G.: [Finanzdienstleistungen] Finanzdienstleistungen – Darstellung, Analyse, Kritik, 8. Aufl., Oldenbourg 2008.

Bitz, M.: [Kapitalstruktur] Grundzüge der Theorie der Kapitalstruktur, Diskussionsbeitrag, FernUniversität Hagen, 2000.

Blaesig, B.: [Risikomanagement] Risikomanagement in der Stromerzeugungs- und Handelsplanung, Aachen 2007.

Blohm, H./Lüder, K./Schäfer, C.: [Investition] Investition. Schwachstellen des Investitionsbereichs und Investitionsrechnung, 9. Aufl., München 2006.

Botosan, C. A./Plumlee, M. A.: [Cost of Equity Capital] A Re-Examination of Disclosure Level and the Expected Cost of Equity Capital, in: Journal of Accounting Research, Vol. 40, 2002, S. 21-40.

Bowman, E., H.: [Risk/Return] A Risk/Return Paradox for Strategic Management, in: Sloan Management Review, Vol. 21, No. 3, 1980, S. 17-31.

Boyle, P. P.: [framework] A lattice framework for option pricing with two state variables, in: Journal of Financial and Quantitative Analysis, Vol. 23, 1988, S. 1-12.

Brandenberger, S.: [Risikokontrollsysteme] Risikokontrollsysteme in Banken – Stand und Entwicklung, in: Schweizer Treuhänder, o. Jg., Heft 6-7, 2000, S. 581-588.

Braun, H.: [Risikomanagement] Risikomanagement – Eine spezifische Controllingaufgabe, Darmstadt 1984.

Brealey, R. A./Myers, S. C./Allen, F.: [Corporate Finance] Principles of Corporate Finance, 9. Aufl., New York u.a. 2007.

Breuer, W.: [Investition II] Investition II – Entscheidungen bei Risiko, Wiesbaden 2001.

Brief, R. P./Peasnell, K. V.: [Introduction] Introduction, in: Clean Surplus: A link between Accounting and Finance, hrsg. v. Brief, R.P./Peasnell, K.V., New York 1996, S. IX-XXIX.

Bühler, A.: [Risikomessung] Risikomessung mit Value at Risk-Methoden, in: Fit for Finance – Theorie und Praxis der Kapitalanlage, 5. Aufl., hrsg. v. Gehrig, B./Zimmermann, H., Frankfurt 1999, S. 265-288.

Bühler, W.: [Risikocontrolling] Risikocontrolling in Industrieunternehmen, in: Controlling und Rechnungswesen im internationalen Wettbewerb, hrsg. v. Börsig, C./Coenenberg, A., Stuttgart 1998, S. 205-233.

Bühner, R.: [Unternehmensdiversifikation] Portfolio-Risikoanalyse der Unternehmensdiversifikation von Industrieaktiengesellschaften, in: Zeitschrift für Betriebswirtschaft, 53. Jg., 1983, S. 1023-1041.

Büschgen, H. E./Börner, C. J.: [Bankbetriebslehre] Bankbetriebslehre, 4. Aufl., Stuttgart 2003.

Burger, A./Buchhart, A.: [Risiko-Controlling] Risiko-Controlling, München u.a. 2002.

Busse von Colbe, W./Laßmann, G.: [Betriebswirtschaftstheorie] Betriebswirtschaftstheorie – Band 3: Investitionstheorie, 3. Aufl., Berlin 1990.

Chapey, F. J.: [VAR] VAR: A New Tool for Corporate Treasury, in: Treasury Management Associates (TMA) Journal, Vol. 2, No. 2, 1996, S. 22-28.

Coenen, C. A.: [Bilanzsimulationen] Möglichkeiten und Grenzen des Einsatzes von Bilanzsimulationen im strategischen Risikomanagement, Norderstedt 2006.

Coenenberg, A. G./Salfeld, R.: [Unternehmensführung] Wertorientierte Unternehmensführung, Stuttgart 2003.

Copeland, T. E./Koller, T./Murrin, J.: [Unternehmenswert] Unternehmenswert – Methoden und Strategien für eine wertorientierte Unternehmensführung, 3. Aufl., Frankfurt a.M. 2002.

Copeland, T. E./Koller, T./Murrin, J.: [Valuation] Valuation – Measuring and Managing the Value of Companies, 1. Aufl., New York 1990.

Copeland, T. E./Weston, J. F./ Shastri, K.: [Financial Theory] Financial Theory and Corporate Policy, 4. Aufl., Boston 2003.

Cottin, C./Döhler, S.: [Risikoanalyse] Risikoanalyse – Modellierung, Beurteilung und Management von Risiken mit Praxisbeispielen, Wiesbaden 2009.

Crasselt, N./Pellens, B./Schmidt, A.: [Zusammenhang] Zusammenhang zwischen Wert- und Risikomanagement - Ergebnisse einer empirischen Untersuchung, in: Controlling, 22. Jg., 2010, S. 405-410.

Crasselt, N.: [Managemententlohnung] Wertorientierte Managemententlohnung, Unternehmensrechnung und Investitionssteuerung: Analyse unter Berücksichtigung von Realoptionen, Frankfurt a.M. u.a. 2003.

DeMarzo, P. M./ Duffie, D.: [Hedging] Corporate Financial Hedging with Proprietary Information, in: Journal of Economic Theory, Vol. 53, 1991, S. 261-286.

Denk, R./Exner-Merkelt, K.: [Corporate Risk Management] Corporate Risk Management, Wien 2005.

Dessau, C.: [Energiehandel] EWeRK-Energiehandel: Das Finanzmarktrichtlinie-Umsetzungsgesetz und seine Bedeutung für die Energiewirtschaft, o. O./o. J.

Deutsch, H.-P.: [Risikomanagement] Derivate und Interne Modelle – Modernes Risikomanagement, 2. Aufl., Stuttgart 2001.

Deweß, G./Hartwig, H.: [Wirtschaftsstatistik] Wirtschaftsstatistik für Studienanfänger: Begriffe- Aufgaben- Lösungen, Leipzig 2010.

Diederichs, M.: [Risikomanagement] Risikomanagement und Risikocontrolling, München 2004.

Diggelmann, P. B.: [Value at Risk] Value at Risk: kritische Betrachtung des Konzepts; Möglichkeiten der Übertragung auf den Nichtfinanzbereich, Zürich 1999.

Diruf, G.: [Risikoanalyse] Die quantitative Risikoanalyse – Ein OR-Verfahren zur Beurteilung von Investitionsprojekten, in: Zeitschrift für Betriebswirtschaft, 42. Jg., 1972, S. 821-832.

Doherty, N. A.: [Risk Management] Corporate Risk Management – A Financial Exposition, New York u.a. 1985.

Döhnert, K./Kunz, R. M.: [Performance] Performance internationaler Kapitalanlagen von 1925-2001, in: Die Bank, 42. Jg., 2002, S. 344-348.

Dölker, A.: [Risiko] Das operationelle Risiko in Versicherungsunternehmen : eine theoretische und empirische Analyse auf Basis des Peaks-over-Threshold-Modells, München 2006.

Dowd, K.: [Value at Risk] Beyond value at risk: the new science of risk management, Chichester und New York 1998.

Drukarczyk, J.: [Unternehmensbewertung] Unternehmensbewertung, 4. Aufl., München 2003.

Duch, J.: [Risikoberichterstattung] Risikoberichterstattung mit Cash-Flow at Risk-Modellen – Ökonomische Analyse einer Risikoquantifizierung im Risikobericht, Frankfurt a.M. 2006.

Easton, P. D./Monahan, S. J.: [Expected Returns] An Evaluation of Accounting-Based Measures of Expected Returns, in: The Accounting Review, Vol. 80, 2005, S. 501-538.

Eisele, B.: [Value at Risk] Value-at-Risk-basiertes Risikomanagement in Banken – Portefeuilleentscheidungen, Risikokapitalallokation und Risikolimitierung unter Berücksichtigung des Bankenaufsichtsrechts, Wiesbaden 2004.

Emmerich, G.: [Risikomanagement] Risikomanagement in Industrieunternehmen – gesetzliche Anforderungen und Umsetzung nach dem KonTraG, in: Zeitschrift für betriebswirtschaftliche Forschung, 51. Jg., 1999, S. 1075-1089.

Engels, W.: [Bewertungslehre] Betriebswirtschaftliche Bewertungslehre im Licht der Entscheidungstheorie, Köln und Opladen 1962.

Ernst, C./Seibert, U./Stuckert, F.: [Gesellschafts- und Bilanzrecht] KonTraG, KapAEG, Stück AG, EuroEG: (Gesellschafts- und Bilanzrecht) – Textausgabe mit Begründungen der Regierungsentwürfe, Stellungsnahmen des Bundesrates mit Gegenäußerungen der Bundesregierung, Berichten des Rechtsausschusses des Deutschen Bundestages, Düsseldorf 1998.

Eßer-Scherbeck, C.: [Risikomanagement] Risikomanagement beim Energiehandel und Value-at-Risk-Konzept, o. O./o. J.

Ewert, R./Wagenhofer, A.: [Interne Unternehmensrechnung] Interne Unternehmensrechnung, 6. Aufl., Berlin 2005.

Ewert, R./Wagenhofer, A.: [Rechnungslegung] Rechnungslegung und Kennzahlen für das wertorientierte Management, in: Wertorientiertes Management – Konzepte und Umsetzung zur Unternehmenswertsteigerung, hrsg. v. Wagenhofer, A./Hrebicek, G., Stuttgart 2000, S. 3-64.

Fama, E. F./French, K. R.: [Capital Asset Pricing Model] The Capital Asset Pricing Model: Theory and Evidence, Working Paper, Tuck Business School, 2003.

Fama, E. F./MacBeth, J. D.: [Risk, Return, and Equilibrium] Risk, Return, and Equilibrium: Empirical Tests, in: Journal of Political Economy, Vol. 81, 1973, S. 607-636.

Färber, N./Wagner, T. M.: [Adaption] Adaption des internen Kontrollsystems an die Anforderungen des Sarbanes-Oxley Act, in: Controlling, 17. Jg., 2005, S. 155-161.

Farny, D.: [Grundfragen] Grundfragen des Risk Management, in: Risk Management – Strategien zur Risikobeherrschung. Gebera-Schriften – Band 5, hrsg. v. Goetzke, W./Sieben, G., Köln 1979, S. 11-37.

Fauver, L./Houston J. F./Naranjo, A.: [diversification] Cross-country evidence on the value of corporate industrial and international diversification, in: Journal of Corporate Finance, 10. Jg., No. 5, 2004, S.729-752.

Feltham, G. A./Olsen, J. A. [Residual Earnings] Residual Earnings Valuation With Risk and Stochastic Interest Rates, in: Accounting Review, Vol. 74, 1999, S. 165-183.

Feucht, M.: [Anforderungen] Quantitative und qualitative Anforderungen an interne Risikomodelle, in: Handbuch Bankenaufsicht und Interne Risikosteuerungsmodelle, hrsg. v. Eller, R., Stuttgart 1999, S. 507-528.

Fiege, S.: [Risikomanagement] Risikomanagement- und Überwachungssystem nach KonTraG - Prozess, Instrumente, Träger, Wiesbaden 2006.

Franke, G.//Hax, H.: [Finanzwirtschaft] Finanzwirtschaft des Unternehmens und Kapitalmarkt, 6. Aufl., Berlin und Heidelberg 2009.

Franke, G.: [Kapitalmarkt] Kapitalmarkt und Separation, in: Zeitschrift für Betriebswirtschaft, 53. Jg., 1983, S. 239-261.

Franke, G.: [Kosten] Kalkulatorische Kosten: Ein funktionsgerechter Bestandteil der Kostenrechnung?, in: Die Wirtschaftsprüfung, 29 Jg., 1976, S. 185-194.

Freygang, W.: [Kapitalallokation] Kapitalallokation in diversifizierten Unternehmen: Ermittlung divisionaler Eigenkapitalkosten, Wiesbaden 1993.

Froot, K. A./Scharfstein, D. S./Stein, J. C.: [Risk Management] Risk Management: Coordinating Corporate Investment and Financing Policies, in: Journal of Finance, Vol 48, 1993, S. 1629-1658.

Froot, K. A./Scharfstein, D. S./Stein, J. C.: [Framework] Framework for Risk Management, in: Harvard Business Review, Vol. 72, 1994, S. 91-102.

Gaber, C.: [Gewinnermittlung] Gewinnermittlung und Investitionssteuerung, Frankfurt a.M. 2004.

Geginat, J./Morath, B./Wittmann, R./Knüselet, P.: [Kapitalkosten] Kapitalkosten als strategisches Entscheidungskriterium, Studie, Roland Berger Strategy Consultants, 2006.

Georgii, H.-O.: [Stochastik] Stochastik – Einführung in die Wahrscheinlichkeitstheorie und Statistik, 3. Aufl., Berlin 2007.

Gibbons, M. R.: [Multivariate Tests] Multivariate Tests of Financial Models: A New Approach, in: Journal of Financial Economics, Vol. 10, 1982, S. 3-27.

Gibson, L.: [Implementing] Implementing the SEC Risk Quantification Requirements to Improve Shareholder Value, Working Paper, Global Association of Risk Professionals, 2003.

Glawischnig, M.: [Performance- und Risikomaße] Hedge Fonds Indizes: Unterschiede zwischen klassischen und alternativen Performance- und Risikomaßen, Working Paper, Karl-Franzens-Universität Graz, 2007.

Gleißner, W./ Wolfrum, M.: [Grundlagen] Risiko: Grundlagen aus Statistik, Entscheidungs- und Kapitalmarkttheorie, in: Wertorientiertes Risiko-Management für Industrie und Handel – Methoden, Fallbeispiele, Checklisten, 1. Aufl., hrsg. v. Gleißner, W./Meier, G., Wiesbaden 2001, S. 139-160.

Gleißner, W./Meier, G.: [Risikoaggregation] Risikoaggregation mittels Monte-Carlo-Simulation, in: Versicherungswirtschaft, 13. Jg., 1999, S. 926–929.

Gleißner, W.: [Value] FutureValue, 12 Module für eine strategische wertorientierte Unternehmensführung, Wiesbaden 2004.

Gleißner, W.: [Identifikation] Identifikation, Messung und Aggregation von Risiken, in: Wertorientiertes Risiko-Management für Industrie und Handel – Methoden, Fallbeispiele, Checklisten, 1. Aufl., hrsg. v. Gleißner, W./Meier, G., Wiesbaden 2001, S. 111-138.

Göppl, H./Schlag, C.: [Risikomanagement] Risikomanagement, in: Handwörterbuch des Bank- und Finanzwesens, 3. Aufl., hrsg. v. Gerke, W./Steiner, M., Stuttgart 2001, Sp. 1846-1855.

Götze, U./Bloech, J.: [Investitionsrechnung] Investitionsrechnung: Modelle und Analysen zur Beurteilung von Investitionsvorhaben, 3. Aufl., Berlin 2002.

Graham, J. R./Lemmon, M./Wolf, J.: [corporate diversification] Does corporate diversification destroy value?, in: Journal of Finance, Vol. 57, 2002, S. 695-720.

Graham, J. R./Rogers, D. A.: [Tax Incentives] Do Firms Hedge in Response to Tax Incentives?, in: Journal of Finance, Vol. 57, 2001, S. 815-839.

Grinblatt, M./Titman, S.: [Financial Markets] Financial Markets and Corporate Strategy, 2. Aufl., New York u.a. 2002.

Gross H./Knippschild, M.: [Risikocontrolling] Risikocontrolling in der Deutsche Bank AG, in: Risikomanagement in Kreditinstituten, hrsg. v. B. Rolfes/ Schierenbeck, H./Schüller, B., Frankfurt a.M. 1995, S. 69-109.

Guill, G. D.: [Bankers Trust] Bankers Trust and the Birth of modern Risk Management, Case Study, Wharton School of the University of Pennsylvania, 2007.

Gumerlock, R.: [Snoozing] When the Snoozing Had to Stop, in: Risk, Vol. 6, No. 9, 1993, S. 72-79.

Guthoff, A./Pfingsten, A./Wolf, J.: [Begrenzung] Der Einfluss einer Begrenzung des Value-at-Risk oder des Lower Partial Moment One auf die Risikoübernahme, in: Credit Risk und Value-at-Risk Alternativen, hrsg. v. Oehler, A., Stuttgart 1998, S. 111-153.

Guthoff, A./Rüter, F.: [Vergütung] Performance-based compensation in banks: The use of RAROC and related measures, in: Homo Oeconomicus, Vol. 17, 2001, S. 489-513.

Hachmeister, D.: [Unternehmenswertsteigerung] Unternehmenswertsteigerung durch Risikomanagement auf Unternehmensebene, in: Zeitschrift für Controlling und Management, 49. Jg., 2005, S. 134-142.

Hachmeister, D.: [Wertbeitragskennzahlen] Gestaltung von Wertbeitragskennzahlen in der Theorie der Unternehmensrechnung, in: Marktwertorientierte Unternehmensführung – Anreiz- und Kommunikationsaspekte, Zeitschrift für betriebswirtschaftliche Forschung-Ergänzungsheft 50, hrsg. v. Franck, E./Arnoldussen, L./Jungwirth, C., Frankfurt und Düsseldorf 2003, S. 97-119.

Häckel, B.: [Sicherheitsäquivalente] Sicherheitsäquivalente zur risikoadjustierten Bewertung: Unternehmensexterne Bewertungssicht vs. unternehmensinterne Steuerungssicht, Diskussionsbeitrag, Universität Augsburg, 2008.

Hager, P.: [Corporate Risk Management] Corporate Risk Management – Cash Flow at Risk und Value at Risk, Frankfurt a.M. 2004.

Hager, P.: [Cash Flow at Risk] Cash Flow at Risk und Value at Risk in Unternehmen, Siegen 2002.

Hahn, D.: [Risiko-Management] Risiko-Management. Stand und Entwicklungstendenzen, in: Zeitschrift für Führung und Organisation, 57. Jg., 1987, S. 137-150.

Hahn, D.: [Controlling] Kardinale Führungsgrößen des wertorientierten Controlling in Industrieunternehmungen, in: Controlling, 14. Jg., 2002, S. 129-141.

Haley, C. W./Schall, L. D.: [Theory] The Theory of Financial Decisions, New York u.a. 1979.

Hartmann-Wendels, T./Pfingsten, A./Weber, M.: [Bankbetriebslehre] Bankbetriebslehre, 4. Aufl., Heidelberg 2007.

Hartung, J./Elpelt, B./ Klösener, K.-H.: [Statistik] Statistik – Lehr- und Handbuch der angewandten Statistik, 14. Aufl., München u.a. 2005.

Hax, H.: [Unternehmen] Unternehmen und Unternehmer in der Marktwirtschaft, Göttingen 2005.

Hayt, G./Song, S.: [Sensitivity] Handle with Sensitivity, in: Risk, Vol. 8, No. 9, 1995, S. 94-99.

Heider, M.: [Simulationsmodell] Simulationsmodell zur Risikoanalyse für Investitionsplanungen, Bonn 1969.

Henking, A.: [Risikoanalyse] Risikoanalyse unter Berücksichtigung stochastischer Abhängigkeiten, München 1998.

Hering, T.: [Unternehmensbewertung] Unternehmensbewertung, 2. Aufl., München 2006.

Hertz, D. B.: [Risk Analysis] Risk Analysis in Capital Investment, in: Harvard Business Review, Vol. 42, 1964, S. 95-106.

Hespos, R. F./Strassmann, P. A.: [Decision Trees] Stochastic Decision Trees for the Analysis of Investment Decisions, in: Management Science, Vol. 11, No. 10, 1965, S. 244-259.

Heuskel, D./Fechtel, A./ Beckmann, P.: [Value] Managing for Value – How the World's Top Diversified Companies Produce Superior Shareholder Returns, BCG Report, The Boston Consulting Group, 2006.

Hielscher, U./Beyer, S.: [Cashflow-at-Risk] Cashflow-at-Risk im industriellen Finanzmanagement, in: Corporate Governance, Shareholder Value & Finance. Meilensteine im Management – Band IX, hrsg. v. Siegwart, H./Mahari, J./Ruffner, M., Basel 2002, S. 461-481.

Hoitsch, H.-J./ Winter, P.: [Cash Flow at Risk] Die Cashflow at Risk-Methode als Instrument eines integriert-holistischen Risikomanagements, in: Zeitschrift für Controlling und Management, 4. Jg., 2004, S. 235-246.

Hoitsch, H.-J./Winter, P.: [Begründung] Ansätze zur ökonomischen Begründung der Vorteilhaftigkeit eines unternehmensgetragenen Risikomanagements in Industrieunternehmen, in: Zeitschrift für Planung, 15. Jg., 2004, S. 115-139.

Hölscher, R./Kremers, M./Rücker, U-C.: [Industrieversicherungen] Industrieversicherungen als Element des modernen Risikomanagements – Ergebnisse einer empirischen Untersuchung – Band 1, in: Studien zum Finanz-, Bank- und Versicherungsmanagement des Lehrstuhls für Finanzierung und Investition der Universität Kaiserslautern, hrsg. v. R. Hölscher, Kaiserslautern 1996.

Hölscher, R.: [Risikokosten] Risikokosten-Management in Kreditinstituten, Frankfurt a.M. 1987.

Hölscher, R.: [Risikobewältigung] Von der Versicherung zur integrativen Risikobewältigung: Die Konzeption eines modernen Risikomanagements, in: Herausforderung Risikomanagement: Identifikation, Bewertung und Steuerung industrieller Risiken, hrsg. v. Holscher, R./Elfgen, R., Wiesbaden 2002, S. 3-31.

Hölscher, R.: [Gestaltungsformen] Gestaltungsformen und Instrumente des industriellen Risikomanagements, in: Risk Controlling in Praxis, Rechtliche Rahmenbedingungen und geschäftspolitische Konzeptionen in Banken, Versicherungen und Industrie, hrsg. v. Schierenbeck, H., Stuttgart 2000, S. 297-364.

Holst, J./Holtkamp, W.: [Risikoquantifizierung] Risikoquantifizierung und Frühwarnsystem auf Basis der Value at Risk-Konzeption, in: Betriebs-Berater, 55. Jg., 2000, S. 815-820.

Homburg, C./Stephan, J.: [Risikocontrolling] Kennzahlenbasiertes Risikocontrolling in Industrie- und Handelsunternehmen, in: Zeitschrift für Controlling und Management, 48. Jg., 2004, S. 313-325.

Homburg, C./Uhrig-Homburg, M.: [Risikocontrolling] Zentrales und dezentrales Risikoontrolling in Industrieunternehmen, in: Zeitschrift für betriebswirtschaftliche Forschung, 56. Jg., 2004, S. 311-332.

Hommel, U./Pritsch, G.: [Notwendigkeit] Notwendigkeit des unternehmerischen Risikomanagements aus Shareholder-Value-Sicht, in: Handbuch Corporate Finance, 1. Aufl., hrsg. v. Achleitner, A.-K./Thoma, G. F., Köln 1998, S. 1-21.

Hornung, K./Reichmann, T./Diederichs, M.: [Risikomanagement] Risikomanagement – Teil 1: Konzeptionelle Ansätze zur pragmatischen Realisierung gesetzlicher Anforderungen, in: Controlling, 11. Jg., 1999, S. 317-325.

Hostettler, S.: [Economic Value Added] Economic Value Added (EVA) – Darstellung und Anwendung auf Schweizer Aktiengesellschaften, 5. Aufl., Bern u.a. 2002.

Hull, J. C.: [Einführung] Einführung in Futures- und Optionsmärkte, 3. Aufl., München u.a. 2001.

Hull, J. C.: [Risikomanagement] Risikomanagement: Banken, Versicherungen und andere Finanzinstitutionen, 2. Aufl., München 2011.

Hull, J. C./White, A.: [Incorporating] Incorporating volatility updating into the historical simulation method for value at risk, in: Journal of Risk, Vol. 1, 1998, S. 5-19.

Huschens, S./Locarek-Junge, H.: [Kreditrisikomessung] Konzeptionelle und statistische Grundlagen der portfolioorientierten Kreditrisikomessung, in: Kreditrisikomanagement - Kernbereiche, Aufsicht und Entwicklungstendenzen, 2. Aufl., hrsg. v. A. Oehler, Stuttgart 2002, S. 89-114.

Huschens, S.: [Value-at-Risk ] Verfahren zur Value-at-Risk-Berechnung, in: Handbuch Risikomanagement – Band 1, hrsg. v. Rudolph, B./Johanning, L., Bad Soden 2000, S. 181-218.

Huther, A.: [Chancen- und Risikomanagement] Integriertes Chancen- und Risikomanagement, Wiesbaden 2003.

Ibbotson, R. G./Sinquefield, R. A.: [Returns] Stocks, bonds, bills, and inflation. Historical Returns (1926-1987), Charlottesville 1998.

Jankensgård, H.: [At-Risk] Are At-Risk Measures Useful Measures of Risk at the Corporate Level?, Konferenzbeitrag, Enterprise Risk Management Symposium, 2007.

Jendruschewitz, B.: [Value at Risk] Value at Risk – Ein Ansatz zum Management von Marktrisiken in Banken, in: Diskussionsbeiträge zur Bankbetriebslehre – Band 7, 3. Aufl., hrsg. v. Heidorn, T./Cremers, H./Moorman, Frankfurt 2003, S. 1-122.

Jensen, M. C./Meckling, W. H.: [Managerial Behaviour] Theory of the Firm: Managerial Behaviour, Agency Costs and Ownership Structure, in: Journal of Financial Economics, Vol. 3, 1976, S. 305-360.

Johanning, L.: [Value-at-Risk] Zur Eignung des Value-at-Risk als bankaufsichtliches Risikomaß, in: Finanzmarkt und Portfoliomanagement, 12. Jg., 1998, S. 283-303.

Jorion, P.: [Value at Risk] Value at risk: the benchmark for controlling market risk, 2. Aufl., New York 2000.

Jorion, P.: [Derivative Risk] Value at Risk – The New Benchmark for Controlling Derivative Risk, Chicago 1996.

Kah, A.: [Steuerung] Profitcenter-Steuerung, Stuttgart 1994.

Karten, W.: [Unsicherheit] Die Unsicherheit des Risikobegriffs, in: Praxis und Theorie der Versicherungsbetriebswirtschaftslehre, Festgabe für Müller-Lutz, H. L., hrsg. v. Braeß, P./Farny, D./Schmidt, R., Karlsruhe 1972, S. 147-169.

Keefer, D. L./Bodily, S. E [Three-Point Approximations] Three-Point Approximations for Continuous Random Variables, in: Management Science, Vol. 29, 1983, S. 595-609.

Kendall, R.: [Risk Management] Risk Management – Unternehmensrisiken erkennen und bewältigen, Wiesbaden 1998.

Kersten, F.: [Investitionsplanung] Simulation in der Investitionsplanung, Wiesbaden 1996.

Kim, J./Malz, A. M./Mina, J.: [Long Run] Long Run Technical Document, hrsg. v. RiskMetrics Group, o. O. 1999.

Kimmig, J.: [Risiko-Controlling] Risiko-Controlling in der Unternehmung, Wiesbaden 2001.

Kleijnen, J. P. C./Van Groenendaal, W.: [Simulation] Simulation: A Statistical Perspective, Chichester 1992.

Kloock, J.: [Investitionsrechnung] Mehrperiodige Investitionsrechnung auf der Basis kalkulatorischer und handelsrechtlicher Erfolgsrechnungen, in: Zeitschrift für betriebswirtschaftliche Forschung, 33. Jg., 1981, S. 873-890.

Kremers, M.: [Risikoübernahme] Risikoübernahme in Industrieunternehmen, Sternenfels 2002.

Kromschröder, B./Lück, W.: [Unternehmensüberwachung] Grundsätze risikoorientierter Unternehmensüberwachung, in: Der Betrieb, 51. Jg., 1998, S. 1573-1576.

Krotter, S.: [Durchbrechungen] Durchbrechungen des Kongruenzprinzips und Residualgewinne – Broken Link between Accounting and Finance, Diskussionsbeitrag, Universität Regensburg, 2006.

Kruschwitz, L.: [Finanzierung] Finanzierung und Investition, 4. Aufl., München 2004.

Kruschwitz, L.: [Risikoanalyse] Bemerkungen zur Risikoanalyse aus theoretischer Sicht, in: Zeitschrift für Betriebswirtschaft, 50. Jg, 1980, S. 800-808.

Kruschwitz, L.: [Investitionsrechnung] Investitionsrechnung, 11. Aufl., München 2007.

Küpper, H.-U.: [Controlling] Controlling: Konzeption, Aufgaben und Instrumente, 4. Aufl., Stuttgart 2005.

Kupsch, P.: [Risiko] Das Risiko im Entscheidungsprozess, Wiesbaden 1973.

Kwok, Y.-K.: [Models] Mathematical Models of Financial Derivatives, Berlin, 1998.

Lackes, R./Siepermann, M./Springwald, S.: [Evaluation] Evaluation of Tools for Risk Management, Konferenzbeitrag, 4th European Risk Conference, 2010.

Lauerbach, M.: [Capital Asset Pricing Model] Capital Asset Pricing Model, in: Lexikon des Rechnungswesens, 5. Aufl., hrsg. v. Busse von Colbe, W./Pellens, B./Crasselt, N., München 2011, S. 167-170.

Lauerbach, M./Wiemann, J.-H.: [Investitionssteuerung] Ganzheitliche Investitionssteuerung in Industrieunternehmen – Wertsteigerung durch Investitionserfolgsoptimierung und Finanzierungskostensenkung, in: Controller-Magazin, 36. Jg., Heft 6, 2011, S. 85-91.

Laux, H.: [Unternehmensrechnung] Unternehmensrechnung, Anreiz und Kontrolle – Die Messung, Zurechnung und Steuerung des Erfolges als Grundprobleme der Betriebswirtschaftslehre, 3. Aufl., Berlin u.a. 2006.

Laux, H.: [Unternehmenssteuerung] Wertorientierte Unternehmenssteuerung und Kapitalmarkt – Fundierung finanzwirtschaftlicher Entscheidungskriterien und (Anreize für) deren Umsetzung, 2. Aufl., Berlin u.a. 2006.

Laux, H.: [Entscheidungstheorie] Entscheidungstheorie, 7. Aufl., München 2007.

Laux, H./Liermann, F.: [Grundlagen] Grundlagen der Organisation, 6. Aufl., Berlin 2005.

Leciejewski, K. D.: [Risiken] Risiken früh erkennen – den Wert des Unternehmens steigern, in: Harvard Business Manager, o. Jg., Heft 4, 1999.

Lehar, A./Welt, F./Wiesmayr, C./Zechner, J.: [Performancemessung] Risikoadjustierte Performancemessung in Banken – Konzepte zur Risiko-Ertragssteuerung (Teil 1), Österreichisches Bankarchiv Nr. 11, 1998, S. 857-862.

Lintner, J.: [Valuation] The Valuation of Risk Assets and the Selection of Risky Investments in Stock Portfolios and Capital Budgets, in: Review of Economics and Statistics, Vol. 47, 1965, S. 13-37.

Lister, M.: [Ergebnismessung] Risikoadjustierte Ergebnismessung und Risikokapitalallokation – Band 12 Schriftenreihe des Zentrums für Ertragsorientiertes Bankmanagement, Frankfurt a.M. 1997.

Littkemann, J.: [Controlling] Funktionsübergreifendes Controlling – Risikocontrolling, 7. Aufl., o. O. 2006.

Lück, W.: [Chancenmanagement] Chancenmanagementsystem – neue Chance für Unternehmen, in: Betriebs-Berater, 56. Jg., 2001, S. 2312-2315.

Lück, W.: [Elemente] Elemente eines Risiko-Managementsystems: Die Notwendigkeit eines Risiko-Managementsystems durch den Entwurf eines Gesetzes zur Kontrolle und Transparenz im Unternehmensbereich (KonTraG), in: Der Betrieb, 51. Jg., 1998, S. 8-14.

Lück, W.: [Managementrisiken] Managementrisiken, in: Praxis des Risikomanagements: Grundlagen Kategorien, branchenspezifische Aspekte, hrsg. v. Dörner, D./Horváth, P./Kagermann, H., Stuttgart 2000, S. 311-343.

Lücke, W.: [Investitionsrechnungen] Investitionsrechnungen auf der Grundlage von Ausgaben oder Kosten?, in: Zeitschrift für handelswissenschaftliche Forschung, 12. Jg., 1955, S. 310-324.

Lücke, W.: [Zinsen] Die kalkulatorischen Zinsen im betrieblichen Rechnungswesen, in: Zeitschrift für Betriebswirtschaft, 35. Jg., Ergänzungsheft, 1965, S. 3-28.

MacMinn, R. D.: [Markets] Forward Markets, Stock Markets, and the Theory of the Firm, in: Journal of Finance, Vol. 42, 1987, S. 1167-1185.

Mag, W.: [Planung] Planung, in: Vahlens Kompendium der Betriebswirtschaftslehre, 3. Aufl., hrsg. v. Bitz, M./Domsch, M. E./Ewert, R., Bd. 2., München 1993, S. 1-57.

Markowitz, H.: [Portfolio Selection] Portfolio Selection, in: Journal of Finance, Vol 7, 1952. S. 77-91.

Matten, C. : [Capital Allocation] Managing Bank Capital: Capital Allocation and Performance Measurement, 2. Aufl., Chichester u.a. 2000.

Brodeur, A./Pritsch, G.: [Risk Management] Making risk management a value adding function in the boardroom, Working Paper, McKinsey & Company, 2008.

Meier, G.: [Risk-Management] Markt und Trends im Risk-Management, in: Wertorientiertes Risiko-Management für Industrie und Handel – Methoden, Fallbeispiele, Checklisten, 1. Aufl., hrsg. v. Gleißner, W./Meier, G., Wiesbaden 2001, S. 17-26.

Mengele, A.: [Shareholder-Return] Shareholder-return und Shareholder-risk als unternehmensinterne Steuerungsgrößen – Wertsteigerungs- und risikoorientierte Unternehmensführung auf Basis des Shareholder-value-Konzepts, Stuttgart 1999.

Merbecks, A./Stegemann, U./Frommeyer, J.: [Risikomanagement] Intelligentes Risikomanagement, Frankfurt a.M. 2004.

Mertens, P.: [Simulation] Simulation, 2. Aufl., Stuttgart 1982.

MeVay, J./Turner, C.: [value-at-risk] Could companies use value-at-risk?, in: Euromoney, o. Jg., No. 10, 1995, S. 84-86.

Meyer, C.: [Value at Risk] Value at Risk für Kreditinstitute, Wiesbaden 1999.

Modigliani, F./Miller M. H.: [Cost of Capital] The Cost of Capital, Corporation Finance and the Theory of Investment, in: American Economic Review, Vol. 48, 1958, 261-297.

Mohnen, A.: [Performancemessung] Performancemessung und die Steuerung von Investitionsentscheidungen, Wiesbaden 2002.

Mossin, J [Equilibrium] Equilibrium in a Capital Asset Market, in: Econometrica, Vol. 34, 1966, S. 768-783.

Müller-Merbach. H.: [Risikoanalyse] Risikoanalyse, in: Die neuen Methoden der Entscheidungsfindung, hrsg. v. Tumm, G. W., München 1972, S. 234-247.

Mugler, J.: [Risk Management] Risk Management in der Unternehmung, Wien 1979.

Neumann, O.: [Risk Controlling] Risk Controlling im Lichte des Shareholder Value, in: Risk Controlling in Praxis, Rechtliche Rahmenbedingungen und geschäftspolitische Konzeptionen in Banken, Versicherungen und Industrie, hrsg. v. Schierenbeck, H., Stuttgart 2000, S. 147-176.

Niemann, B.: [Cash Flow at Risk] Cash Flow at Risk-Verfahren für das Risikomanagement, Norderstedt 2006.

Nyberg, M./Sellers, M./Zhang, J.: [Introduction] Private Firm ModelTM – Introduction to the Modeling Methodology, hrsg. v. KMV LLC, San Francisco 2001.

o. V.: [Global Risk Management] Managing Risk for High Performance in Extraordinary Times – Report on the Accenture 2009 Global Risk Management Study, hrsg. v. Accenture, o. O. 2009.

o. V.: [Guide] Guide to Using @Risk – Risk Analysis and Simulation Add-In for Microsoft Excel (Version 5.5), hrsg. v. Palisade, o. O. 2009.

o. V.: [resilience] Strengthening the resilience of the banking sector, hrsg. v. Bank for International Settlements, o. O. 2009.

o. V.: [Risk Management] Risk Management. A Practical Guide, hrsg. v. RiskMetrics Group, o. O. 1999.

o. V.: [Technical Document] Technical Document, 4. Aufl., hrsg. v. RiskMetrics Group, o. O. 1996.

Obermaier, R./Schüler, A.: [Mischung] Eine Mischung aus Unternehmensbewertung und Risikoanalyse als Rezept für verbesserte Eigenkapitalausstattung und niedrigere Kapitalkosten?, Stellungnahme zum Beitrag v. Weizsäcker/Krempel „Risikoadäquate Bewertung nicht-börsenorientierter Unternehmen - ein alternatives Konzept“, in: Finanz-Betrieb, 8, Jg., 2006, S. 28-31.

Oehler, A./Unser, M.: [Risikomanagement] Finanzwirtschaftliches Risikomanagement, 2. Aufl., Berlin u.a. 2002.

Parsley, M.: [RORAC] The RORAC Revolution, in: Euromoney, o. Jg., No. 10, 1995, S. 36-42.

Pellens/Tomaszewski/Weber [Unternehmensführung] Wertorientierte Unternehmensführung in Deutschland – Eine empirische Untersuchung der DAX 100-Unternehmen, in: Der Betrieb, 53. Jg., 2000, S. 1825-1833.

Perridon, L./Steiner, M./Rathgeber, A.: [Finanzwirtschaft] Finanzwirtschaft der Unternehmung, 15. Aufl., München 2009.

Pfaff, D./Kühn, J.: [Gesamtbanksteuerung] Gesamtbanksteuerung und Performancemessung – Ausgewählte Probleme einer kennzahlenbasierten Banksteuerung, in: Aktuelle Entwicklungen im Bankcontrolling: Rating, Gesamtbanksteuerung und Basel II, Zeitschrift für betriebswirtschaftliche Forschung – Sonderheft 52, hrsg. v. Neupel, J./Rudolph, B./Hahnenstein, L., Düsseldorf und Frankfurt a.M., 2005, S. 183-212.

Pfaff, D./Stefani, U.: [Wertorientierte Unternehmensführung] Wertorientierte Unternehmensführung, Residualgewinne und Anreizprobleme, in: Marktwertorientierte Unternehmensführung – Anreiz- und Kommunikationsaspekte, Zeitschrift für betriebswirtschaftliche Forschung – Ergänzungsheft 50, hrsg. v. Franck, E./Arnoldussen, L./Jungwirth, C., Frankfurt a.M. und Düsseldorf 2003, S. 51-76.

Pfennig, M.: [Shareholder Value] Shareholder Value durch unternehmensweites Risikomanagement, in: Handbuch Risikomanagement – Band 2, hrsg. v. Rudolph, B./Johanning, L., Bad Soden 2000, S. 1295-1332.

Pfingsten, A./Homölle, S./Rieso, S.: [Risikomaße] Risikomaße, in: Handwörterbuch des Bank- und Finanzwesens, 3. Aufl., hrsg. v. Gerke, W./Steiner, M., Stuttgart 2001, Sp. 1869-1879.

Piesch, W./Scheurle, U./Wagenhals, G.: [Statistik] Statistik Formelsammlung, Stuttgart 2000.

Preinreich, G. A. D.: [fair value] The fair value and yield of common stock, in: Accounting Review, Vol. 11, 1936, S. 130-140.

Preinreich, G. A. D.: [Valuation] Valuation and amortization, in: Accounting Review, Vol. 12, 1937, S. 209-226.

Pritsch, G./Hommel, U.: [Hedging] Hedging im Sinne des Aktionärs: Ökonomische Erklärungsansätze für das unternehmerische Risikomanagement, in: Die Betriebswirtschaft, 57. Jg., 1997, S. 672-693.

Rappaport, A.: [Shareholder Value] Creating Shareholder Value – The New Standard for Business Performance, New York 1986.

Rau-Bredow, H.: [Überwachung] Überwachung von Marktpreisrisiken durch Value at Risk, in Wirtschaftswissenschaftliches Studium, 30. Jg., 2001, S.317-321.

Reichelstein, S.: [Investment Decisions] Investment Decisions and Managerial Performance Evaluation, in: Review of Accounting Studies, Vol. 2, 1997, S. 157-180.

Richter, F.: [Discounting Rules] Simplified Discounting Rules in Binomial Models, in: Schmalenbach Business Review, Vol. 53, 2001, S. 175-196.

Richter, F.: [Variable Growth] Simplified Discounting Rules, Variable Growth, and Leverage, in: Schmalenbach Business Review, Vol. 54, 2002, 136-147.

Rieper, B.: [Entscheidungsrechnungen] Zahlungs- oder erfolgsorientierte Entscheidungsrechnungen? Eine Erörterung am Beispiel der Bestellmengenrechnung unter Beachtung von Zahlungskonditionen, in: Zeitschrift für Betriebswirtschaft, 59. Jg., 1989, S. 875-887.

Rockafellar, R. T./Uryasev, S./Zabarankin, M.: [Generalized] Generalized deviations in risk analysis, in: Finance and Stochastics, Vol. 10., 2006, S. 51-74.

Rode, D. C./Fischbeck, P. S./Dean, S. R.: [Monte Carlo Methods] Monte Carlo Methods For Appraisal And Valuation: A Case Study Of A Nuclear Power Plant, in: Journal of Structured and Project Finance, Vol. 7, No. 3, 2001, S. 38-48.

Rogerson, W. P.: [Cost Allocation] Intertemporal Cost Allocation and Managerial Investment Incentives – A Theory Explaining the Use of Economic Value Added as a Performance Measure, in: Journal of Political Economy, Vol. 105, 1997, S. 770-795.

Rogler, S.: [Risikomanagement] Risikomanagement im Industriebetrieb – Analyse von Beschaffungs-, Produktions- und Absatzrisiken, Wiesbaden 2002.

Romeike, F./Hager, P.: [Erfolgsfaktor] Erfolgsfaktor Risikomanagement 2.0 – Methoden, Beispiele, Checklisten: Praxishandbuch für Industrie und Handel, Wiesbaden 2009.

Romeike, F.: [Risiken] Bewertung und Aggregation von Risiken, in: Erfolgsfaktor Risiko-Management, hrsg. v. Romeike, F./Finke, R. B., Wiesbaden 2003, S. 183-198.

Rosarius, S./Wiese, J.: [Erweiterungen] Erweiterungen zu „Simplified Discounting Rules in Binomial Models“ von Frank Richter, Working Paper, Ludwig-Maximilians-Universität München, 2007.

Rosenberg, B./Reid, K./Lanstein, R [Persuasive Evidence] Persuasive Evidence of Market Inefficiency, in: Journal of Portfolio Management, Vol. 11, 1985, S. 9-17.

Ross, S. A.: [Arbitrage Theory] The Arbitrage Theory of Capital Asset Pricing, in: Journal of Economic Theory, Vol. 13, 1976, S. 341-360.

Rudolph, B./Johanning, L.: [Entwicklungslinien] Entwicklungslinien im Risikomanagement, in: Handbuch Risikomanagement – Band 1, hrsg. v. Rudolph, B./Johanning, L., Bad Soden 2000, S. 15-52.

Schabel, M. M.: [Investitionssteuerung] Investitionssteuerung, Periodenerfolgsrechnung und Economic Value Added, Wiesbaden 2004.

Scherpereel, P.: [Risikokapitalallokation] Risikokapitalallokation in dezentral organisierten Unternehmen, Wiesbaden 2006.

Schierenbeck, H./Lister, M./Herzog, M.: [Risiko-Controlling] Risiko-Controlling auf Basis des Value at Risk-Ansatzes, Forschungsbericht Nr.

3, Wirtschaftswissenschaftliches Zentrum der Universität Basel, Basel 1997.
Schierenbeck, H./Lister, M./Kirmße, S.: [Bankmanagement 2] Ertragsorientiertes Bankmanagement – Band 2, 8. Aufl., Wiesbaden 2003.
Schierenbeck, H./Lister, M.: [Value Controlling] Value Controlling, 2. Aufl., München u.a. 2002.
Schindel, V.: [Risikoanalyse] Risikoanalyse - Darstellung und Bewertung von Risikorechnungen am Beispiel von Investitionsentscheidungen, 2. Aufl., München 1978.
Schindler, J./Rabenhorst, D.: [KonTraG] Auswirkungen des KonTraG auf die Abschlussprüfung, in: Betriebs-Berater, 53. Jg., 1998, S. 1886–1893; 1939–1944.
Schmalenbach, E.: [Bilanz] Dynamische Bilanz, 4. Aufl., Leipzig 1926.
Schmidt, R. H./Terberger, E.: [Grundzüge] Grundzüge der Investitions- und Finanzierungstheorie, 4. Aufl., Wiesbaden 1997.
Schneider, D.: [Investition] Investition, Finanzierung und Besteuerung, 7. Aufl., Wiesbaden 1992.
Schröck, G.: [Wertmanagement] Risiko- und Wertmanagement in Banken, Wiesbaden 1997.
Schuler, A. H./Biermann, S.: [Compliance] Compliance: From "Must Do" to Profit Opportunity – Using Continuous Controls Monitoring to enable high performance, hrsg. v. Accenture, o. O. 2008.
Schüler, A.: [Performance-Messung] Performance-Messung und Eigentümerorientierung, Frankfurt a.M. 1997.
Schüler, A./Krotter, S.: [Konzeption] Konzeption wertorientierter Steuerungsgrößen: Performance-Messung mit Discounted Cash-flows und Residualgewinnen ex ante und ex post, in: Finanz-Betrieb, 6, Jg., 2004, S. 430-437.
Shapiro, A. C./Titman, S.: [Risk Management] An integrated Approach to Corporate Risk Management, in: The Revolution in Corporate Finance, hrsg. v. Stern, J. M./Chew, D. H., Oxford u.a., 1986. S. 215-229.
Sharpe, W.F.: [Capital Asset Prices] Capital Asset Prices: A Theory of Market Equilibrium under Conditions of Risk, in: Journal of Finance, Vol. 19, 1964, S. 425-442.
Shimko, D. C.: [VaR] VaR for Corporates, in: Risk, Vol. 9, No. 6, 1996, S. 28-29.
Smith, C. W./Stulz, R. M.: [Hedging] The Determinants of Firms' Hedging Policies, in: Journal of Financial and Quantitative Analysis, Vol. 20, 1985, S. 391-404.

Smith, C. W.: [Corporate Risk Management] Corporate Risk Management – Theory and Practice, in: Journal of Derivatives, Vol. 2, 1995, S. 21-30.
Sommerfeld, H.: [Risikomanagement] Risikomanagement in der BMW Group, in: Risikomanagement in der Konzernpraxis, hrsg. v. Kajüter, P., Wiesbaden 2009.
Souviron, P.: [Raroc] Le système Raroc de Bankers Trust, in: Banque, o. Jg., Nr. 564, 1995, S. 25-27.
Spremann, K.: [Finanzanalyse] Finanzanalyse und Unternehmensbewertung, München und Wien 2002.
Stambaugh, R. F.: [Exclusion] On The Exclusion of Assets from Tests of the Two-Parameter Model: A Sensitivity Analysis, in: Journal of Financial Economics, Vol. 10, 1982, S. 237-268.
Stein, J. C./Usher, S. E./LaGattuta, D. A./Youngen, J.: [Comparables] A Comparables Approach to Measuring Cashflow-at-Risk for Non-Financial Firms, Working Paper, National Economic Research Associates, 2000.
Steiner, M./Bruns, C.: [Wertpapiermanagement] Wertpapiermanagement, 9. Aufl., Stuttgart 2007.
Steiner, P./Uhlir, H.: [Wertpapieranalyse] Wertpapieranalyse, 4. Aufl., Heidelberg 2001.
Stephan. J.: [Kennzahlen] Finanzielle Kennzahlen für Industrie- und Handelsunternehmen – Eine wert- und risikoorientierte Perspektive, Köln 2006.
Stewart, G. B.: [Quest] The Quest for Value: The EVA Management Guide, New York 1991.
Stiglitz, J. E.: [Modigliani-Miller] A Re-Examination of the Modigliani-Miller Theorem, in: American Economic Review, Vol. 59, 1969, S. 784-793.
Straßberger, M.: [Risikokapitalallokation] Risikokapitalallokation und Marktpreisrisikosteuerung mit Value-at-Risk-Limiten, Lohmar und Köln 2002.
Strauß, M.: [Risikomanagement] Wertorientiertes Risikomanagement in Banken – Analyse der Wertrelevanz und Implikationen für Theorie und Praxis, Wiesbaden 2008.
Stulz, R. M.: [Discretion] Managerial Discretion and Optimal Financing Policies, in: Journal of Financial Economics, Vol. 26, 1990, S. 3-27.
Teichmann, H.: [Unsicherheit] Die Investitionsentscheidung bei Unsicherheit, Berlin 1970.
Terstege, U.: [Transformation] Voraussetzungen, Alternativen und Interpretationen einer zielkonformen Transformation von Periodenerfolgsrechnungen, Diskussionsbeitrag, FernUniversität Hagen, 2003.
Timm, E.: [Investitionsrisiko] Das Investitionsrisiko im investitionstheoretischen Ansatz, Berlin 1976.

Tirole, J.: [Corporate Governance] Corporate Governance, in: Econometrica, Vol. 69, No. 1, 2001, S. 1-35.

Tobin, J.: [Liquidity Preference] Liquidity Preference as Behaviour Towards Risk, in: Review of Economic Studies, Vol. 25, 1957, S. 65-86.

Tolkmitt, V.: [Bankbetriebslehre] Neue Bankbetriebslehre – Basiswissen zu Finanzprodukten und Finanzdienstleistungen, 2. Aufl., Wiesbaden 2007.

Tondock, R.: [Performancemaße] Risikoorientierte Performancemaße, in: Controlling, 22. Jg., 2010, S. 388-390.

Tufano, P.: [Agency Costs] Agency Costs of Corporate Risk Management, in: Financial Management, Vol. 27, 1998, S. 67-77.

Turner, B. E.: [Risikoanalyse] Die Risikoanalyse als Entscheidungshilfe bie der betrieblichen Anwendung klassischer preistheoretischer Modelle, Bern 1972.

Turner, C.: [Industrial Tool] VaR as an Industrial Tool, in: Risk, Vol. 9, No. 3, 1996, S. 38-40.

Ulmke, H. G./Schmale, S.: [Value-at-Risk ] Unternehmensweites Value-at-Risk als Möglichkeit, globales Risiko mit einer einzigen Kennzahl zu steuern, in: Das Kontroll- und Transparenzgesetz, hrsg. v. Saitz, B./Braun, F., Wiesbaden 1999, S. 209-229.

van Duyn, A.: [risk] Whose risk? Whose reward?, in: Euromoney, o. Jg., No. 5, 1995, S. 60-62.

Varmaz, A.: [Rentabilität] Rentabilität im Bankensektor – Identifizierung, Quantifizierung und Operationalisierung werttreibender Faktoren, Wiesbaden 2006.

Velthuis, L. J.: [Entwurf] Entwurf eines integrierten Value Based Management-Konzepts auf Basis des Residualgewinns, in: Wertorientierte Unternehmenssteuerung – Festschrift für Helmut Laux, hrsg. v. Gellenkirch, R./Schauenberg, B./Schenk-Mathes, H. Y./Velthuis, L. J., Berlin 2004, S. 47-76.

Villalonga, B.: [Diversification] Does Diversification Cause the "Diversification Discount"?, in Financial Management, 33. Jg., No. 2, 2004, S.5-27.

Vose, D.: [Risk Analysis] Risk Analysis: a quantitative guide, Chichester 2000.

Weber, J./Hirsch, B./ Müller, G.: [Shareholder Value] Die Zukunft des Shareholder Value, in: Harvard Business Manager, o. Jg., Heft 7, 2004, S. 17-20.

Weißenberger, B. E./Löhr, B. W.: [Risikocontrolling] Verzahnung des Risikocontrollings mit den traditionellen Controllingaktivitäten: Konzeptionelle Gestaltungsvorschläge und Status quo im deutschsprachigen Raum, Working Paper, Justus-Liebig-Universität Giessen, 2008.

Werthschulte, H.: [Kreditrisikomessung] Kreditrisikomessung bei Projektfinanzierungen durch Risikosimulation, Wiesbaden 2004.

Wiedemann, A.: [Passivseite] Die Passivseite als Erfolgsquelle: Zinsmanagement in Unternehmen, Wiesbaden 1998.

Wiemann, V./Mellewigt, T.: [Risiko-Rendite-Paradoxon] Das Risiko-Rendite-Paradoxon. Stand der Forschung und Ergebnisse einer empirischen Studie, in: Zeitschrift für betriebswirtschaftliche Forschung, 50. Jg., 1998, S. 551-572.

Wiese, J.: [Komponenten] Komponenten des Zinsfußes in Unternehmensbewertungskalkülen – Theoretische Grundlagen und Konsistenz, Frankfurt a.M. 2006.

Wildemann, H.: [Risikomanagement] Risikomanagement und Rating, München 2006.

Willinsky, C.: [Rentabilitätsmaße] Rentabilitätsmaße, risikobereinigte, in: Handwörterbuch des Bank- und Finanzwesens, 3. Aufl., hrsg. v. Gerke, W./Steiner, M., Stuttgart 2001, Sp. 1804-1812.

Wilson, T. C.: [RAROC] RAROC Remodelled, in Risk, Vol. 5, 1992, S. 112-119.

Winter, P.: [Instrument] Cashflow at Risk als Instrument des industriellen Risikomanagements, in: Wirtschaftswissenschaftliches Studium, 33. Jg., 2004, S. 289-294.

Wöhe, G./Döring, U.: [Einführung] Einführung in die allgemeine Betriebswirtschaftslehre, 23. Aufl., München 2008.

Wolf, K.: [Risikomanagement] Risikomanagement im Kontext der wertorientierten Unternehmensführung, Wiesbaden 2003.

Wolf, K.: [Risikoaggregation] Risikoaggregation anhand der Monte-Carlo-Simulation, in: Controlling, 15. Jg., 2003, S. 565-572.

Wossidlo, P. R.: [Reservierung] Unternehmenswirtschaftliche Reservierung – eine realtheoretische und praxeologische Untersuchung, Berlin 1970.

**Internetquellen**

Bundesbank: [Basel II] Basel II – Die neue Baseler Eigenkapitalvereinbarung, http://www.bundesbank.de/bankenaufsicht/bankenaufsicht_basel.php, Abrufdatum: 14.10.2010.

Gabler: [Wirtschaftslexikon] Wirtschaftslexikon – Insolvenzgrund, http://wirtschaftslexikon.gabler.de/Definition/insolvenzgrund.html, Abrufdatum: 14.10.2010.

## Verzeichnis zitierter Rechtsvorschriften

AktG: Aktiengesetz vom 6. September 1965 (BGBl. I S. 1089), das zuletzt durch Artikel 1 des Gesetzes vom 31. Juli 2009 (BGBl. I S. 2509) geändert worden ist.

HGB: Handelsgesetzbuch in der im Bundesgesetzblatt Teil III, Gliederungsnummer 4100-1, veröffentlichten bereinigten Fassung, das zuletzt durch Artikel 6a des Gesetzes vom 31. Juli 2009 (BGBl. I S. 2512) geändert worden ist.

InsO: Insolvenzordnung vom 5. Oktober 1994 (BGBl. I S. 2866), die zuletzt durch Artikel 8 Absatz 7 des Gesetzes vom 29. Juli 2009 (BGBl. I S. 2355) geändert worden ist.

KWG: Kreditwesengesetz in der Fassung der Bekanntmachung vom 9. September 1998 (BGBl. I S. 2776), das zuletzt durch Artikel 1 des Gesetzes vom 21. Juli 2010 (BGBl. I S. 950) geändert worden ist.

**Betriebswirtschaftliche Forschung im Rechnungswesen**

Herausgegeben von Nils Crasselt, Rolf Uwe Fülbier,
Joachim Gassen, Bernhard Pellens und Thorsten Sellhorn

Band 1 Verena Hill: Rechnungslegungspolitik im Rahmen der Kaufpreisallokation. Eine theoretische und empirische Analyse deutscher kapitalmarktorientierter Unternehmen. 2011.

Band 2 Ulrich Küting: Rückstellungsbilanzierung nach HGB und IFRS. Normendeskription und empirische Analysen zur deutschen und internationalen Bilanzierungspraxis. 2011.

Band 3 Felix Fischer: Der Zusammenhang zwischen Rechnungslegung und Ausschüttungsbemessung. Eine empirische Analyse deutscher börsennotierter Aktiengesellschaften. 2011.

Band 4 Torben Auste: Einfluss von Lobbying auf den IFRS-Standardsetzungsprozess. 2012.

Band 5 Michael Fischkin: Determinanten der Prüferwahl und des Prüferwechsels auf dem deutschen Prüfungsmarkt für börsennotierte Unternehmen. Eine theoretische und empirische Untersuchung. 2012.

Band 6 Maximilian Lauerbach: Investitionssteuerung mit Risk Adjusted Performance Measures im Nicht-Finanzbereich. 2012.

www.peterlang.de